"信毅教材大系"编委会

主　　任	卢福财
副 主 任	邓　辉　王秋石　刘子馨
秘 书 长	廖国琼
副秘书长	宋朝阳
编　　委	刘满凤　杨　慧　袁红林　胡宇辰　李春根
	章卫东　吴朝阳　张利国　汪　洋　罗世华
	毛小兵　邹勇文　杨德敏　白耀辉　叶卫华
	尹忠海　包礼祥　郑志强　陈始发
联络秘书	方毅超　刘素卿

信毅教材大系·财税系列

江西省第二届普通高校优秀教材 一等奖

（第四版）

比较税制

Comparison of Tax System

复旦大学出版社

总　序

　　世界高等教育的起源可以追溯到1088年意大利建立的博洛尼亚大学,它运用社会化组织成批量培养社会所需要的人才,改变了知识、技能主要在师徒间、个体间传授的教育方式,满足了大家获取知识的需要,史称"博洛尼亚传统"。

　　19世纪初期,德国的教育家洪堡提出"教学与研究相统一"和"学术自由"的原则,并指出大学的主要职能是追求真理,学术研究在大学应当具有第一位的重要性,即"洪堡理念",强调大学对学术研究人才的培养。

　　在洪堡理念广为传播和接受之际,爱尔兰都柏林天主教大学校长纽曼发表了《大学的理想》的著名演说,旗帜鲜明地指出"从本质上讲,大学是教育的场所""我们不能借口履行大学的使命职责,而把它引向不属于它本身的目标"。强调培养人才是大学的唯一职能。纽曼关于"大学的理想"的演说让人们重新审视和思考大学为何而设、为谁而设的问题。

　　19世纪后期到20世纪初,美国威斯康星大学查尔斯·范海斯校长提出"大学必须为社会发展服务"的办学理念,更加关注大学与社会需求的结合,从而使大学走出了象牙塔。

　　2011年4月24日,胡锦涛总书记在清华大学百年校庆庆典上,指出高等教育是优秀文化传承的重要载体和思想文化创新的重要源泉,强调要充分发挥大学文化育人和文化传承创新的职能。

　　总而言之,随着社会的进步与变革,高等教育不断发展,大学的功能不断扩展,但始终都在围绕着人才培养这一大学的根本使命,致力于不断提高人才培养的质量和水平。

　　对大学而言,优秀人才的培养,离不开一些必要的物质条件保障,但更重要的是高效的执行体系。高效的执行体系应该体现在三个方面:一是科学合理的学科专业结构,二是能洞悉学科前沿的优秀的师资队伍,三是作为知识载体和传播媒介的优秀教材。教材是体现教学内容与教学方法的知识载体,是进行教学的基本工具,也是深化教育教学改革,提高人才培养质量的重要保证。

　　一本好的教材,要能反映该学科领域的学术水平和科研成就,能引导学生沿着正确的学术方向步入所向往的科学殿堂。因此,加强高校教材建设,对于提高教育质量、稳定教学秩序、实现高等教育人才培养目标起着重要的作用。正是基于这样的考虑,江西财经大学与复旦大学出版社达成共识,准备通过编写出版一套高质量的教材系列,以期进一步锻炼学校教师队伍,提高教师素质和教学水平,最终将学校的学科、师资等优势转化为人才培养优势,提升人才培养质量。为凸显江财特色,我们取校训"信敏廉毅"中一前一尾两个字,将这个系列的教材命名为"信毅教材大系"。

　　"信毅教材大系"将分期分批出版问世,江西财经大学教师将积极参与这一具有重大意义的学术事业,精益求精地不断提高写作质量,力争将"信毅教材大系"打造成业内有影响力的高端品牌。"信毅教材大系"的出版,得到了复旦大学出版社的大力支持,没有他们的卓越视野和精心组织,就不可能有这套系列教材的问世。作为"信毅教材大系"的合作方和复旦大学出版社的一位多年的合作者,对他们的敬业精神和远见卓识,我感到由衷的钦佩。

王　乔

2012 年 9 月 19 日

目 录

第一章　税制理论比较 … 001
　　第一节　单一税制论和复合税制论 … 001
　　第二节　最优税制论的沿革与发展 … 006

第二章　税制结构比较 … 013
　　第一节　发达国家和发展中国家税制结构比较 … 013
　　第二节　各国税制改革趋势 … 028
　　第三节　借鉴与完善我国的税制结构 … 046

第三章　增值税比较 … 052
　　第一节　增值税概述 … 052
　　第二节　增值税纳税人比较 … 057
　　第三节　增值税税率比较 … 059
　　第四节　增值税计税依据和税款抵扣制度比较 … 068
　　第五节　借鉴与完善我国的增值税制度 … 073

第四章　消费税比较 … 078
　　第一节　理论概述 … 078
　　第二节　消费税课征范围比较 … 085
　　第三节　消费税调节能力比较 … 090
　　第四节　借鉴与完善我国的消费税制 … 104

第五章　个人所得税比较 … 107
　　第一节　个人所得税概述 … 107
　　第二节　个人所得税制比较 … 111
　　第三节　借鉴与完善我国的个人所得税制度 … 124

第六章　公司所得税比较 … 128
　　第一节　公司所得税概述 … 128

第二节　公司所得税制比较 …………………………………… 132
　　　第三节　公司所得税发展趋势 ………………………………… 177
　　　第四节　借鉴与完善我国的企业所得税 ……………………… 178

第七章　社会保障税比较 ……………………………………………… 184
　　　第一节　社会保障税的形成与发展 …………………………… 184
　　　第二节　社会保障税制度比较 ………………………………… 190
　　　第三节　借鉴与完善我国社会保障制度，开征社会
　　　　　　　保障税 ………………………………………………… 206

第八章　财产税比较 …………………………………………………… 216
　　　第一节　财产课税概述 ………………………………………… 216
　　　第二节　一般财产税比较 ……………………………………… 225
　　　第三节　个别财产税比较 ……………………………………… 230
　　　第四节　遗产税与赠与税比较 ………………………………… 242
　　　第五节　借鉴与完善我国的财产税制 ………………………… 256

第九章　税收管理体制比较 …………………………………………… 262
　　　第一节　税收管理体制模式比较 ……………………………… 262
　　　第二节　我国现行税收管理体制 ……………………………… 267
　　　第三节　借鉴与完善我国分税制管理体制 …………………… 271

第十章　税收负担比较 ………………………………………………… 275
　　　第一节　税收负担概述 ………………………………………… 275
　　　第二节　宏观税收负担的国际比较 …………………………… 280
　　　第三节　我国最适宏观税负水平探讨 ………………………… 284

附表 ……………………………………………………………………… 294

参考文献 ………………………………………………………………… 297

后记（2004年版）……………………………………………………… 299
后记（2009年版）……………………………………………………… 300
后记（2013年版）……………………………………………………… 301
后记（2021年版）……………………………………………………… 303

第一章 税制理论比较

如何建立一国的税收制度以符合税收原则,历来是学者不懈追求的目标。通过本章的学习了解不同时期学者提出的不同观点,掌握税制理论的发展过程。

第一节 单一税制论和复合税制论

从立法意义上说,税收制度是指国家(政府)以法律或法规的形式确定的各种课税方法的总称。从构成上看,税收制度是由各种不同税种组合搭配的体系,根据体系内税种的多寡可以分为复合税制和单一税制。历史上,不同时期的学者根据当时客观社会经济条件都各自提出过自己的主张:有的赞成复合税,理由是能丰富财源,同时可起到税收调节的作用;当复合税发展到一定程度,苛捐杂税并出,人民负担加重,又有学者提出实行单一税。但实际上,各国实行的大多是复合税制,单一税制论始终处于一种讨论和设想的状态。

一、单一税制论

单一税制论主张整个税收体系由单个税种组成或者以某一种税为主,再简单搭配其他税种。在西方税制发展史上,提出单一税制的设想主要有以下四种。

(一) 单一消费税论

这一设想的代表人物是 17 世纪英国的晚期重商主义者霍布斯,他从受益说出发,认为消费税能够反映出人民从国家活动中的得益大小,可予征税。由于消费是人皆必需的,对消费征税涉及范围广,可以做到税收公平;并且对消费征税,可以促进节俭和储蓄,有利于资本的形成。另一代表人物是 19 世纪中叶德国的学者普费菲,他从税收平等原则出发,认为只有消费税能涉及全体国民;并且认为消费体现了纳税能力的大小,主张对全部支出课税。因此,这里的消费税实际上是一种消费支出税,有别于我们现在实行的对商品征收的消费税。

(二) 单一土地税论

这一理论包括:18 世纪法国重农学派布阿吉尔贝尔、魁奈等人提出的单一土地租税论,以及 19 世纪美国经济学家亨利·乔治提出的单一地价税。重农学派目睹法国由于实行重商主义经济政策而使农业处于极度衰落的现实,于是从自然法则出发,主张自由放任,认为"只有土地上的经济活动才能真正产生纯生产物或纯收益",所以租税只应课于土地,反对当时的繁杂税制;并且认为,若对土地以外之物征税,其税收负担最终必将辗转归嫁于土地。1791年,法国在大革命成功以后,曾废除君主官僚的数十种赋税,实行单一的地租税,但不久就因为财政困难又重开了其他税种。19世纪的亨利·乔治从社会改良主义出发,认为土地私有是造成社会贫困的总根源,所以欲免除疾苦,须将土地充公。他提出要对土地所有者获得的地租征收100%或接近100%税收的做法,正是通过用土地税来代替没收土地的方式,实现土地归全社会所有。

(三) 单一所得税论

早在16世纪,法国重商学派的博丹就在其《共和六法》中提到过单一所得税。18世纪初,法国重农学派经济学家沃邦提出实行"什一税",这种税是以包括土地所得、养老金、工资所得等各种所得为课税对象的收益税。但他同时认为,建立这种单一所得税制,应以其他小税种(如消费税、奢侈税)为辅。单一所得税论和单一土地税论都为重农学派所倡导,两者的发展有一定的联系。可以认为单一土地税论是单一所得税论的基础,随着经济和认识的发展,人们认识到所得的范围不仅包括土地所得,还包括其他所得,这是单一所得税论的理论前提。19世纪的德国社会主义者(如拉萨尔等人)更是主张实行单一的高度累进的所得税制,以实行对私有制的改造,德国社会民主党曾一度以单一所得税制作为其纲领。

(四) 单一财产税论

单一财产税论也叫单一资本税论,法国的吉拉丹和莫尼埃是这一理论的倡导者,他们主张对既得资本征税,而不对产生收益的资本征税,因此无碍于资本积累,并且可促进资本再投资,还可以捕捉所得税不能捕捉到的负税能力。该学说后来又根据具体资本的含义不同分为两派:一派是美国学者所提倡的以不动产为资本课税对象;另一派则是法国学者所主张的以一切有形资产为资本课税对象。

二、复合税制论

(一) 近代复合税制理论

复合税制是由各不同税种共同组成的相互搭配、互为补充的复合体系,世界上绝大多数国家实行的都是复合税制。具体构成上,学者们有持两大税系观点的,也有持三大税系观点的。

1. 两大税系论

两大税系论认为整个税制由直接税和间接税两大税系构成,其代表人物有德国的劳·劳菲和谢夫勒。劳提出整个税制由配赋课税和消费税两大税系组成,前者属直接税范畴,后者属间接税范畴。

2. 三大税系论

三大税系论具体有两种分法:一是在直接税和间接税并列的基础上提出第三大税系与之并列。例如,斯泰因将所得税作为第三种税系提出,与直接税、间接税并列;康拉德提出的直接税、间接税和补充税三大税系论。另一种是突破了直接税和间接税的束缚,直接并列三大税种。例如,瓦格纳的所得税、所有税和消费税三大税系论;小川乡太郎的所得税、消费税和流通税三大税系论。其中,第二种分法是西方国家所得课税、商品课税、财产课税三大税系建立的理论前提。

（二）现代复合税制理论

现代对复合税制体系作出突出贡献的当数美国财政学家马斯格雷夫，他在《财政理论与实践》一书中通过对社会资金运动流程图的描绘，初步分析了现代税制中可能包含的各个税种，并揭示出商品所得税在经济运行流程中的可能分布点，勾画了现代复合税制的基本构造。

该图的理论假设前提是：整个社会部门分为企业和家庭两大部分，这两个部门间通过商品市场、资本市场和生产要素市场相互作用、相互联系，形成两个方向相反的流程，即资金流和商品流。一方面，资金由企业部门通过生产要素市场，雇用劳动力、借入资本，并使用土地和其他生产要素，以工资、利息、利润、地租等支付形式，流入家庭部门。家庭再将这些收入，一部分通过在消费品市场购买商品和劳务的形式，另一部分作为储蓄在资本市场进行投资，流入资本品市场，最终两部分支出一起流入企业部门，形成企业的收入，完成一个资金流程的循环。另一方面，企业部门销售其产出，家庭部门购买商品与劳务，物资由企业流向家庭。家庭部门再向企业部门提供劳动力、资本和土地等生产要素，企业获得这些要素，再进行产品和劳务的生产，这样就完成了商品流程的一个循环。

在图1-1中，资金流量运动的方向以顺时针箭头标明，商品流量运动方向与之相反。家庭部门的收入(1)用作支出时，分为消费支出(2)和家庭储蓄(3)。消费支出流入消费品市场，成为企业的销售收入(4)。家庭储蓄流入资本市场，进入投资渠道(5)，在资本货物市场中成为投资支出，转为生产投资品企业的销售收入(6)。(4)和(6)一起成为企业部门的总营业收入(7)，成为企业部门的资金(8)。企业把这些资金用于再生产，一部分作为折旧摊提(9)，另一部分进入生产要素市场，用作生产要素支出(10)，包括工薪支出(11)、资本的利息和利润支付(12)，以及其他要素支出。相应地，这些支出构成家庭部门收入(1)的组成部分即工资(13)、股息(14)、利息、地租（利息与地租未在图上表现流转过程）等。当然，利润并非全作股息分配，而是一部分作为保留收益(15)，和折

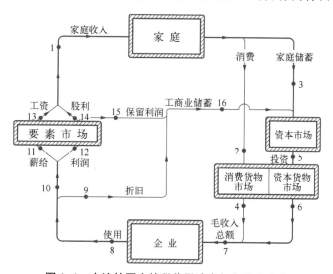

图1-1 在流转图中的税收影响点与各税分布点

旧摊提(9)一起构成企业的储蓄(16)。企业储蓄和家庭储蓄(3)一起形成投资资金即对投资品的购买。至此,整个收入与支出的流转过程完成了。

马斯格雷夫认为,税收就是政府从上述货币资金的总流量中征收一定数量的资金,而上述流转图中的十六个作用点,也正好是税收影响点。由于各国经济情况、历史传统都不相同,对税种设置点的选择也有所区别,但整个税制的框架大致不会脱离于此图。在图中,课于作用点(1)家庭收入的税是个人所得税;课于点(2)消费支出的税是支出税;课于点(3)家庭储蓄的税可以是储蓄利息所得税;课于点(4)营业收入的税是零售销售税;课于点(7)营业总收入的税是营业税;课于点(10)折旧后企业收入的税是增值税;课于点(11)工薪支付的税是雇主支付的社会保险税;课于点(12)利润的税是公司所得税;课于点(14)股息的税是个人所得税的一部分。

如果将图1-1用横、纵轴分为如图1-2所示的四个象限,不同的课税部位分别落入四个象限中,将更有利于我们发现税种分布的特征和性质。

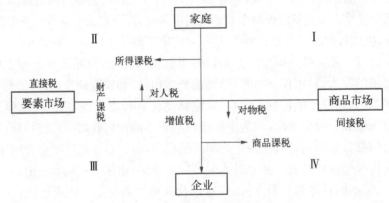

图1-2 税类分布示意图

第一象限中的税收,纳税人是个人或家庭,课税对象是个人或家庭的支出额,税收的性质是消费税。课税对象是个人的消费支出或投资支出。

第二象限中的税收,纳税人是个人或家庭,课税对象是个人和家庭的所得,税收的性质是所得税。若课税对象选择在(1)上,就是个人综合所得税。

第三象限中的税收,纳税人是企业,课税对象是已经作了一定扣除的企业销售收入,税收的性质是所得税。若课税对象选在(11),就是由企业支付的社会保险税;若课税对象选在(12),就是公司所得税。另外,若课税对象选在(10)上,就是扣除折旧后的要素型增值税,属增值税性质。

第四象限中的税收,纳税人是企业,课税对象是企业的销售收入,税收的性质是商品劳务课税,属于间接税,即对零售收入课征的营业税、产品税。

综上所述,可以看出,对货币资金从个人家庭部分流向企业部分的课税,主要是商品课税,属间接税性质,课征点越接近企业部分,商品课税的特点越明显。对货币资金从企业部分流向个人家庭部分的课税,大体上是所得课税,属直接税性质,课征点越接近家庭部分,所得课税的特点越明显。

同时,从税收制度理论上说,各种税还可按下列三种标准分类。

(1) 按课征的市场不同,可以分为课于产品市场的税和课于要素市场的税。

(2) 按课征的交易对象不同,可分为课于买方的税和课于卖方的税。

(3) 按课征的部门不同,可分为课于企业的税和课于家庭的税。

据此,可将图1-1中的税种,按上述分类形成一种体系(见表1-1),这种分类体系不仅有助于税制结构的设计,对税负归宿的探讨也有积极意义。

表1-1 税制结构理论上的税收分类

税收征课			家 庭		企 业	
			作为卖方	作为买方	作为卖方	作为买方
产品市场	全部产品		零售销售税(4)增值税(消费型)(4)			支出税(2)
	部分产品		烟税(4)			汽油税(4)
要素市场	全部因素	全部雇佣		增值税(收入型)(1)	个人所得税(1)	
	部分因素	全部就业		社会保险税(雇主缴纳的工薪税)(11)	社会保险税(雇员缴纳)(13)工资或资本收入税(13)(14)	
		部分就业		公司所得税(12)地方财产税		

比如,在商品市场中对买卖双方课税是等效的。在竞争性的商品市场中,对价格10元的商品课以10%的税。如果课于卖方,则毛价为11元;如果课于买方,则买者支付净价10元,另纳1元税,效果等同。这种等效情况,适用于对选择性消费品课税,或对全部消费品课税。类似地,在要素市场中课于买方和卖方的税是等效的。

马斯格雷夫税制体系的第二部分,是对积累的财富课税,具体有对财富持有环节的征税和对财富转移环节的征税。在财富持有环节课征的是财产税,在财富转移环节征收的是遗产与赠与税。由于这种财产税的征税对象是对往年财富的积累量,故无法在图1-1中体现。

三、单一税制和复合税制的比较

单一税制和复合税制的优缺点往往是相互交叉的。相对于复合税制来说,单一税制的优点更少、缺点更多。

(一)单一税制的优缺点

1. 优点

(1) 税负较轻,民众易于接受。

(2) 便于征管,税收成本低。

2. 缺点

其缺点更是与生俱来的。

(1) 不能普遍征税,对经济的扭曲效应大,不符合税收普遍原则。
(2) 财源单一,不能保障国家财政收入,不符合国民收入原则。
(3) 税种单一,缺乏弹性。
(4) 易激化矛盾,使财源枯竭。
(5) 不能实现对经济的有效调控,税收作用没有充分发挥等。

相对于单一税制来说,复合税制将各种不同税类相互搭配,长短互补,综合调控,能充分避免上述缺点。

(二) 复合税制的优点

(1) 课税范围广,能捕捉各种税源,征税较普遍。
(2) 税源充裕,能保障财政收入。
(3) 税制具有较大弹性,能适应财政需要的变化。
(4) 财源不会轻易枯竭,并能促进社会经济综合发展。

不可否认的是,税制越复杂,税收的征管难度就越大,征收费用也就越高,而如何把握这个度,正是最优税制所要研究的。

另外,单一税制与复合税制的关系并不是截然分清、泾渭分明的,有时是一种辩证关系。理论上即使在复合税制下,在税源的总汇处课税比在零星环节课税,可收到节约、便利、充裕、高效之利。关于这个"总汇处",现代复合税制论者认为是总收入(所得)、总积累(财产)和总支出(消费);而现代所得税论者认为,总汇处包括个人生存时的所得和死亡后的遗产,因此只需以所得税为主、遗产税为辅就可以了,不必课征消费税,这种论点又近似回到了单一税制论。

第二节 最优税制论的沿革与发展

最优税收理论(optimal tax theory)、最优税制论与税制优化论都是同一种意思,指的是在保证政府获得一定税收收入的前提下,以资源配置的效率原则和收入分配的公平原则为指导,对构建经济合理的税制体系进行分析的学说。也可以这样认为,最优税制论实际上是对税收原则的细化和延伸。早期的税制优化思想侧重于从理论上进行阐述,现代意义上的最优税制论更侧重于数学工具的运用,对税收理论研究具有开创新篇章的非凡意义。

一、早期的税制优化思想

(一) 福利经济学——早期最优税制的起点

传统的税制优化思想一直可追溯到福利经济学派。1897 年,英国经济学家埃奇沃思基于四个假定给出了实现社会福利最大化的最优税制设计,因此福利经济学可视为传统最优税制的出发点。

福利经济学,是以福利效用为标准来衡量一切经济活动的理论。它认为,经济活动最根本的目的是增进福利、提高效用。它最著名的理论是帕累托最优,也称帕累托效率,即当社会资源配置处于这么一种状态,一部分人境况改善以另一部分人境况恶化为前提;或社会资源配置处于一种不可能使一部分人福利提高,而另一部分人福利效应不变的状态,此时的社会资源配置处于最优,即最有效率的状态。它是因意大利经济学家维尔弗雷德·帕累托而得名。

如何实现帕累托最优?福利经济学家认为,市场竞争这只"看不见的手"能使资源配置自动达到最优状态。因而,可以认为福利经济学派的最优税制是在充分发挥市场自由,不干预经济的前提下实现的;而它的"最优"则充分体现在税收的效率方面。

(二)超额负担——税收效率标准

超额负担(excess burden),也叫额外负担,是指在税收将资源从私人部门转移到公共部门的过程中,由于对生产者和消费者的选择产生了干扰,造成的纳税人在缴纳税款之外蒙受的福利损失。

1. 收入效应与替代效应

超额负担可从税收的收入效应和替代效应的区分中得到说明。税收的收入效应是由于征税造成对纳税人收入的影响。收入效应会使纳税人的收入减少,但并不会影响纳税人对不同商品的偏好,不干扰纳税人对不同商品的选择,因而不会产生超额负担。税收的替代效应是由于对某种商品征税,造成商品相对价格发生变化,而对纳税人产生的影响。替代效应使商品相对价格发生变化,必然会干扰纳税人对商品的选择。如果甲乙两种商品之间具有可替代性,当对甲商品课税时,势必会造成消费者选择乙商品,代替对甲商品的消费,以避免纳税。因此,税收的替代效应干扰消费者的自由选择,产生超额负担。

2. 超额负担含义的图解

用图1-3也可说明为什么会产生超额负担。

图中假设在完全竞争的市场条件下,对商品X按每单位t的税率征收从价税。DD线是商品需求曲线,表示人们消费该商品愿意支付的价格或获得的收益;SS线是商品供给曲线,表示厂商生产该商品的成本。它们的平衡点是C,对应的价格是P_0,产量是Q_0;消费者剩余(即消费者所获得的收益与其预期收益的差额)是图形P_0CD,生产者剩余(即生产者获得的收益与其提供商品的生产成本的差额)是

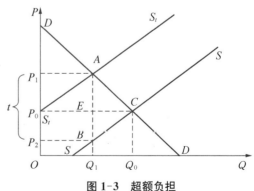

图1-3 超额负担

图形P_0CSO。当对X商品征税时(假设由生产方负担),使得生产成本增加,SS线左移到S_tS_t线,均衡点由点C转移到点A,对应的价格为P_1,产量为Q_1。此时的消费者剩余为DAP_1,而生产者由于实际上只能得到P_2的价格,因此,生产者剩余为P_2BSO,

中间 P_1ABP_2 为政府征税拿去的税收，而 $\triangle ABC$ 则既不为政府所得到，又不为生产者、消费者的剩余，白白损失，称之为额外负担、超税负担等。

能证明超税负担的一个典型的例子是：古代欧洲国家课征窗户税，凡是有窗户的人家皆须纳税，人们为了逃避此税收，干脆用砖块将窗户砌封住，不开窗户。一方面，人们的居住不舒适，另一方面，政府也没有得到税收，这种福利损失是无谓的，可视为完全的超税负担。

经过进一步研究，在一系列严格的假设条件下，人们又得出产品税比所得税的超额负担要大，间接税比直接税的超额负担要大①。

3. 税收中性原则——早期最优税制的指导原则

税收中性原则一度曾被认为可以与税收效率原则相互替换，因为它侧重于探讨什么样的税能对资源配置起最优的作用，主要体现的就是税收的效率原则。

税收"中性"的概念最早是由 19 世纪末英国古典学派的代表人物马歇尔所提出的，在其 1890 年的名著《经济学原理》中，他在提出税收的"额外负担"概念后，证明了间接税的额外负担超过直接税，并且额外负担的大小直接与消费品的价格需求弹性相关，弹性愈大，额外负担就愈重。据此，他认为应增加直接税，减少间接税，使税收保持"中性"。

更早的税收"中性"的思想甚至可追溯到亚当·斯密的"看不见的手"的主张。斯密认为政府不应该干预市场经济的有效运行，应让市场这只"看不见的手"自由和自发地发挥作用，这样的资源配置能达到最佳状态；而任何政府对市场经济活动的干预都将破坏这种合理的流动和最佳配置，因此"中性"在这里的含义即指"不干预"，而"管理最少的政府是最好的政府"便成为税收中性原则的基本思想。

在马歇尔证明的基础上，后人又证明了直接税也有扭曲价格的作用，也会产生超额负担。至此，基本上可以明确，绝大多数的税收都会导致资源配置的扭曲，产生额外负担。而税收中性原则的内涵则可以进一步得到明确，国家在课税时，除了使人民因纳税遭受损失之外，最好不要再使人民遭受其他额外负担或经济损失。按照此原则指导的理想的税收制度就应是理论上，应使其对个人的生产和消费决策没有任何影响，使额外负担减少到最低限度。

在具体税制设计上，国际上针对"税收中性"的讨论结果中，有以下三点可以参考。

(1) 建立以直接税为主的税制，理由是直接税比间接税产生的超额负担要小。

(2) 在商品税上，要扩大税基，尽量将可能多的商品纳入征税范围，减少替代效应。

(3) 税率平均化，单一比例税率比累进税率更能减少替代效应。

随着社会经济的发展，税收中性原则的含义也日渐演变，现在它的含义已不仅指税收是否会对消费者产生诱因，改变其选择，还包括其他如劳动诱因、储蓄诱因、产业（产品）决策诱因、投资诱因等。至此，税收中性原则可理解为税收对各种经济活动所产生的不良影响，应使其减少到最低限度。

另外，税收中性思想也有其局限之处。例如，该思想是建立在纯粹的完全竞争性市

---

① 曹立瀛.西方财政理论与政策[M].中国财政经济出版社，1995：350-363.

场假设基础上的,而实际生活中的市场却与这个假设相去甚远,因此,税收中性的实际应用只有相当小的一块,较为符合目标的是增值税,它比以往的多环节销售税能减少资源配置的损失。在市场运行不充分的地方,我们希望税收是"非中性"的,能起纠偏匡正的作用,如消费税的设立即是基于消费者的非理性会使市场错误配置资源这一现象,通过对这种错误消费行为的纠正,来实现资源的更优配置。

当代最优税制的研究已经完全挣脱了税收中性原则中的部分思想,如单一比例税率的指导,进一步用实证研究来证明怎样的税收才是最有效率的税。

二、最优税制论

当代的最优税制理论研究是以拉姆齐(Ramsey)1927年发表的重要学术论文《对税收理论的一种贡献》为标志的。在这篇文章中,他提出的对产品税征税税率的设计与中性税思想所提倡的统一税率是大相径庭的,标志着最优税制发展史上崭新的起点。此后,经过逐步发展,尤其是英国剑桥大学教授詹姆斯·米尔利的贡献,最优税制数理的特征越来越明显,问题的讨论也逐渐深入,研究方法也逐渐转向实证分析。

最优税制理论主要可以分为最优商品税和最优所得税两个部分。

(一) 最优商品税

在中性税收思想的指导下,为了避免替代效应的发生,使效率损失最小,对商品征税要求:① 扩大税基,对所有商品征税;② 统一税率,对所有商品课征统一比例税率;③ 在替代效应存在的前提下,应尽量寻求需求价格弹性较小的课税对象,以使效率损失最小。然而拉姆齐运用数学工具证明情况并非如此。

1. 拉姆齐法则

(1) 基本假设前提及思路:① 不采用一次总付税,财政收入通过产品税筹集;② 生产表明,有经常的以固定的生产者价格计算的与规模成比例的收益;③ 生产成本给定,并且没有利润。他的基本思路是当从不同商品征得最后一单位税收引起的效率损失都相等时,此时的总效率损失最小,税制达到最优。从这一点可见,现代最优税制论仍然以超额负担和税收效率为起点。

(2) 弹性倒式法则[①]。设有两种商品 X 和 Z,税前价格需求弹性分别为 ηx 和 ηz,两商品的税率分别为 tx 和 tz,课税的税率损失或超额负担大小用 EL 代替。

根据哈伯格三角形的计算公式,即

$$Elx = 1/2 tx^2 \cdot \eta x \cdot Px \cdot Qx$$

$$Elz = 1/2 tz^2 \cdot \eta z \cdot Pz \cdot Qz$$

最优税收制度目标可以理解为政府欲在征税效率损失最小的前提下,获得一定的财政收入(设为 R),因此建立目标函数

[①] 罗森.财政学[M].中国财政经济出版社,1992:417—421;刘宇飞.西方财政学[M].北京大学出版社,2000:310—313.

$$\min\{1/2tx^2 \cdot \eta x \cdot Px \cdot Qx + 1/2tz^2 \cdot \eta z \cdot Pz \cdot Qz\}$$

约束条件是

$$tx \cdot Px \cdot Qx + tz \cdot Pz \cdot Qz = R$$

用拉格朗日法求解后,可以得到

$$tx/tz = \eta z/\eta x$$

结论表明,要想效率损失最小,对不同税前价格需求弹性的商品课税,必须做到税率之比应等于弹性之比的倒数,此所谓"弹性倒式法则"。将结论适当变形后,可成为

$$tx \cdot \frac{\Delta Qx/Qx}{t_x} = tz \cdot \frac{\Delta Qz/Qz}{t_z},$$

$$\Delta Qx/Qx = \Delta Qz/Qz$$

也称为"等比例递减法则"。该法则同样表明,对商品课税时要做到效率损失最小,并不要求对所有商品课征统一的税率,而是要使不同的商品税后需求量的变动比例能够统一。

(3) 不足之处。虽然拉姆齐法则对商品征税问题提出了极具价值的理论见解,使得不同商品间相对税率的比例在理论上可以确定,但是其不足之处也成为该理论招人攻击的目标。

① 该法则忽略了商品之间的替代性和互补性,如果考虑了商品之间的相互关系,则不同商品的需求弹性就不是简单直接的了。举例来说,对于替代性较强的高级面粉和普通面粉,前者税前价格需求弹性大,后者较小。按拉姆齐法则,该对高级面粉征低税,后者征高税,在两种面粉税后价负相差不太大的前提下,人们将会选择高级面粉来代替普通面粉,这样的税制对相当一部分中低收入水平消费者的选择产生了干扰,同时对生产商也会产生干扰,势必产生较大的替代效应,导致效率损失。

② 更主要的是,该法则与公平原则直接冲撞。这一点从上例中也可看出,对大多数人日常所需的必需品征高税,对少数高收入阶层所消费的奢侈品征低税,这显然违背了公平原则。虽然也有人这样争辩,商品税的主要职能并不是要解决公平问题,所得税才需要体现公平原则。

③ 该法则没有考虑闲暇这类特殊商品的征税问题,这样的商品税制仍然是不完善的。

2. 科利特—黑格法则

闲暇作为一种特殊的消费品,在人们的生活中是非常常见的,但却不引人注意,它与一般消费品之间或多或少具有一定的替代性或互补性。对一般消费品的征税必然会影响人们对劳动供给和闲暇的选择,为纠正产品课税对工作—闲暇关系的干扰,科利特和黑格于1953年提出对拉姆齐法则进行修改,采取一种补偿性措施,即对与闲暇互补的产品如高尔夫球场、游艇等产品课征较高的税率,对与闲暇替代的产品,如工作服、工作手套等,课征较低的税率,这样的考虑可有效实现对闲暇的征税。同时,该法则也从另一角度考虑了公平原则,因为闲暇是劳动的替代品,大部分与闲暇有互补关系的商品

属高收入阶层的消费品,而大部分与闲暇有替代关系的商品属低收入阶层的消费品,对前者征高税,对后者征低税的做法符合公平原则。

(二) 最优所得税

如果说,人们对商品税寄予的希望主要是效率,那么对所得税,更多的则是希望它能在公平方面有所作为,或者说所得税本身就是对公平与效率结合的一种体现。

对最优所得税的研究方向远比对最优商品税的研究方向更模糊,因而更具有挑战性。因为与商品税不同的是,关于对最优所得税采用比例税率还是累进税率,人们也是各持己见。

1. 最优线性所得税

这是一种简单的但同时考虑了公平与效率的所得税设计。它的基本形式是 $T=(-a)+ty$,a 是每个人都可以得到的一个归总的转移支付,"—"号表示负税,t 是所得税征税比例。在这里,"最优"的目标是确定合适的边际税率 t 和归总支付 a,使得社会在实现合意的收入分配目标的同时还能实现所得税效率损失的最小化。

理论上,社会最优条件下,t 和 a 是可以确定的,由于其运用了一些繁琐的几何分析,在这里我们不作介绍,有兴趣的读者可参见刘宇飞《西方财政学》(北京大学出版社,2000)第 321—326 页。它的结论基本上与弹性倒式法则类似:劳动的供给弹性越大,最优的 t 值应越小。

2. 最优非线性所得税

所得税的边际税率如果是变化的,则称为非线性。按照一些人的观点,随着收入的增加,边际税率也应提高,对最高个人收入的最高边际部分应课以高税,甚至可以是100%。米尔利斯在当初研究时,也想证明对有能力的应该多征税。这在完全信息条件下,是可以做到的。但在现实中,在不完全信息条件下,一个人假装低能力要比假装高能力容易得多,所以政府就可能征不到一部分税。而米尔利斯经过证明得到的结果,与最初的设想恰恰相反。结果认为,由于信息的不对称,最高收入的边际税率应该为 0,也就是对最高能力的人的边际收入不应该征税。

另一位在最优所得税方面有深入研究的美国哥伦比亚大学教授威廉·维克里也对此有相似认识,早在 1945 年,维克里就指出,高度累进的所得税制不会给个人努力工作提供有效的激励,由此必然会产生税收的超额负担(一种效率损失)。具体地说,向高收入者征收高额累进税,就是向他们的额外努力征收高边际税率。这有点类似向经济博弈"胜利者"征税的味道,会妨碍市场提供的基本动机,削弱他们努力工作的激励机制。

应该说,最优税制论只是理论上探讨研究所假设的一种理想状态,它必须在一系列严格的假设条件下才能存在。现实中的税制不可能完全靠近这种理想状态,因为理论在实践中的实施至少要遇到像实施路径的选择[①]等具体问题,但不可否认的是,它对现实的税制建设仍起着一种导向作用。

---

① 阎坤,王进杰. 最优税制改革理论研究[J].税务研究,2002(1).

比较税制

本 章 小 结

　　本章着重讲述了税制理论的一些基础知识，包括单一税收制度、复合税收制度以及马斯格雷夫的税收流程图。单一税制论主要包括单一消费税论、单一土地税论、单一所得税论、单一财产税论。复合税制论具体又包括两大税系论、三大税系论。现代复合税制理论的重点和难点是马斯格雷夫的社会资金流程图和税收分布点。单一税制具有征管方便、税负低的优点，缺点是财源单一、调节作用有限、不能普遍征收。设计良好的复合税制能有效避免单一税制的缺陷，这正是当今绝大多数国家都采用复合税制的原因。

　　最优税制理论代表了当代税制理论研究的最前沿。税收中性思想是早期优化税制的定性指导，直到现在仍有其深远意义。而当代最优税制理论运用数学工具，进行定量分析，所得出的结论与税收中性理论有所偏差，但并不说明税收中性原则的错误。相反，由于理论环境与实践环境的差距，某种程度上，定性的税收中性原则对指导实践更具有可行性。另一方面，最优税制理论也发挥着对实际税制发展的引导性作用。

关 键 词

　　单一税制　复合税制　超额负担　税收中性　最优税制

复习思考题

　　1. 历史上单一税制理论有哪些观点，为什么没有一个国家在进行税制建设时以单一税制理论为指导思想？
　　2. 马斯格雷夫认为一国复合税制应由哪些部分组成，怎样进行税制建设？
　　3. 如何评价一国税制的优劣，以何为标准？如何看待当代最优税制理论？

第二章 税制结构比较

税制结构是根据国情,为实现税收的效率、公平、财政目标,由若干不同性质和作用的税种组成的主次分明、层次得当、长短互补、具有一定功能的税收体系。如何确定较为适合本国国情的税制结构,是各国着力解决的问题,也在相当程度上决定了一个国家税收功能的发挥程度。任何国家的税制结构都不是一成不变的,都会随其经济发展阶段和社会组织结构的演变而调整,本章主要通过介绍和分析发达国家与发展中国家税制结构选择的不同特点,结合优良税制的一般标准,进一步探讨我国税制结构的目标模式。

第一节 发达国家和发展中国家税制结构比较

尽管各国的税制都是由若干税种组成的复合税制,但几乎每个国家都有其主体税种,可以是一个或者多个主体税种,如果以流转税作为主体税种,则该国呈现以流转税为主的税制结构;如果以所得税作为主体税种,则该国呈现以所得税为主的税制结构;如果以流转税和所得税并重或同时作为主体税种,则呈现直接税与间接税并重的税制结构,若加以细化,则上述几种税种结构模式还可分为若干模式。如以流转税为主体,则税制结构又可分为全额流转税(如销售税、货物税和营业税等)为主体的税制结构和以增值税为主体税制结构;所得税为主体的税制结构又可分为以个人所得税为主体的税制结构,以公司所得税为主体的税制结构,以社会保障税为主体的税制结构,个人所得税和公司所得税为主体的税制结构,个人所得税和公司所得税为主体的税制结构,个人所得税、社会保障税为主体的税制结构等。在本书中,我们主要从大的层面对以所得税为主和以流转税为主的税制结构模式进行分析,进而揭示世界各国税制结构演变的态势。

一、以流转税为主的税制结构

这一模式以流转税为主体税种。流转税的具体税种从名称上看,有营业税、货物税、销售税、周转税、增值税、关税等。从课税对象来说,除增值税以增值额为计征依据,其余税种都是就商品或劳务的全部收入征税。

(一) 以全额流转税为主的税制结构

全额流转税的课税对象是流转金额,其中周转税对多阶段、多环节如产制、批发、零售和劳务进行普遍全额征收,销售税则对上述某一环节的产品或劳务收入全额征收。不难看出,全额流转税的显著特点是税基宽,具有较强的聚财能力,对税收征管条件要求相对较低,稽征简便易行,对经济调节灵活,针对性强,可配合价格共同调节。上述优势适于在较落后的发展中国家推行,因而曾在许多国家成为主体税种。

但是,全额流转税有其致命的缺陷:一是重复征税,二是累退性,不符合公平原则。由于全额流转税既不利于专业分工协作,又难以按纳税人的实际负担能力征税,因而不少国家逐渐用增值税取而代之。不过一些经济基础较差国家和地区由于条件的限制,还是以全额流转税作为主体税种。目前,大约有 50 多个国家和地区采用了该模式,甚至几个国家如乌干达、哥斯达黎加等还以关税为主体税种,对全额流转税有很强的依赖性。在已实行增值税的国家,全额流转税也并非束之高阁,而是视情况启用,弥补增值税调节功能不足的缺陷,挖掘税收收入。

(二) 以增值税为主体的税制结构

增值税对商品和劳务的增值额征税,征税范围包括生产、批发、零售各个环节。在实际运作过程中,由于经济发展水平、财政状况、国民纳税习惯、国家具体情况等因素,增值税因法定扣除项目的规定不同分为生产型增值税、收入型增值税和消费型增值税。

增值税税负与商品周转环节次数没有关联,只与增值额相关,可以避免重复征税,税基宽广,对经济影响是中性。但增值税的直接征税成本高于全额流转税,需要有完整的会计制度与税收征管制度配合,如果该条件不能具备,即使实行增值税也无法达到预期的某些政策目标,偷逃税现象会随之产生。此外,增值税呈累退性,不同收入阶层在商品购买和消费中,实际承担的税负相对于其收入比重是递减的,即收入越高,所负担的税收比例越低,不符合税收公平原则。

以增值税为主体的税制结构在公平和聚财方面不亚于全额流转税,在效率方面可以从根本上克服全额流转税为主体的税制结构的缺陷,是一种比较好的税制结构。

二、以所得税为主体的税制结构

这一模式以所得税为主体税种,包括个人所得税、公司所得税和社会保障税,它具有以下四个特点。

(1) 以所得税额或财产额为课税对象,税源比较固定,聚财功能较强,较易适用累进税率。

当经济过热、需求过旺时,由于所得税的累进性,其增长速度高于国民收入的增长速度,从而会抑制需求。相反,在经济衰退、需求不足时,所得税可自动减税,起到刺激需求的效应。同时通过相机抉择税收政策的运用,即在不同的经济发展周期,对所得税税率、各种减免扣除项目及其数额进行调整和变动,可实现对社会总供给和总需求的调节,有利于在市场机制无法合理地配置资源时促进经济协调发展,对经济能起重要调节作用。

(2) 个人所得税考虑了基本扣除、配偶扣除以及抚养扣除等个人情况,实现对高收入者多课税、对低收入者少课税或不课税的量能课税原则,体现纵向公平和横向公平。

所得税中的个人所得税的征收实行源泉扣缴制度,可控制税源,因此其对收入调节更为直接有效。社会保障税的征收为社会保障制度提供了物质基础,虽然就社会保障税征收本身而言,对社会成员间收入差距的调节作用不大,但通过社会保障基金的支付,即对低收入者多支付、高收入者少支付,可实现社会成员间收入的再分配,促进社会公平和社会稳定目标的实现。

(3) 税负不易转嫁。

(4) 税收变动不会对物价产生直接的影响。

但是,所得税在征收管理上,相对于其他税种,尤其是对照商品税要复杂得多。所得税的计税依据是应税所得,应税所得是经过复杂的计算后得出的,而且要加以核实,所以征收管理相对困难,征收成本居各税之首。此外,因税负不易转嫁,纳税人感到负担重,偷逃税现象较多,尤其是在法制不健全的发展中国家。当然,如果在税率结构上进行比较好的选择,如起征点较高、累进档次不多、边际税率不高但仍有一定累进性的所得税,再辅之以良好的征管条件和较好的经济发展背景,应该能够兼顾公平与效率,成为较好的税制结构。

三、世界各国税制结构的总体格局

一般根据一国年人均 GDP 水平,把国家划分为发展中国家和发达国家。根据 2018—2019 年世界银行对国家收入的划分标准:人均国民总收入在 12 055 美元以上为高收入国家,人均国民总收入在 12 055 美元以下的为经济发展中国家,其中人均国民总收入低于 995 美元为低收入国家;人均国民总收入在 996—3 895 美元为中下等收入国家;人均国民总收入在 3 896—12 055 美元为中上等收入国家①。在这几种类型的国家,各类税收占税收收入总额的比重,如表 2-1 所示。

表 2-1 反映的只是世界各国税制结构的大致轮廓,为了更详细地说明,现抽样选择 2 个低收入国家、13 个中等收入国家和 9 个高收入国家,其各种税收收入占税收收入总额的比例,用表 2-2 表示。

从表 2-1 和表 2-2 可看出,经济越发达国家,所得税(包括社会保险税)越重要,对流转税的依赖性不大,对关税的依赖性极其微弱;而经济越落后国家对流转税的依赖性越强,其中对关税的依赖很强。具体来说,表现为以下四个基本特点(详见表 2-3—表 2-10)。

(1) 低收入发展中国家税制结构以流转税为主,其中关税占有重要地位,尤其又以进口关税为主。与商品税相比,所得税份额过小,其他税收份额微乎其微,没有社会保障税。

(2) 下中等收入国家税制仍以流转税为主,但商品税的份额比低收入国家有所降低,所得税的比重在增大,其中又以公司所得税为主,社会保险税的比重很小。属于流转税第一、所得税第二的主体格局。

---

① 我国 2010 年 GDP 为 59 266 亿美元,人均国民总收入为 4 270 美元。

表 2-1 各类税收在税收入的比重

单位：%

国家类别	年份	所得税(含资本权益税)				社会保险税				流转税								财产税等其他税			
										货物与服务税				国际贸易税							
		1980	1997	2009	2017	1980	1997	2009	2017	1980	1997	2009	2017	1980	1997	2009	2017	1980	1997	2009	2017
低收入国家		22.47				0				29.21				38.20				3.37			
低收入国家(不包括中国)		22.47				0				28.09				38.20				3.37			
下中等收入国家		21.84	20.69	26.00	23.38	4.60	8.05		16.56	25.29	40.23	36.00	38.11	18.39	9.20	5.00	4.88	4.60	3.45	2.00	0.48
上中等收入国家		27.27	21.84	23.00	23.39	10.23	13.79	22		20.45	39.08	36.00	31.59	7.95	6.90	4.00	3.21	3.41	2.30	2.00	1.13
高收入国家		33.33	29.35	24.00	25.24	24.44	27.17	36	30.89	26.67	28.26	27.00	32.15	2.22	0	0	0	3.33	3.26	2.00	2.61
高收入国家(欧盟)		28.26	29.89	23.00	19.91	38.04	41.38	37	32.49	27.17	28.74	27.00	33.91	1.09	0	0	0	3.26	3.23	2.00	2.08
低收入和中等收入国家		21.84	19.77	21.00	23.15	1.15	0.65			28.74	37.21	36.00	36.10	27.59	15.12	7.00	5.51	3.45	3.49	2.00	0.97
其中:东亚和太平洋地区		24.72	31.40	37.00	30.07	0	1.16			47.19	34.88	31.00	28.66	17.98	11.63	6.00	3.27	2.25	4.65	1.00	0.50
欧洲和中亚			18.68	10.00	15.53		30.77	20	24.44		43.96	42.00	38.47		5.49	4.00	3.22		1.11	0	0.37
拉美和加勒比地区		21.11	19.77	27.00	26.82	12.22	10.47	10		26.67	44.19	39.00	33.24	21.11	10.47	4.00	3.40	6.67	3.49	2.00	1.27
中东和北非		23.08	25.40	27.00		7.69	0			10.77	12.70	31.00		26.15	17.46	6.00		10.77	9.52	3.00	
南亚		16.87	20.73	19.00	14.93	0	0	0		40.96	40.24	29.00	46.01	39.76	26.83	13.00	15.99	2.41	4.88	0	0.03
撒哈拉以南非洲		24.44				1.11				2.78				38.89				3.33			

资料来源：表中所列1980年和1997年数据根据世界银行《世界发展指标2001年》计算得出，2009年资料来源于世界银行《世界发展指标2011》，2017年资料来源于世界银行《世界发展指标2019》。

注：① 表中所列不同类型国家划分标准不是根据2010年世界银行标准划分的，而是根据当时年份标准划分的。
② 表中不包括中国，中国在1980年、1997年时属于低收入国家，现在为下中等收入国家。
③ 由于数据缺失或者对税收收入的调整，各部分加总可能不等于100%。

表2-2 部分国家各类税收占税收收入的比重 单位：%

国家		收入、利润和资本利得税			工薪税	货物和服务税			国际贸易税	财产税	其他
		个人	公司	小计		货物和服务一般税	货物税	小计			
低收入国家	印度	19.49	33.94	53.43		31.32	15.96	47.28	15.16	0.08	
	印尼	9.36	38.83	48.19		47.31	11.50	58.81	2.88	1.25	0.38
下中等收入国家	巴基斯坦	36.51		36.51		47.99	4.99	52.98	3.96		0.82
	泰国	12.05	26.99	39.04		56.18	25.76	81.94	4.33	0.004	0.82
	缅甸			35.55		54.05			9.00	0.01	1.38
	波兰			24.97	1.39	73.64		73.64			
	蒙古		25.35	25.35		58.75	14.02	72.77	15.20		0.69
	俄罗斯	−10.57	6.41	−4.16		70.94	9.56	80.5	30.51	0.02	0.001
	乌克兰			24.39		71.60		71.60	4.51		−0.49
上中等收入国家	韩国	29.24	22.40	51.64		39.61	10.75	50.36	3.23	3.31	2.22
	南非			56.37	1.30	38.33		38.33	3.83	0.16	
	墨西哥	25.03	25.73	50.76		44.47	15.42	59.89	1.91		1.39
	阿根廷			21.86	0.48	48.11		48.11	12.56	0.85	16.12
	哈萨克斯坦			41.16		35.81			23.03		0.001
高收入国家	加拿大			78.47					2.35		
	美国	82.79	7.95	90.74		5.44	3.25	8.69	2.64	1.18	
	法国	36.40	12.23	48.63	4.81	42.62	8.07	50.69	−0.02	3.70	0.22
	德国	37.18	6.18	43.36		55.32	17.68	73			
	意大利	43.48	8.44	51.92		39.79	10.81	50.6		1.97	6.29
	荷兰	36.19	14.19	50.38	0.29	45.22	9.68	54.9		2.05	2.11
	西班牙	24.31	16.52	40.83		50.09	14.32	64.41		0.08	
	英国	35.64	11.15	46.79	0.36	45.66	11.82	57.48		6.70	0.49
	澳大利亚	51.91	19.19	71.1	0.19	24.36	5.95	30.31	3.81		

注：① 根据中国财经出版社出版的《国际统计年鉴2019》有关数据计算得出，小计数据不能简单相加得出。
② 货物和服务税包括总销售税和周转税或增值税、部分商品消费税、部分服务税、商品或财产使用税以及财政垄断税。

比较税制

表2-3 经济合作与发展组织成员国家的税制结构(1)　　　　　　　　　单位：%

税种＼年份	1965	1970	1975	1980	1985	1990	1995	2007	2010	2017
个人所得税	26.0	28.0	31.0	32.0	30.0	30.0	28.0	27.7	24.0	23.9
公司所得税	9.0	9.0	8.0	7.0	8.0	8.0	8.0	11.2	9.0	9.3
社会保障税	19.0	21.0	25.0	25.0	25.0	25.0	27.0	24.7	27.0	26.0
财产税	8.0	7.0	6.0	5.0	5.0	5.0	5.0	6.4	5.0	5.8
增值税和销售税	12.0	13.0	13.0	14.0	16.0	17.0	18.0	17.8	20.0	20.2
其他商品和服务税	24.0	22.0	17.0	17.0	16.0	15.0	14.0	10.6	13.0	12.2

资料来源：OECD收入统计(1997)；2007年资料来源于高培勇.世界主要国家财税体制：比较与借鉴[M].中国财经出版社,2010；2010年资料来源于李文.发展中国家的税制累进性与再分配[J].财贸经济,2013(5)；2017年资料来源于OECD Revenue Statistics 2019。

表2-4 经济合作与发展组织成员国家的税制结构(2)　　　　　　　　　单位：%

国家	个人所得税			公司所得税			社会保障税			商品服务税			财产税		
	1975—1980	1981—1985	1986—1992	1975—1980	1981—1985	1986—1992	1975—1980	1981—1985	1986—1992	1975—1980	1981—1985	1986—1992	1975—1980	1981—1985	1986—1992
澳大利亚	55.3	55.3	56.8	13.9	11.8	12.5	0	0	0	29.2	31.7	29.1	0.5	0.3	0.5
奥地利	26.2	24.7	22.8	3.8	3.2	3.2	36.3	38.8	40.3	30.9	30.1	29.9	2.0	1.8	1.9
比利时	33.0	34.0	30.4	6.2	5.7	6.2	32.5	33.3	36.3	25.3	24.8	24.2	2.8	2.0	2.6
加拿大	41.9	42.6	46.3	17.1	11.9	11.1	12.4	14.9	16.1	26.8	29.2	25.2	0	0	0
丹麦	38.8	35.9	35.4	4.0	4.5	5.1	2.1	4.7	4.3	51.6	50.7	47.7	3.5	3.4	3.2
芬兰	30.4	28.0	28.3	2.9	2.8	2.7	12.6	12.6	13.6	50.7	53.2	51.2	3.2	3.2	4.1
德国	16.4	14.6	14.5	4.3	3.7	3.8	54.2	57.7	56.7	24.7	23.8	25.0	0.4	0.1	0.2
希腊	11.7	14.2	14.1	4.6	3.3	5.1	27.8	35.8	33.4	43.4	39.6	44.8	4.0	2.4	4.5
冰岛	13.9	13.6	17.5	2.5	2.5	2.8	4.5	4.5	6.0	75.6	74.3	67.6	3.5	4.9	5.6
爱尔兰	30.6	33.5	36.1	2.2	4.5	4.3	15.0	15.3	14.9	46.9	44.8	43.0	2.2	1.8	2.0
意大利	22.4	30.8	30.3	5.5	5.3	6.6	40.1	35.0	32.2	28.4	25.1	28.2	2.4	1.7	1.3
日本	39.1	40.7	38.8	32.9	30.4	33.2	0	0	0	26.5	22.6	17.5	2.7	3.6	6.7
卢森堡	28.2	28.9	25.3	13.6	12.0	11.9	31.7	27.8	27.5	20.3	24.7	26.0	5.0	5.7	7.4
荷兰	27.1	22.5	23.3	6.9	6.7	7.6	40.1	45.7	42.2	23.1	22.7	23.9	2.3	2.0	2.4
新西兰	62.6	63.8	55.3	10.8	8.2	8.3	0	0	0	24.3	26.1	32.2	1.9	1.1	1.0
挪威	15.2	11.1	12.4	6.4	18.8	8.3	28.0	24.6	29.8	48.9	44.3	47.8	1.2	1.0	1.4
葡萄牙	10.9	11.4	11.8	4.2	5.2	6.7	29.3	25.6	29.0	40.5	38.1	43.7	1.7	1.7	0.8
西班牙	14.5	19.4	22.4	7.9	5.4	8.0	51.0	49.9	40.3	25.4	22.1	28.2	5.3	2.9	1.0

(续表)

国家	个人所得税			公司所得税			社会保障税			商品服务税			财产税		
	1975—1980	1981—1985	1986—1992	1975—1980	1981—1985	1986—1992	1975—1980	1981—1985	1986—1992	1975—1980	1981—1985	1986—1992	1975—1980	1981—1985	1986—1992
瑞典	12.7	12.9	13.1	3.1	2.7	3.0	51.3	52.0	52.5	30.8	29.2	27.4	2.0	3.2	4.0
土耳其	41.7	42.4	38.2	5.2	11.0	12.2	0	0	0	41.8	36.5	45.6	2.5	3.7	0.3
英国	41.5	33.9	30.9	8.1	12.6	12.0	19.5	18.8	19.0	29.0	32.8	33.9	1.8	1.9	4.2
美国	46.6	48.4	46.1	14.7	8.5	9.8	30.3	34.4	37.4	6.8	7.6	5.7	1.6	1.1	1.0
非加权平均值	29.2	29.1	28.5	8.0	7.9	8.1	24.9	25.6	25.6	34.1	33.5	33.9	2.3	2.2	2.6

资料来源：刘军，郭庆旺.世界性税制改革理论与实践研究[M].中国人民出版社，2001.

表 2-5 经济合作与发展组织成员国家 2017 年的税制结构   单位：%

国家	个人所得税	公司所得税	社会保障税	财产税	增值税	其他消费税	其他税
澳大利亚	40	18	0	10	12	14	0
奥地利	22	6	35	1	18	10	1
比利时	27	9	31	8	15	9	1
加拿大	36	11	14	12	14	10	0
丹麦	53	7	0	4	21	11	0
智利	10	21	7	5	42	13	0
捷克	11	11	43	1	22	11	1
爱沙尼亚	17	5	34	1	28	15	0
芬兰	29	6	28	4	21	12	0
法国	19	5	36	9	15	9	3
德国	27	5	38	3	18	8	1
希腊	16	5	30	8	21	18	0
匈牙利	14	5	32	3	25	18	1
冰岛	38	8	9	5	24	10	2
爱尔兰	31	12	17	6	20	12	1
以色列	21	10	16	10	23	12	0
意大利	26	5	30	6	15	13	3
日本	19	12	40	8	13	8	0
韩国	18	14	26	12	16	12	2
拉脱维亚	21	5	27	3	26	17	1

(续表)

国家	个人所得税	公司所得税	社会保障税	财产税	增值税	其他消费税	其他税
立陶宛	13	5	41	1	27	12	1
卢森堡	24	14	29	10	16	8	0
墨西哥	21	22	13	2	23	13	1
荷兰	22	8	36	4	17	12	0
新西兰	38	15	0	60	30	8	0
挪威	26	13	27	3	22	9	0
波兰	15	6	38	4	23	14	1
葡萄牙	19	9	27	4	25	15	1
斯洛伐克	10	10	44	1	21	12	0
斯洛文尼亚	14	5	40	2	22	17	0
西班牙	22	7	34	7	19	10	1
瑞典	30	6	22	2	21	7	0
瑞士	30	11	24	8	12	9	1
土耳其	15	7	29	5	20	23	1
英国	27	8	19	13	21	11	1
美国	39	6	23	16	0	16	0

资料来源：OECD Revenue Statistics 2019。

表 2-6 发达国家 2007 年主要税种税收收入的构成　　　　　单位：%

国家	所得税和社会保障税						流转税				财产税和其他税		
	个人所得税	公司所得税	所得类税收	社会保障税	工薪税	小计	一般流转税	特殊流转税	其他流转税	小计	财产税	其他税	小计
加拿大	37.4	11.0	49.8	14.4	2.0	66.2	13.6	8.4	1.6	23.6	9.9	0.3	10.2
美国	38.1	11.0	49.0	23.4	—	72.4	7.7	6.0	2.9	16.6	11.0	—	—
澳大利亚	36.7	23.1	59.8	—	4.7	64.5	13.0	11.3	2.3	26.6	8.9	—	—
日本	19.6	16.8	36.4	36.4	—	72.8	8.8	7.1	2.1	18.0	9.0	0.2	9.2
韩国	16.7	15.1	31.8	20.8	0.2	52.8	15.8	14.5	1.0	31.3	12.8	3.2	16.0
新西兰	42.1	14.2	62.9	—	—	62.9	23.5	5.9	2.3	31.7	5.3	0	5.3
奥地利	22.5	5.8	30.0	33.7	6.3	70.0	18.3	7.6	1.7	27.6	1.4	0.7	2.1
比利时	29.3	8.2	37.5	31.0	0	68.5	16.3	7.2	1.7	25.2	5.1	0	5.1
丹麦	51.7	7.4	59.6	2.0	0.5	62.1	21.4	10.4	1.8	33.6	3.8	0	3.8
芬兰	30.3	9.0	39.3	27.7	—	67.0	19.5	9.8	0.8	30.1	2.6	0.1	2.7

(续表)

国家	所得税和社会保障税						流转税				财产税和其他税		
	个人所得税	公司所得税	所得类税收	社会保障税	工薪税	小计	一般流转税	特殊流转税	其他流转税	小计	财产税	其他税	小计
法国	17.0	6.8	23.8	37.0	2.8	63.6	17.0	7.0	0.7	24.7	3.8	0	3.8
德国	25.1	6.1	31.2	36.6	—	67.8	19.4	8.8	1.1	29.3	2.5	0	2.5
希腊	14.7	8.0	23.4	36.4	—	59.8	23.4	9.2	2.9	35.5	4.3	—	4.3
冰岛	33.9	6.1	45.4	7.7	0.1	53.2	25.9	10.2	4.3	40.4	6.1	0.3	6.4
爱尔兰	28.4	10.9	39.3	15.4	0.7	55.4	24.1	10.3	1.7	36.1	8.2	—	8.2
意大利	25.6	8.8	33.7	30.0	—	63.7	14.2	8.5	2.5	25.2	4.9	5.9	10.8
卢森堡	20.1	14.9	35.0	27.8	—	62.8	15.7	10.9	0.6	27.2	9.8	0.1	9.9
荷兰	20.4	8.7	29.1	36.2	—	65.3	19.8	8.7	1.4	29.9	3.3	0.5	3.8
挪威	22.1	26.0	48.1	20.8	—	68.9	19.1	7.7	1.6	28.4	2.8	—	2.8
葡萄牙	15.8	10.1	25.9	32.1	—	58.0	24.1	12.7	0.7	37.5	3.8	0.4	4.2
西班牙	19.8	12.4	33.1	32.6	—	65.7	16.2	7.5	1.8	25.5	8.0	0.4	8.4
瑞典	30.9	7.9	38.7	26.1	5.7	70.5	19.3	6.4	0.9	26.6	2.4	0.1	2.5
瑞士	35.3	10.6	45.9	23.3	—	69.2	13.1	7.3	2.2	22.6	8.2	—	8.2
英国	30.1	9.4	39.5	18.4	—	57.9	18.2	9.8	1.2	29.2	12.6	—	12.6
非加权平均值													
全部国家	27.7	11.2	39.5	23.7	1.0	64.2	17.8	8.9	1.7	28.4	6.4	0.7	7.1
欧洲国家	26.3	9.8	36.6	26.4	0.9	63.9	19.2	8.9	1.6	29.7	5.4	0.7	6.1
非欧洲国家	31.8	15.2	48.3	15.8	1.2	65.3	13.7	8.9	2.0	24.6	9.5	0.6	10.1

资料来源：高培勇.世界主要国家财税体制：比较与借鉴[M].中国财经出版社,2010.

注：① 所得类税收还包括个人所得税、公司所得税之外的所得税。
② 其他流转税为流转税合计减一般流转税和特殊流转税后的差额，主要是使用税和行为税。

表2-7 拉丁美洲国家的税制结构　　　　　　　　　　　　单位：%

税种	1990	1995	2000	2005	2010
个人所得税与公司所得税	22	21	22	24	25
社会保险税	16	18	18	16	17
一般消费税	22	30	32	33	35
特别消费税	30	25	22	19	16
财产税	5	2	3	4	3
其他税	5	3	2	3	2

资料来源：李文.发展中国家的税制累进性与再分配[J].财贸经济,2013(5).

表 2-8　部分发展中国家主要税种税收收入的构成(1986—1992 年)　　单位：%

国家	统计时段	全部税收收入	所得税、利润及资本利得税	社会保障税	国内货物与服务税	国际贸易税	财产税
部分拉美国家							
阿根廷	1986—1989	100.0	6.7	35.2	30.3	16.4	6.6
巴　西	1986—1991	100.0	26.4	36.5	27.4	3.4	0.1
智　利	1986—1992	100.0	20	9.1	53.2	12.7	0.3
墨西哥	1986—1990	100.0	33.3	13.7	47.4	5.4	0
巴拿马	1986—1991	100.0	26.2	32.9	22.7	13.8	2.3
乌拉圭	1986—1991	100.0	7.8	29.2	42.9	11.2	5.0
平均比重			20.0	26.1	37.3	10.1	2.3
部分亚洲国家							
印　度	1986—1991	100.0	19.5	0	44.9	35.5	0.5
印度尼西亚	1986—1991	100.0	62.3	0	27.6	7.2	1.5
韩　国	1986—1992	100.0	34.8	4.2	40.7	13.8	1.8
马来西亚	1986—1991	100.0	45.4	1.1	26.5	23.6	0.5
新加坡	1986—1992	100.0	41.1	1.4	31.5	4.6	11.7
平均比重			41.0	1.3	34.2	17.0	3.2
部分中东国家							
埃　及	1986—1991	100.0	24.7	23.0	18.3	21.4	1.5
伊　朗	1986—1992	100.0	28.0	20.0	12.4	28.0	5.0
以色列	1986—1992	100.0	47.4	0	42.9	3.7	1.0
约　旦	1986—1992	100.0	16.6	0.8	25.7	44.3	5.1
平均比重			29.1	11.0	27.4	26.8	3.1
部分欧洲国家							
匈牙利	1986—1991	100.0	19.6	30.2	37.7	6.7	1.4
波　兰	1986—1990	100.0	30.1	25.1	31.9	7.0	2.4
罗马尼亚	1986—1991	100.0	9.9	47.2	10.3	0.7	0
平均比重			19.8	34.1	26.6	4.8	1.2

(续表)

国　家	统计时段	全部税收收入	所得税、利润及资本利得税	社会保障税	国内货物与服务税	国际贸易税	财产税
部分非洲国家							
布隆迪	1986	100	18.7	3.8	18.5	42.9	14.7
喀麦隆	1986—1992	100	38.7	6.7	23.0	21.6	1.3
加　蓬	1989—1991	100	34.2	1.8	33.3	28.2	0.8
南非共和国	1986—1992	100	54.1	1.9	35.3	5.6	1.7
突尼斯	1986—1992	100	17.3	13.4	27.9	35.0	2.4
扎伊尔	1986—1991	100	32.7	1.0	17.0	44.9	0.1
摩洛哥	1986—1990	100	22.7	4.8	49.1	17.7	2.8
平均比重			31.2	4.8	29.1	28.0	3.4
各国家平均数		100	28.2	15.2	30.9	17.3	2.7

表 2-9　部分发展中国家 2007 年主要税种税收收入的构成　　　　　　　单位：%

国　家	所得税和社会保障税						流　转　税				财产税和其他税		
	个人所得税	公司所得税	所得类税收	社会保障税	工薪税	小计	增值税	消费税	国际贸易税	小计	财产税	其他税	小计
乌克兰	14.0	13.8	27.8	36.6	0.1	64.5	23.3	4.1	4.4	31.8	0.7	0	0.7
俄罗斯	10.8	19.9	32.0	17.5	0	49.5	17.5	3.2	26.7	47.4	3.1	0	3.1
捷　克	12.6	13.4	25.7	42.2	0	67.9	18.4	11.2	0	29.6	1.3	0	1.3
匈牙利	18.1	7.0	25.1	34.5	0.6	60.2	26.0	8.5	0	34.5	2.1	0.2	2.3
波　兰	15.2	7.8	23.0	34.3	0.7	58.0	23.9	11.6	0.4	35.9	3.2	1.1	4.3
斯洛伐克	10.1	10.4	20.5	40.5	0	61.0	23.3	12.2	0	35.5	1.3	0	1.3
保加利亚	9.2	9.1	18.5	24.9	0	43.4	33.6	16.9	1.0	51.5	4.3	0	4.3
罗马尼亚	12.0	9.9	21.9	35.1	0	57.0	27.4	10.2	0.7	38.3	2.4	0.4	2.8
墨西哥	—	—	27.7	15.3	1.4	44.4	20.4	2.3	1.7	24.4	1.7	0.8	2.5
土耳其	17.0	6.8	23.7	21.7	—	45.4	21.3	19.3	1.2	41.8	3.8	3.2	7.0
阿根廷	6.1	13.9	20.0	11.6	0.3	31.9	32.6	6.0	11.1	49.7	10.2	4.5	14.7
南　非	27.3	26.3	53.7	1.9	1.0	56.6	24.3	8.2	4.3	36.8	5.4	0.1	5.5
泰　国	11.5	28.3	39.7	4.8	—	44.5	20.7	22.7	5.9	49.3	1.2	0.8	2.0

资料来源：根据 IMF《政府统计年鉴 2008 年》相关数据计算得到。
注：阿根廷为 2004 年数据、南非为 2006 年数据。

表 2-10　部分发展中国家 2018 年主要税种税收收入的构成（占税收收入%）

国　家	出口税	货物和服务税	关税和其他进口税	国际贸易税	其他税	所得税、利润税和资本利得税
乌克兰	0.07	43.69	3.70	2.43	−0.28	26.30
俄罗斯	25.18	21.71	5.71	10.81	0	6.54
捷　克	—	29.19	—	—	0.06	34.76
匈牙利	—	37.72	—	—	2.77	28.32
波　兰	—	36.77	—	—	0.64	25.79
斯洛伐克	—	30.23	0	0	—	37.95
保加利亚	—	42.25	0.07	0.04	0.09	27.68
罗马尼亚	—	33.26	0.04	0.02	0	31.32
墨西哥	0	29.06	2.19	1.52	1.04	54.39
土耳其	—	35.31	2.50	1.44	1.66	33.34
阿根廷	6.30	33.35	6.91	7.45	5.15	18.51
南　非	0.01	34.01	4.03	3.54	1.30	55.19
泰　国	0.01	42.45	3.83	2.94	0.66	39.91

资料来源：国研网官网世界银行数据库。
注："—"表示数据缺失。

（3）上中等收入国家税制明显呈现所得税和流转税分庭抗礼的格局，普遍征收社会保障税，贸易税和交易税比前两类国家低得多。

（4）高收入国家税制结构以所得税为主，尤其个人所得税比重大，公司所得税比重长期以来基本稳定，一般在 10%—20%。社会保险税和个人所得税成为最重要的税种。商品和服务税的比重在提高，财产税的比重也在缓慢提高。所得税系、商品和服务税系、财产税系的收入比重之比大约为 52∶28∶3。

由于各国的税制结构受其历史的、社会的背景影响很大，因此，各国的具体税制结构各有其特殊性。如大多数西方国家税制体系是以所得税为主，但法国和意大利都以流转税为主。这是由于法国间接税比重一直较高，特别是法国在大革命时期的自由、平等、博爱精神的影响下，非常强调自由，不喜欢"窥视他人的怀抱物"，故不喜欢明显的直接税。不过，总的来说，各发达国家在经济发展的同时，提高了以计算能力为首的税种征税能力及纳税人方面的适应能力，因此，一个发达国家新开征的税制很快地被各先进国家所效仿，有的还被引进，从而使税制发生变革，导致各发达国家税制逐渐接近。

发展中国家特别是低收入国家，还没有出现发达国家那样的客观历史条件，即经济商品化、货币化、城市化、公司化。在主要是农村、农业经济、人们极其分散和收入水平低的情况下，个人所得税的税基通常限于政府雇员及大公司、特别是跨国公司的雇员；而公司所得税，包括对大的采矿经营的利润及农业不动产权所征的税，在征收管理上没有什么困难，因此发展中国家相对地更多依赖于公司所得税，而不是个人所得税。当然,发展中国家更多的是依赖流转税(商品与劳务税)来实现财政目标,调节宏观经济上的总供给与总需求不平衡的问题。

四、合理税制结构的参照标准

确定合理的税制结构就需要把税制体系作为一个整体来看待,需要强调各税种之间的相互协调。因为对单个税种进行改革,可能会在促进某一税制目标实现的同时影响另一税制目标的实现,因而也许有必要对其他税种采取一些补偿措施。

(一)税种改革的标准

1. 商品类税种的改革的特征

(1)建立一个具有广泛税基并在消费环节征税的税种,作为取得财政收入的主要税种,且对处在工业环节的中间产品和出口产品不征税,对国产和进口产品给予同等待遇,可以达到上述目标的最好税种可能就是增值税。这里所说的增值税应使用单一税率(10%—20%),出口产品适用零税率并采用扣税的征收办法。

(2)为实现税负公平,应征奢侈品消费税,税率不超过三至四档,国产和进口商品同等对待,同时对贫困阶层的支出占有较大比重的产品应免征增值税。

(3)为体现效率原则,对环境产生不良影响的产品应征收传统的商品税。

(4)只通过征收关税保护国内市场,建立完善的出口退税制度。

(5)为保护国内自然资源应有限度地合理征收出口税。

2. 公司税和个人所得税体系改革的特征

(1)公司税应采用单一法定税率,并应与个人所得税最高税率一致,应减少与投资和利润有关的税收优惠。

(2)应通过以下两种方式达到效率的目标:一是为避免不同经济部门间的税收扭曲,税收扣除和抵免对各经济部门和各类资产一视同仁;二是为避免不同时期之间的税收扭曲,应合理地制定折旧方法,根据通货膨胀调整利息扣除率和相关税收指数体系。

(3)税收优惠的范围和时间应限制在对市场缺陷进行矫正的限度内。

(4)个人所得税应成为取得收入的重要税种,并具有广泛的税基,最高边际税率应在30%—50%。

(5)为达到税负公平的目的,应制定充分的家庭所得税标准(例如在征管能力有限的低收入国家,可以最低工资或人均GDP两倍以下为免税标准),以便把过小的纳税人排除在征税范围之外,并采用渐进的累进税率结构。

(6)为贯彻公平原则并改善税收管理,对于工薪利息所得应尽量采用预扣税款的办法,对难于征税的纳税户应采用公平的估算征税办法。

(7)对利润、股息和其他汇出境外的所得如果没有征收预提税,则应建立预提税制度,税率宜在10%—15%。

3. 财产和遗产税改革的特征

(1)征收财产税、资本利得税和遗产税都应采用累进税率,以减少对经济运行的不利影响。

(2) 为保证公平必须同时开征遗产税和赠与税。

(3) 这些税种的设计必须既便于征收,而又不影响储蓄。

当然,我们把税制作为一个整体来分析,并不是要求对每个税种都进行改革,也不是要求所有的改革都同时进行。一国确定主体税种,选择税制结构,不能只考虑税种本身理论上的优缺点,而更应该考虑经济发展水平的国情因素,优良的税制结构首先是要建立在可行性基础上。因此有不少学者在研究税制改革时针对不同类型国家总结出来衡量成功税制改革的标准。

(二) 发达国家成功税制改革的标准

1. 桑福德标准

英国巴斯大学财政研究中心锡德里克·桑福德采用了三条标准来评价澳大利亚、加拿大、爱尔兰、新西兰、英国、美国的税制改革。

(1) 税制改革在多大程度上实现了改革者确定的目标。这一标准的优点在于无需价值判断,根据改革发起者的标准来评估税制改革。

(2) 税制改革的可持续性。

(3) 税制改革产生合意的或不合意的副产品程度。这些副产品是指税制改革所产生的可能预测到也可能没有预测到的主要影响。

2. 阿彻标准

美国众议院税收方法委员会主席比尔·阿彻在批评性地评价了美国20世纪80年代的税制改革时说:"今天的税法比1986年税制改革前更糟。"为此,他针对美国情况,提出应该用以下五个标准来评价税制改革。

(1) 简化征税程序和纳税程序。

(2) 尽最大可能激励储蓄。

(3) 最大限度地限制地下经济。

(4) 去除出口产品和服务价格中所含的税金。

(5) 增加进口产品和服务价格中所含的税金。

显然阿彻标准并非适用他国,而仅针对美国具体情况。

3. 博斯金标准

美国著名经济学家迈克尔·J.博斯金提出税制改革的五项检验标准。

(1) 税制改革能否促进经济绩效的提高。

(2) 税制改革是否有利于形成适度的政府规模。

(3) 税制改革是否有利于巩固联邦制。

(4) 新税制能否持续下去。

(5) 税制改革能否使民主制度长期繁荣、稳定。

应当说,博斯金和阿彻都是从美国实际情况出发,提出评价税制改革建议的标准,特别是阿彻标准的第四项、第五项和博斯金标准的第三项和第五项表现得更加突出。

4. 英国国内收入局标准

英国国内收入局在《1986年公共支出白皮书》中列出了主要标准。

(1) 给国库造成的成本或带来的收入,在不同类型的纳税人之间的受益者和损失者的分配。

(2) 改革方案的经济影响及其可能引起的任何行为变化。

(3) 改革方案与政府税收政策及其更广泛的经济政策、金融政策和社会政策的总体目标的一致性。

(4) 改革方案对税收制度的其他部分,社会保障制度以及财政部正在考虑的其他改革方案的影响。

(5) 改革方案对税收制度的公平性和一般可接受性的可能影响。

(6) 改革方案在增加或降低税制的复杂性方面的作用。

(7) 管理影响,包括对公共支出的影响和对公职人员使用的影响。

(8) 给雇主、企业和其他纳税人造成的纳税成本负担。

(9) 代表团体或单个纳税人对国会提出的方案的影响。

(10) 对来自双重征税协定或欧盟义务的有关国际义务的影响。

(三) 发展中国家成功税制改革的标准

国际货币基金组织财政事务部主任、著名经济学家坦兹首先作了两项假设:第一,政府最好有为数不多但能有效地贯彻经济政策的工具。第二,政府强有力地控制着法定税制,然后提出了诊断税收制度的八种检验方法;在其他条件不变的情况下,以这些检验方法评估而获得高分的税制比获得低分的税制作为经济政策工具的质量高。

1. 集中性指标

在某种既定的税制体系下,如果相对少量的税种和税率就能筹措到大部分税收收入,那么这种税制就是优良的税制。具体计算方法是:三四个税种或税率所产生的税收收入占税收总收入的比例。包括两个方面内容:一是主要税种和税率的区分及其所产生税收收入的单独计算;二是这些税种所筹措的税收收入占税收总收入的比例是70%以上还是80%以上,要视很多条件而定。

2. 分散性指标

分散性指标要求收入少的小税种数量要保持在最低限度。具体计算方法是:小税种所产生的税收收入占税收总收入的平均比例,或曰这些小税种的平均贡献率。坦兹认为一国应当认真对待那些贡献率连1%都达不到的税种。

3. 侵蚀性指标

税基侵蚀一般有两种原因:一是方法措施,如免税期、税收豁免、纳税扣除、进口关税减免、零税率等。二是非法行为,如逃税、走私等。侵蚀性指标要求一国的实际税基要尽可能接近于潜在税基水平。

4. 征收时滞指标

征收时滞分为合法时滞和拖欠时滞。在高通货膨胀情况下,征收时滞越长,对纳税人越有利,而对政府越不利。税制改革的基本目标之一是将征收时滞降低到最低限度。

5. 从量性指标

一国如果存在大量的从量税,税制弹性必然下降,违背现代税制的要求。因此,一个良好的税制必须使对从量税的依赖程度最小化。

6. 客观性指标

客观性指标是指对客观上可以测定的税基征税的程度。一个良好的税制要求有健全的核算体系和明确的会计标准，在此基础上，客观指标越高越好。

7. 执行性指标

如果一种税制由于来自纳税人的阻力而得不到有效执行，法定税制与有效税制之间的偏差就可能大到足以使合法税制失去其存在意义。虽然执行性指标比较模糊，一般不能确定处罚和执行程度的确切数量指标，但能在一定程度上反映现行税制的健全程度。

8. 征收成本指标

可以肯定的是，在其他条件相同的情况下，征收成本越低，税制就越好。

总之，无论一国的税制结构如何，有效税制的指标要求是：① 高集中性指标；② 低侵蚀性指标；③ 低征收时滞指标；④ 低从量性指标；⑤ 高客观性指标；⑥ 合理的处罚；⑦ 低征收成本指标。只有当税收制度在一定程度上满足了上述要求时，它才能作为政策工具在实现多种目标过程中起作用，否则，仅具有筹措税收收入的职能。

第二节 各国税制改革趋势

自20世纪80年代以来，以美国为首的经济发达国家率先掀起了历史上规模最大、持续时间最长的税制改革浪潮。这次税制改革不仅蔓延整个90年代，而且还在向21世纪波及。可以肯定地说，30多年来，世界上大大小小的国家几乎都进行了不同程度的税制改革，对各国和世界经济的发展产生了深刻的影响。

一、发达国家的税制改革

为了克服滞胀危机，在供给学派思想的指导下，美国1986年率先进行税制改革，以消除税制中存在的种种问题，促进经济的发展，这场税制改革一直延续到现在，并影响到其他发达国家。尽管各国都有自身的具体情况，税制改革的措施千差万别，但由于它们改革的起因相似，因此，发达国家税制改革具有以下四个共同点。

（一）所得税：降低税率、拓宽税基

降低税率、拓宽税基是世界各国特别是以所得税为主体的发达国家改革所得税制的普遍做法。我们分别就个人所得税和公司所得税在这方面的改革情况进行简要分析。就个人所得税的税率降低来说包括两方面：一是最高边际税率的降低；二是纳税税收的减少。就公司所得税的税基拓宽来说也有两方面：一是扩大征税范围；二是减少税收优惠。

1. 个人所得税

全球各国的个人所得税最高税率在过去的30年里出现了大幅度下降。最大的变

化发生在20世纪80年代后期和90年代初期。加权平均的最高个人所得税税率从1981年的62%下降至1986年的56.3%,下降了5.7个百分点。但在随后的八年期间(1986—1993)个人所得税税率猛跌约16个百分点(从56.3%到40.7%)。随后两年个人所得税税率轻微上升了2个百分点,但从1996年起又开始持续下降,在之后的十年里,平均法定的最高税率进一步下降了6.5个百分点至36.4%。上述这些变化显示了加权最高个人所得税税率跌幅约41.2%。在2001—2005年只有17%的非加权最高个人所得税税率超过40%,而在20世纪80年代初,同类比例超过了71%。最高税率在60%以上的国家所占比例从1981年的25%猛降至2005年的不到1%。

在OECD成员国,绝大多数国家都削减了最高边际税率,1986—1995年,平均削减程度在10个百分点以上,其中挪威削减了26.83%,居各国之首,葡萄牙削减了21%,日本和英国削减了20%,美国削减了10.4%。不过绝大多数国家最高边际税率的降低都发生在20世纪80年代末期,到了20世纪90年代最高税率已趋于稳定,而加拿大、意大利、瑞典和美国,最高边际税率还有所回升。到了90年代末,随着美国1997年减税方案的出台,一些发达国家对个人所得税税率又进一步下调,重新出现进一步降低个人所得税税率的趋势。如德国1999年税改法案决定将个人所得税的最低税率从23.9%降至22.9%,最高边际税率从53%调低为51%。2000年将最低税率从22.9%降至19.9%,最高边际税率从51%降至48.5%,同时提高对个人征税的宽免额,2003年将最低税率降至17%,上述最高边际税率2005年降至42%,不过2010年又上调到47.48%。日本政府1998年11月宣布促进经济发展的一揽子税收改革方案,中央个人所得税最高税率从50%降至37%,地方居民税的最高税率也从15%降至13%。法国2000年3月16日宣布对所得税前两档级距的税率进行调整,将10.5%的降为9.5%、24%降为23%,2010年最高税率为45.78%。荷兰的2001年税制改革方案中,将工作以及拥有主要居所而获取的所得适用的最高边际税率从60%降低到52%。2000—2010年,大多数OECD成员国个人所得税最高税率都有所下调。其中斯洛伐克下降幅度最大,2002年最高税率降至38%,2004年开始实行19%的单一税率。不过也有一些国家上调了最高税率。例如英国,从2000年的40%上调到2010年的50%。在2010—2019年,部分OECD成员国个人所得税最高税率仍呈现出下降趋势,如比利时、意大利、瑞士等。但是也有相当一部分的国家上调了最高税率。如美国、日本、澳大利亚、加拿大等国,具体变化见表2-11。

表2-11 OECD成员国个人所得税最高综合法定税率变化情况 单位:%

国 别	1981	1990	2000	2010	2019
瑞 典	85.00	66.16	55.38	56.56	60.20
比利时	71.55	58.50	60.50	53.70	46.00
丹 麦	65.34	69.50	59.70	52.24	55.60
荷 兰	72.00	60.00	60.00	52.00	50.10
奥地利	62.00	50.00	50.00	50.00	55.00

(续表)

国别	1981	1990	2000	2010	2019
日 本	93.00	65.00	50.00	50.00	55.80
英 国	60.00	40.00	40.00	50.00	45.00
芬 兰	69.50	59.48	55.17	48.98	48.70
德 国	56.00	53.00	44.00	47.48	47.50
爱尔兰	60.00	53.00	44.00	47.00	48.00
澳大利亚	60.00	48.25	48.50	46.50	47.00
加拿大	63.00	47.20	47.85	46.41	53.50
冰 岛		39.79	45.37	46.12	44.40
葡萄牙	84.40	40.00	40.00	45.88	47.20
法 国	60.00	56.80	58.27	45.78	55.20
意大利	72.00	50.00	46.40	45.20	42.30
以色列	60.00	48.00	50.00	45.00	50.00
希 腊	60.00	50.00	45.00	45.00	55.00
西班牙	65.09	56.00	48.00	43.00	43.50
美 国	77.59	35.59	46.64	41.84	43.70
瑞 士	46.09	42.58	43.75	41.67	36.00
斯洛文尼亚			50.00	41.00	39.00
挪 威	61.00	51.50	47.50	40.00	38.20
智 利			45.00	40.00	35.00
卢森堡	58.43	58.80	47.15	38.95	45.80
韩 国			44.00	38.50	43.40
土耳其		50.00	40.60	35.66	30.50
新西兰	60.00	33.00	39.00	35.50	33.00
匈牙利		50.00	40.00	32.00	15.00
波 兰			40.00	32.00	22.10
墨西哥	55.00	35.00	40.00	30.00	35.00
爱沙尼亚			26.00	21.00	18.80
斯洛伐克			42.00	19.00	21.70
捷 克			32.00	15.00	

资料来源：OECD Tax Database Table 1.1, Table 1.2, Table 1.3, www.oecd.org/；2019 年资料来源于 OECD Tax Database Top Statutory Personal Income Tax Rates。

注：最高综合法定税率是将中央和地方个人所得税最高税率相加得出。

除了削减所得税的最高边际税率之外,许多国家还调整了所得税税率表,减少税率档次。减少税率档次不一定使得所得税缺乏累进性,因为所得税制一般都有免税规定。经合组织成员国中有 16 个国家在 20 世纪 80 年代末减少了税率档次,平均从 1981 年的 14 档下降到 1990 年的 6 档。1981 年,在 OECD 国家的个人所得税税率表中有 10 个或 10 个以上的税率级次很普遍,没有一个国家实行单一税率。到 2010 年 34 个成员国中只有两个国家税率级次的数量为 10 个或 10 个以上,3 个国家实行单一税率。截至 2008 年,全球有 28 个国家采取了单一税制,其中 11 个是中等收入水平国家。但是,同最高边际税率的变化趋势有些类似,到了 90 年代中期,加拿大、丹麦、瑞士和美国的税率档次又有所增加。2000—2010 年,大约有 1/3 的 OECD 成员国减少了税率级次,1/3 保持不变,还有不到 1/3 的国家引入了新的税率档次。税率档次减少的国家基本上都是在 2000 年的中期减少;相反,增加新的税率级次更多的是在 2010 年后,主要源于一些国家的财政整顿战略。具体情况如表 2-12 所示。

表 2-12 OECD 成员国中央级个人所得税税率级次的数量变化

国 别	1981	1990	2000	2010	2019
卢森堡	21	24	16	16	19
瑞 士	7	10	10	10	10
墨西哥	27	6	10	8	11
希 腊	15	9	5	8	4
葡萄牙	12	5	5	8	7
智 利			6	7	6
以色列	5	5	5	6	7
美 国	16	2	5	6	7
日 本	19	4	4	6	7
比利时	24	7	7	5	5
意大利	32	7	5	5	5
芬 兰		5	6	4	4
土耳其			6	4	4
西班牙	30	16	6	4	5
法 国	12	12	6	4	4
韩 国			4	4	7
澳大利亚	3	7	4	4	4
荷 兰	10	3	4	4	4
新西兰	5	3	4	4	4
德 国		3	3	4	2

(续表)

国 别	1981	1990	2000	2010	2019
加拿大	13	3	3	4	5
斯洛文尼亚			6	3	5
奥地利	11	5	4	3	6
英 国	6	2	3	3	3
冰 岛		1	2	3	2
挪 威	7	3	3	3	5
波 兰			3	2	2
匈牙利		4	3	2	1
丹 麦	3	3	3	2	2
瑞 典	18	4	2	2	2
爱尔兰	5	3	2	2	2
斯洛伐克			7	1	2
捷 克			4	1	1
爱沙尼亚			1	1	1

资料来源：OECD Tax DatabaseTable.1，www.oecd.org/taxdatabase。

注：表中数据不包括零税率级次。

综合来看，自从20世纪80年代末期以来，个人所得税变成更为单一的税种，也就是税率数目或税率档次减少，税率间的差额缩小。但是应当指出，第一，20世纪80年代末的最高税率降低、税率档次减少趋势，到了20世纪90年代初在有些国家又有所逆转，这或是由于为了削减财政赤字而考虑收入的需要，或是因为这些措施本身就属于经验问题，需要不断地试验调整；第二，在降低最高税率的同时，有些国家提高了最低税率，可能也是为了保证税制改革后的收入不增不减。第三，从20世纪90年代末开始，发达国家又开始降低个人所得税税率，其原因也许主要有两个：一是经济全球化将导致各国税制一体化，各国为了增强国际竞争力而降低税率；二是发展中国家经济的迅速崛起和发展，使人才流动、资本流动以及技术流动更加广泛，流动范围更大、更自由，这无疑给发达国家现行的高税负政策带来冲击。第四，由于2008年金融危机的爆发，一些国家财政政策相应调整，从而增加了新的税率级次。不过税率级次的增加并不一定提高法定最高税率。其中，德国、希腊、冰岛、日本和葡萄牙在新增税率级次的同时提高了法定最高税率；智利、美国在增加税率级次的同时降低了法定最高税率；而加拿大法定最高税率在税率级次增加时保持不变。第五，特朗普税改刺激世界各国出台减税政策，加之2020年新冠肺炎疫情的影响，中长期内，世界范围又掀起一股减税浪潮。

个人所得税的税基拓宽也主要表现在两个方面：一是外延拓宽，二是内涵拓宽。前者是指扩大征税范围，后者是指减少优惠措施。

就税基的外延拓宽来说,各国主要是根据综合所得概念来扩大税基,最突出的两大措施是对附加福利和资本利得的税收待遇。

(1) 许多国家不仅对附加福利,即对纳税人获得的工薪之外的实物或现金,按其市场价值计入应税所得,而且像澳大利亚、芬兰、新西兰和英国还提高了对附加福利的征税。

(2) 各国加强了对资本利得的征税,如美国和英国把资本利得并入所得税课征,加拿大对资本利得的课税接近于一般所得的课税,澳大利亚也开征了资本利得税,作为所得税的一部分,而日本、芬兰、瑞典等国家提高了对长期资本利得课征的税率。

就税基的内涵拓宽来说,各国都不同程度地减少或取消了存在于所得税制中的税收支出,包括各种扣除、豁免、抵免等。美国1986年税制改革取消了一系列扣除,比如取消所得平均化、"第二收入者"扣除、州和地方销售税扣除等,还有许多扣除受到限制,如雇员经营费用扣除、旅行费用扣除、招待费用扣除等。芬兰、爱尔兰和英国限制了抵押利息支付的扣除。作为向这些税收优惠发起进攻的一项措施,澳大利亚、比利时、芬兰、法国、爱尔兰、意大利、荷兰以及葡萄牙在20世纪80年代就开始建造税收支出账,目前已有14个OECD国家这样做。这不仅是为了估计因税收优惠而放弃的收入(税收支出额),也是为了规范税收优惠制度,减少税收流失。

2. 公司所得税

除了澳大利亚之外,几乎所有OECD成员国都不同程度地降低了公司所得税的税率,平均削减近10个百分点。特别是瑞典,1995年比1986年的公司所得税税率降低24个百分点,其次是土耳其,降低了21个百分点;然后是冰岛,降低了18个百分点。澳大利亚和丹麦的公司所得税税率降低的幅度也比较大,都降低了16个百分点。当然,也有一些国家的公司所得税率在此期间一直没有改变,如意大利、西班牙、瑞士等。

在美国1997年减税方案影响下,英国、法国、德国、日本、加拿大、葡萄牙等国家又进一步下调公司所得税税率。1997年,英国将公司所得税税率下调2个百分点,即将标准税率和中小企业适用的低税率分别从33%和23%降至31%和21%,并在1999年3月公布的预算报告中,再次将公司所得税税率下调了1个百分点,即降至30%和20%。1997年11月日本预算案将法人税基本税率下调3%,即由37.5%降为34.5%,1998年11月2日采取进一步减税,将中央税的公司所得税税率从34.5%降到30%。德国1997年分两步降低公司所得税税率,自1998年,保留收益的税率从45%降至40%,已分配收益的税率从30%降至28%;1999年起,保留收益的税率进一步降至35%,已分配收益的税率降至25%,将公司适用的单一税率从42%降至32%;自2001年起,将公司所得税税率降至25%,取消分劈税率。2000年葡萄牙预算案中的所得税提案计划从2000年1月1日后的纳税年度起,税率由34%降为32%。法国2003年取消公司所得税附加税,爱尔兰公司所得税从2003年起降为12.5%,加拿大自2004年起为21%。

为了摆脱世界金融危机和经济衰退的冲击,许多国家继续减税,仅2010年,降低公司所得税税率的国家和地区至少有20个。全球公司所得税平均税率从2009年的25.44%下降到2010年的24.99%。其中非洲从29.77%下降到29.36%,亚洲从

24.81%下降到24.44%,欧洲从21.70%下降到21.52%(见表2-13),北美从36.50%下降到35.50%,大洋洲从29.2%下降到29%。再以国家为例,日本自2012年4月1日起将中央公司所得税税率从30%降到25.5%,中小企业优惠税率在2015年3月31日以前,从18%降至15%。英国公司所得税税率从2011年4月1日起由28%降至26%,2012年4月1日又降至25%。通过降低企业所得税税率,使企业普遍获益,增强企业的竞争力。再如,新加坡2011年的财政预算案中规定中小企业可以获得20%的退税,加大对中小企业的扶持力度。

表2-13 2000—2011年欧洲国家公司所得税率变化　　　　　　单位:%

	2000年	2010年	2011年	2011年与2000年之差
欧盟27国	31.9	23.3	23.2	-8.7
欧元区17国	34.4	25.6	25.5	-8.9
比利时	40.2	34.0	34.0	-6.2
丹麦	32.0	25.0	25.0	-7.0
德国	51.6	29.8	29.8	-21.8
爱沙尼亚	26.0	21.0	21.0	-5.0
拉脱维亚	25.0	15.0	15.0	-10.0
立陶宛	24.0	15.0	15.0	-9.0
波兰	30.0	19.0	19.0	-11.0
芬兰	29.0	26.0	26.0	-3.0
瑞典	28.0	26.3	26.3	-1.7
英国	30.0	28.0	27.0	-3.0

资料来源:OECD Tax DatabaseTable.1,www.oecd.org/taxdatabase。

虽然在2018—2020年,OECD国家的公司所得税税率并未发生实质性的变化,但是与以前年度相比,绝大部分国家的公司所得税税率都有所下降。例如:比利时的公司所得税税率从2011年的34%下降至2020年的25%,德国的公司所得税税率从2011年的29.8%下降至2020年的15.83%,英国的公司所得税税率从2011年的27%下降至2020年的19%。这表明,在全球税收竞争的浪潮下,大部分国家均下调了公司所得税税率(见表2-14)。

表2-14 2018—2020年OECD国家公司所得税率变化　　　　　　单位:%

	2018年	2019年	2020年
澳大利亚	30.00	30.00	30.00
奥地利	25.00	25.00	25.00

(续表)

	2018 年	2019 年	2020 年
比利时	29.00	29.00	25.00
加拿大	15.00	15.00	15.00
智　利	25.00	25.00	25.00
捷　克	19.00	19.00	19.00
丹　麦	22.00	22.00	22.00
爱沙尼亚	20.00	20.00	20.00
芬　兰	20.00	20.00	20.00
法　国	34.43	34.43	32.02
德　国	15.83	15.83	15.83
希　腊	29.00	24.00	24.00
匈牙利	9.00	9.00	9.00
冰　岛	20.00	20.00	20.00
爱尔兰	12.50	12.50	12.50
以色列	23.00	23.00	23.00
意大利	24.00	24.00	24.00
日　本	23.20	23.20	23.20
韩　国	25.00	25.00	25.00
拉脱维亚	20.00	20.00	20.00
立陶宛	15.00	15.00	15.00
卢森堡	19.26	18.19	18.19
墨西哥	30.00	30.00	30.00
荷　兰	25.00	25.00	25.00
新西兰	28.00	28.00	28.00
挪　威	23.00	22.00	22.00
波　兰	19.00	19.00	19.00
葡萄牙	30.00	30.00	30.00
斯洛伐克	21.00	21.00	21.00
斯洛文尼亚	19.00	19.00	19.00
西班牙	25.00	25.00	25.00
瑞　典	22.00	21.40	21.40

(续表)

	2018年	2019年	2020年
瑞　士	8.50	8.50	8.50
土耳其	22.00	22.00	22.00
英　国	19.00	19.00	19.00
美　国	21.00	21.00	21.00

资料来源：OECD Tax Database Table。

公司所得税的税基主要靠内涵拓宽，如澳大利亚、奥地利、芬兰、德国、冰岛、爱尔兰、葡萄牙、西班牙以及美国限制或取消了各种刺激计划，其中包括适用于特定地区或部门的刺激计划、投资抵免、财产相关税收庇护、税收上的折旧更加贴近经济折旧等。

（二）一般消费税：普遍开征增值税或提高增值税的标准税率

在世界税制改革运动中，各国在以"降低税率、扩大税基"为主要措施对所得税进行改革之外，还集中讨论并采取一些谨慎步骤改变税种组合。这种税种组合的改变通常是指从个人所得税向一般消费税如增值税转变。当然，一般消费税地位的上升，主要是减少了其他对商品和服务课征的税种（如国内消费税），而个人所得税和公司所得税的地位几乎没有下降。

但是不能否认，一般消费税收入的增加不光是因为取代了零售和批发销售税，更重要的是各国普遍开征增值税，世界银行和普华永道的2011年全球税收调查的183个经济体中有148个采纳了增值税性的销售税制度。此外，增值税一旦开征，其税基在不断扩大，基本税率也有提高的趋势。各国在开始征收增值税时，平均税率为12.5%；到1996年，平均税率为17.5%。目前，英国、西班牙、希腊、芬兰、波兰、罗马尼亚、新西兰和葡萄牙等国家已经确认或实施了提高增值税税率的计划，欧盟国家增值税平均标准税率由2008年的19.4%提高到2012年的21%，但是在2019年欧盟国家的平均税率有所下降，平均税率为18.72%。

表2-15　2000—2019年欧盟和波罗的海国家增值税标准税率变化表　　单位：%

	2000年	2008年	2009年	2010年	2011年	2019年	2019年与2008年之差
欧盟27国	19.2	19.4	19.8	20.4	20.7	18.7	−0.7
丹　麦	25.0	25.0	25.0	25.0	25.0	25.0	0
德　国	16.0	19.0	19.0	19.0	19.0	19.0	0
爱沙尼亚	18.0	18.0	20.0	20.0	20.0	20.0	2.0
拉脱维亚	18.0	18.0	21.0	21.0	22.0	21.0	3.0
立陶宛	18.0	18.0	19.0	21.0	21.0	21.0	3.0
波　兰	22.0	22.0	22.0	22.0	23.0	23.0	1.0

(续表)

	2000 年	2008 年	2009 年	2010 年	2011 年	2019 年	2019 年与 2008 年之差
芬 兰	22.0	22.0	22.0	23.0	23.0	24.0	2.0
瑞 典	25.0	25.0	25.0	25.0	25.0	25.0	0

资料来源：OECD Tax Database Table.1，www.oecd.org/taxdatabase。

除了提高增值税标准税率外，不少国家还提高增值税低税率或减少低税率适用的范围，如法国、意大利、希腊、挪威等。

(三) 个人所得税公司所得税一体化，缓解或消除股息重复征税

具体措施将在第五章进行详细分析。

(四) 普遍采取税收指数化措施

为了消除通货膨胀的影响，大多数发达国家在 20 世纪 70 年代采取了税收指数化措施。不过在经济好转之后，有些国家又取消或拖延了这些措施，20 世纪 80 年代以美英为代表的工业化国家开始重新采用这些措施。美国首次于 1981 年立法通过这一方案并于 1985 年开始实施。针对通货膨胀的影响，美国对个人所得税中的生计费用扣除额、标准扣除额和税率档次的级距等实行指数化，以消费者物价指数(CPI)为依据，每年调整相关项目，以减少通货膨胀对税收的扭曲性影响。但由于实行税收指数化以后，会出现一些问题，如削弱所得税制的弹性机制和税收的宏观经济调控作用，膨胀预算支出(因为税收指数化只在国家预算的收入一方起作用，而预算支出不能实行相应的指数化)。正因为如此，只有加拿大和丹麦一直实行完全指数化，有些国家(如澳大利亚、法国、荷兰、瑞典和英国)在某些税率和扣除额上实行了部分指数化，但大部分 OECD 国家并未向全面的所得税指数化方向发展，而是更多地采用自行决定调整方式来缓解通货膨胀的影响。

二、发展中国家税制改革

经济发达国家在 20 世纪 70 年代中期和 80 年代初期的两次经济危机，沉重打击了本来就很脆弱的发展中国家的经济，大多数发展中国家遇到了前所未有的经济困难，体现在高通货膨胀、债务沉重、财政收支失衡、经济增长速度缓慢和失业率攀升等问题上。因此，各国把经济调整和改革作为走出困境的根本出路，进行税制改革，努力克服税基狭窄、税制结构落后、税负沉重、偷逃税现象严重等问题。从整体上讲，20 世纪后期发展中国家的税制改革分为两个阶段，第一阶段是从 70 年代中后期到 80 年代末，第二阶段是 90 年代以来的十多年。这两个阶段的税制改革分别呈现出不同的特征。

(一) 20 世纪 80 年代的税制改革

这期间税制改革主要针对经济状况不断恶化问题，力图增加税收收入，提高政府对经济的干预能力，促进经济增长。在此前提下发展中国家的税制改革呈现出下列一些特征。

(1) 改革经济体制，调整经济结构，建立健全各项税制。在传统的商品和服务税和少量的财产税的基础上加入了所得税。

(2) 降低税率，扩大税基。主要是调低关税和公司所得税税率，公司所得税税率整体上从50%降低到30%左右；同时，还通过增加税种来扩大税基。

(3) 扩大税收优惠。

(4) 开始采纳增值税。截至20世纪80年代中期，美洲的巴西、乌拉圭、阿根廷、玻利维亚、巴拿马、墨西哥等13个国家实行增值税，这些国家的增值税课税范围广，一般都扩展到零售环节。非洲的突尼斯、科特迪瓦、摩洛哥、塞内加尔、阿尔及利亚、马达加斯加6个国家实行了增值税，课税范围大部分主要限于制造和进口环节。亚洲的菲律宾、韩国、以色列、土耳其、印度尼西亚等国家和地区也实行了增值税，征税范围大都涉及批发和零售环节。

(5) 简化税制，加强税务征管，多数国家将所得税税率普遍降低的同时减少税率档次，缩减至1—4档，同时合并税种来达到简化的目的。

(二) 20世纪90年代以来的税制改革

市场化改革已成为各国经济改革的主题，优化经济结构、促进有效供给、增加就业和提高人民的生活水平成为各国经济改革的主要目标。因此，各国税制改革的目标随之发生转移，从单纯组织财政收入转移到在保证税收收入稳定增长的前提下发挥税收的宏观调控作用，最大限度地促进经济增长和效率的提高，并兼顾公平。这一阶段的税制改革呈现出以下特征。

(1) 增值税被广泛采用。根据国际货币基金组织统计，截至1999年，世界上采用增值税的发展中国家已超过80个，其中许多国家增值税税收收入已占本国税收总收入的40%—60%。大多数国家倾向于选择税基较窄的消费型增值税，但也有少数国家采用税基较宽的生产型增值税和混合型增值税。

(2) 逐步拓宽税基。一些国家相继改革税收征管制度，采取措施来扩大税基，如采用推定课征办法，在销售税和所得税中推广源泉扣缴办法，对各类资产规定征收最低税额等。通过这些努力，一些国家已成功地将各种附加福利和公营企业所得纳入所得税的税基。

(3) 降低税率，减少纳税档次。许多国家为了促进经济增长，大幅度调低进出口关税。巴西1991年2月公布新税率标准，将27%的平均进口税率逐步调低，1992年为21%，1993年为17%。玻利维亚的资本货物关税率经过两次调整，降为5%。在所得税方面，哥伦比亚和墨西哥等8国20世纪80年代就对最高一档所得税额降低了一半税率，牙买加把个人所得税的累进税率简并为单一的比例税率，并与公司所得税率相一致即33.3%。印度在1997—1998年的预算中，把个人所得税税率从5%、30%和40%的结构降到0%、20%与30%，同时标准扣除额增加；对只有分配股息的公司扣缴10%的预提税，公司所得税7.5%的附加税废止，国内公司所得税率降至35%，外国公司所得税率减至48%。90年代末，各发展中国家又掀起新一轮的降低税率热潮，巴西于1999年宣布修改个人所得税税率，将最高税率从30%降低到27.5%，2003年降至25%。哥伦比亚从1999年11月1日起，增值税标准税税率由18%降至15%。南非

2000年个人所得税税率全部降低,原累进6级税率为19%、30%、35%、40%、44%、45%降为18%、26%、32%、37%、40%和42%。为了应对金融危机,大多数发展中国家又进一步进行改革,一方面继续降低税率,另一方面简化纳税遵从成本。

(4)降低税收优惠,减少税基侵蚀。

(三)国际金融危机以来的税制改革

受国际金融危机的影响,发展中国家经济也出现了剧烈波动,为了减少经济风险,2008—2009年,发展中国家也普遍进行了新一轮税制改革,主要做法见表2-16—表2-18。

表2-16　2008/2009年度最普遍的改革措施

降低公司所得税税率	阿尔及利亚、孟加拉国、贝宁、文莱、佛得角、斐济、哈萨克斯坦、朝鲜、科索沃、黑山、菲律宾、苏丹、东帝汶、多哥、越南等
简化纳税过程	安哥拉、白俄罗斯、哥伦比亚、捷克、危地马拉、约旦、吉尔吉斯斯坦、老挝、黎巴嫩、马其顿、墨西哥、秘鲁、波兰、塞拉利昂、突尼斯
取消税种	喀麦隆、吉布提、吉尔吉斯斯坦、南非、苏丹、东帝汶、越南
修改税收基本法	吉布提、伊朗、哈萨克斯坦、吉尔吉斯斯坦、马其顿、阿曼、塞拉利昂、苏丹、东帝汶、汤加、乌兹别克斯坦、越南
降低劳动税或社会保障税税率	贝宁、哈萨克斯坦、吉尔吉斯斯坦、马其顿、摩尔多瓦、黑山、波兰

资料来源:张文春.全球纳税趋势:经济和金融危机下的公司所得税改革[J].税收研究资料,2010(2).

表2-17　2008/2009年度公司所得税率降低情况

地　区	公司所得税率降低情况
东亚和太平洋地区	文莱从33.3%降到25% 斐济从31%降到29% 菲律宾从35%降到30% 东帝汶从30%降到10% 越南从28%降到25%
东欧和中亚	哈萨克斯坦从30%降到20% 科索沃从20%降到10% 黑山从15%降到9%
拉丁美洲和加勒比地区	圣文森特和格林纳丁斯从37.5%降到35%,又进一步降到32.5%
撒哈拉以南非洲	贝宁从38%降到30% 佛得角从30%降到25% 苏丹从30%降到15% 多哥从37%降到30%
南亚	孟加拉国从40%降到37.5%
中东和北非	阿尔及利亚从25%降到19% 以色列从29%降到27%,又进一步降到26%

资料来源:张文春.全球纳税趋势:经济和金融危机下的公司所得税改革[J].税收研究资料,2010(2).

表 2-18　2010 年降低公司所得税税率的国家和地区

国家或地区	税率变化	国家或地区	税率变化
阿塞拜疆	从 22% 降到 20%	马达加斯加	从 24% 降到 23%
文莱	从 25.5% 降到 23.5%	尼日尔	从 35% 降到 30%
佛得角	从 30% 降到 25%	巴拿马	从 30% 降到 27.5%
刚果(布)	从 38% 降到 36%	斯洛文尼亚	从 21% 降到 20%
捷克	从 20% 降到 19%	中国台湾	从 15%、25% 到 17%
斐济	从 29% 降到 28%	多哥	从 33% 到 30%
以色列	从 26% 降到 25%	津巴布韦	从 30% 降到 25%
哈萨克斯坦	从 20% 降到 17.5%	立陶宛	从 20% 到 15%
韩国	从 25% 降到 22%		

资料来源：国家税务总局税科所课题组.国际金融危机以来世界税收政策变化的主要特点[J].中国税务统计年鉴,2011.

与此相应,不少发展中国家为了应对所得税收入下降的趋势,也逐步调高增值税税率。以 2010 年为例,提高增值税税率的国家和地区有十多个,见表 2-19。

表 2-19　2010 年提高增值税税率的国家和地区

国家和地区	调整时间	税率变化
白俄罗斯	2010.1.1	18%→20%
毛里塔尼亚	2010.1.1	14%→18%
科索沃	2010.1.1	15%→16%
牙买加	2010.1.1	16.5%→17.5%
墨西哥	2010	15%、10%→16%、11%
伯利兹	2010.4.1	10%→12.5%
博兹瓦纳	2010.7.1	10%→12%
巴拿马	2010.7.1	5%→7%
马德拉岛	2010.7.1	14%、8%→15%、9%
罗马尼亚	2010.7.1	19%→24%
捷克	2010.7.1	19%、9%→20%、10%

资料来源：国家税务总局税科所课题组.国际金融危机以来世界税收政策变化的主要特点[J].中国税务统计年鉴,2011.

（四）不同地区发展中国家的税制改革的特征

如果从地区看,不同地区的发展中国家税制改革具有不同的特征。

1. 拉美国家的税制改革

拉美国家在 20 世纪 70 年代末至 80 年代初,围绕税制结构合理化和税收管理现代化,陆续进行了大规模的财税体制改革。

(1) 税种结构的合理化。全面推行增值税,增值税尽可能覆盖所有商品生产、销售和劳务活动,实行单一增值税税率,对小额纳税人简化管理,相应取消各种形式的销售税,仅对某些特殊商品实行特别消费税。如在 1977—1980 年,墨西哥用增值税取代商业税,取消了 32 种联邦消费税和 500 多种地方税。在扩大税基、规范税率的基础上建立统一的企业所得税;实行适应性强、调节面广的个人所得税。

(2) 在税制改革的同时,对管理权限也进行了调整,各国实行的措施包括集中税权和统一税收。例如,墨西哥国家法律规定,州政府可以征税,但经联邦和州政府协商谈判,后者放弃了流转税等主要税种的征税权,联邦事实上成为税收高度集权的政府。同时,对以前独立征管的关税体制也进行了改革,将其纳入全国财政税务系统,相应建立了纳税人进口自动报关和抽查制度。

(3) 实行严格稽查制度,加强税收征管,建立纳税人单一注册体制,加强税收审计。

进入 21 世纪以来,拉美国家继续进行税制改革,2008 年以来,大多数重大的税制改革措施都改进了电子系统,在减少纳税遵从成本上取得了重大进展。墨西哥实行了工薪税、财产税和社会保险税的网络申报系统,缴纳税款的次数一年减少了 21 次。秘鲁则通过向纳税人提供免费的软件而使得缴纳增值税变得容易了。哥伦比亚的税务当局升级了电子纳税系统,使得公司所得税和增值税可以电子申报和缴纳。危地马拉要求纳税人在缴纳税款和填报时强制性使用电子系统的法规,将缴纳税款的次数降低了 14 次。

2. 东盟国家的税制改革

20 世纪 80 年代以来,东盟国家先后对税制进行了改革,建立起更加公平、有效和简便的税收制度。

(1) 引入增值税制度,辅以选择性货物税,区别对待必需品和奢侈品。

(2) 降低所得税税率,同时削减优惠,扩大税基。东盟为吸引外资和保留人才,也相应降低了个人所得税税率,如印尼从 10%—50% 变为 15%—35%,菲律宾从 5%—60% 降至 1%—35%。在公司所得税方面,印尼从 20%—45% 降至 15%—35%,马来西亚从 45% 降至 35%,新加坡从 40% 降至 31%。

(3) 公司所得税与个人所得税协调一致,消除对股息的双重课税。东盟主要利用差别税率制、股息扣除法、股息所得免税法、股息所得扣抵法等将股息与其他收入合并课征,来消除重复课税。

东盟国家在 1997 年金融危机发生后,纷纷采取各种政治和经济措施以挽救经济,在财政方面实行增税减支的紧缩政策,同时也对包括进口原材料、中间产品的关税和投资收益课税等降低税率。受金融危机影响严重并向 IMF 求助的东盟国家,税制改革是在国际货币基金组织设定的框架内进行的,其核心内容在于开放国内市场,减少政府对民族工业的保护。泰国在金融危机后及时调整税收政策,一方面提高汽油及一些奢侈品的税收,如规定每升汽油增收 1 泰铢,啤酒增收 3%,同时提高皮革服装的进口关税;

另一方面,调整进出口税率,以降低生产成本,提高本国产品的国际竞争力。如从1998年1月1日起,将塑料、黄豆的关税由40.5%和5%降低为35.25%和3%,停止向海外上市公司征收15%的资本利得税。印尼的重要涉税措施有:暂免大豆和部分船用设备的进口关税,降低具有出口潜力的商品出口关税,把享受优惠政策的商品由10种扩大到18种;取消对亏损严重的国营飞机制造厂和国民汽车项目的税收优惠。受金融危机影响相对较小、宏观和微观经济基本稳定的国家或地区的税制改革,偏重于通过减税优惠,扶持本地区家庭与企业渡过困境。

2008年金融危机后,东亚国家又进一步降低了公司所得税。越南将公司所得税率降到25%,并废除了源于土地转让所得的附加税。泰国在2012将公司所得税率从30%削减到23%,2013年进一步削减到20%。

(五) 发展中国家税制改革的经验

发展中国家虽然经济社会条件差别较大,但其税制改革基本符合国际税制改革的总趋势。从总体上看,发展中国家的税制改革目标是:不管公司的组织形式如何,都对利润征税;降低所得税税率;个人所得实行综合税制;将资本利得并入所得税税基;按通货膨胀率调整所得税和利润税的税基;用增值税取代各种销售税;使利润税税率与个人所得税最高税率相等;将利息收入也纳入所得税税基;协调所得税和利润税,以制止企业增加债务融资的倾向。

发展中国家税制改革的共同之处在于,都在致力于改变税收结构,转向对消费课税;降低公司所得税和个人所得税税率,同时扩大税基;税收征管具有显著的变化;强调税收的效率和中性;在公平方面,更强调横向公平而不再是纵向公平;减小税收的扭曲效应;鼓励自由市场活动。在具体措施上,主要是开征增值税,降低个人所得税和公司利润税的税率,拓宽所得税和利润税的税基,随通货膨胀率进行调整,建立税收征管制度,适当降低关税。

三、特朗普税制改革

2017年特朗普当选为美国总统后,为了实现"美国梦"大力推行税制改革。2018年的特朗普税制改革主要遵循四个原则:一是主要减轻中产和工薪阶层税负;二是简化税制,让税法在体现公平的同时,通俗易懂;三是减轻公司的税负,以增加就业岗位和利润;四是吸引美国海外企业利润回流本土。具体改革内容主要包括个人所得税、企业所得税、关税等。

(一) 个人所得税改革

在个人所得税方面,主要措施包括:一是调整个人所得税税前标准扣除额。个人和夫妻联合税前申报标准扣除金额提升幅度均高达84.6%,个人和夫妻联合申报分别由原来的6 500美元和13 000美元提高至现在的12 000美元和24 000美元。二是降低个人所得税税率。具体体现为依然保留了原来的七档税率,但降低了其中五个级次的税率,同时提高了中高收入级次的级距,然后最高边际税率由最初的39.6%降为现在的37%,降低了2.6个百分点。三是提高个人最低替代税制度(AMT)的门槛。所谓替代性最低税是基于防止高收入个人利用税收优惠项目避税的目的而作出的一种税收安排,个人分别按正常收入和 AMT 收入计算个人所得税,如果前者税额高于后者税额,按前者税额纳税,如果前者税额低于后者税额,除交纳前者税额外,还应交纳两者税额之间的差额即 AMT 税额。个人和夫妻联合申报应税所得提升幅度约为 26.9%,个人和夫妻联合申报应税所得金额分别由原来的 55 400 美元和 86 200 美元提高至现在的 70 300 美元和 109 400 美元。四是加大子女和抚养人口税收抵免的力度,子女和抚养人口税收抵免额分别由原来的每人每年 1 050 美元和 0 美元提高至现在的 2 000 美元(其中最多 1 400 美元可以退税)和 500 美元,这些措施都比较有利于多子女家庭,同时也鼓励家庭多生养子女。五是提高遗产税免征额,个人和夫妻联合申报免征额均比原来提升了 1 倍的金额,个人和夫妻联合申报免征金额分别由原来的 560 万美元和 1 120 万美元提高至 1 120 万美元和 2 240 万美元。六是以 1 万美元抵扣额为上限,在联邦纳税表上可以就缴纳的州税和地方税进行抵扣。七是保留对新购第一套房抵押贷款利息优惠。八是取消对于纳税人的所得税免税额及因不购买奥巴马政府医保而产生的个人税收罚款。

(二)公司所得税改革

在公司所得税方面,主要措施包括:一是联邦公司所得税的最高边际税率从最初的 35% 下降至现在的 21%,该税率为工业化国家的平均水平。二是对于企业的资本性投资进行费用化,准许企业对于不动产以外的投资均可以在公司所得税前全额扣除,该项规定延续 5 年,5 年以后降低相应可扣除的比例。三是对于企业亏损结转限额以及企业利息支出税前扣除限额的规定,超出限额的 30% 部分不予抵扣。四是对独资企业、合伙企业和 S 型公司等小企业和有限公司,按穿透税收纳税,所谓"穿透性实体"制度即对于股息红利所得方面消除重复课税,即在缴税过程中实行"将企业与个人股东层面视为一层"的缴税方式,总体税负率低于公司制企业(对于穿透性实体的最高税率为 39.6%,对于公司制企业总体税负率为 45% 左右,因为公司制企业给个人分派的股息也要纳税),即缴纳个人所得税,并实行所得减征 20% 的税收优惠政策。五是对海外企业实行属地征税制度。美国企业对于其控股超过 10% 的海外企业的股息红利所得免税;对于跨国企业汇回美国的海外滞留利润通通依照低税率一次性征税,其中 15.5% 的税率适用于现金及现金等价物,8% 的税率适用于非现金资产;针对美国企业对海外关联企业所支付的相关费用征收相关税基侵蚀和反滥用税,2018 年执行 5% 的税率,2019—2025 年执行 10% 的税率,2026 年以后执行 12.5% 的税率;按照一个较低的税率征收企业的海外无形资产收入。六是取消了企业替代性最低税(AMT)。

(三)关税改革

一直秉持美国优先理念的美国总统特朗普,在其就职上任之后,决定要对美国与其他国家的贸易关系进行调整,特朗普在 2017 年年底签署税改法案之后,重心随即由国内经济转向对外经济贸易领域,特朗普政府在 2018 年初发起了两场贸易保护"外围战"。第一场"外围战"是在 2018 年 1 月底实行的对洗衣机、太阳能电池板的保障措施,对其征收的关税税率最高分别为 50% 和 30%。第二场"外围战"是以涉及国家安全方面启动的 232 条款调查。紧接着在 2018 年 3 月 1 日,特朗普政府打响全球贸易战的第一枪,这次的贸易战主要瞄准的是中国,自此后中美经贸摩擦从未停止。2018 年 3 月,特朗普正式签署关税法令并对从我国进口的钢铁和铝分别征收高达 25% 和 10% 的关税,并宣称因知识产权侵权问题,不仅对我国实施投资限制而且还对我国商品征收500亿美元关税。2018年4月,美国政府在针对我国输美1 333项涉及500亿美元的商品加征25%关税的同时,还额外对1 000亿美元来自中国的进口商品加征关税。同年5月截至目前,从提高关税的商品清单来看,涉及的商品范围越来越大,涵盖了农产品、日用品、汽车、高新技术产品等多个领域,金额巨大到以千亿美元计。

四、世界各国应对新冠疫情的税收政策

2020年,新冠肺炎病毒肆虐全球。为了抗击疫情、重振经济,世界上多个国家或地区纷纷出台了刺激经济的税收优惠政策,降低纳税人的税收负担及其税收遵从成本,来帮助企业和个人渡过难关。①

(一) 对居民给予退税

美国实行该项政策,名为退税,实为补助。纳税人无需采取任何行动即可收到退税支票,联邦税务局(IRS)根据纳税人2019年纳税申报表中的"经过调整的毛所得(AGI)"来确定应退税的金额;如果纳税人尚未提交2019年的纳税申报表,则IRS根据其2018年的纳税申报表来确定AGI的数额。具体退税数额的规定如下。

(1) 居民纳税人AGI在75 000美元(夫妻联合申报,为150 000美元)以下,只要其不是另一纳税人的被抚养人并且拥有社会保障号码(SSN),即有资格获得1 200美元的退税(夫妻联合申报的可以获得2 400美元的退税);如果其有子女,则每个子女可额外获得500美元的退税。对于没有收入和收入完全来自免税补助计划(例如来自社保)的纳税人来说,也是如此。但是,该项退税不适用于非居民外国人。

(2) AGI超过75 000美元的美国居民(夫妇联合报税情况下,AGI超过150 000美元),退税额逐步减少——所得每增加100元退税额减少5%。当其AGI超过99 000美元时(夫妇联合申报,AGI超过198 000美元时),退税额为0。

(二) 提高税前扣除标准

1. 提高捐赠扣除标准

美国、波兰等提高了与疫情有关的捐赠的税前扣除标准。以波兰为例,该国公司所得税法规定,企业发生的慈善捐赠不超过应纳税所得额的10%的部分,准予扣除;该国个人所得税法规定,纳税人向宗教及公共组织进行的捐赠,不超过应纳税所得额的6%的部分,准予扣除。但个人和公司纳税人为应对疫情而进行的捐赠,或者可以全额扣除,或者可以加计扣除,具体比例是:纳税人4月30日之前进行的捐赠,可以在税前加倍扣除;5月发生的捐赠,按照捐赠数额的1.5倍在税前扣除;6月1日至12月30日发生的捐赠,全额在税前扣除。

2. 提高个人所得税费用扣除标准

中国澳门规定,在计算2020年度职业税(注:实质为个人所得税)的应纳税所得额时,固定扣减额的比例由目前的25%提高至30%。

---

① 赵书博,陈静琳.各国应对新冠疫情的财税政策[J].中国发展观察,2020.

3. 允许固定资产一次性扣除或加速折旧

允许购买固定资产支出一次性扣除或允许固定资产加速折旧,可以使企业延期纳税,而"延期纳税意味着少纳税",澳大利亚、波兰推出了该类措施。

(1) 允许一次性扣除。澳大利亚扩大固定投资成本费用化适用范围,规定年营业额不超过 1.5 亿澳元(原标准为 5 000 万澳元)的小企业在 2020 年 7 月 1 日以前购置的固定资产,如果该项资产价值未超过 15 万澳元(原规定为 3 万澳元),其购置成本可以在当年全额从税前扣除。波兰允许纳税人将购买的应对疫情设备支出一次性从税前扣除。

(2) 允许加速折旧。澳大利亚规定年营业额不超过 5 亿澳元的企业在 2021 年 7 月 1 日以前购置的固定资产,可在购置当年按成本的 50%计提折旧,余额按现行方法计提折旧。估计该举措在未来两年内将使澳大利亚企业少缴 67 亿澳元的税款,支持 350 万家企业(占企业总数的比重超过 99%)雇佣超过 970 万名员工。

4. 提高利息扣除比例限制

美国规定,在 2019—2020 年度纳税人利息支出的扣除上限由原定的 30%增加到 50%。泰国规定,中小企业发生的借款利息支出可以按照 150%的比例在税前扣除。

5. 允许中小企业加计扣除员工工资

泰国规定,2020 年 4—7 月下列中小企业发生的员工工资,可按 300%的比例在税前扣除:第一,每个员工每月的工资不超过 15 000 泰铢(454 美元)。第二,员工不超过 200 人。第三,中小企业的年营业额不超过 5 亿泰铢(1 510 万美元)。第四,员工必须参加社会保障计划。第五,该期间参加社保计划的员工必须不低于 2019 年 12 月 31 日的数量。

6. 提高业务招待费的扣除标准

韩国在 2020 财年全面提高交际应酬费的税前扣除限额(某些企业除外),具体扣除比例如表 2-20 所示。

表 2-20 韩国 2020 财年交际应酬费税前扣除限额

销 售 收 入	正常的交际应酬费可扣除限额 (占销售收入百分比)	2020 财年交际应酬费扣除限额 (占销售收入百分比)
低于 100 亿韩元的部分	0.30%	0.35%
100 亿—500 亿韩元的部分	0.20%	0.25%
超过 500 亿韩元的部分	0.03%	0.06%

(三) 推出新的抵免项目

美国推出了两项与疫情有关的抵免项目。一是"雇员保留税收抵免"(employee retention credit)。受疫情影响中断经营或虽未中断经营但营业收入与上一年同季度相比下降 50%的雇主,其 2020 年 3 月 13 日至 12 月 31 日期间为每位雇员所支付的社保税等可以进行税收抵免。当雇主当年营业收入总额超过 2019 年同季度的 80%时,则不再享受该项税收抵免。二是带薪休假抵免。符合条件的雇主 2020 年 4 月 1 日至 12 月 31 日期间向雇员提供带薪休假待遇,其支付的休假薪金可以在限额内从公司所得税中抵免,不足抵免的可以获得退税。该法案的目的在于激励企业向包括新冠肺炎患者在内的符合条件的患者提供带薪病假、向相关家庭提供带薪居家隔离或陪护休假。

意大利规定,企业购买及安装用于工作场所的防护设备,相关成本可以进行税收抵免。

(四)推出新的减免税措施

各国推出了针对多个税种的减免税措施,并加快对出口企业的退税速度,意在提高企业的流动性及竞争力。一些国家(地区)实行的减免税措施如表 2-21 所示。

表 2-21 一些国家(地区)实行的减免税措施

税　　种	国家(地区)
社保税	波兰、阿根廷
增值税、关税(适用于与疫情有关的货物与行业)	增值税(波兰等)、产品税与金融交易税(巴西)、旅游税(中国澳门)、关税(巴基斯坦、秘鲁、葡萄牙、卡塔尔、英国、孟加拉国、巴西、柬埔寨、泰国等);加速增值税出口退税(巴基斯坦、泰国、澳大利亚等)
房屋税	中国澳门、新加坡
公司所得税	韩国、柬埔寨等
个人所得税	柬埔寨、中国台湾等
印花税	柬埔寨
预提税	泰国

(五)允许亏损向以前年度结转

弥补亏损有两种方式:向以前年度或向以后年度结转。其中,在向以前年度结转方式下,亏损企业当年可以获得退税(前提条件是其以前年度已经缴纳过公司所得税),对企业最为有利。波兰规定,纳税人 2020 年度的营业额比 2019 年同期下降 50%时,纳税人可以用 2019 年的利润弥补 2020 年的亏损,最高不超过 500 万波兰兹罗提。挪威规定,公司可以将 2020 年发生的亏损冲抵前两年的所得,最高冲抵金额为 3 000 万挪威克朗。斯洛伐克规定,公司可以将亏损向以前年度结转,可结转至 2014 年。

(六)允许延期提供纳税申报表或延期纳税

多国规定纳税人可以延期提交纳税申报表和延期缴纳税款,在此期间不会被罚款或收取利息;一些国家还规定在疫情期间暂停税收执法活动。这些措施,降低了纳税人的遵从成本,增加了企业的流动性,利于其渡过难关。

第三节　借鉴与完善我国的税制结构

一、我国现行税制结构的主要特点及存在问题

1994 年的税制改革使我国初步建立了新的税制结构体系,确立以增值税、所得税

为主体的税制模式。总的来说,现行税制结构基本上适应了我国现阶段社会经济发展的需要,但从我国现行税制运行中存在的问题和进一步优化税制结构的要求来看还存在一些问题。

(一)各种税收收入轻重不一,呈现流转税趋重格局

经过1994年的税制改革,我国形成了以流转税为主体税种的税制结构体系。新税制经过20多年的运转,逐步形成了一个基本稳定的税制格局。流转税收入占全部工商税收收入比重从1994年起一直在75%左右,增值税占工商税收比重保持在50%—60%。尽管在2016年以前,国内增值税比重呈逐年下降趋势,但2016年后国内增值税比重有所上升。虽然2015年国内增值税比重还不及1994年的一半,但总体上增值税仍第一、企业所得税第二,已形成以增值税为代表的流转税类为第一主体税种,以企业所得税为代表的所得税类为第二主体税种的"双主体"税制结构。这种模式将流转税的刚性和所得税的弹性功能有机结合在一起,有着较强的经济适应性。但应该看到,所谓流转税和所得税双主体的税种模式事实上一直处于"跛足"状态。2019年,我国流转税负担(国内增值税+国内消费税)占税收总额的47.41%,其中增值税占流转税的83.23%。如果再加上关税和进口的增值税和消费税,2019年间接税比重达59.25%,直接税比重明显较低,其中个人所得税多年来占税收总额的比重不高,维持在6%—9%,企业所得税自1997年以来比重有所下降,虽然自2001年开始又有提高,但2019年个人所得税和企业所得税之和占税收总额的比重仅30.19%。流转税比重过大,弱化了税收的调节功能,这种格局与改革开放30年间总体上重效率、重效益的经济发展模式密切相关。流转税占绝对优势的格局一直未动摇,所得税比重相对较低,财产税等辅助税种也没有调整到相应的位置(见表2-22)。这说明,我国的税收分配参与初次分配过大,而参与再分配不足,或者说我国的直接税征收不力,使得大量的应税收入既躲避了流转税的征收,又未能通过所得税集中而流失在外。

表2-22 我国税制结构 单位:%

年 份	关 税	进口货物增值税、消费税	企业所得税	个人所得税	国内增值税	营业税	国内消费税
1994	6.17	—	16.04	1.65	58.90	19.59	12.26
1995	5.66	—	17.03	2.55	57.42	20.40	12.02
1996	5.08	—	16.30	3.25	55.27	22.29	11.42
1997	3.88	—	11.70	3.16	44.07	19.13	9.90
1998	3.38	—	10.00	3.66	39.17	17.00	8.80
1999	5.26	—	7.60	3.88	36.34	15.62	7.68
2000	5.96	—	7.95	5.25	36.19	14.85	6.82
2001	5.50	—	17.20	6.51	35.02	13.50	6.08
2002	4.00	—	17.48	6.87	35.03	13.89	5.93

(续表)

年份	关税	进口货物增值税、消费税	企业所得税	个人所得税	国内增值税	营业税	国内消费税
2003	4.61	—	14.58	7.08	36.15	14.21	5.91
2004	4.32	—	16.38	7.19	37.32	14.82	6.22
2005	3.70	—	18.57	7.28	37.50	14.71	5.68
2006	3.28	—	20.22	7.05	36.73	14.74	5.42
2007	3.14	—	19.24	6.98	33.91	14.43	4.84
2008	3.26	10.37	20.61	6.86	33.19	14.06	4.74
2009	2.49	10.49	19.38	6.635	31.04	15.14	8.00
2010	2.77	14.33	17.54	6.61	28.81	15.24	8.29
2011	2.85	15.11	18.69	6.75	27.04	15.24	7.73
2012	2.77	14.72	19.53	5.78	26.25	15.65	7.83
2013	2.38	12.67	20.29	5.91	26.07	15.59	7.45
2014	2.39	12.10	20.68	6.19	25.89	14.92	7.47
2015	2.05	10.03	21.72	6.90	24.90	15.46	8.44
2016	2.00	9.81	22.13	7.74	32.23	8.82	7.84
2017	2.08	11.06	22.25	8.29	39.05	—	7.08
2018	1.82	10.79	22.59	8.87	39.34	—	6.80
2019	1.83	10.01	23.61	6.58	39.46	—	7.95

资料来源：中华人民共和国财政部. 中国财政年鉴[J]. 中国财政杂志社，2012—2019.

注：① 2019年数据来自财政局网站。
②"—"表示数据缺失。

(二) 税源格局与征收格局不相符

随着经济的发展和体制的变革，我国的财力格局有了根本性的改变，由于各种原因，我国目前企业之间的税收负担仍存在不公平现象。从企业的规模来看，大型企业税负高于中小企业；从不同的所有制性质来看，国有企业的税负高于集体企业，集体企业的税负又高于私营企业，私营企业的税负又高于个体工商户，这不符合市场经济的公平竞争原则。

从产业结构来看，我国正处于产业结构升级的进程中，在国民经济发展的结构变化中，第一产业比重下降，第二产业比重上升，在GDP中占有绝对的比重，第三产业保持稳定。与此同时，各个产业的税收负担率（该产业提供的税收收入占该产业增加值的比重）也应与产业结构的变化相适应。然而，2000—2004年第一产业、第二产业和第三产业税收负担率平均为3.23%、18.30%和19.66%，2006年取消农业税后，第一产业税收负担继续下降,2009年实行增值税转型后,第二产业税负下降也明显,反之第三产业的税负不降反升。以2019年为例,三大产业税负比例分别为0.23%、46.22%和53.55%。第三产业税负最重,明显高于第二产业,这与我国经济发展状况和经济结构是不相适应的(见表2-23)。

表2-23 "营改增"后三大产业税负情况　　　　　　　　　　　　　单位:%

	第一产业税负	第二产业税负	第三产业税负
2016年	0.32	46.52	53.16
2017年	0.49	45.57	53.95
2018年	0.13	45.11	54.76
2019年	0.23	46.22	53.55

资料来源:国家税务总局. 中国税务年鉴.[M]. 中国税务出版社,2018—2020.

(三)税负不平衡,竞争不平等

增值税由于实行价外税的方式,其税额与销售额相分离,实际税负与进项税额大小密切相关。由于各个部门和行业的增加值大小不一,生产环节特别是初级产品的生产环节,由于无税可扣或扣除率很低,实际税负相对较高;而流通环节特别是最后的零售环节,其扣税率较高而实际税负相对较低,从而造成工业部门的增值税负大于商业部门的不合理现象,形成了产业结构上的税负扭曲。

在个人所得税方面,由于征管方面的原因,目前个人所得税的纳税人绝大多数仍是工薪阶层,非工资性收入比重大的高收入阶层偷逃个人所得税的比例仍偏高,"按纳税能力负担"原则的体现还需加强。

(四)税权划分不合理

1994年实行分税制后,中央财政在全部财源份额中拿大头,地方财政拿小头,导致中央财政收入增加,地方财政收入减少。尽管中央收入的很大一部分通过转移支付又返还给了地方,但是本着"返还收入与上缴收入成正比"的原则,上缴收入越多的地方从中央得到的返还也越多,上缴收入越少的地方从中央得到的返还也越少(少数特殊地区例外);另一方面,地方税体系税种数量较少,且营改增又使得地方主体税种缺失,进而导致地方税税收收入减少,地方税面临着逐渐萎缩的局面。这就导致地区之间的差距越来越大,中央与地方之间缺乏调剂的弹性。

二、优化我国税制结构

税制结构优化是在一定条件下合理选择税收的作用点和作用方式,其最终目的在于有效地取得财政收入和促进市场资源的有效配置。经济决定税收,随着经济的发展变化,税制结构必须要进行相应的调整,当前我国税制优化必须要达到以下三个目标。

(1)促进国民经济结构的合理调整。为了实现我国经济建设的战略目标,必须优化产业结构,大力加强第一产业,调整和提高第二产业,积极发展第三产业,实现三大产业的均衡发展。为此,税制的优化必须体现产业政策精神,有利于资源向农业和基础产业的转移,促进加工行业的调整和改组,保证支柱产业和高新技术产业的发展,促进市场发育,完善商业服务网点,满足生产生活的需要。

(2) 促进地区间的平衡发展。税制的优化必须要搞活地方税这一块,使地方税确实能体现与地方资源相符的特色,满足地方经济发展的需要。

(3) 增强国家宏观调控的力度和效力。国民经济的持续、稳定、健康发展,离不开国家及时适度的宏观调控,为增强国家宏观调控的力度和效力,税制结构必须开征以调节各市场主体行为为主要目标的税种,充分体现"寓禁于征"目的。

为了达到这些目标,我国税制结构优化目前应在保持"双主体"的格局下,重点在于各税种内部构造的优化与完善。

1. 完善税种,改善环境,促进竞争

(1) 完善流转税制。我国现行流转税制度中,增值税是主体,辅之以消费税和关税,它们共同构成了流转税制。对流转税的优化和完善,应以增值税为中心,适当降低增值税税率并简化增值税税率级次。同时实现消费税从价内税向价外税的转换,适当扩大消费税的征税项目并予以细化,以便更好地起再调节作用;再次合理调整关税结构,提高关税的有效保护程度。

(2) 完善所得税。进一步完善企业所得税优惠政策、硬税基、严征管。

(3) 开征社会保障税,为机构改革、人员分流等各项综合改革创造一个良好的环境。

(4) 进一步充实财产税。我国目前的财产税只有房产税和契税。完善财产税,一方面应清理整顿对土地税费的杂乱征收状况,建立以土地税收为核心的财产税制。另一方面,逐步扩大个人自住房征收房产税的试点范围,完善房产税的征管基础,充实地方税的税源。

(5) 完善资源税。改革完善资源税,在试点的基础上,扩大水资源税的征收范围,条件成熟后在全国推广,提高对水资源的保护程度。

2. 稳定中央税,扩大地方税

为确保中央收入的稳定,除进一步加强中央税的征收管理力度外,还应明确划分税源,确保中央的税基。另一方面,积极完善地方税,其一是通过开征一些地方税种,进行缩费扩税,或清费归税,扩大地方税收收入;其二应合理划分税收权限,赋予地方部分税收立法权。我国人口众多,各地的自然条件和经济发展水平很不均衡,税源分布也有很大的差别,因此在全国政令统一的前提下,赋予地方一定的立法自主权是应该的,主要是地方税目的开征权和地方税税率的调节权,以适应地方经济的发展需要。

<h2 style="text-align:center">本 章 小 结</h2>

税制结构是根据国情,为实现税收的效率、公平、财政目标,由若干不同性质和作用的税种组成的主次分明、层次得当、长短互补、具有一定功能的税收体系。尽管各国的税制都是由若干税种组成的复合税制,但几乎每个国家都有其主体税种,可以是一个或者多个主体税种,如果以流转税作为主体税种,则该国呈现以流转税为主的税制结构;如果以所得税作为主体税种,则该国呈现以所得税为主的税制结构;如果以流转税和所

得税并重或同时作为主体税种,则呈现直接税与间接税并重的税制结构。通过分析,我们发现世界各国税制结构的总体格局表现出以下四个基本特点。

(1) 低收入发展中国家税制结构以流转税为主,其中关税占有重要地位,尤其又以进口关税为主。与商品税相比,所得税份额过小,其他税收份额微乎其微,没有社会保障税。

(2) 中下等收入国家税制仍以流转税为主,但商品税的份额比低收入国家有所降低,所得税的比重在增大,其中又以公司所得税为主,社会保险税的比重很小。属于流转税第一、所得税第二主体的格局。

(3) 中上等收入国家税制明显呈现所得税和流转税分庭抗礼的格局,普遍征收社会保障税,贸易税和交易税比前两类国家低得多。

(4) 发达国家税制结构以所得税为主,但个人所得税比重稍有下降,公司所得税比重长期以来基本稳定,一般在8%左右。社会保障税比重略有上升,社会保险税和个人所得税成为最重要的税种。商品和服务税的比重在提高,财产税的比重也在缓慢提高。所得税系、商品和服务税系、财产税系的收入比重之比大约为63∶34∶3。

30多年来,世界上大大小小的国家几乎都进行了不同程度的税制改革,对各国和世界经济的发展产生了深刻的影响。一般来说,发达国家税制改革具有这些共同点:降低所得税税率、拓宽其税基,普遍开征增值税国提高增值税的标准税率,个人所得税、公司所得税一体化,普遍采取税收指数化措施。发展中国家税制改革在20世纪后期分为两个阶段:第一阶段是从70年代中后期到80年代末,第二阶段是90年代以来的十多年。后一阶段的税制改革呈现出这样的特征:增值税被广泛采用,税基逐步拓宽,税率降低、纳税档次减少,降低税收优惠、减少税基侵蚀。进入21世纪以来,各国又相应调整税收政策,尤其是2008年国际金融危机爆发后,不少国家为了降低金融风险、应对危机,在降低中低收入所得税税负的同时,增加富人的税负以及增值税税率,优化税制结构。为了应对新冠肺炎疫情,2020年以来各国又进行了一系列的减税措施。

我国自1994年税制改革以来,也不断调整税收制度,建立了以增值税、所得税为主体的税制模式,基本适应了我国现阶段经济发展的需要,但还是需要进一步优化税制结构,重点在于各税种内部构造的优化与完善。

关 键 词

税制结构　流转税　所得税　财产税

复习思考题

1. 什么是税制结构?以流转税为主的税制结构和以所得税为主的税制结构具有什么特点?

2. 一般来说,税制结构与经济发展有密切关系,具体来说,世界各国税制结构表现出那些基本特点,为什么发达国家和发展中国家选择不同的税制结构?

3. 你认为合理的税制结构的标准是什么?

4. 从各国税制改革发展趋势看,你认为应怎样完善我国的税制结构?

第三章 增值税比较

增值税自1954年在法国课征成功以后,其自身所具备的宽税基、消除重复征税和内部约束机制等优越性,愈来愈为世界各国所认识。它的足迹已经踏入世界各大洲,迄今已有超148个国家和地区实行了增值税,增值税在我国税制体系中也已占据主体地位。本章主要介绍和比较欧盟国家的做法,为进一步完善我国的增值税提供借鉴。

第一节 增值税概述

一、增值税的产生与发展

增值税的概念,最早由美国耶鲁大学的亚当斯(T. Adams)在1917年发表的《营业税》一文中提出。他认为营业毛利从会计上看,就是工资、租金、利息和利润的总和,正好就是计算国民所得时价值增加的那一部分,对营业毛利课税比对利润课税好得多。因此,他实际上已经提出了我们现在的所谓增值税。1921年,亚当斯又提出企业购买商品时已经付出的税收从应纳的销项税额中扣除的简便计算方法,这就是后来人们所称的税额抵扣法(或扣税法)。同一年,德国的西蒙斯(C.F.V.Siemens)在《改进的周转税》一文中正式提出增值税的名称,并详细阐述了这一税制的内容,但没有受到重视。1940年,美国最有影响的营业税学者史图登斯基(P.Studenski)首先指出增值税是一种中性税收,是理想的营业税制。但由于种种原因,美国一直没有产生全面实施增值税的改革运动。1950年,美国税务顾问向日本政府提出实行增值税制,日本通过立法步骤建立了地方政府的增值税,但这一法律步骤当时没能付诸实施。

1948年,法国为了克服全值周转税对中间产品重叠征税而严重影响专业化分工协作发展的问题,把制造阶段的商品税的全额征税改为对增值额的征税。1954年,法国又将增值税扩展到批发阶段,并采取了消费型增值税,取得了成功。1968年法国又进一步将增值税扩展到零售阶段。增值税在法国的成功推行,使之形成有利于专业分工协作和国际竞争的税收环境,促进了战时法国经济的发展。

此后,欧盟其他国家都先后实行了增值税。欧盟委员会还发布许多指令,对增值税作出基本规定,促进了增值税的规范化和在欧盟内部的一体化。欧盟国家实行的增值税主要有以下特点。

(1)征税范围广。欧盟增值税的征税对象范围涉及农业、工业、批发、零售服务等各个阶段和领域,纳税人不仅包括一般的企业主,而且包括农民、小企业主和自由职业者。

(2) 采用消费型增值税。纳税人可以从其销售税额中扣除当期购进的机器、设备、原材料、辅助材料等投资物品已纳的增值税,从整个社会看其课税基础相当于全部消费资料,使增值税具有消费税性质。

(3) 出口商品实行零税率即可以完全退税,进口商品按国内商品的税率统一征税。

(4) 对经济的影响中性化。在征税上实行多环节、多次征,但同时伴随逐环节扣税的办法,使商品的最终销售价格一样,税负也一样,纳税人不因其经营规模、经营结构、经营方式的不同而税负轻重不同,具有经济影响中性化的特点。

(5) 发票注明税款的税额抵扣法。发票在欧盟增值税系统中是一个基本文件,纳税人获得购进税额抵扣的权利决定于发票数字。

(6) 税率档次少。一般都有1个基本税率,不少国家只有1档税率,税率档次不超过5个。

(7) 增值税制度在欧盟内部逐步趋向统一。

欧盟税制改革的实践证明,增值税优于原来的周转税,因此各国为了促进经济发展,纷纷引进增值税来代替传统的全值流转税。1995年,全世界实行增值税的国家和地区有94个,1998年已增至近110个,至2000年7月底已增至115个,截至2011年,有148个国家和地区实行了增值税。从实行时间看,20世纪50年代1个(法国),60年代6个,70年代16个,80年代16个,90年代73个,90年代后增值税制的飞速发展,根本原因在于此税的公平合理、税基广阔等优点的发挥,因而受到各国政府的欢迎。从地区分布来看,实行增值税的主要有以下国家和地区。

欧洲:奥地利、比利时、丹麦、芬兰、法国、德国、希腊、爱尔兰、意大利、卢森堡、荷兰、葡萄牙、西班牙、瑞典(以上是欧盟14国)、英国、阿尔巴尼亚、保加利亚、克罗地亚、塞浦路斯、捷克、爱沙尼亚、匈牙利、冰岛、拉脱维亚、立陶宛、马耳他、挪威、波兰、罗马尼亚、斯洛伐克、瑞士、土耳其、斯洛文尼亚、马其顿等。

南美洲:阿根廷、玻利维亚、巴西、智利、哥伦比亚、厄瓜多尔、巴拉圭等。

中美洲、加勒比地区和加拿大:巴巴多斯、伯利兹、加拿大、哥斯达黎加、多米尼加、萨尔瓦多、格林纳达、危地马拉、海地、洪都拉斯、牙买加、墨西哥、尼加拉瓜、巴拿马、特立尼达和多巴哥等。

亚洲和大洋洲:孟加拉国、中国、斐济、印度尼西亚、以色列、日本、韩国、蒙古、尼泊尔、新西兰、巴基斯坦、菲律宾、新加坡、斯里兰卡、中国台湾、泰国、越南、柬埔寨、伊朗、约旦、西萨摩亚、澳大利亚、巴布亚新几内亚、瓦努阿图等。

独联体:亚美尼亚、阿塞拜疆、白俄罗斯、格鲁吉亚、哈萨克斯坦、吉尔吉斯斯坦、摩尔多瓦、俄罗斯、塔吉克斯坦、土库曼斯坦、乌克兰等。

非洲:阿尔及利亚、贝宁、布基纳法索、喀麦隆、刚果、科特迪瓦、加蓬、查亚那、肯尼亚、马达加斯加、马里、毛里求斯、摩洛哥、尼泊尔、尼日利亚、塞内加尔、南非、多哥、突尼斯、乌干达、赞比亚、加纳、纳米比亚、卢旺达、津巴布韦、乍得、博茨瓦纳、苏丹等。

从实行增值税国家情况来看,存在以下四个值得重视的特点。

(1) 发展中国家增值税占总税收收入比重一般大于发达国家,其中最大的前几国是智利 45.1%,萨尔瓦多 40.5%,秘鲁 38.9%,阿根廷 33%(2010 年数据)。

(2) 各国标准税率高低不一。税率为 15%—20% 的最多,有 50 多国,最高税率的是格林纳达为 27.5%,匈牙利为 27%,丹麦、瑞典等为 25%。

(3) 各国的理想设计是实行单一税率,但实际上只有 54% 的国家实现了这个理想。46% 的国家采取复式税率,大约有 50 个国家对基本食品实行免税。

(4) 征税范围。绝大多数国家的征税扩展到零售环节,但还有些发展中国家只在制造或批发环节中实行,如塞内加尔、科特迪瓦、哥伦比亚等,征税范围仅覆盖全部制造业产品及进口产品,而对批发和零售环节以及农业与劳务不征增值税;摩洛哥则只在制造业和批发业征增值税。多数国家,特别是 OECD 国家对货物和劳务(G+S)一律征税,但还有 18 个国家对劳务实行有选择征税,即只对列举的劳务征税。

二、增值税的类型

从理论上来看,增值税的计征对于纳税人生产应税产品或提供应税劳务所耗用的固定资产、原材料、半成品、零部件、燃料、动力、包装物、低值易耗品中所含的税金都应该予以扣除。但是在实际运用中,由于各国国情不同,在计征增值税时,各国除了都允许扣除外购流动资产及低值易耗品所含的税金外,对固定资产所含税金则存着几种不同的处理方法。据此,分为生产型增值税、收入型增值税和消费型增值税三种类型。

(一) 生产型增值税

即在征收增值税时,不允许扣除固定资产价值中的税款,以一定时期内纳税人的销售收入减去其耗用的外购商品和劳务的余额作为增值额,其计税依据相当于工资、利息、租金、利润和折旧额之和。从国民经济整体看,其课税基础与国民生产总值的统计口径大体一致,故一般称为生产型增值税。这一类型增值税税基宽广,能在一定程度上保证国家财政收入的稳定增长,但由于其税基包含折旧,对固定资产的重复征税无法彻底解决,而且资本有机构成越高,重复征税现象越严重,不利于鼓励投资,促进经济的增长。因此,目前只有 6 个国家(巴基斯坦、塔吉克斯坦、土库曼斯坦、巴西、多米尼加、海地等)实行生产型增值税。

(二) 收入型增值税

即以一定时期纳税人的销售收入减去其耗用的外购商品、劳务及固定资产折旧后的余额作为课税增值额,其计税依据相当于工资、租金、利息、利润之和,不包含折旧。从国民经济整体来看,其税基相当于国民净产值或国民收入,故称为收入型增值税。在这种类型的增值税下,其税基与增值额概念范围正好吻合,属于理论上的标准增值税。但由于固定资产价值的损耗与转移是分期分批进行的,而其价值转移中不能获得任何凭证,采用这种方法并不容易实行规范的发票扣税法,故采用的国家很少,主要有阿根廷、摩洛哥等国。

(三) 消费型增值税

即以一定时期纳税人的销售收入减去投入生产的中间性产品价值和同期购入的固

定资产全部价值后的余额作为课税增值额。在采用发票扣税法中,允许将购置的所有投入物(包括资本品)的已纳税款一次性地予以全部扣除。从国民经济整体看,税基相当于全部消费品价值,故称为消费型增值税。在这种类型增值税下,固定资产购进的当期虽然会使得增值税税基小于理论上的增值额,但由于最适宜采用规范的发票扣税法,在法律上和技术上都较其他方法优越。因此大多数国家(欧盟,以及其他发达国家和很多发展中国家)采用消费型增值税。

三、增值税的优缺点

(一) 增值税优点

(1) 符合税收中性原则。完全意义上的消费型增值税只就每一阶段的增值部分课征,克服了重复征税的弊端。因此,它对于企业的组织形态的决定起中性影响,客观上会导致专业化分工协作的发展,从而促进了商品生产的社会化。所以,增值税通常取代效率低的、带有扭曲性的和征管混乱的税种。

(2) 稳定财政收入。增值税对达到财政收入目标是有益的。在采用发票法进行税额抵扣情况下,增值税的征收过程会产生纳税人自动勾稽效果,可防止偷漏税和随意减免税。增值税对增值额课征,从整体税负着眼是对商品的最后销售额课征,只要销售额不变,无论商品的中间环节有多少,在税率一定情况下,增值税税额不变,经济增长,财政收入也同步增长。

(3) 有利于资本的形成。消费型增值税对新增资本设备一次扣除,完全免税,会提高投资报酬率,可鼓励资本密集企业和大资本的形成以及设备更新。

(4) 退税简便,鼓励外销。出口商品的增值税因易于计算,故退税方便,而且是全额认定,可以保证出口商品在同等基础上竞争,从而鼓励外销。

但是在世界性的推行增值税的大潮下,有一些国家如美国对增值税作了研究但又终于放弃了它。究其原因可归于其缺点。

(二) 增值税的缺点

(1) 增值税是累退的,违反税收公平原则。消费型增值税本质上是对消费征税,而消费并不是公平理想的衡量标准。因为消费并不一定反映一个人的纳税能力,消费规模大的可能负债累累,而生活俭朴的人也可能是腰缠万贯的守财奴。而且事实上一个社会还存在消费倾向递减现象。在采用单一税率的情况下,纳税能力弱的穷人和纳税能力强的富人负担同等比例的税负,不符合税收的纵向公平原则。有些国家虽然对某些生活必需品免税,但也无法完全解决这个问题。而许多国家的事实又证明,增值税如果设置多档差别税率,又会妨碍其中性作用的发挥。

(2) 消费型的增值税可能过度保护投资而压抑消费,不利于就业,可能引起经济与社会问题。

(3) 对价格的影响。澳大利亚有关人员曾经经过分析研究,得出如果增值税率为 12.5% ,预计会使价格上升 6.5% 。

(4) 会有较高的管理成本,特别是对逃税和出口退税的监管管理。

(5) 增值税的收入弹性强,可能会造成政府花钱大手大脚。
(6) 纳税人的纳税成本高。
(7) 虚报税收抵扣额与伪造发票的潜在漏洞十分严重。
(8) 增值税与传统的强大的地方销售税体系无法兼容。

因此,理论界一般认为,增值税能够最有效地筹集收入,取得较高的效率与下列因素有关:① 贸易在 GDP 中的比例相对较高(这可能是因为在进口环节征收增值税比在国内征收要相对容易一些);② 识字率较高;③ 实施增值税的时间。(实施该税种的时间越长,效果就越好)。为此,设计增值税的最佳做法应是:出口实行零税率,购买资本性投入品最好不免税,单一税率,周转额设定的登记门槛应高。

四、增值税与其他流转税配合的模式

由于实行增值税比较成功的国家一般只采用一个或者几个税率来发挥其一般调节功能,故其对实现某些特定社会政策目标的作用是极其不足的。为了弥补增值税难以发挥特殊调节作用的不足,很多国家除征收增值税外还开征消费税、特定的货物税等选择性流转税,通过征税对象范围的有目的选择、差别税率,实现特定的财政政策和社会政策目的。

由于各国的社会经济问题各异,形成了不同的增值税与选择性流转税相互配合的格局,大体上有以下三种。

1. 双层次模式

具体做法是在对商品或劳务普遍征收增值税的基础上,再征收消费税或货物税。其中增值税起普遍调节作用,目的是对经济中性和取得财政收入,选择性流转税则主要体现社会政策和经济政策。增值税与选择性流转税税源相同,但税率、计税依据、征税办法、征税环节一般不同。增值税税法中,一般都明确规定增值税的征税基础包括选择性流转税税款,即这部分税款在征收增值税时不予抵扣。多数国家采取这一模式,如法国、爱尔兰、意大利、卢森堡、荷兰、西班牙、比利时、丹麦、阿根廷、巴西、新西兰、中国、韩国等。以韩国为例,该国在出台增值税的同时,还配套出台了特别消费税。该税以特定的产品(如珠宝、首饰、化妆品、电器产品、汽车、高档食品、汽油)和特定的消费行为(如高尔夫球、赛马)为课税对象,实行从量征收和从价征收。这样不仅可以在一定程度上缓解增值税的累退性,平衡民众的逆反心理,而且可以配合增值税的改革,保持部分产品原税负的平衡,保证国家财政收入,尤其是使增值税采用一档基本税率成为可能,因而有助于避免增值税的复杂化和非中性化。

2. 并行模式

一些国家规定,对一些特定项目征收过其他商品劳务税后,不再征收增值税,而在对一部分货物或劳务征收增值税后,不再征收其他商品劳务税,这类间接税与增值税并行,互不交叉。这一模式通常由各国国情和部分商品和劳务本身的特殊性所决定。从理论上看,增值税应对一切商品和劳务进行普遍征收,但是某些商品或劳务在具体征收中将遇到许多困难,因此在某些商品或劳务暂时不能或不宜征收增值税的情况下,一部分国家便选择对大部分商品及劳务征收增值税,而对其余商品则征收其他商品劳务税,既避免了对同一应税交易重复征税,又通过这种配合关系,实现对所有商品及劳务的普遍调节与征收。如德国对征收不动产转让税、赌博税、保险税的品目不再征收增值税。

3. 限定模式

少数几个国家采取。即征收的某些商品或劳务税虽然制定了税率,但若同时还要缴纳增值税,则在征收增值税情况下其商品劳务税征税额固定为一个数额。如意大利曾对不动产合同的转让价按8%的税率征注册税,对乡村土地的转让按15%的税率征注册税,如果这类交易同时还要缴纳增值税,则注册税的征收额一律限定为5万里拉。

增值税与其他流转税之间的关系可能不是单一的,一个国家往往是这三种模式并存。如德国和比利时等同时采用交叉征收模式和平行征收模式,意大利同时采用交叉征收模式和限量征收办法。

第二节 增值税纳税人比较

增值税的纳税义务人是指各国税法规定的直接负有缴纳增值税税款义务的人。由于各国增值税的征税范围不一,纳税义务人的范围定义有着很大的差别。

一、纳税义务人的定义

欧盟和其他一些发达国家,增值税的征税对象范围很广,涉及所有的交易领域,规定增值税的纳税人为销售商品和提供劳务的企业主以及从事进口活动的任何人。在发达国家,除政府通过税法特案规定免征增值税的交易项目外,企业主从事任何销售商品和提供劳务的活动,都要缴纳增值税。至于从事进口活动,不论是企业主还是非企业主个人,除有特殊规定外,都有就进口行为交纳增值税的义务。

对于"企业主"欧洲各国都在税法中作出专门解释。一般规定是,企业主指在任何地方独立地从事经济活动的人,不管那种活动的目的和结果是什么,也不论是主业还是副业,都构成增值税意义上的企业主。这里所说的经济活动包括生产者、商人、提供服务的人的全部活动,也包括采矿和农业活动以及职业活动。此外,以盈利为目的对有形和无形财富继续开发的行为亦被视为经济活动。参与上述交易的所有人员,可以是个人、个人团体、法人、法人联合经营机构,以及任何其他经济实体;可以是征税国居民,也可以不是征税国居民;可以是定性了的实体,也可以是未定性的实体。但要有个前提:独立经营。

发展中国家在纳税义务人的定义上往往采取列举与征税对象范围相结合的定义方法,以那些属于列举征收增值税的交易活动和劳务活动的当事人为纳税人。如阿根廷、乌拉圭、科特迪瓦、摩洛哥、智利、阿尔及利亚及中国。阿根廷税法规定增值税的应税交易包括以下三种。

(1) 由增值税纳税人(有关规定中提到的非登记的纳税人除外)销售在阿根廷境内的动产。

(2) 法律指定的工程、租赁劳务,只要它们是在阿根廷进行的。
(3) 动产的最后进口。

与此相适应,增值税纳税义务人为以下七类。
(1) 经常从事动产销售的人。
(2) 以动产进行偶然企业交易的人。
(3) 出卖在死者手中已纳税财产的已登记为纳税人的继承人或遗产承受人。
(4) 以他们自己的名义但代表第三方进行买卖活动的人。
(5) 以他们自己的名义,但代表他们自己,或代表第三者,进行动产最后进口的人。
(6) 从事应税工程建设的建筑企业(包括单一所有权)。
(7) 租赁商品或提供劳务根据法律要纳税的人。

二、对小企业主税务处理规范比较

无论发达国家还是发展中国家,都存在为数众多的小企业主。小企业主一般营业额不大,很少有详细的记录凭证,大量使用现金并从事自供活动,对他们按程序征收增值税往往十分困难。各国往往根据本国国情采取不同的课税方式。归纳起来,有如下五种处理办法。

(一) 为小企业提供纳税选择权

根据 2013 年 1 月 1 日起生效的欧盟新的增值税指令规定,成员国要对年营业额低于 200 万欧元的小企业提供一个纳税选择权,既可以选择在开具发票时纳税或者在收到款项时纳税。这将避免企业在还没有收到款项时就要纳税的情况,有利于改善企业的现金流。

(二) 对流转额低于某一数量的潜在纳税人实行免税

这基本上是欧盟国家普遍做法。一些拉美国家,如哥斯达黎加、洪都拉斯、尼加拉瓜、巴拿马也这样做。德国税法规定,企业主的全部营业额包括应分摊的增值税在内,如果上一纳税年度不超过 1.75 万欧元,并且当年估计不超过 5 万欧元,则该企业主的营业额免征增值税,企业主也可放弃免税而选择纳税。匈牙利规定,年营业额低于 500 万福林的纳税人,可以选择免征增值税。

这种方法最大的好处在于减轻了税务部门的管理负担。主要的缺点是较大的企业会产生一种被歧视的感觉,这种感觉会影响他们自觉纳税的积极性,并有可能促使其低报营业额。同时,当企业主采用免税条款时,他就失去了抵扣增值税的权利,以及要求取得记载详细资料发票的权利。因此,为了解决上述问题,许多国家对小企业免税的同时,允许小企业放弃免税待遇,如德国、丹麦、希腊、葡萄牙、卢森堡、土耳其等。

(三) 对免税小公司的供货按高于正常税率的税率征税

比利时最先采用这个办法,其后西班牙、土耳其和阿根廷都纷纷仿效。所有企业都必须进行增值税登记,但小纳税人如果满足一定的条件(属于某种行业、流转额低于某一水平以及其他一些条件),可以得到一个特殊的识别号,并可选择按"平衡税制"缴税。根据这一制度,为小商人提供货物的供货商须向小商人收取一笔相当于对他们销售货物应征税的税金并将这笔税金上缴国库,非登记的小企业的唯一义务是将采购发票保存好,如果税务部门来检查时不能出示发票,事主必须对其库存货物再次纳税。按这种办法纳税的小商人可要求对他们购买的某些投资性货物所支付的增值税予以退税。

采用上述办法既避免了税款的减少,又减少了小型零售商直接纳税的麻烦,在技术上有一定的可操作性。但这一方法仍然会存在一些问题:适用的范围有限,仅适用于食品、书、报纸、五金工具和某些衣服织物的零售商,因为他们的加价幅度一般比较趋同和公开。再者将税收征管任务移交给了供应商,特别是那些与小商人打交道的供应商,将加大供应商的额外成本,引起供应商的不满。正因为如此,土耳其采用这种方法后又放弃了,但比利时认为这一制度有利于减少舞弊,方便而成功。

(四) 估定征收

估定征收是税务局对小业户的销售额进行估算的一种安排。对销售额的估算一般都以前一年的销售实绩为基础,结合普遍影响商业活动的因素以及该户特殊的情况作适当的调整。采用这一方法的有阿根廷、智利、马达加斯加、墨西哥和尼日尔等国。为了使估定征收制达到公平和有效,需要大量的工作人员和严格的控制,而且这类纳税人占整个增值税纳税人比重较大,但其销售额占整个应税销售额的比重都较小,加之对销售额的估算征纳双方往往不一致,因而容易导致征收效率低下。当然也有少数国家如比利时运用得比较好。

(五) 减征增值税

减征增值税是对小企业实行一定的税收优惠,减征一定幅度的增值税税金,这一办法主要为卢森堡所采用。其税法规定:对于本年度营业额超过 1 000 000 卢森堡法郎的小企业主,可以减轻 1 000 000 卢森堡法郎以上部分营业额增值税的1%,但减征部分不能超过本年度扣除投入物增值税后的应征增值税额,且不能超过 8 000 卢森堡法郎,而且减征不适用于这些企业主进口商品应征的增值税,也不适用于和作出应税选择的与销售不动产有关的业务。

尽管各国对小企业的处理方法各异,但一般来说,比较好的方法应该是对小企业主不区分零售商和小企业,而且对非常小的企业实行免税,但注意把免税范围的销售额定低一点。不要指望销售额低于免税线的都要进行纳税登记或要求他们进行纳税申报,但至少应该要求所有的商人都要记录和保留购货发票,并能做到随时都能提供检查,如果销售额超过了免税线但未进行纳税登记,应处以重罚。

第三节 增值税税率比较

由于增值税制度下进项税款可得到抵扣,在操作上是上道环节销售时向下道环节收取税金,下道环节计缴税金时按其实现的税金减去购进环节向上道环节缴纳的税金,即为该环节应缴税金。这样一环套一环,环环相扣,税收负担最终落在消费者身上。这种特有的链条机制是排斥减免税的,因为其他税种的免税意味着国家放弃一笔财政收入而给予纳税人的优惠,增值税的免税却不一定会给纳税人带来利益,有时反而会给纳税人造成负担。因此,科学地制定增值税的免税政策十分必要。

一、增值税的免税与零税率

(一) 免税

增值税的免税是指对企业主从事某些特定的生产经营活动所获得的销售收入或报酬,以及某些进口行为不征增值税,但是该企业主为生产经营免税项目而购进商品、劳务的已纳增值税不准予抵扣。它的实际含义是被"免税"的经销者在购买投入物时要缴税但却不能要求对所缴投入物的税款予以扣除,相当于看作是最终购买者。

1. 免税项目

目前各国增值税法都明确列举了对商品和劳务的免税项目,这些免税项目的列举各国都不完全一致,大体有以下几种:

(1) 采用列举法。荷兰、匈牙利、西班牙、加拿大、印度尼西亚、菲律宾、韩国、中国台湾、泰国等大多数国家或地区采用这种方法:如西班牙税法列举的某些免税项目依据纳税人的身份进行:自然人和经济实体而非公司免费提供商品和劳务免税;医生、口腔医师、牙医和护理人员以及画家、雕刻家、设计师、作家、报社及杂志的投稿者、剧作家和电视剧本作者在其专业活动过程中提供的劳务免税。

(2) 按营业额确定征免税界限。实际上就是规定起征点,对未达到起征点的纳税人免税,对达到或超过起征点的纳税人一律全额征税。采用这种办法的国家主要有:葡萄牙、爱尔兰、丹麦、韩国、德国、希腊、阿根廷、巴拿马、印度尼西亚等国家。

(3) 以业务范围确定免税项目。这一办法主要为土耳其采用,其税法规定,适用免税的交易是供应用于文化、体育、教育、娱乐、科学、社会和军事的商品与劳务以及某些其他免税品。

当然,在确定免税项目时一个国家往往同时采用几种方法。目前,世界各国增值税免税所适用的主要项目有不动产、企业转让、金融交易、通信与运输等。

2. 免税效果

由于增值税的免税同时伴随进项税款不能抵扣的情况,因此名义上是"免税",实际上还是要承担税负,所以用免征增值税的办法来提高增值税的累进性是不经济甚至可能是不公平的。

我们假设某种商品经过制造、组装、批发、零售四个阶段,增值税税率为10%,实行进项税款凭发票抵扣,价外税,制造阶段的进项税款为零。不免税情况如表3-1所示。

表3-1 不免税情况　　　　　　税率:10%

阶 段	销售额	销项税额	购进价	进项税额	本阶段应纳税额	消费者承担税额
制造	1 000	100	0	0	100	—
组装	2 000	200	1 000	100	100	—

(续表)

阶 段	销售额	销项税额	购进价	进项税额	本阶段应纳税额	消费者承担税额
批发	3 000	300	2 000	200	100	—
零售	4 000	400	3 000	300	100	400

（1）现在假定对该商品的制造环节免税，则情况如表3-2所示。

表3-2　对商品的制造环节免税情况　　　　　　　　　　税率：10%

阶 段	销售额	销项税额	购进价	进项税额	本阶段应纳税额	消费者承担税额
制造	1 000	0	0	0	0	—
组装	2 000	200	1 000	0	200	—
批发	3 000	300	2 000	200	100	—
零售	4 000	400	3 000	300	100	400

从表中我们可以看出，对制造阶段的免税却导致组装环节应纳税额增加，且免税额和增税额正好相同，消费者实际承担的税额并无任何变化，免税不仅无效果，而且还造成了组装阶段的重复征税。

（2）假定对商品的组装环节免税，通过表3-3，我们将看到，国家四个阶段收取的税款总额为500，而消费者承担的税额仍然为400，两者不相等，同时批发阶段的应纳税额达300，增加了200，组装环节应纳税额虽然为零，但实际却承担了100的进项税额，这正是国家税额增加的原因所在。同时重复征税现象也不可避免，且更加严重，而且违背了从各个阶段收取的增值税额要等于最终由消费者负担的增值税额的规则。

表3-3　对商品组装环节免税情况　　　　　　　　　　税率：10%

阶 段	销售额	销项税额	购进价	进项税额	本阶段应纳税额	消费者承担税额
制造	1 000	100	0	0	100	—
组装	2 000	0	1 000	100	0	—
批发	3 000	300	2 000	0	300	—
零售	4 000	400	3 000	300	100	400

（3）假定对批发阶段免税，通过表3-4我们发现，国家收取的税款总额达到600，零售阶段的应纳税额达400，批发阶段实际承担了200的进项税额，第二种情况出现的问题不仅未解决，反而愈加严重，纳税人的负担更加沉重，税款逐渐向最后消费阶段累积。

比较税制

表 3-4 对批发阶段免税情况　　　　　　　　　　　　　　　　　　税率：10%

阶　段	销售额	销项税额	购进价	进项税额	本阶段应纳税额	消费者承担税额
制造	1 000	100	0	0	100	—
组装	2 000	200	1 000	100	100	—
批发	3 000	0	2 000	200	0	—
零售	4 000	400	3 000	0	400	400

（4）假定在零售阶段免税，则情况如表 3-5 所示。

表 3-5 对零售阶段免税情况　　　　　　　　　　　　　　　　　　税率：10%

阶　段	销售额	销项税额	购进价	进项税额	本阶段应纳税额	消费者承担税额
制造	1 000	100	0	0	100	—
组装	2 000	200	1 000	100	100	—
批发	3 000	300	2 000	200	100	—
零售	4 000	0	3 000	300	0	300

这时有两种处理方式，第一种即零售商承担进项税额 300，消费者不承担税额，国家共收取税额 300，这样的免税应该说既违背了增值税税额由消费者承担的规则，又挫伤了零售商的积极性，进而产生"倒通"的连锁反应，无任何意义。第二种即国家允许零售商支付的 300 进项税额作为售价的附加向消费者收取。这时，消费者负担 300 税额，正好等于国家收取的税额总和。这种方式的免税能够在一定情况下起到鼓励消费的作用。但是这种方式已经不是真正的免税，还不如直接采用零税率。

结论：在增值税体系下，免税不一定能为其接受者带来利益，免税项目应尽量减少，尽量避免采取中间环节的免税措施，而且在对象方面应对客体免税而不应对主体免税，以利于提高增值税的征管效率。税法一般还应允许纳税人在某些条件下放弃免税权而选择纳税。所以目前欧盟批准的免税项目十分有限，基本上只有出口、邮政服务、教育卫生事业以及与教育性事业有关的产品、慈善事业、文化事业、赌博、土地提供、金融服务以及不动产租赁业等。

由这个结论我们可以得出：对农民免税是没有意义的。在大多数国家，农民都是不易对付的纳税人，他们中的大部分都不建账，即使建账也很不健全，而且生产和销售的产品往往种类很多，征收成本很高。对农民免税可以降低征收成本，比较简便，但是简单的免税不仅不会给农民带来好处，反而会增加其税收负担。即使允许农产品的采购批发商有一个增值税抵扣额也仍然加重了农民的负担。

在对农民正常征税情况下，增值税情况如表 3-6 所示。

表 3-6　对农民正常征税情况　　　　　　　　　　　　　　税率：10%

生产阶段	投入品购价	进项税额	产品销售价	销项税额	本阶段应付税额
① 农业投入品销售	50	5	100	10	5
② 农产品生产销售	100	10	200	20	10
③ 批发采购阶段	200	20	300	30	10
④ 零售阶段	300	30	400	40	10

最终由消费者负担 40 的增值额,恰好等于各个阶段应付的增值税,农产品生产销售实际为中间阶段,农民不负担税收。

假设对农民免税,对农产品生产销售不征税也不允许其抵扣上一阶段已缴纳的增值税,从而不要求他们向采购批发商开出发票。为了使批发采购阶段能正常运用增值税机制,避免没有购进发票所产生的消极影响,假定农产品批发采购商可以就支付给农民的价款抵扣 10%,则增值税情况如表 3-7 所示。

表 3-7　对农民免税情况　　　　　　　　　　　　　　　　税率：10%

生产阶段	投入品购价	进项税额	产品销售价	销项税额	本阶段应付税额
① 农业投入品销售	50	5	100	10	5
② 农产品生产销售	100	10	200	0	0
③ 批发采购阶段	200	20	300	30	10
④ 零售阶段	300	30	400	40	10

消费者最终负担的增值税仍是 40,与对农民不免税情况下相同。但国家实际上只征得 30 税款,农民承担了 10 个货币单位的增值税,不仅未得到好处,反而负担加重,承担了本不应负担的 10 个货币单位的税款。从农产品批发采购阶段看,由于上一阶段免税,只要付出 200 价款就可以购得农产品而不必另付税款,本阶段的购进投入品已付税款抵扣照样进行;实际上得到一笔不必另付的 20 个货币单位的好处,这个数额恰好等于农民多负担的 10 个货币单位和国家减少的 10 个货币单位税款的合计数。

3. 各国对农业征税处理

为了解决这个问题,各国采取了不同的做法。

(1) 欧盟采取农业统一加价补偿法,将税收包袱向后甩给农业投入物的供应商和向前甩给农产品的采购商。

欧盟第六号指令规定当农民按正常税率或按小交易活动方式纳税有困难时,可使用加价补偿法纳税。农民既不用进行增值税纳税登记,也不用开销售发票,他们在购买农业投入物时所支付的增值税税款通过在销售农产品时向消费者收取一个加价比例得到补偿。这个加价比例是统一的,适用于所有农民,该加价可以作为农产品购买者的购项增值税从其销项增值税税额中扣除。在这种制度下,农民一般不需要再履行纳税义务了。农民在销售农产品过程中不开具发票,由购买者自己开具,一联自己保存,另一联送销货农民保存。发票上列明净货价、加价补偿金额以及总价款。采用这种办法的国家有比利时、希腊、法国、荷兰等。例如希腊税法规定:为了农业产品的转让和农业劳务的提供,农民有权要求偿还他们购买商品或劳务所缴纳的增值税,条件是这些商品或劳务是用于其企业经营的。在此情况下,国家对农业商品或劳务的价值运用固定比例偿还税收给农民,税率从 1.5% 到 5%。

(2) 大多数拉美国家把农民的销售排除在纳税范围外,或对首次销售的未加工的农产品免税。不过智利把农民包括在需要完全登记的商人之内,而且不对任何食品实行增值税免税。

(3) 比较好的解决方法。上述两种方法在实践中都存在不少问题,如加价补偿法中的补偿率是统一的,而实际上农民从事的农业项目各异,规模大小差别很大,不可能完全达到公平,终究会有一部分人得益,另一部分人受损。至于拉美的做法会造成农业产品的重复征税。因此爱伦·A.泰特认为应该根据不同国家的发展情况采取不同的做法,具体来说是:如果是较发达的国家,应尽量把农民当作生产经营者来看待。销售额小的农户可以按小企业免税制度给予免税。如果他们处于免税线上但又没有达到可以按特殊方法处理的界限时,他们或者可以采用加价补偿的方法,或者采用对农业投入物实行零税率方法。当然,所有农民应该有自愿选择进行完全增值税纳税登记的权利。在发展中国家,应对农业投入物予以免税(零税率更好)和允许大农户选择按正常增值税制度纳税相结合的政策。对于享受免税的小农户可采用折衷方法:规定农民销售额超过某一很小数字组仍然达不到可以按完全增值税制度纳税金额时,可以申请退付其购买投入物支付的增值税,申请人必须保留其购货发票,并凭发票提出正式退税。

规定很小的数字意味着,农民想避免为缴纳增值税而建账的负担,就必须付出一定的代价——负担最低限度的购项增值税。

正因为上述原因,目前有些国家已不再对农业实行加价补偿法(如德国、意大利等),而是实行以下四种方法。

(1) 适用特别税率。对农业企业征收增值税,但有各种特殊规定。比如,不仅制定特别税率,而且在记账方法、申报期等方面也予以特别规定。采用这种办法的国家主要有:挪威、土耳其、卢森堡、德国等。例如:卢森堡税法规定:企业主在其农业和林业企业经营范围内所发生的商品和服务供给均适用特殊规定,这一特殊规定不仅对这类企业的全部正常业务都有效,而且使之不必按税务部门关于登记、按期申报、开具发票、保存适当账簿等要求执行。其税法明确列举了特别税率适用的情况:3% 的税率适用于正常情况下农业产品的销售;6% 的税率适用于下面这些情况:正常情况下农业开发产品的销售;有利于农业或林业开发以及其商业活动的劳务供给,包括农业服务;纳税人在农业和林业开发中所需商品的销售,包括投资用品。与农业、林业适用上述税率征收增值税的规定相适应,在卢森堡,所有涉及上述减低税率业务的投入物增值税,均被认定为以相当的税率征收。因此,抵扣此类投入物增值税只认定以3％或6％计算。买方纳税人不管是否收到发票,都可以全额抵减支付给农业和林业生产的增值税。

(2) 给予一定的财政补贴。丹麦税法对牛奶厂等产品销于丹麦国内市场,用于私人消费的情况,按母乳代用品由国家财政给予牛奶补贴,以降低这些产品的销售价格,但牛奶厂必须经国家批准才可得到补贴。而且,能通过账务向有关政府部门提供足够的证据,以便政府掌握对牛奶厂的支付额。

(3) 按比例税率纳税。这一处理办法主要为西班牙和爱尔兰所采用。西班牙税法规定,按比例纳税的农民是指那些通过从事农业、林业、畜牧业或渔业生产,获得蔬菜或动物产品的人。按比例税率纳税的农民不按一般增值税规定计税、纳税和保存账册。在采用比例税率方案的情况下,农民不能申请投入税抵扣。为了克服由此带来的问题,西班牙税法明确规定:在采用比例税率方案的前提下,农民有权按商品或劳务的销售价格收取一定的补偿金,补偿金按商品和辅助劳务销售价的4％计算得到。

由于农业的复杂性,对农业征收增值税的国家往往对农业不只采用一种方法予以征收,而通常是两至三种方法,以适用农业的各种具体情况。而且,各国税法往往允许农业纳税人选择于自己有利的征收方式。如奥地利、卢森堡、荷兰、爱尔兰、意大利、法国等都明确规定纳税人可以放弃特殊待遇而选择按常用方式纳税。

(二) 零税率

增值税零税率的含义是对企业主免征增值税并且允许抵扣进项税额。零税率使享受这一待遇的纳税人不负担任何税收,因而是真正地免除了增值税。第一个使用零税率的国家是荷兰。

在实行发票注明税款抵扣制度下,由于存在追补效应,在出口或最终进入消费以前各阶段实行零税率,对消费者的税收负担没有影响(见表3-8、3-9)。因此,实行增值税的国家通常只对出口商品和最终消费品实行零税率,但也有国家对基本食品的供应、农产品的供应、公共运输、农业服务等方面也采用零税率。

(1) 假设对组装阶段实行零税率,征纳情况如表3-8所示。

表3-8 对组装阶段实行零税率情况　　　税率:10％

阶 段	销售额	销项税额	购进价	进项税款	本阶段应纳税款
制造	1 000	100	0	0	100
组装	2 000	0	1 000	100	−100
批发	3 000	300	2 000	0	300
零售	4 000	400	3 000	300	100

组装环节纳税人获得100的退税,以补偿其已支付的进项税额。但对批发环节纳税人而言,其购入商品是无税的,没有进项税款可抵扣,其应纳税额为300,从整体上看,国家征收了400的增值税,与消费者负担等值。

(2) 假设对零售阶段实行零税率,征纳情况如表 3-9 所示。

表 3-9 对零售阶段实行零税率情况　　税率：10%

阶 段	销售额	销项税额	购进价	进项税款	本阶段应纳税款
制造	1 000	100	0	0	100
组装	2 000	200	1 000	100	100
批发	3 000	300	2 000	200	100
零售	4 000	0	3 000	300	−300

在这种情况下,购买零税率商品的消费者不负担任何增值税。对于零售阶段纳税人来说,其已支付的 300 进项税款,由国家通过退税方式返还。

二、增值税税率制度设计的比较

(一) 增值税税率的类型

在增值税实践中,各国增值税的税率档次多少不一,有的国家实行单一税率,有的国家有十几档次的税率,多数国家的增值税税率档次在 1—5 个(见表 3-10),总体分为两大类型。

表 3-10 2019 年 OECD 国家现行增值税税率　　单位：%

国　　家	低税率	标准税率	特定地区税率
澳大利亚	—	10.0	—
奥地利	10.0/13.0	20.0	19.0
比利时	6.0/12.0	21.0	—
加拿大	—	5.0	13.0/14.0/15.0
智利	—	19.0	—
捷克	10.0/15.0	21.0	—
丹麦	—	25.0	—
爱沙尼亚	9.0	20.0	—
芬兰	10.0/14.0	24.0	—
法国	2.1/5.5/10.0	20.0	0.9/2.1/10.0/13.0 & 1.05/1.75/2.1/8.5
德国	7.0	19.0	—
希腊	6.0/13.0	24.0	4.0/9.0/17.0
匈牙利	5.0/18.0	27.0	—
冰岛	11.0	24.0	—

(续表)

国　家	低税率	标准税率	特定地区税率
爱尔兰	4.8/9.0/13.5	23.0	—
以色列	—	17.0	—
意大利	4.0/5.0/10.0	22.0	—
日　本	—	8.0	—
韩　国	—	10.0	—
拉脱维亚	5.0/12.0	21.0	—
立陶宛	5.9/9.0	21.0	—
卢森堡	3.0/8.0/14.0	17.0	—
墨西哥	—	16.0	8.0
荷　兰	9.0	21.0	—
新西兰	—	15.0	—
挪　威	12.0/15.0	25.0	—
波　兰	5.0/8.0	23.0	—
葡萄牙	6.0/13.0	23.0	4.0/9.0/18.0 & 5.0/12.0/22.0
斯洛伐克	10.0	20.0	—
斯洛文尼亚	9.5	22.0	—
西班牙	4.0/10.0	21.0	2.75/3.0/7.0/9.5/13.5/20.0 & 0.5/10.0
瑞　典	6.0/12.0	25.0	—
瑞　士	2.5/3.7	7.7	—
土耳其	1.0/8.0	18.0	—
英　国	5.0	20.0	—
美　国	—	19.3	—

资料来源：OECD Tax Database。

注：零税率的情况没有在表中表示。

1. 单一税率

就是增值税只有一个比例税率(几乎所有国家都对出口实行零税率，还有一些国家因零税率对国内的购入物实行免税，因此零税率不计在内)，截至2011年，实行单一增值税率的有80个国家和地区，其中，大洋洲实行增值税的国家全部采用单一税率。不管征税对象是什么，纳税环节位于什么阶段，一律按一个税率征税。最高的单一税率在丹麦为25%，最低的税率为新加坡的3%。实行单一税率会大大简化增值税的计算，使征管富有效率。由于无论税率是高是低，单一税率增值税的征管费用相差不大，而增值税的征收和纳税费用都很高，因此太低的税率对资源的利用是不经济的。不过单一税率对奢侈品和必需品同等对待,有失公平之嫌,不过这不是增值税需解决的问题(在本章前面已有论述)。

2. 复式税率

一般由两个以上税率即由基本税率、高税率和低税率组成,截至 2011 年有 68 个国家和地区实行复式税率。基本税率体现增值税的基本课征水平,适用于一般商品和劳务,确定基本税率取决于通过增值税计划取得财政收入的规模,当然也要考虑消费者的承受能力。

多档税率的最高税率塞内加尔为 50%,科特迪瓦为 35.13%,尼日尔和哥伦比亚为 35%。高税率设置的重要目标是对某些奢侈品或有害健康的商品通过寓禁于征的办法限制消费。最低税率为土耳其的 1%,法国的 2.1%,一般来讲,对食品实行的低税率通常为 5%—6%。

(二) 增值税税率制度设计的基本经验

1. 税率要少

实行单一税率,对出口实行零税率,并限制免税项目的观点在增值税实施得比较成功的国家里占绝对优势。实在不得已需要采用多档税率,档次也应尽可能少为宜,税率过多会大大增加征收管理的复杂性。在实行增值税的条件下,不应当过分指望通过差别税率对生产和消费进行限制或鼓励,要达到限制或鼓励目的应征收选择性流转税。

2. 基本税率要适度

基本税率的确定既要考虑国家财政的需要,也要考虑消费者的负担能力。各国的基本经验是实行税率不高、但广泛征收的策略,避免任意扩大免税和实行低税率的范围,这样取得同等财政收入,因税基广,标准税率可以定得低一些。

3. 进入最终消费阶段

高税率和低税率的设置尽量放在商品销售的最后阶段,即最终进入消费的阶段。高低税率的设置只有在两种情况下才能起调节作用:第一是对一个商品全部生产经营环节都实行低税率或高税率;第二是对最终进入消费阶段的商品或者劳务实行低税率或高税率。第一种情况实际上很难实行,根本无法操作,除非由此产生的连锁反应使整个经济体系都实行高税率或低税率,而这时已无任何意义了。因此第二种情况是唯一选择,只有在最终消费阶段设置高税率和低税率才能达到效果。

第四节 增值税计税依据和税款抵扣制度比较

一、增值税计税依据

在一般情况下,增值税的计税依据为商品消费者和劳务提供者向购买者、顾客和第三者已经收取和将要收取的所有报酬,即采取应收应付制(或权责发生制)来确定增值税的计税依据。当然在某些特殊情况下,有些国家允许采用现收现付制。如意大利规定，若不要求企业主开发货票（如某些零售商），则增值税税款以实际营业额为基数计算，不以应收应付制的营业额为基础计算。

构成增值税的计税依据一般在各国税法中都包括：商品和劳务的销价、关税和各种税（主要其他流转税，如消费税），各种收费如代理商佣金、包装、运输、保险或其他收费，收货人或劳务取得的追加款等。不过在某些特殊情况下，商品销售和劳务提供的计税依据需要特殊处理。

（一）折扣

折扣有三种形式：无条件的、即时支付和有条件的。最典型的无条件折扣例子是当商品在甩卖时，只要购买商品，就给予折扣，折扣在买卖成交当时就作出。大多数国家以折扣价作为计税依据。

即时支付的折扣往往是商人为了鼓励顾客能在28天之内付款，从而提供某种程度的折扣。由于折扣也是购货时给予的，所以如果顾客接受的话，大多数国家就以折扣价作为计税依据。如果未来被接受的话，则以全价作为计税依据。

有条件的折扣往往是要求顾客做某种事情，如顾客要得到折价优惠必须以后再继续购买一定量的商品：在这种情况下，大多数国家计税依据应是全价，如果顾客确实继续购买了一定数量的商品而获得折价优惠的，可以通过签发扣税通知单来调整原来的税负。

（二）销货退回

如果顾客向应税的销售商退货，则销售商可以从当期应付的增值税额中扣除相应的税额或者要求退税。

（三）以旧换新

各国对此类交易的税务处理各异，大致有以下三种处理方式。

1. 按全部报酬征税

如果支付购买新货物报酬时，一部分用现金，一部分用旧货折价支付，则以全部报酬作为计税依据。英国、法国、比利时、丹麦、葡萄牙、挪威、意大利等国家采用这种办法。

2. 按差额征税

在这种交易方式下，折价的旧商品价值不构成增值税的计税依据，而仅仅以新商品销价与旧商品折价的差额作为计税依据。爱尔兰、荷兰等国家采取这一类办法。

3. 视同两笔交易

把提供旧货和换取新货看作是两笔交易，分别按新货价款和旧货折价作两次确定计税依据，我国和德国等国采用这种办法。

（四）以货易货

两个纳税人之间的以货易货（或劳务互相交换），绝大多数国家视同两个纳税人互相销售劳务（或提供劳务），作为两笔应税交易对待，计税依据为商品或劳务的通常价格。如果不知道通常价格，则以计算的组成计税价格作为税基。但少数国家在某些情况下还作了其他特殊规定：如丹麦对双方当事人均为登记纳税的企业主的情况，仅对一方纳税人就其货币支付部分征收增值税。英国对用一件改装过的物品交换一件不耐用的物品,视为提供劳务,仅对支付的货币报酬纳税。

（五）小零售计算销售额的方法

通常增值税税负都由填开的发票确定,但对大多数零售商而言,他们都是不开发票或只是给一张收款机打印的收据。此外,各种名目的折扣和推销术常常使毛收入的确定十分困难。有些国家给零售商两种选择:第一种是让他们以现金收付为计算销售额的基础,即零售商收到的每笔付款都要即时记录,赊购货物当时不记账,到付款时才记账。新西兰使用这种方法,它的优点是可以对坏账不记增值税。第二种方法是对货物的开价(但在交接货物时并不一定已经付款)计征增值税,这种方法在拉美国家普遍采用。不过零售商需填写一份简化的发票,该发票的内容包括卖主的姓名和登记号以及所售货物的概要信息,同时增值税法规定顾客应向店主索取标明已付增值税金额的发票,税务人员经常定期或不定期检查。

（六）呆账

如果一项应收账款全部或部分不能收回,而纳税人以前已经将它计入增值税计税依据进行申报,向税务机关缴纳了税款,则纳税人在现在申报增值税时一般允许就短收的差额要求扣除已纳税款。当债务人重新偿还已认为是损失的债务时,债权人必须补缴相应的增值税。但也有少数国家没有这样的规定,如意大利、土耳其。土耳其税法规定,呆账的情况下不能调整税基。

（七）旧货

对于旧货的税务处理各国不同,大体有以下三种情况。

（1）按全部销售额征税,以销售价为计税依据。丹麦等国采取这种办法。

（2）按购销差价征税,比利时采取该方法。比利时规定,除海陆空运输工具的转卖外,经常从非企业主手中购进二手商品用以再出售的企业主,经财政部许可,可以进价和售价的差额作为计税依据。

（3）规定某些旧货适用特别税率。荷兰税法规定,非免税企业出售旧货一般要缴增值税,但拍卖古董、艺术品、铸币和邮票按低税率6%征税。

有些国家还同时采用两种方法,如英国、丹麦、葡萄牙、比利时等。

（八）出售企业

当企业或其中一个部门,作为单独进行经营管理的单位,整体转让并不免税时,其计税依据为购买者转让资产所得的报酬,所负担的各项债务在计算税基时不得扣除。

（九）视同销售行为,包括自我供应和私人使用

各国税法一般都明确规定,商品的自我供应应征税。如果是货物,则计税依据是同样货物的市场购买价格,无可比市场价,则按组成计税价格;如果是劳务,则计税依据是为使用此项劳务而发生的有关费用总额。由于劳务的自我供应很难把握,因此,大多数国家对自我供应劳务不征税。但比利时、西班牙、葡萄牙、爱尔兰、丹麦等比照第三者提供劳务时应有的价格征税。

（十）进出口货物

一般来说,对进口货物增值税的计税依据包括以下四个。

（1）货物的海关价值(通常建立在反映独立成交交易的价格基础上)。

(2) 关税和其他所有在进口时征收税。
(3) 运往该国的运费和保险费。
(4) 所征收的消费税。

有些国家对出口货物征税,(包括零税率)实行零税率的出口产品价值应包括货物的离岸价和各项出口税费。

二、增值税税款抵扣制度

各国对增值税的计算都只能采取扣税法,计算公式是应纳税额＝销项税额－进项税额。进项税额的确定是依据账簿记录计算还是凭发票注明的数据计算呢?大多数国家采纳的是凭发票注明税款抵扣法(即发票法),也有少数国家采用按账计征的税额抵扣法(即账簿法)。不过经过增值税的实践证明:各种增值税制度都必须建立在两块"基石"之上,两者缺一不可。其一是,对应纳税人之间的所有交易签发税务发票;其二是,保持适当的簿记制度。因为这两种抵扣制度各有其适应性。

(一) 发票法

1. 优点

发票法的优点很多,主要有以下两点。

(1) 计算简便。采用这种方法,纳税人只要将发票上的销项税额减去进货发票上的进项税额就可以算出应纳税额。整个抵扣税额的计算依据购货发票,不涉及扣税项目的认定和数据汇集问题,当然这是在一国实行全面型消费型增值税情况下才能达到的。

(2) 会形成纳税人之间自动勾稽效应。购货者在购买货物或应税劳务时,必须向对方索取税务发票,根据发票上注明的增值税税额计算进项税额,否则已纳税不能扣除,实际将由购货者补交税款,这在很大程度上使纳税人之间互相监督,连锁牵制,形成自动勾稽效应。

在发票法下,仅凭发票注明税款抵扣虽然简便,但是只有在采取全面消费型增值税,实行单一税率(或税率档次少)且运用计算机的进行交叉管理的情况下其作用才能发挥得比较好。

2. 缺点

增值税的自我监控制机制从理论上来讲是完美的,但是在实践中很难实施,偷漏税现象仍然存在。据估计在发达国家,增值税的偷漏税额约占预计税收收入最低2%—4%(英国),最高40%(意大利)。增值税的偷漏税形式多种多样,主要有以下六种。

(1) 应缴纳增值税的经销商不进行纳税登记,这样尽管他们在购买时支付了增值税,但销售额却不用纳税,而且尤其对于那些所需购买原材料比重小的个体经营者,往往这样更合算。

(2) 高报退税额。这是逃避增值税的最简单方法之一。通过伪造发票和报关单等多得抵扣额,尤其不发达国家由于法制不健全,发票监督和管理机制不健全,这种现象有时会相当严重。此外,开办新企业申请假退税,因为新企业往往要购置大量的资本设置和原材料，增值税抵扣额往往大于销项税额。

(3) 现金购买不作记录，在发展中国家往往会变成一种重要的偷税形式。

(4) 少报销售额。这也是逃避增值税最常用的方法。销售额越低，负担的增值税就越少。处于零售环节的经营者由于其服务对象不一定要求开具发票，低报销售额逃税最不易被审计出来。

(5) 漏报自产自用金额。世界所有国家的增值税立法都要求经销商记录私人使用的货物，并要折合成销售额缴纳增值税。但是要求记录所有这类消费金额并缴纳增值税的期望很难实现，尤其是小经销商和小零售商。

(6) 易货贸易协议。销售者与购买者如果互相勾结，以易货方式变换货物和劳务而不支付货款，也不作发票甚至账簿记录，那么往往在发票法下很易逃避增值税。此外还有其他偷漏税形式，如对不应抵扣的购货申请抵扣，对投入免税活动的应税物料申请抵扣以及发生会计错误等。

3. 各国对发票的管理

值得一提的是，在发票法下，发票成为对一般增值税的控制管理起决定性作用的凭证。因此，各国都对发票进行严格规定。虽然欧盟成员国都有权决定自己采用发票的准则，公司可以自行决定采用发票的格式，但一般发票通常必须写明如下内容。

(1) 发票的编号。

(2) 增值税登记号码。

(3) 供应日期。

(4) 供应商名称、地址。

(5) 接受商品名称、地址。

(6) 商品或劳务的供应方式如：① 即期付款销售；② 分期付款销售；③ 赊销；④ 以货易货；⑤ 租赁；⑥ 来料加工；⑦ 代销；⑧ 一定期间内可退货的销售；⑨ 其他。

(7) 足以证明所销售的商品或提供的劳务的说明书。

(8) 每一份说明书要说明的数量或劳务的范围、税率，以及不含税销售价格。

(9) 用本国货币表示的不含税销售额总额。

(10) 任何一种现金贴现率的报价。

(11) 按每种和商品有关的适用税率计算出的应征税额。

(12) 应征税款总额。如果一张发票上有几项商品或劳务，或既有应税销售，又有免税销售以及零税率销售，则应分别填列，并填列不含税的销售总额及应缴税款总额。

2000年11月20日欧盟委员会公布了简化增值税发票的指令方案。提案的主要内容：① 对发票内容规定12项必填的项目。② 电子发票必须使用数字化签字系统，以保证原件的真实性及数据的完整性。③ 在一定条件下，可将购货发票开给第三方或消费者。④ 允许自选发票的保存地点及方式，条件是保证查找方便，数据可靠完整。

韩国为了控制偷漏税现象，规定一般纳税人都必须在提供货物和劳务时就每一笔销售额开具四份发票，一份由卖方保存，一份由卖方寄给本地区税务局，第三份交由买方保存，第四联交由买方寄给其所在的地区税务局。由主管税务局所持有的这两份发票接着被寄给负责对照销售和购买进行交叉检查的计算机数据处理部门。签发出去的或者收到的税务发票要保存 5 年,记载交易价值超过 300 000 韩元的税务发票要存入计算机以便审计。采取这种方式后,偷漏税现象大为减少,但是它需要耗用大量的人力物力,征收成本大,不能简便模仿。

(二) 账簿法

在账簿法下,增值税的计算以账簿记录为依据,可抵扣进项税额和销项税额的多少不与发票直接挂购,发票只是作为记账的原始凭证,纳税人不可能通过伪造假发票骗取抵扣款,多得退税,税务相关也易于通过账簿记录的审计,控制纳税人的行为。当一个国家发票管理制度和法制不健全时,运用账簿法相对来说适应性要强,但是这种方法有三个主要的缺点。

(1) 计算复杂。由于进项税款的有关数据需要从有关账户、报表中汇集、容易发生计算错误和引起纳税人与税务人员之间的争执,特别当一国实行多档次税率,免税项目多,征税范围窄的情况下,工作量非常大。

(2) 对那些没有财务会计制度或财务会计制度不健全的纳税人没有办法实行账簿法。

(3) 难以形成纳税人之间的自动勾稽机制,偷漏税现象也很严重。由于纳税人的应纳税额的计算依据账簿记录,纳税人不会关心购进项目已纳多少税款,有无偷漏税,纳税人容易通过购销发票"大头小尾"、做假账、设置内外两套账簿等方法逃避纳税义务。不法分子通过伪造文件凭证达到骗取退税目的事件的发生率,账簿法要比发票法高。

第五节 借鉴与完善我国的增值税制度

一、我国增值税的现状及存在的问题

我国 1984 年开始对特定产品征收增值税,1994 年实施现代意义的增值税,在产值环节、商品流通环节、进口环节和加工、修理修配环节普遍征收。2009 年 1 月 1 日起,在全国范围内实施增值税转型改革,朝着彻底的全面消费型增值税最终目标迈出了关键性的一步。2012 年 1 月 1 日起,开始在上海对交通运输业和部分现代服务业实行营改增试点,截至 2012 年 12 月 31 日,有 10 个省市纳入试点范围。从 2012 年 8 月开始,交通运输业和部分现代服务业的营改增在全国推广,营改增成为结构性减税的最重要举措。2013 年党的十八届三中全会要求深化税收体制改革,从 2014 年 1 月 1 日起,财政部、国家税务总局将我国境内提供交通运输业、部分现代服务业的试点范围扩大到全国,同时增加了邮政业。2014 年 6 月 1 日起将电信业纳入营改增试点范围。2016 年 5 月 1 日在全国全面推开营业税改征增值税,将原来缴纳营业税的行业都纳入增值税征税范围,我国生产型增值税转型成了消费型增值税。

2016年全面营改增以后,为了使得原来的营业税纳税人的税负不因营改增政策变化而发生太大的变化,营改增政策出台过程中,将大量营业税征收政策平移为增值税过渡性政策,这就使得营改增过后的政策比较复杂。最主要的表现形式为税率多档,增值税一般纳税人的税率有17%、13%、11%、6%四档,另外还出现了一般纳税人5%、小规模纳税人3%的简易计税办法下的征收率。2017年7月1日发布的《关于简并增值税税率有关政策的通知》(财税〔2017〕37号)规定,将增值税税率调至17%、11%、6%。2018年4月4日,《关于调整增值税税率的通知》(财税〔2018〕32号)文件规定,将增值税税率降至16%、10%、6%。2019年发布的《关于深化增值税改革有关政策的公告》财政部海关公告〔2019〕39号文件,将增值税税率进一步调整为13%、9%、6%。

尽管增值税改革成效显著,但是仍有一些问题有待解决。

1. 增值税税率较高、税率级次较多

目前我国增值税共有13%、9%、6%这3档税率,此外还存在5%、3%、2%、1.5%的征收率,税率结构较为复杂。增值税这种多档税率的计税方法,有悖于增值税中性的特征,使得其在发挥资源配置功能时,增加了资源配置的复杂性,不利于市场经济的健康发展,进而扭曲了经济的发展。此外,税率级次过多,还会使得增值税计算繁琐,从而增加了税务机关的征管难度,提高了税收成本。

此外,虽然把农业纳入增值税范畴,但为了征收简便,以及促进农业的发展,税法又对农业免税,并允许从生产者购入的免税农产品按买价的9%(2019年4月1日后)计算进项税款。本意是为了消除农产品的重复征税。但是我们仔细分析一下就可以发现,农业生产者仍然要承担购进农业投入物时的已纳增值税款,而农产品的购入者在没有承担已纳税款的前提下,还可以允许按买价的9%冲抵销项税款,他们才是农产品免税的真正受益者,而不是农业生产者,这与免税目的大相径庭。

2. 增值税偷漏税现象仍然存在

在实行增值税的20年中,利用虚开代开增值税发票以及其他可抵扣发票偷漏增值税案件时有发生,此外出口退税中的骗税行为也存在,给国家造成了重大经济损失。近年来又普遍出现了通过不开票交易,自断增值税抵扣链条,造成无税经营、账外周转以及增值税额体外循环等问题。

▶▶ 二、完善我国的增值税制度

作为主体税种的增值税的构造,在借鉴西方国家行之有效的经验时,不能片面追求理想化的税制模式,而应充分考虑我国还处于社会主义初级阶段的基本国情。具体而言,可分为以下五个方面。

(一)减少增值税税率级次

从理论上而言,单一税率是最能够发挥增值税中性特点的税率,但是另一方面,单一税率表现出明显的税收负担累退性。国际上大部分的国家都采用了"基本税率+优惠税率"的模式,只是在优惠税率档次的选择上有所不同。基于我国的现实情况考虑,我国可借鉴这种做法进而减少增值税的税率级次。

在减少增值税的税率级次同时,相应调整对农业免税的政策(对农业免税效果的分析,在本章前面内容已经论述过)。税法可以采取对农业投入的物予以免税和允许大农户选择按正常增值税制度纳税相结合的政策。在具体的操作中将农民作为纳税人看待,实际征收中允许农民根据一定的法定条件自愿选择免税或纳税。如其选择征税,就必须按税法规定建立会计账簿,按正常征收程序纳税,即购进农业投入品时按发票抵扣进项税额,销售农产品时开出发票将增值税作为价格的附加,向其购买者收取;选择免税则可获得销售额一定比率的进项税额补偿,它等于加价比例乘以销售价格。销售额比例统一,适用于所有农民,该加价可以作为农产品购买者的进项税额从其销项税额中扣除。这样农民作为生产经营者大体上同其他中间环节的生产经营者一样,不负担增值税;作为消费者则与其他行业的消费者一样负担增值税。还有人建议,对农业征收增值税,但由农产品购买者就其支付的进项税款代农民缴纳到税务局,农民则就其购买的农业投入物持发票到税务局申请退税或采取加价方法向农产品购买者收取,允许农产品购买者就支付的加价进行抵扣。

(二)合理设置增值税的税收优惠范围

过多的税收优惠政策会破坏增值税的税收抵扣链条,进而影响增值税的税收中性,同时也不利于纳税人之间的税收公平。因此应严格限制商品和劳务的税收优惠范围,进而减少对经济发展的不利影响。

(三)加强增值税发票管理

目前,我国的增值税发票管理存在缺陷,虚开增值税发票问题突出,阻碍了增值税的建设与完善。因此,一方面应该加强增值税信息管理系统的建设,积极做好增值税专用发票的管理,还应将所有抵扣凭证纳入系统进行管理,进一步完善税务信息,实行以信息管税。另一方面应逐步推进增值税电子专用发票建设,加大电子发票管控力度,实行无纸化发票抵扣。

(四)加强增值税的征收管理

先进的税收征管方法及系统是欧洲国家成功推行增值税制度的基础,实行纳税人信息的多部门沟通有效提高了稽查效率和水平。税务部门应该进一步优化服务机制及方式,进而为纳税人提供更好的服务。此外,还应该将税收征管与网络科技进行有机结合,努力实现"互联网+税务"的管理模式,进而提高税收征管效率。

(五)完善所得税改革,缓解单一税率导致的消费者增值税负担累退问题

在单一税率下,由于没有低税率的照顾,消费者面临的增值税累退性问题会更加突出。欧盟的实践证明,即便利用免税和多档低税率来消除累退性对低收入消费者的影响,实际效果也并不好。缓解增值税的累退性,不必孤立地通过增值税本身的税基减免和低税率来实现,可以从整个财税体制的视角来综合考虑,通过其他非增值税措施来解决。日本在引进增值税时,为了克服累退性,调低了个人所得税率,特别是低收入阶层的税率。新西兰将增值税率从10%提高到12.5%,为降低宏观税负和克服增值税的累退性,也相应调低了个人所得税和公司所得税率。通过增值税为非正式部门雇员筹集社会保障费用,也可缓解增值税的累退性。增值税的普遍性,使非正式部门(指未正式登记注册也未替员工缴纳社保的非正式部门,俗称"地下经济")的从业人员即使有机会

逃避个人所得税和社保费用,也无法逃避增值税。既然非正式部门的人员负担了增值税款,就没有理由将其排除在国家提供的社保体系之外,国家可以通过提供医疗保险或其他险种来为他们提供一定的保障,尽管这种保障水平比较低,但也可在一定程度上缓解社会分配不公,缓解增值税的累退性。

本 章 小 结

增值税自 1954 年在法国课征成功以后,其自身所具备的宽税基、消除重复征税和内部约束机制等优越性愈来愈为世界各国所认识。它的足迹已经踏入世界各大洲,迄今已有 140 多个国家和地区实行了增值税,增值税在我国税制体系中也已占据主体地位。

由于各国国情不同,在计征增值税时除了允许扣除外购流动资产及低值易耗品所含税金外,对固定资产所含税金则存在几种不同处理方法,据此分为生产型增值税、收入型增值税和消费型增值税。因为增值税主要是发挥一般调节功能,为了弥补其特殊调节不足,很多国家除征收增值税外还开征消费税、特定的货物税等选择性流转税,形成了增值税与选择性流转税相互配合的格局,大体上有双层次模式、并行模式和限定模式三种。

增值税的纳税义务人是指各国税法规定的直接负有缴纳增值税税款义务的人。由于各国增值税的征税范围不一,纳税义务人的范围定义有着很大的差别。在对小企业主的税务处理上,各国采取以下几种办法:对流转额低于某一数量的潜在纳税人实行免税,对免税小公司的供货按高于正常税率的税率征税,估定征收,减征增值税。

通过对增值税的免税和零税率分析,我们得出:在增值税体系下,免税不一定能为其接受者带来利益,免税项目应尽量减少,尽量避免采取中间环节的免税措施,而且在对象方面应对客体免税而不应对主体免税,以利于提高增值税的征管效率。税法一般还应允许纳税人在某些条件下放弃免税权而选择纳税,简单地对农民免税是没有意义的。在增值税实践中,税率设计的类型总体分为单一税率和复式税率两种。基本经验是:税率要低,基本税率要适度,高税率和低税率的设置尽量放在商品销售的最后阶段即最终进入消费的阶段。

各国对增值税的计算都只能采取扣税法,计算公式是应纳税额＝销项税额－进项税额。进项税额的确定是依据账簿记录计算还是凭发票注明的数据计算呢? 大多数国家采纳的是凭发票注明税款抵扣法(即发票法),也有少数国家采用按账计征的税额抵扣法(即账簿法)。不过增值税的实践证明,各种增值税制度都必须建立在两块"基石"之上,两者缺一不可。其一是,对应纳税人之间的所有交易签发税务发票;其二是,保持适当的簿纪制度。因为这两种抵扣制度各有其适应性。

对于我国来说,作为主体税种的构造应充分考虑基本国情,在借鉴西方国家行之有效的经验时,不能片面追求理想化的税制模式。因此,应在减少增值税税率级次的同时,加强征管控制,建立公平税负、节约征税成本的增值税模式。

关 键 词

增值税的免税　增值税的零税率　发票扣税法　账簿法

复习思考题

1. 增值税是一个优良的税种,但为什么有些国家经过研究但现在仍未开征?
2. 增值税的类型有哪些,它们的税务处理方法有什么不同?
3. 为了兼顾普遍调节与中性调节,各国增值税是如何和其他流转税配合的?
4. 增值税的免税与零税率效果如何,应怎样设计比较好?如何看待农民免税问题?
5. 从各国增值税税率制度来看,有什么特点,可以吸取什么基本经验?
6. 各国对小企业主的增值税税务处理采取了哪些方法,你认为有什么启发?
7. 在进行税款抵扣时,应采取发票法还是账簿法?你认为应该怎么做才能最大限度地减少增值税偷逃税现象?
8. 通过增值税的比较研究,你认为应如何完善我国增值税制度?

第四章　消费税比较

消费税作为一个特殊调节的税种,在实现一国的特定政策方面发挥着重要作用。各国根据其自身的经济发展和税制改革的需求,有目的地确定消费税的征税范围,设计差别比例税率来实现产业结构优化,改善社会风气,提高税制公平程度,将外部成本内在化,防止环境污染等社会经济目标。

第一节　理论概述

一、对消费税含义的两种认识

在对消费税具体含义的问题上,历来有两种不同的理论观点。

(一)消费税

这是一种主流观点,这种消费税主要是以某些特定的消费品为课税对象,课征环节单一,课征范围根据各国国情不同,可大可小,属商品劳务税性质。英文名词是 Excise Tax,可译为国内产品税(美国)、国内消费税(中国)、生产和服务特别税(墨西哥)或货物税等。除少数国家是以征收财政收入为主要目的外,大多数国家设立该税的主要目的是为了配合增值税等主要流转税种,达到调节经济的目的。它的计税依据是特定消费品的销售收入额,纳税环节在生产或零售环节,先由厂商代缴,再以价内税的方式转嫁给消费者,属间接税范畴。目前,世界上开征消费税的国家中,皆采用的是此种含义的消费税。

(二)消费支出税

此种消费税是以个人及家庭在某一段时间的消费支出为课征对象,计税依据是支出的数额,即个人及家庭在某一段时间的所得额扣除所得税与储蓄额后的余额,简称为支出税(expenditure tax)。

这种消费税最早是由重商主义时代的托马斯·霍布斯提出的,他主张对消费支出征税,可促人节俭,有助资本形成。到 19 世纪中叶,穆尔为使储蓄免税,也赞成对支出课税。20 世纪,英国经济学家马歇尔和美国经济学家费雪认为所得课税不利于储蓄的增长,主张对所得额减储蓄额后的消费支出课税。20 世纪 50 年代,由于西方各国普遍存在消费过剩而资本短缺的现象,消费支出税重新被人们所重视,并在印度和斯里兰卡小规模试行过,但不久即被中止。70 年代后,西方各国经济发展缓慢,投资不足,通货膨胀严重,形成了经济"滞胀"的局面,消费支出税设想重又被提出。

英国学者卡尔多一直力荐支出税,并对其进行过系统的研究。在其1955年的《支出税》一书中,他设计出了消费支出税的支出计算公式:

支出=(期初现金+本期内各项收入+从他人处借得款项+变卖资产收入)
　　　－(期末现金－贷与他人的款项+各项投资)

支出税的性质类似于所得税,它的课征是依据所得收入减去所得税及储蓄后的余额,它的税基仍是所得收入的一部分,因而支出税可视为是所得税的一种延伸和发展,是一种直接税。但同时,它与所得税又有所不同,所得税只对总所得收入课税,不管其用于储蓄还是消费,更不管消费支出大小;而支出税只对消费支出征税,并不管收入及储蓄多少。

支出税有其自身独特的优缺点。

1. 优点

(1) 符合公平原则。主张支出税的学者认为,消费支出的大小,体现了经济能力的强弱,反映了纳税能力的大小,以支出数额为课税依据,符合公平原则。所谓公平,是由享受的程度来判断的,应注重实际的消费,而不仅是指个人的所得。

(2) 可以促进资本形成。对支出课税,即对储蓄进行鼓励,而储蓄又有助于投资,促进资本生成,这也是支出税被推崇的一个主要原因。

(3) 具有直接税的功能。支出税与所得税一样,没有税负转嫁问题的发生,纳税人就是负税人,税负的归宿比较确定。

(4) 支出税比所得税更有利于对劳动的激励。对于善于积累财富、减少支出的人来说,支出税会促使其更加努力工作,增加财富;而所得税则不考虑劳动者积累财富的积极性,因而也不能像支出税那样鼓励劳动者努力工作。

2. 缺点

(1) 征管繁杂程度远较所得税为甚。一般来说,所得税的课征步骤仅有两步,即先计算所得额,再计算法定免税扣除额。而支出税的课征,除了要求纳税人申报较多的事项,另外征收人员核查的工作也较繁琐,包括调查储蓄与投资、赠与或遗赠、资产的购入与售出等。

(2) 支出税对收入分配的功能,远逊于所得税。支出税主要施惠于储蓄与投资,而能具有储蓄与投资能力者,多为高所得者,一般平民则享受不到此种优惠。非但如此,如果低级税率过重,还不免降低一般消费倾向,影响经济生活。

二、消费税的历史演变及发展

本章所指的消费税如不作特别说明,皆指第一种含义的消费税。Excise 一词最早是由拉丁语 Accensus 的变形所得,它的含义是税。也就是说,古代最早开征的一些税即是现在消费税的前身,具有当代消费税的特性。

在古罗马时期随着农业和手工业的发达,城市也日渐兴起,商业繁荣,因此出现了对各种商品征税,如盐税、酒税、矿产品税、皮毛税,这些税可视为现代消费税的雏形,在今天,酒产品仍是消费税的一个主要征税对象。

在中国古代,早在周朝就开征了"山泽之赋",春秋战国时有渔税、齿角税、羽翮税、盐税、茶税、矿产品税、皮毛税、竹税、生漆税、糖税、烟税等。盐、铁、酒、茶一直是各朝代的主要征税对象,不过有时实行专卖,有时采取征税的方式。①

到欧洲中古至近古时代,产品税已发展成为国家财政收入的主要来源,这时人们开始将产品区分为必需品和奢侈品,发现对不同产品征税,效应也不同。斯密在《国富论》中进行了详细论述,他认为烟酒是贫困阶层享用的奢侈品,对此征税,不致使劳动工资提高,所以对奢侈品征税不会影响工业生产。他举例说,香烟税在英国高过原价的三倍,在法国高达原价的十五倍,税率如此之高,但劳动工资并未受此影响。可是对必需品征税,却会提高其价格,致使工人的劳动工资增加。他以当时的四种必需品盐、皮革、肥皂和蜡烛四种商品举例,英国盐税为每蒲式耳三先令四便士,约为原价的三倍,但与其他国家相比,仍低得多;皮革和肥皂税为每磅 3.5 便士,分别约为其原价的 8%—10%、20%—25%,蜡烛税为每磅 1 便士,约为原价的 14%—15%。因为税负较轻,所以没有任何制造业受到损害。相反,在荷兰,由于对生活必需品课以重税,曾使该国一切主要制造业受到重创。

工业革命后,各主要发达国家均建立了市场经济体制,税收体系也日渐健全,在商品税方面,均建立了销售税或周转税与消费税相结合的商品税制模式,消费税的地位也日趋重要。

据国际货币基金组织的一份调查材料显示②,世界上 128 个国家中只有 9 个国家或地区尚未开征消费税,它们是:赤道几内亚、科摩罗群岛、巴林、科威特、阿曼、卡塔尔、阿联酋、沙特阿拉伯、西萨摩亚。在约 119 个已开征消费税的国家中,消费税占各国国内生产总值的比重大多在 5% 左右,少数国家在 3%—4%,有些国家甚至达 8%—9%(见表 4-1);占各国税收收入总额的比重为 6%—51%(见表 4-2、4-3)。

表 4-1　1975 年、1982 年、1989 年按市场价计算货物税占(GDP)的百分比

国　家	货　物　税		
	1975	1982	1989
瑞　典	5	5	5
丹　麦	6	6	6
荷　兰	3	3	3
挪　威	7	7	7
比利时	4	4	3
法　国	3	3	4

---

① 各国税制比较研究课题组.消费税制国际比较[M].中国财政经济出版社,1996:6.
② 同①:15.

(续表)

国家	货物税		
	1975	1982	1989
卢森堡	3	4	4
奥地利	5	4	4
新西兰	4	4	4
芬兰	5	6	5
德国	4	3	3
意大利	4	3	4
爱尔兰	9	9	8
英国	5	5	5
加拿大	4	5	4
葡萄牙	7	8	8
西班牙	2	2	4
冰岛	10	n.a	6
希腊	6	8	6
瑞士	3	3	2
日本	3	4	2
澳大利亚	5	6	4
美国	5	6	4
土耳其	8	6	2
经合组织未加权平均	5	5	3
欧洲经合组织未加权平均	5	5	5

资料来源：K.C.麦锡尔.经合组织成员国的税收政策——选择与冲突[M].中国财政经济出版社,1997：36-38.

注：n.a 表示缺乏资料，不存在。

表 4-2 部分国家货物税占税收总收入的比重 单位：%

国家	货物税占税收总收入的比例	国家	货物税占税收总收入的比例	国家	货物税占税收总收入的比例
贝宁	10	中国	42	加拿大	12
加纳	21	印度	51	墨西哥	17
科特迪瓦	10	日本	26	新西兰	14

(续表)

国家	货物税占税收总收入的比例	国家	货物税占税收总收入的比例	国家	货物税占税收总收入的比例
利比里亚	7	韩国	37	南非	19
摩洛哥	23	尼泊尔	16	美国	15
马里	11	印尼	19	丹麦	25
尼日利亚	14	马来西亚	35	法国	21
乍得	18	菲律宾	16	意大利	36
扎伊尔	6	新加坡	40	荷兰	15
肯尼亚	34	牙买加	28	英国	25
乌干达	29	尼加拉瓜	41	奥地利	19
赞比亚	10	巴拿马	28	芬兰	25
伊朗	10	阿根廷	32	希腊	31
以色列	12	巴西	17	瑞典	21
黎巴嫩	23	智利	9	挪威	21
叙利亚	18	澳大利亚	19	土耳其	30

资料来源：各国税制比较研究课题组.消费税制国际比较[M].中国财政经济出版社,1996：15-30.

表4-3 世界主要年份OECD国家消费税占税收收入的比重统计　　　单位：%

国　家	1975	2005	2010	2015	2016
澳大利亚	11.8	7.6	7.5	4.9	4.7
奥地利	7.9	6.3	5.7	5.2	5.3
比利时	6.6	5.3	5.0	4.7	5.1
加拿大	6.3	4.9	4.5	3.9	3.9
智利	—	7.8	7.1	7.4	7.5
捷克	—	9.8	10.8	10.0	9.7
丹麦	13.8	10.3	9.1	8.5	8.6
爱沙尼亚		12.2	12.6	12.6	13.6
芬兰	11.5	8.6	8.2	8.3	8.6
法国	6.5	5.7	5.4	5.7	5.8
德国	8.8	8.4	7.0	5.8	5.5
希腊	13.6	8.2	10.5	10.7	10.5
匈牙利	—	9.7	9.2	8.4	8.3
冰岛	3.0	9.2	8.6	7.0	4.9

(续表)

国　家	1975	2005	2010	2015	2016
爱尔兰	26.0	10.8	10.7	9.0	9.0
以色列	—	4.5	5.8	4.8	4.8
意大利	10.2	5.6	5.4	6.5	6.8
日　本	11.3	6.9	6.5	5.1	5.0
韩　国	22.0	12.0	10.6	8.1	8.1
拉脱维亚	—	12.6	12.7	11.4	11.5
立陶宛	—	10.0	11.4	10.8	10.7
卢森堡	7.3	11.8	9.3	7.1	7.0
墨西哥	—	5.1	5.0	12.2	12.6
荷　兰	6.3	8.7	8.1	7.1	7.0
新西兰	9.4	3.9	2.9	2.8	2.6
挪　威	10.3	7.4	7.0	6.6	6.6
波　兰	—	13.0	13.7	12.1	12.2
葡萄牙	13.0	11.9	10.4	8.4	9.1
斯洛伐克	—	11.4	10.2	8.3	8.3
斯洛文尼亚	—	9.0	11.6	11.5	11.3
西班牙	2.2	7.0	7.0	7.0	6.8
瑞　典	8.8	6.1	6.0	5.1	4.9
瑞　士	7.7	5.4	5.1	4.5	4.4
土耳其	17.6	21.2	19.9	18.1	18.2
英　国	12.7	8.7	8.9	7.8	7.4
美　国	7.6	3.9	4.1	3.3	3.3

资料来源：Consumption Tax Trend 2018。

随着各国税制改革的不断深化，世界税制呈现出公司所得税、个人所得税等直接税税负下降，消费税、增值税等间接税税负逐步上升的结构性变化趋势。国际金融危机后，这种趋势更加明显。不少发达国家如德国、日本、澳大利亚、希腊、爱尔兰等都不同程度地提高了相应品目的消费税税率，具体如表4-4所示。

表4-4　国际金融危机以来部分国家消费税政策的变化

国　家	调整时间	税　率　变　化
德　国	2011—2015年 第一次调整：2011.5.1起	分步提高烟草消费税 每盒香烟加4—8欧分

(续表)

国家	调整时间	税率变化
日本	2010.10.1 起	烟草税每支加 3.5 日元
	2011—2013 年	飞机燃料税从每公升 26 000 日元降至 18 000 日元
澳大利亚	2008.4.27 起	提高饮料消费税率
	2008.7.1 起	豪华汽车税税率从 25% 升至 33%
	2009.7.1 起	扩大啤酒和葡萄酒消费税的征收范围
	2010.4.30 起	烟草产品消费税和关税加 25%*
匈牙利	2009.1.1 起	开征税率为 8% 的能源特别税 开征煤炭能源税,提高非燃料产品的消费税税额
	2010.1.1 起	消费税税率平均加 10%
希腊	2009.2.5 起	烟草税率从 75% 升至 80% 葡萄酒以外的酒精饮料税率提高 20%
	2010.3.15 起	提高燃油、烟和酒的消费税税率 对待定产品征收新的奢侈税
	2010.7.1	燃油、烟和酒的消费税税率提高 10% 调整烟草消费税税率结构
爱尔兰	2008.10.14 起	提高烟、酒的消费税税率
	2009.4.8 起	烟消费税每盒加 25 欧分,柴油每公升加 5 欧分
	2009.12.9 起	啤酒和果汁每品脱降 0.12 欧元,白酒每半杯降 0.14 欧元,葡萄酒每标准瓶降 0.6 欧元
	2010.12.8 起	汽油和柴油消费税每公升分别加 4 欧分和 2 欧分
俄罗斯	2010—2012 年	分步提高消费税税率

资料来源:国家税务总局税收科学研究所课题组.国际金融危机以来世界税收政策变化的主要特点[J].税务研究 2011(10):90-96.

注: * 实际烟草含量每支不超过 0.8 克的,消费税税额由每支 0.262 20 澳元提高到 0.327 75 澳元;其他烟草产品从每公斤 327.77 澳元提高到 409.71 澳元。关税也同幅度提高。

三、消费税的特性

消费税除了具有一般税种所具有的增加收入、调节经济的共性外,还具有某些其自身独有的特征。

(一) 目的明确

消费税区别于其他所有税种的最本质特征就是其能够体现特定的政策目标。消费税是国家调节消费、引导生产、加强宏观经济管理的重要手段,通过对消费品课以重税、轻税或免税,可以引导不同收入水平的消费者进行适当的选择,可以体现对特定行业、特定产品的支持或限制,从而达到调整产业、促进经济发展的目标。

(二)手段灵活

要达到政策的特定目的,消费税可以通过征收项目和征收税率两种手段灵活调节。

1. 征收项目

横向来看,各个国家由于各自的国情不同,征收项目有多有少。日本的消费税有100多个项目(实际上,已接近增值税性质),印度也有110多个项目,我国台湾地区有29个项目,美国的消费税项目分为三类:受益性的、节约性的和限制性的。虽然各国征收项目不同,但一般都是将非必需品、奢侈品、嗜好品、高档消费品等列入征收范围。大体上有:烟类、酒类、化妆品类、贵重金属类、珠宝、石油、各种燃料油、机动车辆、音像设备、电视机、录像机、电气器具、饮料以及赌博、赛马、彩票等。纵向来看,随着经济和社会的进步以及消费政策的调整,征收项目也会随着调整。

2. 征收税率

消费税对选定的消费品分别确定不同税率,彼此之间差别较大,以便体现特定的政策目的。如法国,对粮食酒每100公升征收1 350法郎的重税,就是为了抑制粮食酒的消费,以达到节约粮食的目的。对果酒每100公升只征收3—9法郎的税款,以鼓励对它的消费。再如日本对酒类在从量计征部分按酒精度数不同,分为10类65个项目,度数高的项目征高税,度数低的项目征低税,以鼓励对低度酒的消费;在从价计征部分,最高的税率达55%,最低的税率达22%。

3. 计征方式

消费税可以采用从量计征与从价计征相互结合的方式,来有效避免经济情况的变动对税基的冲击。当经济萧条时,物价下跌,从价计征部分将会受到影响,但从量计征部分将会抵消该影响;而当通货膨胀时期,物价上涨,仅仅采取从量计征的方式,将会使一部分税源白白流失,而从价计征的方式将可以减少这种损失。

(三)财源集中,征收方便

许多国家都选择那些生产集中、产销量大、财政收入充足的消费品作为消费税的征收对象。由于税源集中,征收简便,成本低,因而聚财方便,且聚财量非常可观。一些发达国家消费税的收入占各税总收入的比例约在20%—30%,发展中国家在30%—40%,有的高达40%以上。可见,消费税已是财政收入的重要支柱之一。

第二节 消费税课征范围比较

消费税的课征范围不仅可以反映一国政策调节的范围,还可以侧面反映一国的经济发展水平。目前世界上120多个国家开征的消费税,其课征范围大体可以分为三类:有限型、中间型、延伸型。

比较税制

一、有限型消费税的课征范围

有限型消费税征税范围仅限于传统的货物项目,包括烟草制品、酒精饮料、石油制品,以及机动车辆和各种形式的娱乐活动。此外有的国家还把糖、盐、软饮料等某些食物制品和钟表、水泥等纳入征税范围,但总起来看,征税品目不会超过10—15种。

目前,世界上消费税征税范围属有限型的国家有美国、巴哈马、危地马拉、洪都拉斯、巴拿马、巴布亚新几内亚、巴西、哥伦比亚、玻利维亚、智利、厄瓜多尔、圭亚那、巴拉圭、秘鲁、苏里南、委内瑞拉、英国、瑞士、荷兰、塞浦路斯、马耳他、卢森堡、中国、新加坡、新西兰、泰国、老挝、菲律宾、印尼、缅甸、斯里兰卡、黎巴嫩、阿拉伯也门共和国、毛里求斯、马达加斯加、马拉维、布隆迪、摩洛哥、马里、利比里亚、几内亚、几内亚比绍、科特迪瓦、尼日尔、塞内加尔、多哥、尤里塞尔、布基纳法索、卢旺达、博茨瓦纳、莱索托、斯威士兰、阿尔及利亚、贝宁、冈比亚、科特迪瓦、利比亚、毛里塔尼亚等 50 多个国家或地区。部分国家具体征收品目如表 4-5 所示。

表 4-5 有限型消费税征税范围一览表(国家按英文字母顺序排列)

国 家	消费税征税范围的具体内容
澳大利亚	石油、石油产品、啤酒、烈酒、雪茄烟、纸牌、火柴、烟丝、烟纸、卷烟、烟草、葡萄酒、煤、电视真空管等
加拿大	酒、烟、珠宝、汽油、小型客车、挥发油、卷烟机、工艺品、火柴、售货机、烟卷、手表、航空运输服务等
智 利	饮料(含酒)、燃料、烟、高档地毯、花毯、挂毯及类似商品、除航用和比赛用以外的快艇、住房、汽车、罐装鱼子酱及代用品、烟花爆竹、气枪及附件、子弹等
哥伦比亚	酒、烟、机动车等
捷 克	汽油、酒精、烟草制品等
匈牙利	特制的好瓷器、上等水晶、贵金属、珠宝、化妆品、咖啡、含酒精的饮料、烟草制品、巧克力、汽油等
印度尼西亚	卷烟、雪茄烟、烈性酒、啤酒、汽油、挥发油、其他油、砂糖等
荷 兰	酒、烟、燃料等
新西兰	酒精饮料、烟草制品、汽油等
秘 鲁	机用油、煤油 柴油、燃料油、液化气、天然矿泉水、药用矿泉水、葡萄酒、苹果酒、梨酒、甘蔗汁、其他发酵饮料、未加工酒精、白酒、威士忌、杜松子酒、汽车、人工矿泉水、汽水、香烟、啤酒等
波 兰	烟、酒、汽油、高档汽车、电子消费品以及其他奢侈品等
俄罗斯	烟、酒、汽车、奢侈品等
南 非	酒、烟、燃料等产品

(续表)

国　家	消费税征税范围的具体内容
瑞　士	酒精、饮料等十余种产品
泰　国	石油、石油产品、玻璃制品、旅游车、香水等
美　国	汽油、轮胎、轮带、酒精、烟草制品、豪华汽车等奢侈品、麻药、鸦片、白磷、赌博行为等
中　国	烟、酒、贵重首饰及珠宝玉石、化妆品、鞭炮、焰火、汽油柴油、摩托车、小汽车(包括小轿车、越野车、小客车)、高尔夫球、木制地板等
玻利维亚	烟、酒、化妆品、珠宝、糖、石油等

资料来源：陈志楣.税收制度国际比较研究[M].经济科学出版社，2000：148-153.

二、中间型消费税的课征范围

中间型消费税应税货物品目约在 15—30 种，除包括传统的消费税品目外，还涉及食物制品，如牛奶和谷物制品。有些国家还包括一些广泛消费的品目，如纺织品、鞋类、药品，以及某些奢侈品，如化妆品、香水等。甚至还有些国家还涉及某些生产资料，如水泥、建筑材料、颜料、油漆等。采用中间型消费税的国家有丹麦、法国、德国、爱尔兰、意大利、奥地利、芬兰、冰岛、挪威、葡萄牙、西班牙、瑞典、土耳其、阿根廷、乌拉圭、墨西哥、萨尔瓦多、多米尼加、马来西亚、也门、叙利亚、约旦、伊朗、乌干达、坦桑尼亚、索马里、肯尼亚、埃塞俄比亚、加蓬、刚果、乍得、中非、喀麦隆、塞拉利昂等 30 余个。部分国家具体征收品目如表 4-6 所示。

表 4-6　中间型消费税征税范围一览表(国家按英文字母顺序排列)

国　家	消费税征税范围的具体内容
阿根廷	酒、酒精、香烟、燃料、化妆品、汽车、天然气、奢侈品、非酒精饮料、电话服务、其他产品
奥地利	烟草、酒精、饮料、盐等
丹　麦	烟、酒类、汽油、机动车等
芬　兰	液体燃料、烟草、电力、化肥、啤酒、酒精、某些食品、人造奶油、矿泉水、软饮料、糖产品等
法　国	酒精、葡萄酒、苹果酒、梨酒、蜂蜜酒、碳酸葡萄汁、啤酒、矿泉水、火柴、打火机、糖、葡萄糖等物品
德　国	烟、酒、茶叶、矿物油、彩票、糖等
冰　岛	酒、烟等
意大利	烟草、火柴、酒、化妆品、橄榄油、植物油、矿物油、液化气、人造黄油、打火机、咖啡、可可、电、电视机、收录机、录像机、望远镜、幻灯片、摄像机、放映机、电子游戏机等

(续表)

国 家	消费税征税范围的具体内容
马来西亚	烟、酒、香料、饮料等产品
墨西哥	啤酒和清凉饮料(含酒精不到6度)、酒精饮料、烟(包括香烟、大众烟、雪茄)、汽油、柴油、车用天然气等产品
挪 威	汽车、汽油、白酒、果酒、啤酒、非酒精饮料、电动产品的生产和销售、烟草、矿物油产品、煤和焦炭、糖和巧克力、声像带、收音机、电视、游船、收音机、客运等
西班牙	酒精、烈性酒、饮料、啤酒、碳氢化合物及烟草等
瑞 典	酒税(课征对象为酒精葡萄酒、其他酒)、卷烟税、能源税(电、煤、炭、原油、石油、煤油、挥发油为课税对象)、机动车、摩托车税、机动车营业税、糕点及一定化妆品税、啤酒、清凉饮料税以及金银制品、宝石、丝织地毯、留声机及唱盘、毛皮、牛乳、雪花膏税等
英 国	啤酒、酒精、国产葡萄酒、烃油、烟、火柴、打火机、赌博、赌博业许可税、酒类制造贩卖许可税等
葡萄牙	机动车辆、游艇、酒精、含酒精饮料、啤酒、烟草、石油、无烟煤、照明用燃料,以及对酒吧、夜总会、迪斯科舞厅、酒店及夜间娱乐机构征税

三、延伸型消费税的课征范围

延伸型消费税应税货物品目一般超过30种,除包括中间型消费税的应税品目外,还涉及更多的消费品和生产资料,如电器设备、收音机、电视机、音响和摄影器材等。课征范围还包括一些生产资料,包括钢材、铝制品、塑料树脂、橡胶制品、木材制品及机器设备等。目前采用延伸型消费税的国家有希腊、牙买加、特立尼达和多巴哥、尼加拉瓜、海地、格林纳达、哥斯达黎加、巴巴多斯、巴基斯坦、尼泊尔、韩国、印度、孟加拉国、赞比亚、埃及、尼日利亚、加纳等20余个,其中日本、韩国、印度等国的消费税应税品目几乎包括全部的工业品。部分国家具体征税范围如表4-7所示。

表4-7 延伸型消费税征税范围一览表(国家按英文字母顺序排列)

国 家	消费税征税范围的具体内容
印 度	烟酒、化妆品、衣料等114种产品
以色列	卷烟、酒等数十种产品
韩 国	珠宝、珍珠、龟壳、珊瑚、琥珀、象牙及其产品,贵重金属产品,毛皮及制品,投币自动销货机及娱乐性机器、桌球、高尔夫球、猎枪、家具、化妆品、空调设备及类似产品、电冰箱、电动洗衣机、彩电及类似产品、电唱机、家用电器用具、汽车、汽艇游艇、钢琴、高级手表、电视录像、录音机及其类似产品、电视屏幕接收机、水晶机、水晶瓶、咖啡、可可、可可酱、糖、淀粉、软饮料、营养配制食物或兴奋剂等、地毯、汽油或代用品、轻油、液化石油气、进入下列场所如赛马场、蒸洗浴室等要缴纳特别消费税

(续表)

国　家	消费税征税范围的具体内容
日　本	酒、烟草、飞机燃料、石油、挥发油、地方道路、石油燃料、汽车等产品课税,如酒税、烟草税、飞机燃料税、石油税、挥发油税、地方道路税、石油煤气税、汽车重量税、高尔夫球场利用税、特别地方消费税、轻油交易税、汽车取得税、入浴税
巴基斯坦	火柴、打火机、挥发油、盐、银制品、铁筒烟、雪茄烟、卷烟、宝石、植物油、槟榔和槟榔子、咖啡、毛织品、棉纱、黄麻、沥青、石油、石油气、煤油、玻璃、化妆品、电灯泡、水泥、化肥等

四、对消费税课征范围的分析

（一）横向来看

各国的消费税征税范围并不都局限于理论上的有限型,许多国家已采用了中间型消费税,还有一些国家采用了延伸型消费税,这里面除了有征集财政收入的原因外,还有一些客观的因素：工业发展水平不同决定了不同国家对课税品目选择的不同。一般来说,工业化发达国家大多数选择中间型消费税,个别国家选择有限型消费税;发展中国家则由于财政原因,或由于经济发展需要,或由原殖民国税制影响,在消费税课税范围的选择上显得无规律可循,大部分国家和地区选择有限型消费税,其主要分布于北非、西非和南美。而受德法税制影响的东非地区及美洲的中部、东部和南部则选择中间型消费税;而亚洲、加勒比海和中美洲地区则以选择延伸型消费税为主。另外,即使是同类型征税范围的消费税,其具体税目也会因各国经济发展水平的不同而相互区别,这一点在中间型消费税的征税品目上表现较为明显。如瑞典和前阿富汗,都开征中间型消费税,瑞典的具体税目是能源、机动车、摩托车、录音机、留声机和唱盘等；而前阿富汗的具体税目则是通心面、纺织品、塑料制品等。

（二）纵向来看

随着经济和社会的发展,出于征集财政的需要,许多国家都将其征税范围逐步扩大,从有限型向中间型、延伸型发展。据了解[1],目前世界上已有110个国家对非传统货物品目征税,把软饮料列为课征对象的国家有71个,对糖果课税的国家有65个,对盐征税的国家有29个。随着经济的发展,越来越多的新式产品的出现,其中的高档品和奢侈品如时兴的钟表、化妆品、营养品、珠宝首饰、家用电器、美术工艺品、卫生设备等已被逐渐纳入课征范围。

（三）值得注意之处

值得注意的是在某些国家中,对消费税的传统品目如烟草、酒类、糖、盐、火柴等是采用国家专卖和财政垄断的形式的,如日本的烟草、盐,韩国的烟草,法国的烟草、火柴、酒精饮料,伊朗的烟草、糖。实行国家专卖和财政垄断是实行消费税制的一种更严格的

---

[1] 各国税制比较研究课题组. 消费税制国际比较[M]. 中国财政经济出版社,1996：105.

形式。不论财政垄断(如烟、酒),还是公益专卖(如火柴、盐),都是通过专门品的产制、运销、价格、税金的垄断或控制,达到严格组织财政收入的目的。

第三节 消费税调节能力比较

如前所述,消费税的特性表现在其不仅能征集财政收入,还具有一定的调节经济的能力。各国利用消费税的特有调节功能在调整产业结构、引导消费趋向、改善社会风气、提高税制公平程度、防治环境污染、合理配置资源等方面都有所作为。

一般来说,根据消费税具体调节功能可以将消费税分为四种类型:限制性消费税、奢侈品消费税、使用性质的消费税和体现特定经济调节目的的消费税。

一、限制性消费税

限制性消费税的最大特点就是通过课征消费税来抑制或限制某些特定的产品消费或行为,即我们平常所说的"寓禁于征"。

如烟、酒类产品,从医学上证明其对人体有害,而赌博、娱乐行为也会造成身心不健康,还有浪费资源之嫌,因此,各国对这些产品和行为都课征了消费税,且税率较高,即寓以不鼓励和限制之意。

在英国现行消费税制中,对啤酒、酒精、国产葡萄酒、烃油、烟、火柴、打火机、赌博、赌博许可证、俱乐部许可证、狩猎许可证等开征的税,都是属于限制特定消费或行为的消费税。并且在某些税目下,又单独分设税种另行课征,主要是通过差别税率或差别税额以及对某些特定项目规定免税和退税而达到限制特定消费的目的。如酒精税中,税法规定凡用于特定制品原材料以及艺术用酒精给予免税,而对于医用、科研用酒精及出口用酒精退还税款,从而起到调节消费的目的。

在我国现行的消费税制中,对烟、酒类产品也采取了税率较高的措施,酒类中的白酒从价税率部分高达 20%,另外还要加征 0.5 元/斤的从量税;黄酒单位税额为 240 元/吨;啤酒分两档税率:每吨啤酒出厂价在 3 000 元(含 3 000 元,不含增值税)以上的,单位税额为 250 元/吨,每吨啤酒出厂价在 3 000 元以下的,单位税额为 220 元/吨;其他酒税率 10%。烟类产品,也按档次设置差别税率,即对卷烟在生产、进口、委托加工环节首先征收一道从量定额税,单位税额为每标准箱(5 万支)150 元。然后按照调拨价格再从价征税:每条(200 支)调拨价格在 70 元(含 70 元,不含增值税)以上的甲类卷烟,税率为 56%;调拨价格在 70 元以下的乙类卷烟(不含 70 元,不含增值税),税率为 36%。对于商业批发环节的卷烟,适用 11% 的比例税率,同样还要征收一道定额税,即单位税额为每标准箱(5 万支)250 元。

美国对烟、酒、麻药、鸦片、白磷、火柴、特定的黄油及干奶酪的消费以及赌博行为等征收较高的消费税。其中,对酒类的课征,纳税人不仅包括国内制造蒸馏酒、葡萄酒、啤酒等蒸馏业者以及制造业者或此种收入者,且酒类贩卖者,虽非酒税的直接纳税人,但与制造业者一样,每年必缴纳营业许可税。值得一提的是,酒税甚至涉及制造业中的某些关键材料,如营业许可税中,每一个蒸馏器或螺旋管每年须缴纳 22 美元的营业许可税,足见美国对限制性消费品的课税程度。

二、奢侈品消费税

对奢侈品征税是消费税调节功能的另一个重要表现,它主要是针对增值税或销售税普遍调节的缺陷而特别设立的。

由于增值税对所有商品一视同仁,所采取的实际税率又不可能过高,故对于有些价高利大的商品如奢侈品起不到调节的作用,造成税制的不公,特别是纵向不公;对奢侈品的征税正好可以弥补这一点,无论是使具有相同收入能力的人消费相同消费品负担相同,还是使收入能力强的人消费更多的奢侈品须负担更多的税负,收入能力低的人不消费奢侈品或少消费奢侈品,则不负担或少负担消费税,消费税在增加税制的公平度这一点上,是有目共睹的。

但值得注意的是,对奢侈品的客观判定标准并不是固定不变的,随着经济的发展,奢侈品与必需品的界限划分也是变动不定的。

三、使用费性质的消费税和政府特定政策消费税

使用费性质的消费税和政府特定政策消费税是消费税复合型调节功能的拓展及制度保障。

如果说限制性消费税和奢侈品消费税作为传统消费税体现了调节消费结构、引导社会风气和增加税制公平度的功能的话,那么,使用费性质消费税和政府特定目的调节性质的消费税则不仅具有前两者的功能,而且还具有实现政府宏观调控、降低公共支出成本、优化政府配置资源、消除市场运行的外部效应等公平与效率两者兼具的功能。

(一)汽车消费税

汽车的消费税被公认是具有使用费性质消费税的典型代表。

与汽车有关的税收一般有以下三种。

1. 汽车燃料税

是指对汽车(机动车)的燃料(汽油、柴油)课征的税,目前,世界上许多国家是以燃料的容量为基础计算征收的,并根据是否含铅实行区别对待(见表 4-8、表 4-9)。

表 4-8 欧盟成员国汽油消费税单位税额比较表

国 家	2012 年单位税额		2008 年单位税额	说 明
	含铅汽油	无铅汽油	无铅汽油	
欧盟最低税额标准[1]	0.421 0	0.359 0	0.359 0	
奥地利	0.534 0	0.482 0	0.442 0	含硫量≤10 mg/kg
比利时	0.637 7	0.613 6	0.596 9	低含硫

(续表)

国　家	2012年单位税额		2008年单位税额	说　明
	含铅汽油	无铅汽油	无铅汽油	
丹　麦	0.682 2	0.587 3	0.547 4	含二氧化碳税
芬　兰	*	0.650 4	0.627 0	含二氧化碳税
法　国	0.639 6	0.606 9	0.606 9	
德　国	0.721 0	0.654 5	0.654 5	含硫量≤10 mg/kg
希　腊	0.681 0	0.670 0	0.349 0	
爱尔兰	0.587 7	0.587 71	0.442 7	
意大利	0.704 2	0.704 2	0.564 0	
卢森堡	*	0.462 1	0.462 1	含硫量≤10 mg/kg
荷　兰	0.813 5	0.730 5	0.689 0	
葡萄牙	0.714 5	0.584 4	0.583 0	
西班牙	0.457 8	0.424 7	0.359 7	
瑞　典	0.700 9	0.428 0	0.398 1	含二氧化碳税
英　国[2]	0.787 2	0.674 2	0.722 0	
原欧盟15国平均	0.657 0	0.590 7	0.536 3	
保加利亚	*	0.363 0	0.350 2	
捷　克	*	0.516 1	0.430 0	
爱沙尼亚	0.422 8	0.422 8	0.359 2	
塞浦路斯	0.421 0	0.359 0	0.298 7	
拉脱维亚	*	0.407 5	0.323 9	
立陶宛	0.579 2	0.434 4	0.323 2	
匈牙利	0.421 7	0.418 7	0.411 7	含硫量≤10 mg/kg
马耳他	*	0.469 4	0.404 4	
波　兰	*	0.379 8	0.437 1	
罗马尼亚	0.421 2	0.359 6	0.327 3	
斯洛文尼亚	0.421 6	0.502 4	0.359 0	
斯洛伐克	0.597 5	0.550 5	0.458 4	
新欧盟12国平均	0.481 8	0.431 9	0.373 6	
欧盟27国平均	0.579 9	0.520 1	0.464 0	

资料来源：龚辉文.节能减排视角下消费税率化的国际趋势及启示[J].涉外税务，2013(3).

注：① (1)表示欧盟最低税额标准为2003年10月27日通过的指令中规定的于2004年1月1日起实施的最低税额标准。

② (2)表示英国无铅汽油消费税单位税额从2008年的0.503 5英镑/升提高到2012年的0.579 5英镑/升。从欧元反映的单位税额下降是由于英镑贬值所致。

③ *表示目前境内含铅汽油已禁止销售或不再销售。

表 4-9 2014年欧盟成员国无铅汽油消费税税率

国　家	税率（欧元/千升）	税率（人民币元/升）	说　明
奥地利	482.00	3.99	含硫量≤10 mg/kg
	515.00	4.27	含硫量>10 mg/kg
比利时	613.57	5.08	辛烷值<98
	613.57	5.08	辛烷值≥98 低硫
	628.57	5.21	辛烷值≥98 高硫
德　国	669.80	5.55	含硫量>10 mg/kg
	654.50	5.42	含硫量≤10 mg/kg
希　腊	670.00	5.55	辛烷值≤96.5
	670.00	5.55	辛烷值>96.5
	670.00	5.55	无铅替代汽油
法　国	606.90	5.03	辛烷值<95
	639.60	5.30	无铅替代汽油
西班牙	424.69	3.52	辛烷值<98
	455.92	3.78	辛烷值≥98
卢森堡	464.58	3.85	含硫量>10 mg/kg
	462.09	3.83	含硫量≤10 mg/kg
保加利亚	363.02	3.01	
捷　克	500.64	4.15	
爱沙尼亚	422.77	3.50	
爱尔兰	587.71	4.87	
拉脱维亚	411.21	3.41	
立陶宛	434.43	3.60	
匈牙利	416.46	3.45	
马耳他	509.38	4.22	
荷　兰	759.24	6.29	
奥地利	482.00	3.99	含硫量≤10 mg/kg
	515.00	4.27	含硫量>10 mg/kg
葡萄牙	585.95	4.86	
意大利	730.80	6.06	
克罗地亚	480.58	3.98	

(续表)

国　家	税率(欧元/千升)	税率(人民币元/升)	说　　明
丹麦	595.99	4.94	
塞浦路斯	479.00	3.97	
波兰	394.54	3.27	标准 CN 27101145 CN 2710 1149
波兰	455.28	3.77	标准 CN 27101131 CN 2710 1141
罗马尼亚	382.99	3.17	
斯洛文尼亚	549.51	4.55	
斯洛伐克	550.52	4.56	生物燃料含量<4.1%
斯洛伐克	514.50	4.26	生物燃料含量≥4.1%
芬兰	672.90	5.58	
瑞典	451.76	3.74	一类一等
瑞典	652.16	5.40	一类二等
瑞典	655.63	5.43	二类
英国	674.15	5.59	
英国	438.57	3.63	航空汽油
平均税负	545.49	4.52	

资料来源：万莹、徐崇波.成品油消费税税率和税负水平的国际比较研究[J].当代财经,2016(2).

注：人民币税率按照2014年7月1日汇率：1欧元＝人民币8.2875元进行换算。

2. 购买汽车时需缴纳的货物税

通常有一些国家将这些税作为增值税高税率的替代税从价征收(如丹麦、爱尔兰、荷兰、英国)，但也有以重量为基础征收的(如瑞典)。

3. 与汽车的所有权或使用有关的税

这些税通常采用特别汽车执照税的形式，这种执照可能与汽车的重量(丹麦、德国对非客车，荷兰、瑞典、比利时和英国对某些商业用车辆)或马力(法国、意大利)或车辆的引擎能力(比利时、德国对客车)有关，或者这些税只是以一比例税率征收(英国对客车)。

无论对购买机动车辆的征税方式是按其重量、规格、功率或按载量的不同而区别对待，还是按家用车和商用车实行税收差别对待，各国机动车辆征收的差别消费税虽从表面上看来，是一种奢侈品性质的消费税，或者是一种调节石油(能源)消耗、限制能源消费和消耗的一种调节税，但实质上这种消费税制的设计主要考虑到车辆对道路的损坏，即通过对汽车或汽车燃料课税来代替对使用公路收取的使用费。用税收代替收取公路费有助于减少征收成本，使不同重量或能耗的车辆负担不同税收，以达到调节消费结构、筹集公路建设和维修基金的目的。如日本在二战后根据受益原则对燃油和汽油开征一系列税收,包括汽油税和地方道路让与税、柴油交易税、液化石油气税和液化石油气让与税、汽车购置税、汽车重量税和汽车重量让与税,这些税形成特定的道路建设财源,占道路建设总体资金的65%。而美国1956年成立的"联邦公路信托基金"也是一种专款专用性质的基金,国内产品税中某些与公路使用有关的税收收入包括汽油税、卡车、拖车等以及轮胎税等都归入该项专用基金。1970年又建立了"机场与空中交通信托基金",则将飞机票的国内产品税等收入归集起来,供国家发展机场与空中交通之用。

(二)环境污染税

环境污染税是另一种特殊调节消费税。

所谓污染税是以立法形式明确规定污染环境者要按其排放污染物的种类、浓度和数量课征的一种税,这是一种特殊消费税。许多西方学者认为,对污染者征税是"把税收延伸到一项新的目标"(塞尼卡等),"是按污染者向社会排放的污染量的比例付税"(英,科特雷尔)。OECD组织也提出"污染收费可规定为一种税金"。这种税金以污染者支付原则(PPP,即Polluter Pays Principle)为基础。有人认为,可以通过调整现行税制来寻求PPP,特别是通过对间接税制进行环保功能的调整。但是,正如K.C.麦锡尔(1993年)所说,只有新的环保税种才能有效用于PPP目标。

从经济学的角度看,污染是一种外部的经济或外部效应。它使社会资源的社会成本扭曲,资源配置失当,环境状况恶化。污染税的征税依据可用图4-1进行分析。

图4-1中,在没有外部效应的市场条件下,即一个人或一家工厂的活动并不影响其他人或其他工厂时,工厂的供给曲线(私人边际成本)反映的就是社会成本,它与需求曲线的交点是Q,Q_m是市场均衡产量。在有负的外部效应时,即该工厂的活动不利于其他人或其他工厂时,考虑工厂给环境造成的污染成本,则社会边际成本高于私人边际成本,相应的工厂最佳产量为Q_e,低于市场的均衡产量。

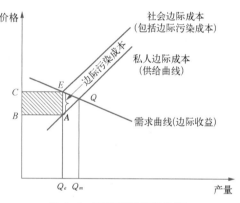

图4-1 污染税的征税依据

在没有政府干预的条件下,这种污染成本并不需要企业支付,这样就将污染费用转嫁给了社会,极不合理。为合理利用资源,政府应采取措施干预,使私人边际成本等于社会边际成本。如图4-1所示,对单位产品征收污染税EA,使工厂产量降至Q_e,产品价格上升,使污染成本内在化,转嫁到产品成本中去。这时,$ABCE$内的阴影部分,即为污染税的征收量。因此,只有对污染者征收污染税,才能使社会成本内在化,使社会成本得到应有的补偿。

20世纪70年代初,经合组织环境委员会首次提出"污染者付费"原则,要求排污者承担规制、监控排污行为的成本,其种类主要包括用户费、特定用途收费等,专项排污收费构成了环境税的雏形。20世纪80年代至90年代中期,环境税种类日益增多，包括排污税、碳税、硫税、汽车燃料税、轻型燃油税、电力税、气候变化税、煤炭焦炭税、航空燃油税、发动机交通工具税、废弃物最终处理税、包装税、水资源税和采矿税等。各种能源税或能源环境税一方面用来筹集财政收入，另一方面用于引导生产和消费。20世纪90年代中期至今，发达国家纷纷推行绿色的财政、税收政策，许多国家还进行了综合的绿色税制改革。目前，环境税已成为许多发达国家主要的环境政策手段。发达国家典型的环境税主要有大气污染税、水污染税、噪声税、固体废物税和垃圾税。

1. 大气污染税

大气污染税是对大气污染行为征收的一种税。大气污染税包括以下四种。

(1) 二氧化硫税，即对排放到空气中的二氧化硫污染物征税。1972年，美国率先开征此税，其税法规定：二氧化硫浓度达一级和二级标准的地区，每排放一磅硫分别课征15美分和10美分，以促使生产者安装污染控制设备，同时转向使用含硫量低的燃料。1991年，瑞典也开征了二氧化硫税，该税根据石油和煤炭的含硫量来征收。征收二氧化硫税的国家还有荷兰、挪威、日本、德国等。

(2) 二氧化碳税，即对燃料产生的二氧化碳污染物征税。1991年，瑞典对油、煤炭、天然气、液化石油气、汽油和国内航空燃料征收二氧化碳税，其税基是燃料的平均含碳量和发热量，税率一般为定额税率，如荷兰为0.4欧元/吨，芬兰、丹麦为5.5—11.1欧元/吨，而瑞典高达37.9欧元/吨。英国根据机动车尾气排放进行分级，依据二氧化碳的排放量设计差别税率，同时针对进入伦敦市区的大排量和重污染的车辆征收额外的机动车环境税，每车每次高达200英镑。

(3) 气候变化税。为了鼓励企业减少能源消耗和使用可再生能源，英国自2001年4月1日起开征了旨在节能和保护环境的气候变化税，这是全球首创的新税种，实质是一种销售税，向特定能源（主要是电力、天然气、液化石油气和固体燃料）的供应者一次性征收。其中，2010年电力每千瓦时0.47便士；天然气每千瓦时0.164便士；石油液化气每公斤1.05便士；其他燃料（如焦炭和半焦炭的煤或褐煤、石焦油等）每公斤1.28便士。

(4) 机场旅客税。该税是对因航空排放造成的环境污染进行补偿征收的税。英国从1994年11月1日起开征机场旅客税，2010年11月1日起，0—2 000千米的税费为12英镑，6 000千米以上为85英镑（见表4-10—表4-13）。

表4-10 各国大气污染税征收制度比较

国　家	英国	瑞典	丹麦	荷兰
主要法律	《清洁空气法》	《环境法典》《空气质量条例》	《环境保护法》	《环境管理法》
征收目的	用于环境保护目标所需资金	返还排污企业，用于企业自身污染防治	返还企业用于节能、减排投资	用于环境保护目标所需资金
征收主体	联邦和地方政府	地方政府	地方政府	地方政府

(续表)

国　　家	英　国	瑞　典	丹　麦	荷　兰
缴纳义务人	排放征收项目列示污染物的企业和单位	燃料零售商和大宗消费者	所有企业工厂,对联合热电厂采用直接环保税,对其他企业的锅炉燃烧用煤采用间接环保税	所有企业工厂
计税依据	定额征税	硫:按照能源产品（如焦炭、煤炭等）的含硫量设置差别税率	硫:排放量与含硫量相结合。氮:氮氧化物的排放量。碳:所有含有CO_2排放的燃料,但汽油和生物燃料除外	定额征税
税率	根据污染物种类设置排放标准,并设置不同税率	税负较高	硫:根据含硫量,采用不同税率。碳:根据CO_2排放量,采用不同税率	税率固定,每年由政府根据当年环境部确定的环境保护目标所需资金数额来决定

资料来源:刘佳惠、黄文芳.国外环保税收制度比较及对中国的启示[J].环境保护,2018(4):71-74.

表 4-11　英国机场旅客税税率变化情况　　　　　　　　　　　单位:英镑

日　期	英里数（从伦敦到目的地）	经济舱	头等舱	备　注
1994 年 11 月 1 日	欧洲区域	5		
	欧洲区域以外	10		中国地区
1997 年 11 月 1 日	欧洲区域	10		
	欧洲区域以外	20		中国地区
2001 年 4 月 1 日	欧洲区域	5	10	
	欧洲区域以外	20	40	中国地区
2007 年 2 月 1 日	欧洲区域	10	40	
	欧洲区域以外	40	80	中国地区
2009 年 11 月 1 日	0—2 000 千米（一级）	11	22	
	2 001—4 000 千米（二级）	45	90	
	4 001—6 000 千米（三级）	50	100	中国地区
	6 000 千米以上（四级）	55	110	
2010 年 11 月 1 日	0—2 000 千米（一级）	12	24	
	2 001—4 000 千米（二级）	60	120	
	4 001—6 000 千米（三级）	75	150	中国地区
	6 000 千米以上（四级）	85	170	

表 4-12　2013—2014 英国机场旅客税征税标准　　　　　　　　　　　单位：英镑

目的地距伦敦里程	优惠税率（乘坐最低等级座位）		标准税率（乘坐除最低等级以外的所有等级座位）		较高税率（飞机起飞全重超20吨且旅客人数少于19人）	
	2013年4月1日	2014年4月1日	2013年4月1日	2014年4月1日	2013年4月1日	2014年4月1日
0—2 000 千米(A档)	13	13	26	26	52	52
2 001—4 000 千米(B档)	67	69	134	138	268	276
4 001—6 000 千米(C档)	83	85	166	170	332	340
6 000 千米以上(D档)	94	97	188	194	376	388

资料来源：冯俏彬.国家治理视角下的政府性基金管理研究[J].地方财政研究,2015(7).

表 4-13　英国机动车环境税税率表

二氧化碳排放量(克/千米)	税率(英镑)	
	低税率	基准税率
100—110(含)	10	20
110—120(含)	20	30
120—130(含)	80	90
130—140(含)	100	110
140—150(含)	115	125
150—165(含)	145	155
165—175(含)	170	180
175—185(含)	190	200
185—200(含)	225	235
200—225(含)	235	245
225—255(含)	415	425
>255	425	435

资料来源：高世星、张明娥.英国环境税收的经验与借鉴[J].涉外税务,2011(1)：51-55.

2. 水污染税

水污染税是对水体污染行为征收的一种税。德国的水污染税以废水的"污染单位"为基准,税率全国实行统一,税金全部作为地方收入,用于改善地方水质。荷兰的水污染税则是由政府对向地表水及净化工厂直接或间接排放废弃物、污染物和有毒物质的任何单位和个人征收(见表 4-14)。

表 4-14 各国水污染税征收制度比较

国　家	荷　兰	德　国	法　国	俄罗斯
主要法律	《地表水污染法案》	《废水纳税法》	《污染治理法》《市镇废水处理指令》《独立净化污染条例》	《俄罗斯联邦税收法典》
征收目的	为污水处理厂以及企业内部污染减排活动提供资金	促使排污者实现排放物达标,保护及改善水质	为环境保护工作提供资金支持	保护、恢复水资源设施
征收主体	省级政府所属的水资源管理委员会	州政府	水利管理局	联邦政府
缴纳义务人	向地表、净化工厂直接、间接排放废弃物、污染物、有毒物质的单位及个人	向地表水、地下水等水域中直接排放污染物的单位和个人	排放污水的单位及个人	超量、超标排放污水的单位及个人
计税依据	废弃物、污染物以及有毒物质的数量与质量	废水的有害性	非家庭纳税人：排放的污染量。家庭纳税人：日均排污量、总人数以及废水中的团状物数量计算水费附加额	超量、超标排放的污水
税率	不同水资源保护区实行不同的税率	全国统一制定、不断提高	非家庭纳税人以政府权力部门对每个排污口进行测算,按类设计税率级次。家庭水污染税以每平方米水费附加的形式计征	差别定额税率

资料来源：刘佳惠、黄文芳.国外环保税收制度比较及对中国的启示[J].环境保护,2018(4)：71-74.

3. 噪声税

噪声税是对超过一定分贝的特殊噪声源所征收的一种税,其目的主要是为政府筹集资金,用于在飞机场附近安装隔噪设施、安置搬迁居民等。美国、德国、日本和荷兰等国都征收此税(见表 4-15)。荷兰政府对民用飞机的使用者(主要是航空公司)在特定地区(主要是机场周围)产生噪声的行为征收噪声税,其税基是噪声的产生量。日本按照飞机着陆架次计征,美国洛杉矶则对机场的每位旅客和每吨货物征收 1 美元噪声治理税。

4. 固体废物税

固体废物税是对固体废物的实际体积和类型定额征收的一种税,其课税对象包括饮料包装物、废纸和纸制品、旧轮胎等(见表 4-16)。美国对固体废物实行饮料容器押金法,即顾客在购买饮料时要预先交上一定的押金,到归还空容器时再退还押金。1993年,比利时在《环境税法》中对固体废物的征税也作了类似的规定：环境税适用于饮料容器、废弃的照相机、工业使用的某些包装品、杀虫剂、纸以及电池等各类产品。

表 4-15 OECD 各国飞机噪声税/费征收情况

国家	税基	税率/欧元
荷兰	来自飞机的噪声	95.75/架次
德国	飞机降落	根据不同机场变化
匈牙利	对超出噪声限制的飞机征税	一套复杂公式
土耳其	飞机降落	乘客机票价格的 0.5%,运送的货物每吨征收一定的税率
意大利	第一种类型的飞机起降	0.33(超过 25 t 每吨收取最大值)
意大利	第二种类型的飞机起降	0.24(超过 25 t 每吨收取最大值)
意大利	第三种类型的飞机降落	0.08(超过 25 t 每吨收取最大值)
澳大利亚	飞机降落(最低)	95.516 3
澳大利亚	飞机降落(B737-300)	131.615 5
日本	飞机降落	根据不同机场变化
瑞典	根据发动机类型分为 5 个级别	税率根据飞机类型而定

资料来源:葛察忠、王金南、高树婷.环境税收与公共财政[M].中国环境科学出版社,2006.

表 4-16 固体废弃物税的征收范围

国家	征收范围
丹麦	某些零售包装、塑料及纸质手提袋、方便餐具、CFC 和哈龙、可充电电池、非节能灯泡等
瑞典	饮料包装容器、电池等
挪威	饮料容器等
葡萄牙	电池、包装纸、玻璃、塑料、轮胎等
法国	纸、纸浆、纸板等
芬兰	饮料容器、润滑油等
奥地利	饮料包装、轮胎等
比利时	饮料器皿税、电池税、方便剃须刀、纸、电池、油墨包装、胶、方便相机等
冰岛	塑料袋
澳大利亚	免征再循环纸的批发销售税
加拿大	酒类饮料包装、含铅电池等

资料来源:葛察忠、王金南、高树婷.环境税收与公共财政[M].中国环境科学出版社,2006.

5. 垃圾税

垃圾税起源于荷兰,主要是为收集和处理垃圾筹集资金。其征收方式是以单个家庭为征收单位,人口少的可以得到一定的减免(见表 4-17)。荷兰还根据每个家庭所产生的垃圾数量,开征了政府垃圾收集税(各地的市政府可在两种税之间进行选择)。芬兰和英国也于1996年开征了垃圾税。挪威、瑞典对有害于环境的电池、意大利对不能生物分解的塑料装运袋、丹麦、芬兰、瑞典对用可处理容器销售的饮料等都征收污染性质的税。

表4-17 英国1997—2014年垃圾排放数量及税率变化表

年度	一般垃圾		低税率垃圾(惰性废物)		免税废物垃圾	总排放量
	(千吨)	税率(英镑/吨)	(千吨)	税率(英镑/吨)	(千吨)	(千吨)
1997	20 000	7	16 500	2.50	3 000	39 500
1998	50 000	7	35 000	2.50	9 500	94 500
1999	49 000	10	30 000	2.50	8 500	87 500
2000	50 000	11	23 000	2.50	9 500	82 500
2001	50 500	12	17 500	2.50	16 000	84 000
2002	51 000	13	16 000	2.50	15 500	82 500
2003	49 500	14	16 000	2.50	15 000	80 500
2004	47 500	15	14 000	2.50	15 500	77 000
2005	46 000	18	13 000	2.50	18 000	77 000
2006	43 500	21	12 000	2.50	17 000	72 500
2007	41 000	24	12 500	2.50	17 500	71 000
2008	38 500	32	12 000	2.50	14 000	64 500
2009	33 500	40	7 500	2.50	12 500	53 500
2010	27 000	48	7 000	2.50	10 000	44 000
2011		56				
2012		64				
2013		72				
2014		80				

经过30多年的实践探索,发达国家实施的环境税对环境改善效果显著。硫税使瑞典的硫排放量降低了6 000吨,碳税让挪威部分经济部门二氧化碳排放量年均下降20%以上。美国自对损害臭氧的化学品征收消费税以来,人们普遍减少了对氟利昂的使用;汽油税的征收,鼓励了消费节能汽车,从而减少了污染排放;开采税的征收,有效抑制了盈利边际上的开采,从而减少了10%—15%的石油总量消费。表4-18为Terry Barker等人利用E3ME模型就欧盟6国单方面实施环境税改革的效果进行模拟研究的部分结果,从中可见,环境税改革不仅使6国的温室气体排放量普遍降低,而且由于环境和技术的外溢性,其他国家的温室气体排放也因之下降。

表4-18 欧洲环境税改革的效果：欧盟25国的温室气体排放减少幅度　　单位：%

	2000	2004	2008	2012
实施环境税改革的国家				
丹　麦	−3.46	−3.63	−2.30	−3.43
德　国	−0.69	−3.73	−2.68	−3.45
荷　兰	−0.52	−1.46	−1.65	−2.01
芬　兰	−3.98	−5.90	−4.34	−5.23
瑞　典	−3.80	−3.47	−6.35	−6.63
英　国	−0.12	−2.02	−2.42	−1.97
部分未实施环境税改革的欧盟国家				
奥地利	0	0.02	0.05	0.05
比利时	−0.01	−0.05	−0.08	−0.13
法　国	0	−0.05	−0.11	0.19
意大利	0	0	0	−0.01
葡萄牙	0.01	0	0.01	0.01
西班牙	0	0.01	0.08	0.03
2002年入盟的部分国家				
捷　克	0	0.01	0.01	−0.02
匈牙利	0	0	0	0
波　兰	0	0	0	0
斯洛文尼亚	−0.05	−0.05	−0.10	−0.13
斯洛伐克	0	0	0	0
欧盟国家合计	−0.34	−1.47	−1.15	−1.29

资料来源：Terry Barker, Sudhir Junankar, Hector Pollitt, Philip Summerton. Carbon Leakage from Unilateral Environmental Tax Reforms in Europe, 1995-2005. Energy Policy. 2007(3): 6281-6292.

注：① 表中所列数据是将各国1995—2005年实际的社会经济数据代入E3ME模型所估计的温室气体排放量与假设的未实施环境税改革时的情况进行比较。
② 表中的"−"表示排放较假设的未实施环境税改革时的情况有所减少。

环境税也产生了一定的经济效应。环境税提高了部分资源、能源和燃料的价格，促使企业改进工艺和加大技术创新，在一定程度上提高了企业竞争力。如美国对破坏臭氧层的碳氟化物征税，刺激了企业开发新的替代产品。瑞典对含硫柴油征税，推动了企业开发新的少污染燃料。此外，通过环境税的导向作用，也推动了发达国家环保产业的发展。

上述介绍可知，环境污染税尽管发展历史不长，但它与治理污染的其他经济手段如补贴、排污交易、排污收费相比，有自己独特的优点：① 污染税能有效降低污染，改善环境质量,使排污量在经济刺激下自动达到最优排放水平。即把排污量降到单位污染物税金等于其边际处理费水平。而补贴既不能有效控制污染,反而有可能使排污者为多得补贴而扩大排污量。② 污染税有利于提高技术与污染治理水平。因污染税税金等于处理污染的边际费用,因此,排污者改进治污技术,使治理污染边际费用降低,排污者会少缴污染税。③ 污染税有利于筹集资金,为国家解决重大污染源或重大环境问题提供资金。④ 污染税确立了政府对环境的所有权,让排污者纳税体现了公平原则。

正因如此,为了应对气候变暖、保护环境,国际金融危机后,又有不少国家开征或计划开征碳税及矿产资源特别税,具体如表 4-19 所示。

表 4-19　金融危机以来部分国家开征碳税、矿产资源特别税情况

国　家	开 征 时 间	新　征　税　种
德　国	2011.1.1 起	开征航空税,每张机票 8—45 欧元
日　本	2011.10.1 起	地球气候变暖对策税
澳大利亚	2012.7.1 起	开征矿产资源租金税:利润 5 000 万澳元以上部分的 30%
匈牙利	2010—2012	按销售收入开征危机税:电信、商业零售企业,0.1%—6.5%累进;能源企业:1.05%
爱尔兰	2009.3.20 起	开征航空税:每张机票额 10 欧元,2011.3 起降至 3 欧元
爱尔兰	2009.12.9 起	开征碳税:汽油柴油:15 欧元/吨 2010.5.1 起对煤油、液化石油气和天然气等征收
俄罗斯	2011	计划开征矿产资源开采特别税:整个开采期的规定所得的 30%—60%
新加坡	2010.2.5 起	开征赌场税:赌场收入的 15%

资料来源:国家税务总局税科所课题组.国际金融危机以来世界税收政策变化的主要特点[J].税务研究 2011(10):90-96.

(三) 对金融风险征税

由于 2008 年全球金融危机在很大程度上是欧美大型金融机构的危机,许多超大型金融机构过度操控风险,其疯狂追逐利润所产生的负外部性危及整个金融体系的稳定并将实体经济拖入衰退边缘。为了阻断金融危机的蔓延,欧美各国政府普遍采取大规模的金融救援措施,使各国财政支出剧增。政府救治计划实际上就是将金融机构的风险、金融市场的风险转变为国家财政风险。因此,在改革金融体制,加强金融监控的同时,如何通过税收手段矫正金融风险的外部性,惩戒金融肇事者,成为各国十分关注的问题,G20 会议就多次讨论这一问题,争论非常激烈。尽管意见不一,匈牙利、德国已先行一步,通过了立法,拟开征银行税。

匈牙利从 2010 年 7 月 1 日起至 2012 年年底,对截至 2010 年 7 月 1 日拥有至少一个完整财务年度报表的金融机构征收银行税。适用于信贷机构的税率分两档:资产负债表不超过 500 亿福林的适用 0.15% 的税率,超过 500 亿福林的适用 0.50% 的税率;保

险公司根据调整后所得按 6.2% 税率征税;其他金融机构和中介机构适用特定的税基和税率。德国在 2010 年 10 月 28 日和 11 月 26 日分别获得议会上院和下院通过《银行重组法案》。计划根据银行等金融机构的权益和负债扣除权益资本金、储蓄存款等项目后的余额开征银行税。

在德、英、法等国的极力主张下,2012 年的欧洲议会最终以 487 票赞成、152 票反对和 46 票弃权的表决结果通过了在欧盟 27 国范围内征收金融交易税的提案。根据这份提案,欧盟将从 2014 年 1 月 1 日开始对股票、债券及其衍生品等金融交易征税,对欧盟境内金融机构参与的所有金融交易征收该税,股票与债券交易的税率为 0.1%,金融衍生品交易的税率为 0.01%,实施后预计每年能够带来至少 550 亿欧元(约合 710 亿美元)收入。

与此同时,金融危机之后,由于美欧等发达经济体增长乏力,国际热钱纷纷涌入新兴市场。大量资本流入,不仅将推高新兴经济体的通胀水平,加剧资产泡沫,还将引发本币升值,加大宏观调控难度。因此,新兴经济体普遍支持对跨境资本流动进行必要管制。因此,自 2009 年以来,巴西、印度、马来西亚等新兴经济体陆续出台了若干应对全球资本流动失衡的措施。2010 年 10 月,巴西开始对进入国内股市和购买固定收益基金的外国资本征收 2% 的金融交易税。2012 年 3 月 1 日起,巴西规定对国外直接贷款包括最短平均期限少于 3 年的(以前是 720 天)在国际市场直接发行的债券和同时发生的外汇交易,按照 6% 的税率征收金融交易税。泰国政府从 2011 年 10 月开始对外资投资泰国债券收益进行征税。韩国 2011 年 11 月开始对外国投资者的国债收益征收预扣税。

第四节 借鉴与完善我国的消费税制

虽然消费税具有增加财政收入和调节经济、促进公平等优点,但作为诸多税种之一,也存在着一定的负面影响。认清消费税的缺陷有助于我们如何避其短、扬其长,使之更好地为经济服务。

一、消费税理论缺陷

(一)消费者承担大部分消费税负

由于大部分消费税的应税产品的需求弹性较小,而供给弹性大于需求弹性,使得生产者容易采用价内税的方式将税负转嫁到消费者身上。

(二)消费税具有一定程度的累退性

主要表现为随着家庭或个人收入的增加,消费税支出占其总收入的比重越来越低,相反地,收入水平越低,消费者支付或承担的消费税额占其总收入的比重越来越高。如一个年收入相差 1 倍的不同收入阶层,如果他们消费同量的啤酒和香烟,那么低收入者的税负就是高收入者的 2 倍。这显然不符合公平原则。又如工商企业的纳税支出构成产品"成本",推动价格上升,在需求弹性很小的情况下,低收入阶层的消费支出占其所得的比重远远大于高所得阶层。因而,进入产品成本的消费税在转嫁给消费者时具有较强的累退性。

(三) 消费税注注会导致效率损失

出于对其他社会目标的追求,消费税选择对部分产品征税,从而使产品的相对价格发生改变,致使消费者和生产者的选择发生改变,影响了市场资源的自动配置,导致效率损失。但从另一个角度来说,如果消费税充当的是"矫正税"的角色,即当市场自动配置资源发生负的外部效应时,消费税的存在反而更能体现效率。

(四) 消费税的实际效果不及其理论设想的美好

对于消费税的实际施行效果,国外有部分学者认为除了环境污染税外,很难证明征收有选择的消费税是合理的。他们认为,政府一直以来对饮酒、吸烟、乘车及赌博等课以重税的最大原因是这些便于征收的丰富税源,政府承担不起放弃这笔巨大收入的损失。而实际上,烟、酒等产品的消费领域确实交易额巨大,其需求弹性较小且又无相近的替代品,因此,高税率产生高税收。而另一方面,在取得高税收的同时,人们照样抽烟、喝酒、赌博,调整消费结构的目的并没有达到,这是对消费税自身存在理由的最大挑战。

二、目前我国消费税存在的问题

我国消费税主要是起调节功能,在一定程度上还有"寓禁于征"的作用,但目前存在不少问题。

(1) 征税范围不合理。我国的消费税征税范围属于有限型消费税,共有 14 种税目,且多为传统型消费税。目前我国经济发展方式发生了转变,但是消费税的征收范围难以跟上时代发展的步伐。比如,我国现行消费税的征收范围仍包括一些常用的生活用品,比如黄酒、啤酒等,这无疑增加了纳税人不必要的额外负担。

(2) 对环境产生危害的塑料、饮料容器等废弃物未纳入征税范围。

(3) 消费税的课征环节存在问题,除钻石及饰品、金银首饰外我国消费税的课征环节主要设在生产环节,这种制度为大多消费品的生产企业提供了避税的机会,造成了税收大量流失。

三、借鉴改革

因此,针对上述存在的问题,借鉴国际经验,对消费税的改革进行如下设想。

(一) 调整消费税证收范围

取消对黄酒、啤酒、黄金、白银等征税,这些消费品已经不再是限制性的消费品,再征不符合国际惯例,而且容易导致消费外流;同时,将污染性产品和奢侈品纳入征税范围,将一次性产品,高档建筑装饰材料,含磷洗衣粉,汞电池,使用过程中难以降解的包装物、旧轮胎、对臭氧层造成破坏的氟利昂产品等列入消费税的征收范围;同时选择一些税基宽广、消费普遍、课税后不会影响生活水平的奢侈品课征消费税。例如,保健食品、高档家用电器和电子产品、美术艺术制品、高级皮毛及裘皮制品等。

(二) 提高对资源消耗量大和导致环境危害的消费品适用税率

可考虑适当调高大排量的小汽车、越野车、摩托车、摩托艇的税率。

本章小结

对消费税制的比较首先要弄清对消费税含义的两种理解,即消费支出税和消费税,两者的主要区别是课税对象的不同,现行的消费税都是指后者。消费税课征范围的大小既是划分消费税不同类型的依据,也是一国经济发展水平的间接反映。一般来说,工业化发达国家大多数选择中间型消费税,个别国家选择有限型消费税;发展中国家则由于财政原因,或由于经济发展需要,或由于原殖民国税制影响,在消费税课税范围的选择上显得无规律可循,大部分国家和地区选择有限型消费税。消费税的调节能力是消费税具有的最大特性,各国利用消费税对经济进行调节有各种不同表现,但大体可以分为四类:限制性消费税、奢侈品消费税、使用性质的消费税和体现特定经济调节目的的消费税。

关 键 词

消费税　支出税　有限型消费税　中间型消费税　延伸型消费税　环境污染税

复习思考题

1. 如何理解消费支出税和消费税,为什么至今没有国家开征消费支出税?
2. 消费税按征税范围分为哪几种,发达国家和发展中国家消费税征税范围各有什么特征?
3. 开征环境污染税的理论依据是什么?我国污染税应如何进一步完善?
4. 我国现行消费税制存在什么问题,应作哪些改进?

第五章　个人所得税比较

个人所得税是对个人取得的各项应税所得征收的一种税,最早于1799年在英国开征。经过300多年的发展已成为一个普遍开征的税种,不但在发达国家占据主要地位,而且很多发展中国家随着经济的发展也相继开征了这个税种,并且税收收入比例也在不断上升。我国自1980年开征个人所得税以来,历经了几次改革与调整,取得了很大成绩,但仍然不够成熟。随着我国经济发展,人们生活水平的提高,取得收入的渠道日益多样化,进一步改革和完善个人所得税也就显得尤为必要。

第一节　个人所得税概述

一、个人所得税的类型

个人所得税按其征收方式可分为综合所得税、分类所得税和分类综合所得税(即混合税制)三种类型。

(一)综合所得税

亦称一般所得税制,指将纳税人全年各种所得的总和,减去最低生活费及扶养费,对余额以累进税率课征,美国等发达国家的个人所得税属于这一类型。这种类型的所得税比较符合按能力负担的公平原则,但征收手续复杂,要求纳税人有较高的纳税意识、健全的财务会计和先进税收管理制度,否则,实施难度很大。

(二)分类所得税

亦称个人所得税制,指对各种来源不同、性质各异的所得进行分类,分别以不同的税率课征。其优点是能控制税源,征收简便,节省税收成本,而且可按所得性质的不同采取差别税率,有利于实现特定的政策目标。其不足在于不能考虑纳税人的家庭负担情况和基本生活需要,也不便于采用累进税率,难以量能课税,实现均平社会财富的目标。

(三)分类综合所得税

它是由分类所得税和综合所得税合并而成。即对纳税人各类所得先课以分类所得税后,再按其全年所得总额,对一定数额以上的所得以累进税率课征。这种税制既采用差别税率对不同来源的所得课税,又以累进税率对大额所得课税,故可以量能课税,又能均平分配,稽征方便,减少偷漏税,是一种较优良的税制。从各国的税务实践看,分类综合所得税又可以分为两种类型。

1. 交叉型的分类综合所得税，以英国个人所得税为典型

英国实行所得分类表制度，先就各表收入扣除必要费用（某些项目不承认费用扣除）后的余额按标准税率从源扣缴，纳税年度结束时计算全年总所得，按规定期限提出结算申报，以便从总所得中减除各项减免扣除项目（损失在各分类表中可以通算），就其余额运用累进税率确定当年应纳税额大小，从源扣缴时的已纳税款在结算时予以抵扣，多退少补。这样分类征收和综合申报表现为互相联系、互相交叉的过程。

2. 并立型的分类综合所得税，以日本为代表

其主要特点是某些所得项目，如利息所得，实行分离征收，按特定的标准税率征税，纳税年度终了不再计入普通总所得中，而其余大部分所得项目要合并申报纳税，运用累进税率。日本个人所得税法列举10个项目的所得为征税所得，其中山林所得①和退职所得分离征税，目的在于对这两项所得实行优惠，其余8个项目的所得合称普通所得，包括利息所得、红利所得、不动产所得、事业所得、工薪所得、转让所得、临时所得、杂项所得。其中利息、分红所得实行分离征收，单独运用较低的税率，以鼓励投资和储蓄；对土地转让发生的收益实行分离重课制度，以控制土地投机行为。实行分离征税的所得项目金额年终不再计入普通总所得中，其他所得进行必要扣除后合计，从合计额中扣除各项个人宽免额和某些非业务费用，其余额乘以相应的适用税率算出应纳税额。这种征收方式形成分类或分离征收与综合征收互不交叉的并立结构，故称并立型分类综合所得税（见表5-1）。

表 5-1 日本所得计算与课税分类

所得类别	所得的计算	课税类别
山林所得	收入－必要费用－特别扣除额（50万日元）－蓝色申报扣除（10万日元）	分离课税。税率为综合课税的税率，考虑其生产期长，实行"五分五乘"的轻税政策
退职所得	（收入－退职所得扣除额）×1/2	分离课税，税率为综合课税的税率
利息所得	所得金额＝收入金额	分离课税，税率15%
红利所得	收入金额－为购买股票等而借入资金的利息	小额红利所得分离课税。所持一个公司股票每年分红10万日元以下的，税率20%；年分红50万日元以上、持股比例不足该公司总股数5%的，税率35%
营业所得	收入－必要费用－蓝色申报扣除（有正规会计制度的45万日元，其他10万日元）	综合课税
不动产所得	收入－必要费用－蓝色申报扣除（45万日元或10万日元）	综合课税

① 山林所得是指出售拥有5年以上所有权的山林或山林的树木、活树等的所得。出售持有其不足5年的山林或山林的树木、活树等的所得属于营业所得或一次性所得。

(续表)

所得类别	所得的计算	课税类别
工薪所得	收入－工薪所得扣除额	综合课税
转让所得	收入－转让资产的购置费及转让费－特别扣除额(50万日元)	不动产及股票转让所得分离课税(税率根据持有时间长短及转让对象不同而不同) 其他资产的转让所得综合课税(其中持有其超过5年的资产转让所得还要乘以1/2)
临时所得	收入－获得收入而支出的费用－特别扣除额(50万日元)	综合课税
杂项所得	公共养老保险课税所得：收入－公共养老保险扣除额 其他：收入－必要费用	综合课税

注：① 退职所得扣除额为：退职者连续工作20年以下的，每年扣除40万日元，超过20年以上的年份，每年扣除70万日元。
② 山林所得的"五分五乘"是指所得乘以1/5，再适用个人所得税税率求出基本税额，然后用该基本税额再乘以5，得出山林所得的应纳税额。
③ 日本申报制度分为白色和蓝色制度，允许使用蓝色申报表的所得包括经营所得、不动产所得和山林所得，蓝色申报作为诚信纳税的信誉保证，纳税人必须建立健全和准确的记账；除蓝色申报以外的纳税人使用白色申报表，要求从事营利事业的白色申报纳税人也要建立记账制度。

目前，在欧洲除了葡萄牙、英国采取混合税制模式外，其他国家都采取综合税制；在拉丁美洲，大部分国家和地区也实行综合税制，不过尼加拉瓜、多米尼加、厄瓜多尔、智利实行混合税制；在非洲只有苏丹实行分类税制，塞内加尔、莱索托、摩洛哥、喀麦隆、突尼斯、阿尔及利亚、安哥拉实行混合税制，其他国家和地区实行综合税制；在亚洲，阿拉伯也门、约旦、中国香港、黎巴嫩实行分类税制，其他国家和地区基本都实行综合税制；大洋洲各国和地区基本实行综合税制。

从上介绍可知，综合税制在全世界占据了主导地位，但并不能说综合税制必将取代混合税制和分类税制，因为决定一国个人所得税制模式的因素有很多。

(1) 历史或文化的因素在某种程度上是最主要的决定因素。有些国家当时选择某种税制模式完全是受别国影响或控制而形成的，如非洲很多国家的税制往往受到以前宗主国的影响。

(2) 立法上的需要。

(3) 一国收入水平的制约。在一国的总体收入水平很低，大多数的收入来源很单一的情况下，采用综合税制既无可能也无必要。当收入水平提高时，伴随着收入来源的多元化，如果采用分类税制很难控制税源时，用综合税制可能更合理。

(4) 社会目标的制约。由于综合税制一般适宜采用累进税率，在收入再分配上比起比例税率更为有效，更能实现社会收入的公平。

(5) 一国征管水平的影响。一般认为综合税制对征管的要求比较高，而分类税制相对要低一些，一些发展中国家税收征管基础薄弱，公民纳税意识相对较弱，采用源泉

比较税制

扣缴的分类税制是一种较好的选择。

二、个人所得税的征收方法

个人所得税的征收方法主要有申报法、课源法、测定法、估计法四种。在个人所得税的具体征收实践中,各国都综合运用这四种方法,但侧重点不一样,形成不同的风格。

(一) 课源法

又称从源课征法。在所得发生的当时当地,由支付者(即扣缴义务人)按规定税率扣缴所得者应负担的税款,直接缴纳给国库。例如支付工资、薪金、利息、股息、地租、房租等,由支付单位预扣税额,然后汇总交纳给税务机关。此法的优点是能够控制税源,减少逃漏与滞欠,稽征手续简便,节省稽征费用;可以根据各种不同所得的性质课以不同的税率;税款随所得的发生分期交纳,每次数额较少,不致使纳税人因税收负担过重而纳税困难。该方法缺点在于:只能适用于一部分所得,不能适用于全部所得,特别是对营利所得无法进行源泉扣缴。

从源课征法从各国实践看又可分为两种:一是英国实行的累计扣缴法,二是北美国家实行的非累计扣缴法。累计扣缴法好处在于可以准确地扣缴每一时期的税收,对处于"基本税率线"上的大多数纳税人而言,到年终不必进行调整,而且所得额、扣除额、应纳税所得额、应纳税额均用累计办法连续计算,不必每年都填写申报表,既有利于及时稳定地取得财政收入,又可省征税成本。而非累计扣缴法不能准确地扣缴每一时期的税收,年终要进行较大的调整,每年都要填写申报表,征税成本增加,不如累计扣缴法优越。例如:假设一纳税人,全部收入来源于工资,全年标准扣除额包括费用和个人宽免扣除,为 12 000 元,工资按月支付,每月扣除额 1 000 元,标准扣缴税率为 20%,头两个月获得工资收入分别为 2 000 元和 3 000 元,第 3 个月没有工资收入,第 4 个月工资收入为 4 000 元,我们分别计算在累计扣缴法和非累计扣缴法下的 4 个月的应纳税额(以纳税年度作为纳税期间)。在累计扣缴法下,其应纳税额如表 5-2 所示。

表 5-2 累计扣缴法下应纳税额　　　　　　　　　单位:元

月	每月工资收入额	本期工资累计	扣缴额累计	应税所得额累计	应纳税额累计(税率20%)	本期应付税款
1	2 000	2 000	1 000	1 000	200	200
2	3 000	5 000	2 000	3 000	600	400
3	0	5 000	3 000	2 000	400	−200
4	4 000	9 000	4 000	5 000	1 000	600

注:以下各期应付税款计算依次类推,年终不必调整。

在非累计扣缴方法下,每期应付纳税款如表 5-3 所示。

表 5-3　非累计扣缴法下应纳税额　　　　　　　　　　　　单位：元

月	每月工资收入额	每月扣除额	应税所得额	应纳税额	应付税款
1	2 000	1 000	1 000	200	200
2	3 000	1 000	2 000	400	400
3	0	1 000	0	0	0
4	4 000	1 000	3 000	600	600

从上述两表可以看出，在非累计扣缴法下，第3个月应纳税款和应付税款为0，前4个月共计付出税款1 200元，比实际应付税款1 000元多付出200元。当然，多付的税款也是退还给纳税人的，但必须要到纳税人的最终纳税义务全部清算以后予以退税。因此，累计扣缴方法更为优越。

（二）申报法

纳税人按税法规定于纳税期限终了的一定期间内自行申报其所得，自行计算或由税务机关计算其总所得额，允许扣除相关费用以及个人宽免额。如果计算全过程或大多数计算步骤由纳税人完成，征收机关要对申报表进行调查或审核，通常是抽查。美国和加拿大通常要对2%—5%的申报表进行审查。此法的优点是：由于纳税人参与了税收计算全过程，因此可以激发人们的纳税意识，自觉地了解税收制度，能发挥舆论监督作用，从而促使制度更加公平合理。此外还可以保证税收结构的灵活性，不必特别规定一条较长的基本税率线。其缺点是，由于纳税人自行申报，容易出现匿报、短报现象，而且对纳税人的要求比较高，这也是申报法主要在发达国家推行的主要原因。

（三）测定法

或称推断法，根据纳税人所表现的外部标志推定其所得，再按税征收。测定法在具体的税务实践中又可分为三种：一是净值法，根据纳税人财产净值的多寡来推定其所得额大小，决定其应纳税额。二是消费支出法，根据纳税人平时生活水平与各种消费支出的数额推测其所得，决定其应纳税额。三是银行账户法，根据纳税人银行往来账户的情形决定其所得额和应纳税额。测定法对申报法和课源法等征纳程序上难以掌握的所得可起重要补充作用。从外部标志推定所得主观性较强，因而不能作为主要征税办法。

（四）估计法

指对某些纳税人根据历史上的一些资料估算其应纳税额的方法，这种方法一般适用于对小企业、个体工商业者的征收。法国至今为止还在使用各种估计法，许多不发达国家，特别是非洲国家也在使用。

第二节　个人所得税制比较

一、个人所得税的纳税人

个人所得税的纳税人都是自然人，各国通过认定他们的公民或居民身份来选择不同的税收管辖权,如果是居民则对其全世界范围内的所得课征个人所得税;如果是非居民,则仅就其来源于本国境内的所得课征个人所得税。各国通行的自然人居民身份认定标准可分为三种。

(1) 住所标准,即纳税人若在本国境内拥有永久性住所或习惯性住所,就是本国居民。

(2) 时间标准,即自然人若在本国境内居住或停留超过一定时间,就是本国居民。

(3) 主观意愿标准,即若自然人有在本国境内居住的意愿就可认定为本国居民。

表 5-4 为七个国家的自然人居民认定标准。

表 5-4 七国居民身份认定标准

国 别	自然人居民身份认定标准
丹 麦	1. 在丹麦居住,通过建立家庭或购置永久性食宿设施表示有在丹麦居住的意向;丹麦居民迁居国外的头 4 年内仍然要承担无限的纳税义务,但已正式成为他国居民的例外 2. 在丹麦连续居留 6 个月以上的 3. 为了旅游或求学目的,两年中在丹麦居住 365 天以上的,从第 365 天起负无限纳税义务
法 国	1. 在法国有永久性居所,通常是家庭成员共同生活所在地,尽管本人在国外工作,也要负无限纳税义务 2. 根据主要居留测定,一个财政年度内在法国居留时间超过 183 天,主要在法国从事专业性活动 3. 主要的经济利益中心在法国
荷 兰	1. 主要依据事实,而不主要依据法律,在荷兰具有居民身份 2. 夫妻双方中的任何一方,意愿表明要在荷兰安置家庭 3. 在荷兰居留不及 183 天,而整个家庭迁出境外的,不负无限纳税义务
爱尔兰	1. 在爱尔兰永久定居的 2. 一个财政年度中,在爱尔兰居留超过 183 天 3. 前 10 年中,每一年平均居留超过 90 天,从第 5 年认定为居民,负无限纳税义务 4. 在爱尔兰求职并有长期住所的
印 度	1. 一个财政年度中在印度居留超过 183 天 2. 在前 4 年中合计居留印度时间超过 365 天,而当年居留时间超过 60 天
意大利	1. 在意大利有居民户口登记的 2. 经济利益中心在意大利或境内居留时间满 6 个月的 3. 居住在境外,但为意大利国家机构或公营单位服务的
日 本	1.有永久性住所或连续居住 1 年以上为普通居民 2. 居住时间 5 年以上为永久居民

二、个人所得税的征收范围

个人所得税是以所得为征税对象的。所得的含义是什么,征税所得包括多大范围,这是实行个人所得税制必须考虑的问题,税收理论界对这一问题有不同回答,并产生了两种不同的观点,各国的税务实践因此也各具特色。

(一) 关于证税所得的学说

1. 来源说

弗里茨·纽马克认为只有从一个可以获得固定收入的永久性"来源"中取得的收入才应被视为应税所得。很多学者,特别是关于这个问题的早期学者认为从一定的永久性来源取得收入也应是固定收入。而我们知道,纽马克认为只要获取收入的来源具有永久性,那么从这一来源获取的不固定收入也应纳税,尽管"来源"的表述不十分清楚,但通常都把它与功能分配理论中的传统分类,即土地、资本、劳动力和企业家身份联系起来。塞尔泽在1951年曾提出,这个概念源自农业社会的收获传统。在那里,土地在固定的周期内生产出成果,所以有人又称其为"周期说"。基于这种概念,对资本本身价值的增值或者所谓的资本收益不应该征收所得税。资本产生的收益而不是资本本身的价值才是真正的课税客体。

2. 净增值说

范尚茨在1896年的一篇专题文章中明确阐述了"净增值"理论,他对应税总所得下的定义是:所得包括所有的净收益和由第三者提供劳务以货币价值表现的福利、所有的赠与、遗产、中彩收入、投保的收入和年金,各种周期性收益,但要从中扣除所得应支付的利息和资本损失。按照这个定义,应税总所得包括三个部分。

(1) 在一定时期内从其他人那里收到的总额。

(2) 在该时期内本人享受的消费活动的价值,这些价值不包括从其他人那里得到的收入或者货币或者商品(即推定所得)。

(3) 在该时期内所拥有财产的增值(即资本利得)。

随后,其他学者试图改进范尚茨的定义,西蒙斯就将个人应税总所得定义为下述两项的代数和。

(1) 各种消费权利的市场价值。

(2) 在有关计税依据的期初和期末所积累的拥有产权的财产价值量的变化。或者说,应税所得是指对消费和新增积累的一个估计数。

在各国个人所得税实践中,还没有一个国家实际采用上述两种理论中的一种,不过在当今各国的个人所得税立法中,多以增加说为其理论依据。但这也只是理想上的概念,实施起来很难,而往往采用现值来计算所得再减去相关的各种费用扣除确定应税所得。

(二) 各国关于税基的确定

1. 关于所得来源的合法性

所得根据其来源上的法律属性,可分为合法所得和非法所得,前者指通过合法途径采用合法手段获取的收入;后者是通过法律禁止的途径采用法律不允许的手段获取的收入。个人所得税是限于对合法所得征收还是将非法所得也列入征税范围,各国具体做法不同。

对于美国、德国、日本等发达国家而言,其税法不以所得的来源是否符合其法律规定来判断是否列入征税范围，换句话说，即合法所得和非法所得都列入征税范围。如美国税法及解释文件规定，不管所得是否合法，凡能增加一个人负税能力的所得都是征税所得。德国《税法通则》第41条也明确规定，满足全部课税要素或部分课税要素的行为，不因其违反法律上的命令或禁止性规定，或者违反善良风俗的情况而妨碍对其行为课税。日本基本上也持相同的观点。

对于绝大多数发展中国家而言，其税法一般都把具有合法的发生源泉所得纳入征税范围，非法所得排除在征税范围之外。如我国学者认为，凡是土地、房屋、资本等财产所有权或使用权的转让、经营、投资活动以及劳动等都是发生所得的合法源泉。走私、抢劫、盗窃、诈骗、贪污、受贿、赌博等都为非法行为，其发生的所得不能列入个人所得税的征税范围，即只有合法发生的所得才是应税所得。

2. 各国对于实物所得的处理

通过劳动和财产的交换或合作、一般物物交易而产生的所得，绝大多数国家（包括发达和发展中国家）在一定条件下视同货币所得列入征税范围，这些所得往往是可以用货币衡量或不用货币衡量而以实物形式或有价证券形式出现。如美国税法规定，总所得不仅包括现金分红也包括现金以外的资产分红，资产分红原则上应以分配当时该资产的市场公正价格计入总所得。至于纳税人所获得的实物福利，如公司提供的免费或低价工作午餐、免费幼儿园入托、免费医疗、免费住房等，如何来估价是一个很困难的问题，大多数发展中国家在处理这方面问题时往往采取实用主义，对于享受实物福利的接受者给予免税，有的甚至通过允许公司在一定程度上扣除这些支出的办法而给予鼓励。而发达国家对这个问题的处理有所不同，如美国规定，实物福利并入工资、薪金收入征税项目，理由是对实物福利不征税影响税制的公平性，会促使人们通过减少工资、薪金而增加实物福利的办法逃避个人所得税，而且实物福利的增加使雇主和雇员之间建立起非市场的特殊关系，对劳动力的流动产生干扰作用。而英国对雇主提供的实物福利，通过判例法确定了两个征税原则：一是必须作为已提供服务而不是由于其他一些原因的酬金，二是必须能够转换为现金，符合这两个原则的实物福利要列入征税范围。

值得一提的是，新西兰和澳大利亚针对附加福利开征了附加福利税。新西兰于1985年4月1日开征按季征收的附加福利税，按附加福利应税价值的45%进行计算，1986年4月1日附加福利税率和个人所得税的最高税率同时提高为48%，纳税人为雇主。新西兰附加福利税确立了五类主要的应税附加福利：机动车辆的私人使用，低息贷款；免费或折价产品和服务，雇主对养老金、疾病、意外事故和死亡抚恤金的贡献份额，一次性总付退休津贴及一些多余劳力支付款项。澳大利亚自1986年7月1日开始征收附加福利税，最初9个月使用的税率为46%，自第10个月改为49%，自2006年3月31日之后税率调整为46.5%。除非特别规定的免税情况，所有的附加福利都应纳税。税法中控制的最主要的附加福利有：雇主提供车辆的私人使用、无息或低息贷款、雇员债务的解除、私人支出的支付、免费食宿安排或对食宿的补贴、对远离家乡生活的津贴和折价产品或服务（包括乘机旅行）。对下列项目免税：雇员持股购进计划，雇主提供的娱乐设施，雇主对养老金计划的贡献、往返于工作地点之间的免费或打折旅行，以及调遣和上任的支出。

3. 对转移所得的处理

转移所得被认为是纳税人不需付出任何代价而从其他人或是从政府那里得到的所得。转移所得是所得分配环节中的一种再分配,这种再分配在一定程度上改变了纳税人作为所得的创造者而相应得到的初次分配。转移所得中最典型的是离婚赡养费和通过社会保险制度提供的福利。离婚赡养费的支付是将一笔购买力从离婚的丈夫(或妻子)手中转移到其离异配偶及该配偶的家庭手中,对于这类所得,发达国家一般是列入征税范围,而对社会保险福利则免税,同时又允许社会保险费的缴纳者扣除这些缴款。在美国、墨西哥、哥伦比亚、所有的欧洲经济共同体国家等一系列国家中,对社会保险福利统统实行了免税,这些国家把这种免税看成是达到他们所确定的社会目标的必要措施。而绝大多数发展中国家一般都未把转移所得纳入个人所得税的征税范围。

4. 对推定所得的处理

推定所得是指由纳税人本人生产产品或提供服务,并由其本人消费这些产品或服务而隐含的收入。最典型的例子一是住宅的所有者自己使用该住宅所享受的服务,比利时、意大利和哥伦比亚等国对住宅拥有者自用该住宅而得到的推定所得征税,原则上以位置和质量都类似的住宅的净现金租金收入作为计算这种推定所得的依据。而美国和其他许多国家(包括发展中国家)对推定的租金所得仍然免税。因为地籍登记制度是有效取得推定所得的前提条件,而地籍登记制度往往是不完善的。另一项主要的推定所得是农业生产者自己生产自己消费而不出售的农产品,特别是食品。在农业占统治地位的低收入国家中,自己生产自己消费相对来说仍占有很重要的地位,确有一些国家尝试着对这种实物所得征税,不过这方面的征税规定都很简单粗糙,相当不完备。发展中国家大量存在低收入农民这一现实使得这种对自己生产自己消费征税的做法很不明智,因为不论是从社会平等还是从税收管理角度来考虑,都应把这些低收入取得者排除在所得税征税范围之外,所以对于绝大多数国家而言,推定所得一般是不纳入征税范围的。

5. 对资本利得的处理

资本利得是指债券、股票和不动产等资本财产的增值或出售而得到的净收益,其中因出售资本财产而得到的净收益又称转让所得或已实现的资本利得,而其中已增值但未经销售实现的"利得"为未实现的资本利得。未实现的资本利得虽然意味着所有人经济力量的增加,但对资产每年进行评估看其是否溢价增值,在技术上存在极大的困难,而且以现金纳税还可能迫使纳税人在时机不成熟时以不太有利的条件把财产转让出去。因此,各国税法均采取"实现标准",只对已实现的利得征税。不过对已实现的资本利得征税,可能会引起一个棘手问题。尽管在几年的时间内,纳税人可以选择成熟的时机将财产售出并获得利得,但是在累进所得税率制度下,由于资本利得集中在出售财产、实现利得的年度纳税,因而要招致较重的税收。不过这一弊端可以通过采取将所得在数年之内进行平均化再计税的办法来缓解甚至完全消除。

6. 关于所得的规则性

所得的规则性和非规则性的区分不是绝对的,大多数发展中国家(包括我国),个人所得税的征税范围一般也限于一些有规则性的所得项目,征税范围比较窄。工资、薪金、利息等所得项目以有产和劳动作为源泉,一般列为规则性的所得,而资本财产的重估溢价、遗产的继承和其他一些一时的意外收获或称为偶然所得则视为不规则所得。美国强调征税所得与一个人经济福利增长和纳税能力增加的内在联系,不强调征税所得具有规则性。美国《国内收入法典》列举了15个项目为不征税所得如赠与所得、遗产所得、州和地方政府债券利息等,其他一切所得项目即征税。与美国相反,英国的个人所得税十分强调征税所得的规则性,英国实行分类表制度,目前分类表共有6个表,A表包括来自英国国内的土地和建筑物收入租金、保险费、维修费、服务费等某些类型的财产所得,B表包括商业林场所得(自1988年已停征),C表包括公债利息所得,D表包括经营利润、自由职业所得、不实行从源扣税的利息、外国有价证券利息、外国财产所得和其他所得,E表包括工资、薪金所得,F表是来自英国公司的股息所得,支付的部分才允许扣除。

三、个人所得税的扣除项目

个人所得税的免征额决定于税基的扣除项目和扣除额度,一般应税所得额都要经过三种扣除。

(一) 成本费用扣除

从各国的税法规定看,成本费用的范围比较广泛,通常包括与经营有关的差旅费、汽车费用、交给执业协会的会费、税务顾问费、律师费和招待费等。发达国家根据不同所得取得所花费的成本代价不同分别给予不同扣除,如英国对E表的费用扣除,遵循"在执行应税业务中"发生的"必要""全部""唯一"的准则,D表的费用扣除遵循以业务为目的和唯一、全部的准则。而美国对费用扣除的规定没有英国那么严格,但也需要把一笔费用掺和的业务费用和非业务费用进行分配,其中为业务目的的费用只能近似地加以区别。法国则比较简单,规定工作费用扣除工资10%,或选择据实列支,2011年度最高扣除额为14 157欧元。

(二) 个人免税扣除

这是为补偿劳动者的基本消耗以实现简单再生产为目的的扣除。个人基本免税额的扣除可采取两种不同的办法。一种扣除形式在英文税收文献中常称之为最初扣除,这种扣除是当纳税人的应税所得未超过规定的基本扣除额时才给予的(相当于我国对"起征点"的解释)。如当扣除额规定为100美元时,纳税人的所得如果超过100美元,那么他的全部所得都要纳税。另一种形式的基本扣除称为"持续扣除",即不管个人所得的高低,一律可以扣除规定的数额就余额征税(相当于我国对"免税额"的解释)。美国宽免额每年根据通货膨胀进行指数化调整。1997年规定个人免税扣除为2 650美元,2002年为3 000美元,2005年为3 200美元,2006年为3 300美元,2008年为3 500美元,2009年提高到3 650美元,2012年为3 800美元,2013年为3 900美元,2014年为3 950美元,2015年为4 000美元,2016年和2017年为4 050美元。

(三) 家庭生计扣除

依据纳税人的家庭结构、婚姻子女状况来扣除。进行这种扣除有多种具体办法可采用,经常采用的办法有以下三种。

1. 生计扣除

即从净所得中减去规定的数额,这种生计扣除往往对配偶与子女规定不同的标准,有时对子女还要按照他们的年龄规定不同的标准。法国规定,抚养18岁以下子女、残疾孩子(不论年龄大小)发生的赡养费用,前两个孩子每年可以在2 336欧元限额内扣除,超过两个孩子的,扣除限额为4 672欧元。8—25岁的全日制学生,经申请也可以享受上述规定扣除。再如匈牙利,自2011年起,如果纳税人是孕妇,或者有资格享受政府家庭津贴的,如果未成年子女不超过2人的家庭,每个子女每月最高扣除额为62 500福林;未成年子女超过2人的家庭,则扣除额为每月206 500福林。希腊规定,如果纳税人有受抚养子女,其免税额的额度随子女数量增加而增加:1个孩子为2 000欧元;2个孩子为4 000欧元;3个孩子为12 500欧元;以后每增加一个孩子增加2 500欧元。除此之外,美国还对生计扣除采取指数化办法,避免通货膨胀对生计扣除额的影响。

为了刺激经济,摆脱自2008年以来的金融危机,2009年美国提高不同申报单位的标准扣除额。已婚联合申报的夫妇,标准扣除额增加500美元,达到11 400美元;单身个人和已婚单独申报的个人,标准扣除额增加250美元,达到5 700美元;户主的标准扣除额增加350美元,达到8 350美元。2016年在此基础上进一步提高,分别达到了12 600美元、6 300美元、6 300美元和9 300美元。此外,特朗普税改也对个税的基本标准扣除额进行了相应的调整。其中,单身个人和已婚单独申报、已婚联合申报的标准扣除金额提升幅度均高达88.98%,户主申报的标准扣除金额提升幅度为92.51%。2018年单身个人和已婚单独申报、已婚联合申报及户主申报扣除金额分别为12 000美元、12 000美元、24 000美元、18 000美元。由于基本生计费用扣除额和标准扣除额的增加,许多低收入者将免于缴纳个人所得税(见表5-5)。

表5-5 美国个人所得税基本标准扣除额(2008—2018年)　　　　　　　单位:美元

年　度	申　报　状　态				
	单身申报	已婚联合申报	已婚单独申报	户主申报	丧偶申报
2008	5 450	10 900	5 450	8 000	10 900
2009	5 700	11 400	5 700	8 350	11 400
2010	5 700	11 400	5 700	8 400	11 400
2011	5 800	11 600	5 800	8 500	11 600
2012	5 950	11 900	5 950	8 700	11 900
2013	6 100	12 200	6 100	8 950	12 200
2014	6 200	12 400	6 200	9 100	12 400
2015	6 300	12 600	6 300	9 250	12 600
2016	6 300	12 600	6 300	9 300	12 600
2017	6 350	12 700	6 350	9 350	12 700
2018	12 000	24 000	12 000	18 000	24 000

资料来源:梁季.美国联邦个人所得税:分析、借鉴与思考[J].河北大学学报(哲学社会科学版),2019(1).

美国 65 岁以上的老年人以及盲人除了可以获得标准扣除额外,还可以获得附加标准扣除额,这一扣除额也随通货膨胀进行调整。2009 年,附加标准扣除额比 2008 年增加 50 美元。如果纳税人是已婚个人或丧偶者,附加标准扣除额为 1 100 美元;如果纳税人是单身个人,则附加标准扣除额为 1 400 美元。2017 年,大多数人和 1953 年 1 月 2 日以前出生的人或盲人,则抵扣标准又有所区别。如果纳税人是单身个人,则附加标准扣除额为 7 900 美元。如果纳税人是已婚个人或丧偶者,附加标准扣除额为 13 950 美元。

此外,美国还提高每种申报身份的税率档次起始金额和个人赠与的免税金额。对已婚联合申报者而言,15% 与 25% 税率档次的临界点从 2008 年的 65 100 美元提高到 2009 年的 67 900 美元。单身个人、已婚单独申报的个人以及户主的税率档次起始金额也分别根据通货膨胀调整。2008 年,免税的个人赠与最高额也由 2008 年的 12 000 美元,提高到 2009 年的 13 000 美元。2012 年税率档次的临界点又进一步提高,具体如表 5-6 所示。

表 5-6 2012 年美国个人所得税税率　　　　　　　　　单位:美元

级数	未婚个人申报	已婚合并申报	已婚个人申报	户主申报	税率(%)
1	≤8 700	≤17 400	≤8 700	≤12 400	10
2	8 701—35 350	17 401—70 700	8 701—35 350	12 401—47 350	15
3	35 351—85 650	70 701—142 700	35 351—71 350	47 351—122 300	25
4	85 651—178 650	142 701—217 450	71 351—108 725	122 301—198 050	28
5	178 651—388 350	217 451—388 350	108 726—194 175	198 051—388 350	33
6	>388 350	>388 350	>194 175	>388 350	35

需要说明的是,为了化解"财政悬崖①"的风险,2013 年 1 月 1 日美国通过了《2012 年美国纳税人减税法案》,年收入 40 万美元以上的个人或年收入 45 万美元以上家庭的多级税率从 35% 回调到 39.6%,恢复对年收入超过 25 万美元或家庭收入超过 30 万美元人群所享受的所得税抵免额度的限制。与此同时,增加了一档个人所得税税率,并且提高了最高税率(见表 5-7)。2017 年,税率档次的临界点也进一步提高(见表 5-8)。

---

① 据称"财政悬崖"一词是由美联储主席伯南克首先提出的。是指 2013 年美国财政赤字面临大幅下降的现象:如果不通过立法采取新的调整措施,一方面,根据现行法律规定,美国大量减税政策(主要包括小布什政府 2001 年、2003 年实施的减税政策和 2009 年、2010 年奥巴马政府实施的减税政策)2012 年底到期;另一方面,国会在 2013 年启动自动减赤机制,强制削减政府支出规模。如此增税减支,会使美国联邦财政赤字如悬崖般陡然直线下降。减少财政赤字本来是好事,但降幅过快,财政紧缩幅度过度,会影响美国脆弱的经济复苏步伐,并继而影响世界经济的发展。

表 5-7　2013 年美国个人所得税税率　　　　　　　　　　　　　　单位：美元

级数	未婚个人申报	已婚合并申报	已婚个人申报	户主申报	税率(%)
1	≤8 925	≤17 850	≤8 925	≤12 750	10
2	8 926—36 250	17 851—48 600	8 926—36 250	12 751—48 600	15
3	36 251—87 850	48 601—146 400	36 251—73 200	48 601—125 450	25
4	87 851—183 250	146 401—223 050	73 201—11 525	125 451—203 150	28
5	183 251—398 350	223 051—398 350	11 526—199 175	203 151—398 350	33
6	398 351—400 000	398 351—450 000	199 176—225 000	398 351—425 000	35
7	>400 000	>450 000	>225 000	>425 000	39.6

表 5-8　2017 年美国个人所得税税率

级数	未婚个人申报	已婚合并申报	已婚个人申报	户主申报	税率(%)
1	≤9 325	≤18 650	≤9 325	≤13 350	10
2	9 326—37 950	18 651—75 900	9 326—37 950	13 351—50 800	15
3	37 951—91 900	75 901—153 100	37 951—76 550	50 801—131 200	25
4	91 901—191 650	153 101—233 350	76 551—116 675	131 201—212 500	28
5	191 651—416 700	233 351—416 700	116 676—208 450	212 501—416 700	33
6	416 701—418 400	416 701—470 700	208 351—235 350	416 701—444 550	35
7	>418 400	>470 700	>235 350	>444 550	39.6

2. 税额抵免法

即先计算出家庭的应纳税额后,每个受抚养人可以冲减规定的税额,意大利采取这种办法。意大利分雇员、独立工人和自营业者、受赡养的配偶税收抵免。2001 年每个受抚养儿童 285.01 欧元税收抵免。如果年收入在 51 645.69 欧元以下,第一个孩子 285.01 欧元,其余每个孩子 318.14 欧元;年收入超过 51 645.69 欧元,每个孩子 266.49 欧元。年收入少于 2 840.51 欧元,受赡养的配偶税收抵免(见表 5-9)。

表 5-9　意大利配偶税收抵免　　　　　　　　　　　　　　　　　　单位：欧元

年所得额超过	年所得额不超过	税收抵免
0	15 493.71	546.18
15 493.71	30 987.41	496.60
30 987.41	51 645.89	459.42
51 645.69		422.23

美国从2009年提高了勤劳所得税收抵免额。对中低收入劳动者和有两个或两个以上子女的劳动家庭而言,最高勤劳所得税抵免从4 824美元提高到5 028美元。有两个或两个以上子女的已婚联合申报者,获得抵免税的收入限额从41 646美元提高到43 415美元。

匈牙利规定,雇员年所得不超过275万福林的,按照工资薪金所得的16%抵免应纳税额,但最高月抵免额为12 100福林;年所得超过275万福林至396万福林的,抵免额相应减少,减少额按照超过275万福林部分的12%计算;年所得超过396万福林的,不能享受抵免。此外,符合条件的残疾人可以按月享受法定最低工资的5%的税收抵免。

希腊规定,纳税人为家庭课程支付的学费可以抵免10%,或最多100欧元。

3. 家庭所得份额化(或家庭系数)办法

法国在1948年首先采用了这种办法,该法就是将应税所得额除以家庭份额得出一个金额,以此额为基础找出一个适用税率并与之相乘,然后将其得数与家庭份额相乘计算出应纳税额。如一对有一个孩子的夫妇适用"3"份额,家庭应税总所得为60万元,那么应纳税的税款等于60万元除以"3"然后计税,计得的数额再乘以"3"得到应纳税额。税法根据纳税人家庭状况分别规定不同家庭份额,这种方法适用在多档次超额累进税率下采用。

由于上述每种办法使用的计算标准和纳税人具体情况不同,选择不同方法产生的不同结构对于纳税人来说都是很重要的,不过每种方法都将使规模和构成各异的家庭的纳税义务趋向于平等。但是对于发展中国家来说,个人所得税征收管理经验不足,征管力量有限,如果采用上述方法都将是很困难的事情,因此,它们一般采取综合法,即综合起来不分费用扣除还是生计扣除,按一定标准数额法定扣除(见表5-10)。

表5-10 部分国家扣除项目比较

国 别	扣 除 项 目
比利时	1. 生计费按工薪收入的20%扣除,高收入者另加10%—15% 2. 董事、审计收入扣除5% 3. 不动产购进成本和经营利息按实列出 4. 教育捐赠定额列出
丹 麦	1. 股息扣除15% 2. 工薪收入扣除20% 3. 雇员奖金在工薪收入的15%限度内(40岁以下放宽到20%)允许扣除 4. 经营性利息按实列支
法 国	1. 工薪收入工作费用扣除10%,标准扣除20%,合计可扣除28%,一、二次扣除有最高限额控制 2. 利息在定额内允许列出 3. 法庭判决的赡养费支出允许扣除 4. 按家庭成员结构定额扣除生计费

(续表)

国　别	扣　除　项　目
意大利	1. 利息在限额内扣除 2. 人寿保险 5 年期以上的,允许限额扣除 3. 雇主奖金不允许扣除,雇员奖金可扣除 4. 法院判决的赡养费全额扣除 5. 医疗费合理支出允许扣除 6. 私车公用可列支里程补贴
荷　兰	1. 人寿保险支出允许在限额内支出 2. 雇员奖金可扣除 3. 赡养费可扣除 4. 对贫困的亲戚资助允许扣除 5. 利息可支出 6. 按家庭成员结构扣除生计费
西班牙	1. 按家庭成员结构扣除生计费 2. 人寿保险在定率内扣除 3. 医疗费在限额内扣除
瑞　士	1. 按家庭结构扣除生计费 2. 利息按实列支 3. 旅差费限额扣除 4. 人寿保险在限额内与列支
澳大利亚	1. 医疗费按实列支 2. 教育费在限额内列支 3. 埋葬费限额扣除 4. 赡养费全部扣除
加拿大	1. 工薪收入扣除 3% 2. 奖金在限额内允许扣除 3. 提取的退休金按规定扣除 4. 个人按规定扣除生计费 5. 经营性利息按实列出 6. 捐赠在限额内列出 7. 对亲戚生活资助在限额内列出 8. 医疗费在限额内列支
爱尔兰	1. 按家庭成员结构定额扣除生计费 2. 利息支出限额扣除 3. 人寿保险列支 50% 4. 雇员奖金准许列支 5. 医疗费在定额内支付,超过定额准许列支 6. 教育支出全额扣除

(续表)

国　别	扣　除　项　目
英　国	1. 按家庭成员结构扣除生计费 2. 利息支出在限额内列支 3. 奖励基金支出准许扣除 4. 法院判决的赡养费全额扣除
美　国	1. 利息开支 2. 医疗费开支 3. 慈善捐赠 4. 已缴纳州和地方税款 5. 偶然性损失 6. 按家庭成员计算的个人宽免额

资料来源：蔡秀云.个人所得税制国际比较研究[M].中国财经出版社,2002.

四、关于税率结构问题

从各国个人所得税的税率设计情况来看(具体见附表)，有以下四个特点。

(1) 对综合收入除少数国家外，大多数采用超额累进税率，而且还有一些国家如美国和德国在超额累进税率制度中安排了"累进消失"的安排，规定应纳税所得额达到或超过一定数额时，不再按照累进税率下通常的计算办法计算应纳税额，而是全额适用最高一级的边际税率。目前在开征个人所得税的国家中，只有俄罗斯、玻利维亚、根西岛、曼岛、牙买加及冰岛等国家采用单一比例税率。

(2) 专项收入普遍实行差额比例税率，这主要是采用分类和综合并立型征税方式的国家，往往是不列入综合收入中计征的所得项目，按照所得的性质采取差额比例税率征税。

(3) 目前世界上有简化税制的趋势，即由多变少，由高变低，简化级距。英国已将税率降至3档，美国4档，新西兰只有3档税率，19.5%、33%和39%。这样既吸收了比例税率易于征税的优点，又保持了累进税率的收入调节功能。1981年至1985年期间，大约49%的国家的税率档次超过了10个，其中约9%超过了20个。而在2001—2005年间设置6—9个税率档次的国家略微增加了一些(总共3%)，同时1—3个或4—5个税率档次的安排越来越普遍。就2005年的情况说，大约有55%、23%和32%的国家依次实施上述税率档次。此外，还有18个国家干脆实行单一比例税制。

(4) 发达国家对个人所得税率纷纷实行指数化管理，以消除通货膨胀对应纳税额的影响。

五、关于个人所得税的负担

通常用个人所得税收入(IIT)占国内生产总值(GDP)的比值来比较各国的税负。

一般经济发达国家 IIT/GDP 的比例高,如美国为 8.9%,英国为 10.8%,均在 10% 左右;经济不发达国家 IIT/GDP 比例很低,一般在 1% 以下,如印度为 1.01%,埃及仅为 0.52%,中等经济发展水平的国家 IIT/GDP 的比值一般在 2%—3%,如韩国为 2.64%。这说明经济发达的国家,个人收入高,纳税人多,政府也较倚重个人所得税,不仅将其作为主要的税收来源,也将其作为一种能体现"按能赋税"原则的良税,使穷人少缴或不缴税,而使富人多缴税。因此这些国家的 ITT/GDP 的比例就高。相反,人均 GDP 低的国家,大部分人的收入仅够或不够维持生计,如印度,2006 年人均 GDP 为 633 美元,而个人所得税最低起征点为 2 500 美元,显然只有少数富人才缴个人所得税,这些国家的 IIT/GDP 比值必然很小。

六、关于个人所得税的申报制度

在各国的个人所得税实践中,个人所得税的申报单位不是唯一的,而是有几种类型,即以具有纳税义务的个人为申报单位(具体又分为未婚者单独申报、已婚者单独申报),以一对夫妻为一个申报单位(又称已婚者联合申报),以一个家庭为一个申报单位(又称户主申报),概括起来个人所得税的申报制度可分为个人制和家庭制两种类型。

（一）个人制

中国、日本、加拿大、奥地利等都以个人为申报纳税单位。个人制的优点在于对结婚不惩罚也不鼓励即对婚姻"中性",夫妻双方如果收入未变化,则无论婚前,还是婚后应纳的个人所得税都是相同的。但是这种方法也存在一些缺点:首先,这种方法建立在个人主义的理论基础上。这种理论与两个人婚姻甚至同居关系的实质不相容,容易出现家庭成员之间通过分散资产、分计收入的办法分割所得,逃避税收或避免适用较高档次的累进税率。这种情况是在夫妻双方收入悬殊,一方需纳税或适用较高档次的累进税率,另一方不需纳税或只适用较低的累进税率的情况下易发生。而且这种以个人为基础的方法不能做到按纳税能力负担税收。因为取得同样收入的不同纳税人,会因其赡养人口数量不等,家庭负担不同而具有不相同的纳税能力,负担同样的税不公平。从家庭角度看,还有可能出现高收入家庭不必纳税,低收入家庭反而纳税的情况。如假设两对夫妻甲和乙,甲夫妇每月工资薪金收入各为 3 000 元,月总收入为 6 000 元,乙夫妇只一方取得工资薪金收入 6 000 元,按照我国个人所得税税法规定,甲夫妇不必纳税,乙夫妇却要纳税,从家庭角度看,显然不公平。此外,甲、乙夫妻双方都工作并且总收入相等,但夫妻收入占总收入的比例不同,其税负也不相同,家庭的税负随夫妻对总收入的贡献的比例不同而变化,这种情况也是缺乏道理的。

（二）家庭制(包括夫妇联合申报制)

即以夫妻或整个家庭为申报纳税单位的申报制度。主要特点是必须将夫妻或全体家庭成员的收入加总,按规定向税务机关申报纳税,目前 OECD 成员国中有 11 个国家采取以家庭作为申报单位的方式。家庭制的优点在于充分考虑了家庭成员的收支状况确定税收负担,有利于税收负担的公平与合理。此外,还可以防止家庭成员通过资产和收入分割逃避税收。但是这种方法存在一些缺点:首先,对婚姻产生干扰,会鼓励收入悬殊的一对男女结婚,而惩罚收入接近的一对男女结婚。共同组成一个家庭无疑提高了家庭每一方的纳税能力,但是只同居而不结婚同样可以享受到消费方面规模经济的好处,而又不会受到更高的累进税率的打击。其次,家庭制可能会降低妇女的工作意愿,是对已婚妇女基本权利的一种阻碍,尤其是在高税率、多档次的累进税率下。因为如果妇女参加工作,获得的收入要与丈夫收入合并计算,会提高适用税率的档次,增加税收负担。

为了避免这些问题,有些国家采取折中方法,最常见的是分割法(或商数化),即将家庭各种人所得的总额除以一个商数,将所得分割后求得每个人的应纳税额,再将这个纳税额乘以该商数,得出总的应纳税额。分割法通常采取对半分割的形式,即把商数定义为"2",这种对半分割与汇总征税方法比起来减税减得最多。分割法使得总所得相等的夫妻都工作的家庭的税收负担都相等,而不管每个配偶收入是多少,但这一方法有利于高额所得者,也有利于夫妻之中只有一方工作的家庭,不利于独身者,因此不完全符合税制公平要求。

第三节 借鉴与完善我国的个人所得税制度

一、我国个人所得税现状及存在的问题

随着改革开放的深入,特别是社会主义市场经济体制的逐步完善,个人所得税已成为我国最具潜力、最有发展前景的税种之一。首先,随着经济的增长和分配格局的变化,我国居民个人收入总额迅速增长,为个人所得税提供了日益丰富的税源;其次,在市场经济条件下,随着社会成员之间收入水平的差距逐渐拉大,贫富两极分化的势头出现,基尼系数已超过 0.45,迫切需要政府运用税收手段来调节社会成员的个人收入以促进收入分配的公平。在目前我国还没有开征社会保障税、遗产税和赠与税等税种的前提下,个人所得税在调节收入方面所担当的任务与预期作用就显得尤为重要。经过 1994 年的税制改革,2006 年和 2008 年的工资薪金费用扣除调整,以及 2011 年 9 月 1 日修订的个人所得税法施行,我国的个人所得税制较过去更趋合理,其功能得到了进一步强化,税收收入数额增长迅速,对个人收入的调控作用有所加强。1995 年我国个人所得税收入首次突破了百亿元大关,到 2012 年已达 5 835 亿元,它已成为财政收入的来源和新的增长点。但遗憾的是,我国的个人所得税法在前几次的修订中,并没有涉及分类所得课税模式的变革。直至 2018 年 8 月 31 日,国家才正式通过《个人所得税法》的修改意见,并将分类与综合相结合的课税模式首次纳入立法。对部分所得实行综合征税,即将工资薪金所得、劳务报酬所得、稿酬所得、特许权使用费所得纳入综合所得的范畴。此次个人所得税的修订堪称自 1993 年以来较大程度的一次修订,除了课税模式的转变以外,还增加了六项专项附加扣除的规定,纳税人的费用扣除标准和范围得到了大幅度提升,纳税人的税收负担在一定程度上也得到了减轻。由此可见,此次修法标志

着我国个人所得税课税模式的发展迈入了新的历史时期。尽管如此,我国现行的个人所得税制仍存在一些问题,影响其功能的进一步发挥。个人所得税收入的流失现象比较严重,偷漏税的比率居现行各税之首,在对个人收入的调控作用方面也存在明显的缺陷。主要表现为以下两个方面。

(一) 税制设计方面存在的问题

我国个人所得税的税率结构复杂、税率级次复杂、边际税率过高。《个人所得税法》修订以后,尽管在低税率的级距范围上作出了相应的调整,扩大了3%、10%、20%三档低税率的级距金额范围,缩小了25%税率的级距金额范围。但是其税率范围仍然与过去的工资薪金所得3%—45%的超额累进税率相同,30%、35%、45%三档较高税率的级距金额范围则维持不变。由此可见,此次修订在税率级次以及最高边际税率方面,并未作出相应的改变,仍实行7级税率级次以及45%的最高边际税率。从国际上看过高的边际税率并不符合国际发展趋势。目前除了德国、日本、法国的最高边际税率高至45%以外,绝大部分国家的最高边际税率都控制在35%以下。客观地说,税率结构设置不合理,将会阻碍税收调节功能的有效发挥,进而影响税收公平原则的实现。

(二) 个人所得税在征收管理方面的问题

(1) 我国现行个人所得税采用个人申报纳税与所得支付单位源泉扣缴相结合的征收方法,推广个税App后,个人自行申报的主动性有了极大提高,但由于经营所得实行自行申报,个体工商户等申报积极性仍不高,偷漏税现象较严重,致使个人所得税的流失现象还是比较严重。

(2) 个人所得税征收管理的配套条件不够完善。主要表现为:一是我国目前尚未建立居民个人收入的财产申报、登记制度、且多以现金支付个人收入,因而居民个人收入和财产的隐蔽性很强,不利于税务机关掌握、控制个人所得税的税源。二是《税收征管法》中许多征收管理办法如税务登记制度、税收保全措施和强制执行措施等,都明确规定仅适用于"从事生产、经营的纳税人",而我国现行个人所得税的应税所得项目中除"经营所得"之外,基本上属于非生产经营所得,因此这些征收管理办法对个人所得税纳税的适用面很窄,在个人所得税的征管中难以充分发挥作用,使个人所得税的征收管理工作缺乏有力的法律保障。

二、改革完善我国个人所得税制度

为了适应经济的发展,更好地发挥个人所得税的收入和再分配功能,本着"有计划、有步骤、有秩序进行改革"的原则,我国个人所得税先后进行了多次调整,2005年以前个人所得税税制改革的措施主要是充实完善强化分类税制。2006年以后个人所得税税制开始强化综合征管,年所得12万元以上的纳税人实行自行申报的制度为转向分类综合税制奠定了基础。2018年以后个人所得税开始实行分类与综合相结合的课税模式。分类综合个人所得税的设计不是对现有的分类个人所得税全盘否定,而是在其基础上进行适当的改进,现行规定合理的部分应保留,尽量保证税制的简单,避免征纳税成本的过度增加。在此基础上,个人所得税还应做如下三个方面的完善。

(一)税收征管的完善

征管水平是制约税制设计的技术性因素,它是社会管理水平的重要方面,它依托于各管理要素质量的提高。越是复杂的税制越需要较高的征管水平,同时也需要必要的资金投入,而资金投入意味着征税成本的增加。因此,实行分类综合个人所得税后,纳税单位应仍然采用个人制,不宜采用家庭制(夫妻联合申报)。继续以源泉扣缴方法(可实行按月、或按笔预扣,生产经营所得以上年所得税按月预缴)为主,年终申报进行汇算清缴,提高年所得12万元以上纳税人自主申报率,收入单一的工薪纳税人由单位统一申报。建立类似的蓝色、白色申报制度,逐步提高纳税人的依法纳税意识。

(二)完善个人所得税征收管理的配套条件

一是尽快建立居民个人收入和财产申报登记制度,大力推行个人收入支付的票据化,实行银行与税务部门的计算机联网,提高居民个人收入和财产的透明度,以利于税务机关控制税源。二是修订和充实《税收征管法》,使之更适应个人所得税的征收管理需要,为个人所得税的征收管理工作提供法律保障。

(三)优化个人所得税税率结构

从国际上看,英国、德国、法国等国家,在税率结构方面都有细微的调整,无论是在税率设置上,还是税率级次和级距上,都在逐步降低纳税人的税收负担。过高的边际税率,也不符合国际的平均水平。因此应该继续下调最高边际税率,我国个人所得税的最高边际税率为45%,这远远超过了全球的平均水平。其次,应该适当简并税率级次,将目前的7级税率级次简并为5级。

本 章 小 结

个人所得税是对个人取得的各项应税所得征收的一种税,最早于1799年在英国开征。经过300多年的发展已成为一个普遍开征的税种,不但在发达国家占据主要地位,而且很多发展中国家随着经济的发展也相继开征了这个税种,并且税收收入比例也在不断上升。个人所得税按其征收方式可分为综合所得税、分类所得税和分类综合所得税(即混合税制)三种类型。

个人所得税的征收方法主要有申报法、课源法、测定法、估计法4种,其中课源法又分为累计扣缴法和非累计扣缴法两种。在个人所得税的具体征收实践中,各国都综合运用这4种方法,但侧重点不一样,形成不同的风格。

个人所得税制度的设计往往要结合本国国情,纳税人、征收范围、起征点、税率结构、申报制度的设计各国都有所不同。一般来说,发达国家的个人所得税复杂,发展中国家则考虑到征管力量和收入水平的制约,往往比较简单。一般经济发达国家IIT/GDP的比例高,在10%左右;经济不发达国家IIT/GDP比例很低,一般在1%以下,中等经济发展水平的国家IIT/GDP的比值一般在2%—3%。从各国个人所得税的税率设计情况来看,有这样一些特点。

(1)对综合收入除少数国家外,大多数采用超额累进税率,而且还有一些国家如美国和德国在超额累进税率制度中安排了"累进消失"的安排,规定应纳税所得额达到或超过一定数额时,不再按照累进税率下通常的计算办法计算应纳税额,而是全额适用最高一级的边际税率。

（2）专项收入普遍实行差额比例税率，这主要是采用分类和综合并立型征税方式的国家，往往是不列入综合收入中计征的所得项目，按照所得的性质采取差额比例税率征税。

（3）目前世界上有简化税制的趋势，即由多变少，由高变低，简化级距。

（4）发达国家对个人所得税率纷纷实行指数化管理，以消除通货膨胀对应纳税额的影响。

随着改革开放的深入，特别是社会主义市场经济体制的逐步完善，个人所得税已成为我国最具潜力、最有发展前景的税种之一。但是，我国现行个人所得税的制度设计和征收管理上仍存在许多不足，影响其功能的进一步发挥，还需进一步完善。

关 键 词

综合所得税　分类所得税　分类综合所得税　源泉扣缴法　申报法

复习思考题

1. 在各国税务实践中，个人所得税按其征收方式有哪几种类型，它们各有什么优缺点？

2. 个人所得税的扣除项目各国是如何规定的，它们之间有什么异同点？

3. 在个人所得税的申报制度中，家庭制和个人制有什么不同，两者各有什么优缺点？

4. 从各国个人所得税税率设计来看存在什么特点？

5. 申报法、课源法、测定法、估计法等征收方法在具体运用中有什么不同？为什么说课源法中，累计扣缴法优于非累计扣缴法？

6. 比较各国个人所得税，你认为对完善我国个人所得税有什么借鉴意义？

第六章 公司所得税比较

公司所得税是就公司一定时期的经营收入减除必要的成本费用后的余额征收的一种所得税。严格意义上的公司所得税是对法人征收的。公司所得税起源于英国早期的商业活动,随着西方国家经济的发展和理论的研究,它已成为一个成熟的税种,对于我国企业所得税的完善极具借鉴意义。

第一节 公司所得税概述

顾名思义,公司所得税是对公司创造与实现的纯收入进行征税,在一定时期内(通常是一个财政年度),当公司将自己的全部收入支付了一切开支以后,它必须将收入的一部分缴纳给政府,以维持政府的正常运转。在这里,公司所得税的课税主体是各种类型的公司(不包括合伙合作制企业),课税客体是公司的纯所得。它既不同于以自然人为主体,对其纯收入课征的个人所得税,也不同于对公司的营业收入额征收的相关税收。

一、公司所得课税的理论基础

对于公司课征特别税收,起源于英国早期商业活动时代。由于当时公司组织的创设,需经英王特许,始能享受经营商业之权利,此种对于公司所征收的特别税收,与现代所得税的特性不尽相同。

按照现代税收理论,公平与效率是课税的两大重要原则,对所得进行课税,从政府的角度而言,除了财政收入方面的利益外,更多地体现社会的公平与公正性,这是其他对商品和财产课税所无法比拟的;从公司角度而言,公司所得税构成了公司事实上的经营费用,是公司运转的外部成本。对公司征收所得税,一方面有利于公司增强社会责任感与荣誉感;另一方面,可以强化公司的法人地位,有利于公司进一步加强经济核算,科学地安排财务计划,实现公司税后的收益。公司遍布于市场经济的每个角落。由于其特殊的法律地位,公司获取的所得不能作为个人或股东的直接所得。如果公司获取的所得不缴纳公司所得税,则在公司赢利时,就可能将赢利保留不做分配,以逃避个人所得税,从而出现税收负担的不公平和不公正,失去所得税特有的收入再分配功效。

对公司所得征税的主要理论依据有以下六个方面。

(一) 利益说

有国家才有公司,"公司乃国家之创造物"。因此,公司的一切权力与利益,是由国家主权赋予的。而国家对公司征收所得税,可看作是公司享受其特权或利益所付出的代价。

在现代经济社会中,公司的销售价格中已包含了正常利润,在利润不小于成本时,才可能继续生产与经营。因此,政府批准公司的开办,因享有特权而获得的利益,与公司经营所得息息相关,对公司征收所得税理所当然。

(二) 国家财政收入保障说

税收制度的订立,旨在发展经济、培养税源、增加税收、保证必要财政支出的需要。在经济发达国家,随着经济的发展,公司所得税收入比重日益提高,且来源公司的股息、利息所得占个人所得的比重也愈来愈大,公司所得税成为税收的主要来源。在发展中国家,由于直接税具有高度税收弹性,征收公司所得税同样具有重要的意义。

(1) 公司的定义容易确定,较为健全的会计制度对计算所得提供了保证,也便于税收征管,且对公司征收的所得税有集中和额大的特点。

(2) 在整体税收结构中,公司所得税具有累进性,有调节作用。

(3) 国际贸易日益发展,世界上许多国家都实行公司所得税制度,就国家财政收入权益而言,对公司征收所得税亦属国际惯例。否则,一国利益将转至他国。

(三) 社会成本分摊说

所谓社会成本,其主要内容有两点。

(1) 政府为维持社会治安、公共设施、人才训练与财产保障等的支出,其中以公司受益最多。

(2) 因公司的存在常为社会增加困扰,如空气与水源污染及噪声,甚至交通拥挤等,需由政府耗用大量支出予以解决,故公司所应负担的社会成本,政府得经由公司所得税方式取得。

(四) 付税能力说

所谓付税能力,指纳税人支付税款的结果对整个社会公认目标干扰最小。换言之,付税能力的标准,不仅有牺牲最小的道德观念,并包含社会所得与财富平均的经济观念。此外,社会有用性亦为决定付税能力的标准,若所得与财富的社会用途,较其他所得与财富为少时,依经济观点,应予课税。

由多方面观察,公司股东较非股东者拥有大量财富与较多所得,对公司所得若不课税,则将成为所得与财富不均的主要成因。因此,应就付税能力课征公司所得税,以减少所得分配不均。

(五) 公司主体说

公司是独立的法人实体,特别是在现代制度和现代知识经济条件下,公司企业的所有权与经营权是分离的,不仅仅是成千上万的个人股东对公司经营人员与管理人员的控制非常分散,而且作为出"资"人的股东权益与作为出"知"人的经营管理者(在这时他们是作为以知识入股的股东)的权益也是分离的,在多方利益的驱动约束下,公司制企业自然就成为名副其实的独立的"人",作为一个独立的法人实体,公司必须具有独立的纳税能力,在法律上必须与自然人一样,独立履行纳税义务。

(六) 工具说

公司所得税对市场经济中的投资需求与供给具有自动稳定的功效。一般说来,个人所得税对消费需求与供给具有更大的调节功效,而公司所得税对企业的投资需求与供给的影响更大。政府可以通过制定不同的分配政策,例如,对分配给股东个人的股利课征高税,而对公司用于继续投资的保留利润征收低税或免征税收,可以达到鼓励企业储蓄、鼓励投资的目的。同样的道理,政府减免公司所得税,股东的税后利润增加,投资回报上升,也会促使个人将更多的资金用于投资而减少同期消费,反之则会增加消费或减少投资,在公司所得税政策的运用中实现总供给与总需求的平衡,使公司所得税成为政府财政政策的重要调节工具。

二、公司所得税类型

基于同一经济渊源基础上所形成的公司所得税与个人所得税的关系,公司所得税可分为两大类:以实质法人说为理论基础的独立课税论和以拟制法人说为理论基础的合并课税论。

(一) 独立课税论

实质法人说认为,法人是一个单独的权利义务主体,可以拥有财产,相应地也可以成为诉讼对象。因此,法人的所得与股东所分配的盈余,应分别纳税,且两税之间不应有任何联系,而是分别独立存在。但是,在公司的税后利润分配给各股东时,要再缴纳个人所得税,致使重复课税的现象发生,并会形成三种扭曲效果。

1. 公司部门与非公司部门之间的扭曲

投资者通常将其资金运用划分为公司部门与非公司部门两部分,以平衡税后报酬率。在独立课税论下的公司所得税,由于对公司所得税课税过重,资源配置扭向非公司部门。因此,公司所得税使公司部门产出过少,而使非公司部门产出过多。如果把资金由非公司部门移向公司部门,将使公司部门产出增加。

2. 股利与保留利润之间的扭曲

在独立课税论下的公司所得税鼓励公司保留其利润,以避免股利的重复课税。如此将使资金市场受到扭曲,使聚集了许多保留利润的公司从事原来须依赖外来资金进行的甚至是不愿做的投资计划。另外,有些刚萌芽的公司,因为必须依赖外来资金而必须放弃投资计划。

3. 举债与募股之间财源筹措方式的扭曲

在独立课税论下的公司所得税鼓励以举债方式筹措财源,因为利息支出可以减除,而股利则否。此种扭曲可能增加公司风险及破产的可能性。

重复课税除因上述扭曲效果而降低资金市场效率外,尚有累退现象,即所得愈高者,重复课税程度反而愈低;而公司就可借利润的保留方式以为其股东逃避累进税负,造成不公平现象。

为防止公司借利润的保留方式为其高所得股东逃避个人所得税累进负担的行为发生,采取两税重复课征制度的国家,其税法都会对公司的保留利润加以限制。

(二) 合并课税论

拟制法人说认为法人系法律所虚拟者,法人与股东间有密不可分的关系,因此公司与股东之所得应合而为一。在合并课税论中,因合并程度及合并阶段的不同可分为数种两税合并课税的公司所得税制。

1. 公司利润的合并

(1) 合伙法。即每年的公司利润不论分配与否,均不予课征公司所得税,而将其公司利润全额依各股东应分得的利润,计入其个人所得内,仅课征个人所得税,相当于对合伙人应分得合伙利润计征个人所得税。

(2) 卡特尔式完全合并制。即把公司保留利润也当作股东已收到的股利来处理。换言之,公司阶段课征公司所得税后利润,不论分配与否,将税后利润假设分配予每一股东,以按个人所得税课征,而公司所得税形同个别股东之扣缴税款。由于税务行政上执行困难,目前尚未为任一国家采行,仅为一种理想税制。

上述两种合并课税办法,许多学者称之为完全合并,实际上未被采行。故一般所称合并课税的公司所得税制,就实际采行而言,仅限于股利所得部分的合并。如完全消除股利所得的重复课税,则称为完全合并;如仅部分消除股利所得的重复课税,则称为局部合并。

2. 股利所得的合并

(1) 公司阶段。即就公司阶段消除股利所得重复课税办法,主要有两种。

① 双轨税率制,即将公司税率分割成两种不同税率,按公司利润分配与否,分别对已分配利润适用较低税率,而对保留利润以较高税率课征。

② 股利支付减除法,即公司税前利润减除所支付股利的一个百分数,才为公司的应税所得,换言之,股利支付视同费用列支,得以免课公司所得税。

(2) 股东阶段。即在股东阶段消除股利所得重复课税之办法,也有两种。

① 股利所得抵缴法,或称股利所得扣抵法。对股东的股利所得已纳的公司所得税,可在其个人总负中抵缴。这种合并课税的公司所得税制,就利润分配部分言,实际上已名存实亡,而成为股利所得的扣缴税,股利所得部分的重复课税现象完全消除,各类所得税负趋于一致,不致再有举债与募股之间财源筹措方式的扭曲效果。此乃股利所得的两税完全合并课税方法之一。

② 股利所得免税法,即在股东的个人应税所得中,扣除股利所得的一个百分比数,免征个人所得税的办法。许多国家将它作为奖励投资的税收措施之一。

(3) 混合制。即同时在公司阶段与股东阶段,允许公司分配利润采取部分合并课税方式,即一般均引用公司阶段的双轨税率制,使公司分配利润适用较低税率课税,并配合股东阶段采取股利所得设算抵缴制。税制在实际上较为复杂。

上述公司所得税税制类型用图列示则更简明(见图6-1)。

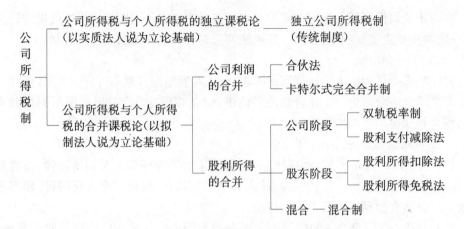

图6-1 公司所得税制类型

第二节 公司所得税制比较①

一、纳税人

(一)纳税人一般规定

公司所得税纳税人是由一国行使的税收管辖权决定的。通常,各国公司所得税纳税人分为居民公司和非居民公司。在属人原则下,居民公司负有无限纳税义务,即应就其全球所得缴纳公司所得税;非居民公司负有限纳税义务,仅就其来源于境内的所得缴纳公司所得税。在公司居民身份的确认上,各国采用的主要标准有以下五类(见表6-1)。

表6-1 世界主要国家公司所得税居民身份判定标准(2017年)

国　家	注册登记地	实际管理控制中心	主要经营所在地	主要机构或总机构所在地	控股权
阿根廷		√	√		
澳大利亚	√	√			√
奥地利	√	√			
比利时	√	√	√		
巴　西				√	
加拿大	√	√			

---

① 本节以及第三节主要依据"世界税制现状与趋势"课题组编著的《世界税制现状与趋势》"第四章公司所得税"编写。

(续表)

国　　家	注册登记地	实际管理控制中心	主要经营所在地	主要机构或总机构所在地	控股权
智　利	√				
捷克共和国	√	√			
丹　麦	√	√			
爱沙尼亚	√				
芬　兰	√				
法　国	√				
德　国	√	√			
希　腊	√	√			
匈牙利	√	√			
冰　岛	√	√			
印　度	√	√			
印度尼西亚	√	√			
爱尔兰	√				
以色列	√	√			
意大利	√	√	√		
日　本				√	
韩　国		√		√	
拉脱维亚	√				
卢森堡	√	√			
墨西哥		√			
荷　兰	√	√			
新西兰	√			√	√
挪　威	√				
波　兰	√	√			
葡萄牙		√		√	
俄罗斯	√	√			
沙特阿拉伯	√	√			
斯洛伐克	√	√			

(续表)

国　　家	注册登记地	实际管理控制中心	主要经营所在地	主要机构或总机构所在地	控股权
斯洛文尼亚	✓	✓			
南　非	✓	✓			
西班牙	✓	✓	✓		
瑞　典		✓			
瑞　士	✓				
土耳其	✓			✓	
英　国	✓	✓			
美　国	✓				
马来西亚		✓			
新加坡		✓			
泰　国	✓				

资料来源：转引自"世界税制现状与趋势"课题组编著的《世界税制现状与趋势》。

1. 注册登记地标准

注册登记地标准，也称公司组建地标准，是指一个公司（企业）只要在本国注册登记，即为本国居民公司，政府就有权要求该居民公司就其全球所得纳税。除这一标准外，部分国家还同时采用其他标准来判定公司是否为本国居民公司。例如，加拿大、英国和德国都规定，在本国组建的公司为本国居民公司，或虽然不在本国组建但其实际管理或控制机构设在本国的也是本国居民公司。

这一标准的优点在于对居民身份比较容易确认和识别，可以有效地防止公司采用某些行为变更自己的居民身份。但是，这一标准也存在一定的局限性，一是对某些登记注册地和实际经营管理地不一致的公司，由于公司脱离注册国选择在另一个国家经营，从而难以对这类公司进行有效的监督和税务管理；二是纳税人可以选择注册地来进行避税。

2. 实际管理控制中心标准

这一标准是指公司的管理控制中心在哪个国家，该公司就属于哪国的居民公司。实际公司管理控制中心的判定标准主要有：公司董事会开会的地点、负责实施公司日常经营活动的高层管理部门履行职责的场所、公司的各种账簿保管地点、股东大会召开的地点等。

3. 主要经营所在地标准

主要经营所在地标准，也称主要生产经营地标准。这一标准是指公司的主要生产经营地点位于哪一国，公司就是哪国的居民公司。也有人将此标准并入实际管理控制中心所在地标准。

4. 主要机构或总机构所在地标准

这一标准是指公司的总机构设在哪个国家，公司就属于哪国的居民公司。

5. 控股权标准

控股权标准，也称表决权（投票权）标准，即公司的表决权由哪国的居民股东控制，公司就属于哪国的居民公司。

目前，世界各国对居民公司的判定原则基本上没有大的差异，仅是具体标准的不同。大部分国家都是以注册登记地或实际管理控制中心作为判定公司居民身份的主要标准。有的国家是两者择其一，但更多的国家是数者兼用。例如，美国、法国、瑞典等国家仅采用注册登记地标准；英国、德国、加拿大、印度等国家是两者兼用。各国对"实际管理控制中心"的认定依据略有差异：作为判例法国家，英国在判定管理和控制中心时需要参照法院的判例，综合考量法律文书规定、实际管理和控制执行机构、董事会召开地等。加拿大规定决定企业管理、控制中心所在地的因素包括：董事居住和会议场所所在地、股东居住和会议场所所在地、经理居住和会议场所所在地、组织执行其主要业务及营运并保存其账册记录所在地。澳大利亚的判定标准是：注册设立地、实际控制管理机构在澳大利亚或其拥有控股权的股东是澳大利亚居民。印度规定，管理和控制机构在印度，即如果为企业商业运营提供必不可少的实质性管理及商业决策的实际职能所在地在印度，企业被视为印度的居民公司。除此以外，也有少数国家采用总机构标准，如日本规定，总机构设在日本的公司为居民公司，判断时并不需要考虑股东国别及中央管理机构等因素。

由于公司所得税居民身份的判定主要是由各国国内税法确定，当纳税人发生跨境经营活动时，判定标准的差异可能导致一项所得被双重征税的问题，也可能导致一项所得不被任何一方国家征税，即双重或者多重不征税，进而产生税基侵蚀和利润转移（BEPS）问题。对于前者，《OECD税收协定范本》（2017年版）明确规定：对因法人居民身份确定规则存在不同，而导致公司出现双重居民身份时，缔约国双方应当考虑实际管理机构所在地、注册地等其他相关因素，协商确定其居民身份；但对于后者，则很难通过一个简单易行的标准来协调，因此就需要各国通过BEPS行动计划共同应对。

（二）大企业纳税人

由于纳税人类型的不同，对企业所得税的管理模式和方法会有所不同，各国通常把企业纳税人划分为大企业纳税人和中小（微）企业纳税人，按不同的类型实行分类管理。通常规模较大的企业会雇用大量员工，其会计及税务处理相对规范和复杂，并不断在全球市场进行扩张，开展业务。针对该类型的企业，一些国家专门设立了大企业管理机构，如美国设有大型企业及国际税部门（Large Business and International Division），为大型企业提供税务支持，并通过数据分析及反馈信息对其合规性进行监督。澳大利亚专门建立了"百户"风险管理计划（Top 100 risk categorisation approach），对前100名税收贡献者实行一对一管理。根据世界银行基于各国统计局、中央银行、财政部、商务部及其他国际组织的数据而形成的调研报告，表6-2汇总了世界主要国家的大企业认定标准。

表 6-2 世界主要国家大企业纳税人认定标准(2017 年)

国家(地区)	员工数(人)	资产	营业额
欧盟国家①	>249	>4 300 万欧元	>5 000 万欧元
阿根廷	工业：≥96 贸易：≥67 服务业：≥66		农业：≥2 410 万阿根廷比索 工业：≥8 220 万阿根廷比索 贸易：≥11 190 万阿根廷比索 服务业：≥2 830 万阿根廷比索 建筑业：≥3 770 万阿根廷比索
澳大利亚	≥200		
巴西	工业和建筑业：≥500 贸易和服务业：≥100		
加拿大	≥500		
以色列	>249	>4 300 万欧元	>5 000 万欧元
日本	制造业：≥300 批发和服务业：≥100 零售业：≥50	制造业：>3 亿日元 批发业：<1 亿日元 服务和零售业：>5 000 万日元	
韩国	制造、采矿、建筑和运输业：≥300 农业：≥200 房地产业：≥50 其他：≥100	制造业：≥80 亿韩元 采矿、建筑和运输业：≥30 亿韩元	出版、信息、通信和其他：≥300 亿韩元 农业和其他：≥200 亿韩元 污水、垃圾处理和其他：≥100 亿韩元 房地产业：≥50 亿韩元
墨西哥	工业：>250 商业：>100 服务业：>100		>2.5 亿墨西哥比索
新西兰	≥100		
俄罗斯	>250		>2 500 万欧元
沙特阿拉伯	>200		>5 000 万里亚尔
瑞士	>249	>4 300 万欧元	>5 000 万欧元
土耳其	≥250		>4 000 万里拉
美国	≥500		>700 万美元

资料来源：转引自"世界税制现状与趋势"课题组编著的《世界税制现状与趋势》。

---

① 包括奥地利、比利时、捷克共和国、丹麦、芬兰、希腊、匈牙利、法国、爱尔兰、西班牙、瑞典、拉脱维亚、卢森堡、波兰、荷兰、意大利、葡萄牙、英国、德国等。

(三) 中小企业纳税人

鉴于中小企业在市场竞争中的相对弱势和对保障就业、发展经济的巨大作用,大部分国家和地区都对其制定了相应的税收优惠措施,基本上形成了覆盖中小企业的创建、成长和发展的所得税优惠政策体系。各国主要采取了投资抵免、加速折旧、研发费用特殊优惠、亏损弥补等政策手段,有些国家和地区甚至制定了专门的优惠税率,以支持中小企业及创业企业发展。同时,为了保证优惠政策不被滥用,各个国家和地区对享受优惠税率的中小企业在注册资本、企业利润、员工数额、营业额和企业控股情况等多方面进行了限定(见表6-3)。

表6-3 部分国家中小企业优惠政策及适用标准(2017年)

国家(地区)	中小企业优惠政策	适用的中小企业标准
法国	15%企业所得税率:适用于不超过38 120欧元部分的所得; 28%企业所得税率:适用于2017年1月1日及以后,不超过75 000欧元部分的所得; 免予缴纳3%的股息分派附加税	年总收入低于763万欧元(2019年1月1日及以后为5 000万欧元);且至少75%的股份由个人或满足前述条件的企业持有
匈牙利	用于并购或生产的贷款利息费用无上限可全额扣除(部分行业如运输业、农业除外)	小于250名员工; 年收入不超过5 000万欧元; 年总资产不超过4 300万欧元
爱尔兰	不超过40 000欧元的企业所得税税额全额免除; 40 000—60 000欧元的企业所得税税额部分免除	小于250名员工; 年收入不超过5 000万欧元; 年总资产不超过4 300万欧元
日本	2019年3月31日后,研发支出的12%可用于直接抵免企业所得税,且抵免限额不超过企业所得税额的25%; 2014年4月1日—2019年3月31日期间购置的资产可申请100%加速折旧,或按照资产额的10%直接抵免企业所得税,抵免限额不超过企业所得税实际税额的20%	实收资本不超过1亿日元且母公司(或有)实收资本不超过5亿日元
卢森堡	自2017年起适用15%企业所得税优惠税率,即实际综合有效税率为22.08%	年应税收入低于25 000欧元
葡萄牙	内陆地区的中小企业前1.5万欧元的应税所得享受12.5%的企业所得税优惠税率; 非内陆地区中小企业前1.5万欧元的应税所得享受17%的企业所得税优惠税率	小于250名员工; 年收入不超过5 000万欧元; 年总资产不超过4 300万欧元
西班牙	可享受加速折旧/摊销,以及坏账准备税务处理相关税收优惠	前一纳税年度总收入不超过1 000万欧元;且具有经济实质(从事一定经济活动)

(续表)

国家（地区）	中小企业优惠政策	适用的中小企业标准
南 非	0 企业所得税率：适用于前 75 000 南非兰特的应税收入； 7% 企业所得税率：适用于 75 000—365 000 南非兰特之间的应税收入； 20 300 南非兰特＋21% 企业所得税率：适用于 365 000—550 000 南非兰特之间的应税收入； 59 150 南非兰特＋28% 企业所得税率：适用于超过 550 000 南非兰特的应税收入	年总收入不超过 2 000 万南非兰特且股东为自然人

资料来源：转引自"世界税制现状与趋势"课题组编著的《世界税制现状与趋势》。

二、公司所得税的计税基础

(一) 存货的计价

由于存货计价方法的不同，计量出来的当期商品成本就会存在一定的差异，但只要存货计价的方法一旦确定，那么就不能随意更改，以确保不同会计期间会计信息与数据的前后可比。在存货计价方法的选择上，各国税法总体上采用财务会计制度的做法，即财务会计制度上允许采纳的会计方法，如先进先出法、后进先出法、加权平均法、成本与市价孰低法等在税法上确认存货计价成本时基本可以采用。所不同的是各国税法在上述会计方法上有限制性选择规定(见表 6-4)。

表 6-4 各国(地区)公司所得税对存货估价的规定类别

税法规定对存货估价应采用的方法	国家和地区名称
成本与市价孰低法	奥地利、喀麦隆、加拿大、克罗地亚、希腊、牙买加、肯尼亚、卢森堡、马拉维、马耳他、毛里求斯、纳米比亚、新西兰、菲律宾、南非、斯里兰卡、坦桑尼亚、乌克兰、津巴布韦
先进先出法	尼日利亚、挪威
实际平均成本法	巴西、沙特阿拉伯
先进先出法和平均成本法	安提瓜、巴巴多斯、危地马拉、印度尼西亚、新喀里多尼亚、秘鲁、罗马尼亚、乌干达
成本与市价孰低法和先进先出法	比利时、塞浦路斯、斐济、中国香港、爱尔兰、瑞典、英国
加权平均成本法、先进先出法和成本与市价孰低法	柬埔寨、捷克、埃及、爱沙尼亚、法国、圭亚那、匈牙利、以色列、拉脱维亚、列支敦士登、马来西亚、摩洛哥、斯洛伐克、瑞士、特立尼达和多巴哥

(续表)

税法规定对存货估价应采用的方法	国家和地区名称
平均(或加权平均)成本法、先进先出法和后进先出法	阿塞拜疆、保加利亚、意大利、荷属安的列斯群岛、哥斯达黎加、葡萄牙、俄罗斯、西班牙、哈萨克斯坦
先进先出法、重置成本与市价孰低法	芬兰、德国(可以使用后进先出法)
先进先出法、移动平均法、后进先出法或加权平均法	多米尼加、厄瓜多尔
先进先出法、成本与市价孰低法和后进先出法	科特迪瓦、塞内加尔、土耳其、美国、赞比亚
成本法、市场售价法或重置价格法	澳大利亚、中国澳门、巴布亚新几内亚
成本与市价孰低法和后进先出法	刚果、波多黎各
允许使用各种会计方法计价	阿尔巴尼亚、哥伦比亚、加纳、印度、日本、韩国、立陶宛、墨西哥、莫桑比克、荷兰、巴拿马、巴拉圭、波兰、所罗门群岛、中国台湾、泰国、乌拉圭、委内瑞拉
未做规定	老挝、阿曼、新加坡、越南
其他	阿根廷(最近的买价)、博茨瓦纳(实际成本)、智利(重置成本)

资料来源：夏琛舸.所得税的历史分析和比较研究[M].东北财经大学出版社,2003.

1. 美国

美国目前在存货计价的会计方法选择上,侧重于采用成本与市价孰低法。这一计价方法的最大优点是反映的成本核算公允,在实际业务处理中具有一定的灵活性,但缺乏客观性。由于市价不如历史成本容易取得,为了防范存货计价上的过分灵活性,公认会计准则规定了上下限。此外,存货计价还可以采取先进先出法、后进先出法、加权平均法、个别认定法等。

2. 日本

日本税法明确规定存货计价应以历史成本为基础,但当市价明显低于取得时的成本并无法逆转时,必须采用市价计算。对于制造业企业,可以采用标准成本法。但税法规定,某一时期的标准成本差异率不得超过生产总成本的5%,差异不得增减标准成本,但可以计入销货成本。

3. 法国

法国存货的计价方法采用成本与市价孰低法。如果采用成本法,税法规定可供选择的方法有先进先出法和加权平均法,不允许采用后进先出法。采用市价法时,存货市价低于成本价值计价所产生的差额计入当期损益。

4. 德国

德国存货的计价方法采用的是成本与市价孰低法估价。如果有可能区分存货中原材料和产品的成本,纳税人被限定使用实际成本价格,否则就在加权平均法价格的基础上按照先进先出法估价存货。1989年12月31日以后,假如也用于会计目的,允许使用后进先出法。

5. 欧洲经济共同体

在现行的欧洲经济共同体国家中,大多实行的是成本与市价孰低法对存货进行估价。

6. 中国

我国在《企业所得税法》中,明确规定了流动资产的计价方法。纳税人的商品、材料、产成品、半成品等存货的计量,应当以实际成本为准。纳税人各项存货的发出和领用,其实际成本价的计算方法,可以在先进先出法、加权平均法、个别计价法等方法中任选一种。计价方法一经选用,不得随意更改。基本认可我国现行的会计计价方法。但是对成本与市价孰低法,我国税务部门采取的是非常慎重的态度。

(二) 资产折旧的处理

资产折旧的处理主要涉及资产本身的计价以及预计使用的年限及折旧方法的选择。由于各国对资产计提折旧的价值、使用的年限和折旧方法选择上的差异,决定了各国在计算应纳税所得方面的时间性差异的大小(见表6-5)。

表6-5 各国(地区)公司所得税对折旧规定的分类

折旧方法	国家和地区名称
余额递减法	安提瓜、加拿大、芬兰、多米尼加、爱沙尼亚、肯尼亚、拉脱维亚
直线法	阿尔巴尼亚、阿根廷、奥地利、阿塞拜疆、巴巴多斯、博茨瓦纳、巴西、喀麦隆、智利、中国、哥伦比亚、刚果、哥斯达黎加、克罗地亚、塞浦路斯、厄瓜多尔、埃及、斐济、危地马拉、中国香港、匈牙利、爱尔兰、意大利、科特迪瓦、科威特、中国澳门、马拉维、马来西亚、毛里求斯、墨西哥、莫桑比克、纳米比亚、尼日利亚、阿曼、巴拉圭、秘鲁、菲律宾、波多黎各、罗马尼亚、俄罗斯、沙特阿拉伯、塞内加尔、新加坡、所罗门群岛、南非、西班牙、瑞典、坦桑尼亚、乌干达、乌克兰、英国、乌拉圭、乌兹别克斯坦、越南、赞比亚、古巴、哈萨克斯坦
直线法和余额递减法	比利时、保加利亚、柬埔寨、捷克、丹麦、法国、德国、希腊、圭亚那、印度、印度尼西亚、以色列、牙买加、日本、韩国、老挝、列支敦士登、立陶宛、卢森堡、马耳他、摩洛哥、荷兰、荷属安的列斯群岛、新喀里多尼亚、新西兰、挪威、巴拿马、巴布亚新几内亚、波兰、葡萄牙、斯洛伐克、瑞士、塔希提群岛、中国台湾(可以使用其他方法)、泰国、特立尼达和多巴哥、土耳其、委内瑞拉(还可以使用其他方法)、津巴布韦
特殊情况允许加速折旧	澳大利亚、巴西、比利时、玻利维亚、智利、中国、厄瓜多尔、斐济、芬兰、法国、圭亚那、印度尼西亚、爱尔兰、以色列、科特迪瓦、牙买加、日本、立陶宛、马来西亚、纳米比亚、荷兰、波兰、葡萄牙、波多黎各、罗马尼亚、塞内加尔、新加坡、瑞典、瑞士、特立尼达和多巴哥、乌拉圭等
其他	加纳不允许折旧,但给予一定比例的折旧宽免;美国特殊,使用修正的加速折旧方法

资料来源:夏琛舸.所得税的历史分析和比较研究[M].东北财经大学出版社,2003.

1. 美国

美国尽管在企业财务会计方面允许选择诸如直线法、加速折旧法等不同的方法,但在《国内收入法》中却明确规定企业在纳税申报中要采用加速折旧法。自1980年以来,美国的税法中对折旧方法进行了三次较为重大的改革。

(1) 在1980年以前,大部分纳税人使用在财务会计中经常运用的折旧方法,例如:直线法、总和年限法或余额递减法。通常来说,折旧按照与纳税人资产寿命的"事实和环境制度以及资产折旧范围制度"进行,折旧方法由纳税人选择。

(2) 1981年国会制定了加速成本回收制度(Accelerated Cost Recovery System)以刺激投资。新的折旧方法作为1981年《经济恢复税收法案》的一部分,反映了通过税收立法影响经济的一种尝试。折旧按照税法规定的方法和期限进行,一般可以迅速扣除完毕。

(3) "修正的加速成本回收制度"(Modified Accelerated Cost Recovery System),主要适用于1986年以后投入的资产,与加速成本回收制度的主要区别是,后者规定了较长的折旧期限,成本回收通常比加速折旧制度慢一些。

美国于2017年12月通过税改法案,资本性投资费用化极为显眼:2017—2022年5年内发生的资产(不包括房地产)投资成本由折旧摊销改为100%费用化,2023—2027年费用扣除比例每年递减20%(逐步退出)。资本投资费用化可以大大减轻公司的负担。

2. 日本

日本通常在商法和会计准则中对固定资产的折旧年限、使用寿命、预计残值、折旧方法都有相应的规定。纳税人可以根据会计准则的规定选择资产的使用年限与使用的折旧方法,允许采用的折旧方法有直线法、产量法、年数总和法以及余额递减法。不过在计提折旧过程中,纳税人更多地选择的是税法上规定的折旧年限与折旧方法,主要是余额递减法和直线法。并且规定,除非在账簿上有完整的记录,否则折旧在缴纳公司所得税时不得扣除。

3. 法国

法国法律规定企业的固定资产可以按照重估价值计价,看上去好像企业可以多得到纳税上的好处(往往重估价值高于原价),但税法要求重估价与原价之间的差额,若为正数,则视作资本利得,应征收资本利得税。随着欧盟一体化进程的加快,法国作为欧盟的重要创始国,应该尽可能地遵守欧盟的统一指令,这就产生了一个非常奇特的折旧制度:在国内税法上法国规定实行加速折旧制度,但为了与欧盟的4号指令保持一致,财务报表中将折旧分为两部分:商业折旧按照原价计提折旧,作为费用处理,相应的贷方账户反映为资产类中的累计折旧;纳税超额折旧相当于估价增值的折旧,借方也列为费用,但作为非常项目,贷方反映在权益中的备抵账户。若为重估损失,则减值计入当期损益。

4. 发展中国家

在一些发展中国家,如巴西、阿根廷、智利、秘鲁等,税法上通常规定固定资产的折旧年限,一般都是选择直线法作为折旧的基本方法,税务会计的折旧往往凌驾于财务会计的折旧之上,财务会计计提折旧要遵守税法中折旧规定,两种折旧基本混为一谈。而菲律宾、印度等国,认为只要是合理的和一致的,任何折旧方法都是允许的,一旦采用了某种方法,一般不得变更,否则要报税务部门批准,这一点有点类似我国的折旧方法。而韩国则规定了不同的做法:对有形资产,可以使用各种折旧方法,如:直线法、工作量法、余额递减法等;对无形资产则可采用直线法或服务产出法以及特别折旧。另外对于使用寿命2年以内或每件的购置成本低于20 000元的,允许在购置的当年作为费用列支。

(三) 对资本利得的税务处理

资本利得(capital gains),是指纳税人通过处置资本性资产而取得的特殊收益,最常见的有出售和交换股票、债券、房屋、机器设备、土地等资产获取的资本增值,即资本性资产的处置价格与原购入价格之间的差额,如果是正数,为资本利得,反之,则为资本利亏。对资本利得如何处置一直是各国政府共同关心的课题。

从各国的实践来看,资本利得的处置方法一般有三种:一种是将其并入正常的应纳税所得,根据资本利得的属性(属于个人还是法人、公司等),分别课征个人所得税与公司所得税,也称为征税型。二是将资本利得单独进行确认与计量,实行不同于公司所得税或个人所得税的特殊征税政策,即实行单独的资本利得税,通常税率要较经营性或普通盈利低,我国的香港地区实行单独的资本利得税。三是实行免税,对资本利得不征税收。发达国家通常对资本利得单独计量,实行独立的、优惠的课税政策,发展中国家由于资本市场落后,很少将资本利得作为一个独立的问题单独在税收上进行立法,要么合并到一般所得中进行征税,要么免税(见表6-6)。

表6-6 各国(地区)对公司纳税人的资本利得课税情况

对资本利得的处理	国家和地区名称
不征公司所得税	安提瓜、巴巴多斯、中国(有土地增值税)、厄瓜多尔(适用1%的金融交易税)、斐济、中国香港、牙买加(有销售收入税和印花税)、肯尼亚、马来西亚(有不动产利得税)、塞浦路斯(有例外)、纳米比亚、巴布亚新几内亚(有例外)、新加坡、南非、坦桑尼亚、赞比亚
视同正常所得征税	阿根廷、澳大利亚、奥地利、阿塞拜疆、比利时、博茨瓦纳、巴西、保加利亚、柬埔寨、喀麦隆、加拿大(75%征税)、智利、哥伦比亚、刚果、克罗地亚、塞浦路斯、捷克、丹麦、多米尼加、埃及、哥斯达黎加、爱沙尼亚、芬兰、法国、德国、加纳、希腊、圭亚那、匈牙利、印度、印度尼西亚、以色列、意大利、科特迪瓦、日本、韩国、科威特、老挝、拉脱维亚、列支敦士登、立陶宛、卢森堡、马拉维、马耳他、墨西哥(分类征收)、摩纳哥、莫桑比克、荷兰、荷属安的列斯群岛、新喀里多尼亚(长期资本利得适用优惠税率)、新西兰、挪威、阿曼、巴拿马、巴拉圭、秘鲁、波兰、葡萄牙、波多黎各、罗马尼亚、俄罗斯、沙特阿拉伯、塞内加尔、斯洛伐克、所罗门群岛、西班牙、斯里兰卡、瑞典、瑞士、中国台湾、泰国、特立尼达和多巴哥、土耳其、乌干达、乌克兰、英国、美国、乌拉圭、乌兹别克斯坦、委内瑞拉、越南、哈萨克斯坦
适用优惠税率	危地马拉(10%)、爱尔兰(20%)、中国澳门(附加税)、摩洛哥(征税方法复杂,取决于资产持有期和重置期)、尼日利亚(10%,1998年度免征)、菲律宾、津巴布韦

资料来源:夏琛舸.所得税的历史分析和比较研究[M].东北财经大学出版社,2003.

(四) 亏损结转

各国税法均规定,纳税人在纳税年度发生经营亏损,允许将发生的年度亏损额用以前或以后年度的利润进行弥补。由于企业亏损结转会影响到当年和以后年度的财政收入,并且,不同年份发生亏损以及发生多少亏损还常常被纳税人用来进行盈余管理,调剂利润。因此,在亏损允许结转的时间和方法上,各国在税法上都规定了限制性条款(见表6-7)。

表6-7 各国(地区)公司所得税法对亏损处理规定的分类

类 别	国家和地区名称
不得结转或未规定	厄瓜多尔、沙特阿拉伯、乌兹别克斯坦、白俄罗斯、马其顿、土库曼斯坦
无限前转	澳大利亚、奥地利、比利时、玻利维亚、巴西、智利、圭亚那、中国香港、以色列、牙买加、肯尼亚(只能冲销同类所得)、科威特、卢森堡、马拉维、马来西亚、马耳他、纳米比亚、新西兰、新加坡、所罗门群岛、南非、瑞典、坦桑尼亚、特立尼达和多巴哥、乌干达、英国(某些情况下可以后转)
前转10年	芬兰、墨西哥、西班牙
前转9年	巴巴多斯
前转8年	印度
前转7年	捷克、巴布亚新几内亚、波多黎各、瑞士
前转6年	安提瓜、斐济、葡萄牙、津巴布韦
前转5年	阿根廷、阿塞拜疆、博茨瓦纳、保加利亚、柬埔寨、中国、哥伦比亚、克罗地亚、丹麦、埃及、爱沙尼亚、法国(可选择后转)、加纳、希腊、匈牙利、印度尼西亚、意大利、科特迪瓦、日本(只有国企可以后转1年)、哈萨克斯坦、韩国、拉脱维亚、立陶宛、摩纳哥(某些情况下可以后转)、荷属安的列斯群岛、新喀里多尼亚、阿曼、巴拿马、波兰、罗马尼亚、俄罗斯、斯洛伐克、斯洛文尼亚、塔希提群岛、中国台湾、泰国、土耳其、乌克兰、越南、赞比亚、格鲁吉亚、吉尔吉斯斯坦、南斯拉夫、塔吉克斯坦
前转4年	喀麦隆、摩洛哥、尼日利亚、秘鲁
前转3年	刚果、哥斯达黎加(农业企业5年)、多米尼加、老挝、中国澳门、莫桑比克、巴拉圭、菲律宾、塞内加尔、乌拉圭、委内瑞拉、阿尔巴尼亚
前转2年	危地马拉、列支敦士登
允许后转	加拿大(后3前7)、挪威(后2前10)、美国(后2前20)、德国(后2前无限)、爱尔兰和荷兰(后3前无限)

资料来源:夏琛舸.所得税的历史分析和比较研究[M].东北财经大学出版社,2003.

1. 美国

美国于2017年12月通过税改法案,净经营亏损结转期限由向前结转2年向后结转20年,改为亏损结转限额为应税所得的80%,取消向前结转,可向后无限期结转。

2. 法国

法国对企业亏损结转较为灵活。经营性亏损允许向后结转5年,因为折旧产生的经营性亏损可以不定期向后结转,如前3年内缴纳公司税的公司对可折旧固定资产净投资额达到了同期内折旧额的水平,则公司亏损可以前转,用前3年的未分配利润进行冲抵。如果公司用亏损冲抵以前年度的净利润,则有权从财政部门获得其结转亏损额的45%的税收抵免。该项税收抵免可以用来支付未来5年的公司税。期满后,若仍有余额,财政部门可以用现金补退。

3. 日本

日本规定,企业的亏损可以前转1年和后转5年,不过,后转时是按照亏损数额的平均数分别计入下一个纳税年度开始以后的5个年度内。在规定期限内没有结转完的,则不再允许结转。

4. 意大利

意大利规定企业经营性亏损允许向后结转5年,不得向前结转;在企业兼并的情况下,合并公司可以用自己的所得冲抵参与合并的公司的财务亏损(在其净自有资金的范围内),而无须考虑合并前24个月内发生的实际资产转让、缴款或支付款。

5. 中国

我国《企业所得税法》规定,纳税人发生年度亏损的,可以用下一纳税年度的所得进行弥补;下一纳税年度不足弥补的,可以逐年延续弥补,但是延续弥补期限不得超过5年。即对企业发生的亏损弥补采用后转5年的方式进行,不允许前转,有些类似意大利的做法。

(五)公司跨境所得与亏损处理

1. 跨境所得处理

随着企业对外投资活动的增多,各国对本国居民企业的境外所得征税愈发重视。境外所得的认定、境外所得的分类、境外所得如何避免在来源国和居民国双重征税、境外亏损的弥补都成为在相关税收法规制定过程中各国细化完善的重点。

除了少数只行使一种税收管辖权的国家以外,大多数国家同时行使两种或三种税收管辖权,所以各国对跨境应税收入的认定也不尽相同。主要原则包括对居民企业的全球所得征税的属人征税原则,以及以纳税人的收入来源地或经济活动地为标准确定税收管辖权的属地征税原则。大部分国家或地区对本国居民企业的全球所得征税,如俄罗斯、德国、澳大利亚、巴西和韩国就其居民企业的全球所得征税;还有一些国家或地区实行属地征税制,如新加坡和中国香港采用属地征税制度,只对来源于本国或本地区的所得征税。

近年来,越来越多的国家由全球征税制转向属地征税制。例如,英国居民企业虽然应就其全球所得纳税,而在实务中由于广泛的税收协定网络和股息分红免税等条款,使其滑向属地纳税制度。美国2017年税改将境外股息所得税制由全球征税制转变为股息属地征税制。

一般来说,企业境外所得主要包括积极经营所得,以及股息、资本利得、利息和特许权使用费等消极所得。各个国家对不同种类的境外所得的征税方式不一。有些国家结合本国国情,为打击避税和税收优惠滥用等会就特定类型的境外所得给予特殊处理。

(1) 积极经营所得。对于居民企业的境外积极经营所得,各国的征税制度各不相同,但一般来说对居民企业从境外取得的积极经营所得实行全球征税;也有一些国家,主要是OECD成员国会通过参股豁免的形式对这类所得免税。如德国居民企业的境外常设机构的收入都需并入德国的计税基数中缴纳德国的企业所得税,虽然通常在相应的税收协定中有免税条款。

(2) 股息分红。许多国家对居民企业来自境外的符合条件的股息收入实行免税政策,但免税的比例有所不同。例如,英国居民企业自境外取得的大多数股息分红都免税;而德国则规定居民企业来源于其持有的非居民企业的"重大股权(significant holdings)"的股息,不论持有多久,股息的95%都可以在德国免税,法国对股息的免税也有类似的比例规定。

税改以前,美国对境外所得(包括股息)采取全球征税,同时采用境外税收抵免法或抵扣法消除双重征税。在税改之后,美国将境外取得的股息按属地征税制管理。境内企业自2018年1月1日之后取得的源于其控股10%及以上的境外企业的股息红利(混合股息红利除外),如果在股息支付日前后各365日的期间内(共731日),持股时间达到或超过365日,可享受100%减征。

另外,作为一项美国从全球征税制向属地征税制转变、鼓励境外留存利润汇回的过渡政策,美国针对所有受控外国企业和所有由美国居民持有10%或以上投票权益的境外企业于1986年后取得的累积未完税境外利润,无论是否实际汇回都强制征税,以现金或现金等价物形式取得的境外利润,适用15.5%的境外利润汇回税,其他非现金形式的境外利润适用的税率为8%。

(3) 资本利得。目前,各国对来源于境外的资本利得的处理不一,如美国对源于境外的资本利得仍然需要在美国纳税,再通过境外税收抵免法或抵扣法以消除双重征税。而有部分国家,如法国①、澳大利亚②,则对符合条件的境外资本所得采取部分或全额免税。

(4) 利息和特许权使用费。许多国家都将居民企业境外获取的利息或特许权使用费包括在其居民企业的应纳税所得额中。例如,新加坡规定居民企业将其源于境外的利息和特许权使用费汇入或视同汇入新加坡时应缴纳企业所得税,但满足特定条件可以免税;类似地,德国规定其居民企业来自国外的专利权使用费和利息,应包括在居民企业的应纳税所得额中。巴西税法亦规定居民企业收到的来源于境外的利息和特许权使用费一般包含在营业利润中征收企业所得税。

---

① 法国居民企业转让持有至少2年的境外企业股权取得的资本利得,可就总额的88%享受免税。法国居民企业取得资本利得中的12%被视为与取得该资本利得相关的费用补偿。考虑到这些费用已在法国居民企业层面税前扣除,因此不再给予免税待遇,应计入法国居民企业的应纳税所得额。

② 澳大利亚规定,其居民企业处置境外分支机构与积极经营业务相关的资产所产生的资本利得或损失不计入澳大利亚企业所得税征收范围,两种情况除外:境外分支机构位于名单国家(包括美国、英国、新西兰、加拿大、德国、日本和法国),且境外分支机构处置消极型资产取得的资本利得或损失;境外分支机构不在名单所列国家但该境外分支机构通过处置消极型资产取得的资本利得或损失。

除了上述的境外所得的常规分类外，美国为了鼓励海外投资重回国内或出于对跨境交易的反避税监管等原因，在其税改以后对特定的境外所得税务处理做了特殊规定。如提出境外超额回报所得（Foreign-derived Intangible Income, FDII）的概念，即美国境内企业最终向境外非关联方出售资产或提供服务，并取得超过符合一定条件的企业资产投资回报率（10%）部分的超额收益适用联邦企业所得税税率（21%），在 2017 年 12 月 31 日后至 2026 年 1 月 1 日前的纳税年度，对 FDII 减征 37.5%；在 2025 年 12 月 31 日之后的纳税年度，对 FDII 减征 21.875%。相当于对这类超额回报所得适用低税率。同时美国开始对原先不征税的全球无形低税所得（Global Intangible Low-taxed Income, CILTI）征税，以打击受控外国企业的避税行为，即美国企业的境外受控外国企业取得的超过 10% 有形资产回报率的收入适用联邦企业所得税税率（21%），并可以减征。

对于来源于境外的所得，大部分国家通过允许抵免已纳的境外税款（抵免法）以消除双重征税问题，也有些国家采用免税法（即境外所得直接免予纳税，如欧洲国家对股息实施的参股豁免制度）和扣除法（即将境外所得已纳的境外税款作为费用扣除），或数者兼用。有些国家对协定和非协定国家区别对待：对于协定国家采用抵免法（或是免税法，取决于具体协定内容），对于非协定国家则采用扣除法或免税法。

抵免法比较复杂，对于抵免限额，以及具体的抵免方式，各国的规定不一。就抵免限额而言，各国通常规定不能超过该部分境外来源所得按照本国税法计算的应纳税额。例如，俄罗斯和韩国的抵免限额不能超过该部分境外来源所得按照本国税法计算的应纳税额；新加坡的抵免限额不应超过居民企业实际支付的境外税负与扣除费用后这笔境外所得应纳的新加坡税负的较小者。但有些国家的抵免限额需经过进一步计算得出，如美国，抵免限额不应超过纳税人总应纳的美国税负乘上境外应税收入与总应税收入的比例。对于已纳税款超过抵免限额的部分，通常允许结转至以前或以后年度抵免。例如，美国境外已纳税款超过抵免限额的部分可向前结转 1 年，若未用完，还可向后结转 10 年；韩国允许已纳税款超过抵免限额的部分向后结转 5 年。

在具体的抵免方式上，有分国别（地区）、分所得类别的分项限额抵免和不分国别（地区）、不分所得类别的综合限额抵免。例如，德国采用分国不分项的抵免方式，澳大利亚、日本目前均可采用或选择采用不分国不分项的综合抵免方式。此外，有些国家针对从境外取得的股息所得，允许间接抵免（即允许境外企业就分配股息前的利润缴纳的境外所得税额中由本国居民企业就该项分得的股息性质的所得间接负担的部分，在本国的应纳税额中抵免）。有些国家则仅允许直接抵免（即允许企业直接作为纳税人就其境外所得在境外缴纳的所得税额在国内应纳税额中抵免）。

为了保障本国财政权益，同时尽可能减轻纳税人的双重税负，各国对本国居民纳税人境外所得已纳税款的减免通常采用抵免法或扣除法（即把境外所得已纳的税额视同费用给予扣除），而较少运用直接免税法（除了欧洲国家常见的股息参股免税制度外）。比如，韩国规定，居民公司对境外所得已纳税款每年可选择抵免法或扣除法（但不能同时使用）。在美国，纳税人也可以选择适用抵免法或扣除法，并有权在每年选择以抵免法或扣除法作为当年的境外所得抵免方法，一经选择，当年内不得变更。澳大利亚规定,免税法仅适用于符合特定条件的境外雇用所得、境外非证券投资股息、居民企业从境外常设机构获得的分支机构利润、从经批准的海外工程获得的所得以及人寿保险公司的某些境外所得,其他所得均适用抵免法。

部分 OECD、G20、金砖国家消除境外所得双重征税的方式如表 6-8 所示。

表 6-8 消除境外所得双重征税的方式

国家(地区)	免税法(或参股豁免)				抵 免 法	扣 除 法
	积极经营所得	股息红利	资本利得	利息和特许权使用费		
澳大利亚	√ 有限制	√ 有限制			√ 综合	
奥地利	√ 有限制				√ 对消极收入分国	
比利时		√ 有限制	√		√ 分项(如利息、特许权费)	
加拿大					√ 分项(如营业收入、非营业收入)	
智 利					√ 股息、特许权使用费、专业服务费等适用抵免法	√ 其他境外所得适用扣除法
捷克共和国		√ 有限制	√ 有限制			√
丹 麦		√ 有限制	√ 有限制		√	
爱沙尼亚	√ 有限制	√ 有限制			√ 分国	
芬 兰		√ 有限制	√ 有限制		√ 分项	
法 国	√	√ 有限制	√ 有限制			√ 适用于股息分红(除非免税)以及利息和特许权使用费
德 国		√ 有限制	√ 有限制		√ 分国	
希 腊		√ 有限制			√	

(续表)

国家（地区）	免税法（或参股豁免）				抵 免 法	扣 除 法
	积极经营所得	股息红利	资本利得	利息和特许权使用费		
匈牙利		√ 有限制	√ 有限制		√	
冰 岛					√	√ 特定的股息、资本利得
爱尔兰		√ 有限制	√ 有限制		√	√ 特定的股息、利息
以色列					√ 分项	
意大利	√ 有限制	√ 有限制	√ 有限制		√ 分国	
日 本					√ 综合	√ 纳税人可选择适用
韩 国					√ 分国	√ 纳税人可选择适用
拉脱维亚					√ 分国	√ 特定的股息
卢森堡		√ 有限制	√ 有限制		√ 分国或在特定条件下分项	
墨西哥					√ 分国	
荷 兰		√ 有限制			√	√
新西兰		√ 有限制	特定收入		√ 分项且分国	
挪 威		√ 有限制			√ 分项	√ 积极的经营所得
波 兰		√ 有限制			√ 分国	
葡萄牙	√ 有限制	√ 有限制	√ 有限制		√ 分国	

(续表)

国家(地区)	免税法(或参股豁免)				抵免法	扣除法
	积极经营所得	股息红利	资本利得	利息和特许权使用费		
斯洛伐克	股息红利免税(有限制)，其他境外所得仅按税收协定抵免					
斯洛文尼亚		√ 有限制	√ 有限制		√ 分国	
西班牙	√ 有限制	√ 有限制	√ 有限制		√ 分国	
瑞典		√ 有限制			√ 综合	√
瑞士	√	√ 有限制	√ 有限制		√ 适用于所有不适用免税法的境外所得	
土耳其	√ 有限制	√ 有限制	√ 有限制		√ 综合	
英国	√ 有限制	√ 有限制	√ 有限制		√ 分国且分项	√ 纳税人可选择适用
美国		√ 有限制			√ 分项	√ 纳税人可选择适用
巴西					√	
印度					√ 分国且分项	
俄罗斯		√ 有限制			√ 综合	
南非		√	√ 部分比例豁免		√	
阿根廷					√ 综合	
印度尼西亚					√ 分国	
沙特阿拉伯	仅按税收协定抵免					

资料来源：转引自"世界税制现状与趋势"课题组编著的《世界税制现状与趋势》。

2. 境外亏损处理

在居民企业的境外所得需要征税的国家,其境外相关亏损通常也被允许扣除。但在具体的扣除政策上各国之间存在较大差异(见表6-9)。

表6-9 部分国家境外亏损的处理方式

分类	国家/地区	亏损的处理
境外亏损可以冲抵境内亏损	美国	美国企业发生的境外亏损允许冲抵境内所得,但应先冲抵其境外所得,再冲抵境内所得; 资本投资损失只能从资本利得中冲抵
	英国	通常情况下,境外所得与境内所得可以合并之后计算缴纳企业所得税,但有些特别情形下,境内外亏损的处理会有所不同
	德国	大部分境外亏损可以冲抵国内所得,特定亏损,如来自外国公司股份的贬值、出售或减资等,只能用来自同一国家的同种活动收入进行弥补,未弥补的损失可以向后无限期结转
	加拿大	境外亏损的冲抵和结转规则与境内亏损一致。通常情况下,可以向前结转3年,向后结转20年; 资本投资损失只能从资本利得中冲抵
	澳大利亚	境外亏损的冲抵和结转规则与境内亏损一致。通常情况下,只允许向后结转; 资本投资损失只能从资本利得中冲抵
	俄罗斯	境外亏损的冲抵和结转规则与境内亏损一致。根据俄罗斯税法规定,自2017年1月1日起,除特定情形下(如从事教育和医疗行业),企业在2007年1月1日之后发生的亏损可以无限期向后结转
	日本	境外亏损的冲抵和结转规则与境内亏损一致。通常情况下,亏损可向后结转9年; 除中小型企业外,对于2017年4月1日及以后的财政年度,亏损冲减不能超过应税所得的55%,对于2018年4月1日及以后的财政年度,亏损冲抵不能超过应税所得的50%及所有权份额变化等结转限制
	印度	境外亏损的冲抵和结转规则与境内亏损一致。通常情况下,只允许向后结转8年; 短期资本投资损失可以从短期和长期资本利得中冲抵,长期资本投资损失只能从长期资本利得中冲抵
境外亏损不可以冲抵境内亏损	法国	由于法国采用属地征税制度,境外所得在法国不征税,因此境外亏损也不可冲抵法国的境内所得
	巴西	通常情况下,境外亏损不能冲抵巴西境内产生的应税所得; 境外常设机构产生的亏损能冲抵同一国家的盈利; 外国受控公司CFC产生的境外亏损冲抵同一CFC的盈利

资料来源:根据IBFD Tax Research Platform(2017)在线数据库相关资料整理。

有些国家规定,境外亏损只能冲抵境外所得(不能冲抵境内所得),甚至只能冲抵来自境外的同一类所得;但有些国家允许境外亏损冲抵总所得(相当于允许冲抵境内所得)。例如,巴西税法规定境外来源的亏损不能抵减巴西境内产生的应税所得,但是外国受控公司CFC产生的境外损失可以抵减同一外国公司的利润。

德国允许大部分境外亏损冲抵国内所得,但若境外亏损来自外国公司股份的贬值、出售或减资、外国常设机构的非积极经营部分、隐名合伙和赢利性贷款或外国不动产租赁,则只能用来自同一国家的同种活动收入进行弥补,未弥补的损失可以向后无限期结转。另外,如果境外亏损来自外国常设机构且仅从事商业生产、原料萃取或者商品权利租金等经营活动,则该境外损失可以用德国境内的所得弥补。

澳大利亚对居民企业的境外亏损在2008年金融危机前后采取了不同的政策。在2008年7月1日之前,同一类境外亏损可以和同类境外所得冲抵,未冲抵完的部分可以向以后年度无限期结转,冲抵以后年度同一类别的所得。非同类的境外盈亏不能互相冲抵,境外亏损也不能冲抵境内所得。自2008年7月1日起,境外亏损可冲抵境内所得,但资本投资损失仍然只能从资本利得中冲抵。对于汇总纳税申报的企业集团,其下属公司未用完的以前年度的境外亏损,若符合汇总纳税所要求的正常亏损扣除规定,可以转给总公司继续扣除。

在表6-9中,列举的10个主要国家中有8个国家(包括英国、美国、德国、澳大利亚等)允许境外亏损冲抵境内亏损,英国、美国、德国对境外亏损有特殊性的处理,加拿大、澳大利亚、俄罗斯、日本和印度则采取境内外亏损冲抵和结转规则一致的做法。但也有部分国家(如法国和巴西)规定境外亏损不可冲抵境内亏损。

三、公司所得税税率

(一)一般税率

各国公司所得税的税率设计体现出以比例税率为主、累进税率为辅,以统一税率为主、分类税率为辅的特点。

公司所得税税率高低是各国税制竞争力的重要指标,也是各国税制竞争的目标要素。进入21世纪后,OECD国家一般公司所得税税率总体变化趋势是下降的。特别是德国、希腊、冰岛、爱尔兰、波兰和斯洛伐克,其税率下降幅度都超过了10个百分点,德国和冰岛平均每年下降2个百分点。

发展中国家感受到了发达国家减税带来的压力。俄罗斯把公司所得税税率从35%降为20%。罗马尼亚以16%的单一税率取代原来最高税率分别为40%和25%的个人所得税和公司所得税税率。此外,还有很多发展中国家也降低了公司所得税的最高税率。例如,印度尼西亚的最高公司所得税税率由35%降到了目前的25%;马来西亚从35%降到了25%;印度2001年将公司所得税税率从35%降到了30%。

美国于2017年12月通过税改法案,自2018年1月1日起将美国最高39%的企业所得税累进税率永久降至21%。税改后,综合考虑美国联邦税和州税,美国公司所得税综合名义税率与OECD成员国约25%的平均水平趋于一致。

近一两年,不少国家相继宣布进行税制改革,这些减税行动一定程度上与应对美国税改有关,但也有本国税制自身改革需求的内在动因。当然,在普遍推行减税政策的趋势下,也有少数例外,如智利、斯洛文尼亚。

在宣布税改的国家中,有的国家采取分步削减税率的方式。例如,法国拟从2018年1月1日或之后开始的纳税年度至2022年将目前33%的公司所得税税率逐步削减到25%。也有国家采取短时间内一次性削减税率的方式,如匈牙利,从2017年1月1日起,匈牙利将公司所得税由10%—19%直接降至9%,该税率同时适用于中小企业和大型企业。这个举措使匈牙利超过爱尔兰成为目前欧洲税率最低国家。

公司所得税是影响资本流动最重要的税收因素。下调公司所得税税率旨在吸引投资,增强本国国际竞争力,进而提振经济。因此,公司所得税税率成为税收竞争的首选武器,其下降趋势也是税收竞争的必然结果。具体如表6-10所示。

表6-10 227个国家(地区)公司所得税税率表(2017/2018年度)

国家和地区	中央/联邦公司所得税税率			地方所得税税率
	普通公司所得税	附加税	其他所得税	
②	②	③	⑤	⑤
阿富汗	20%	无	无	无
阿尔巴尼亚*	15%①	无	无	各地不一
阿尔及利亚*	商业26%;工业19%;建筑23%	分支机构利润部:15%	AMT:定额	无
美属萨摩亚	15%,25%,34%,44%四档累进	无	无	无
安道尔	10%			
安哥拉*	30%②			无
安圭拉岛	无	无	无	无
安提瓜和巴布达	25%			
阿根廷*	35%③	无	AMT:资产的1%	地方毛收入税:1%—6%
亚美尼亚*	20%④			无
阿鲁巴	25%⑤	无	无	无

① 2016年起年营业额不超过500万列克的免税;超过500万列克但不超过800万列克的按5%税率征税;2019年5%税率适用的上下限分别提高至800万列克和1400万列克。
② 农林牧渔15%;矿产40%;石油50%或65.75%。
③ 公司所得税率2018年从35%降为30%,2020年将降至25%。
④ 投资基金按净资产的0.01%计征。政府计划2020年将公司所得税率从20%降到18%。
⑤ 2016年公司所得税率从28%降到15%。

(续表)

国家和地区	中央/联邦公司所得税税率			地方所得税税率
	普通公司所得税	附加税	其他所得税	
澳大利亚*	30%①			无
奥地利*	25%	无	AMT：定额	无
阿塞拜疆*	20%②			
巴哈马	无	无	无	
巴林*	无(汽油46%)	无	无	
孟加拉国*	一般为35%③	无	AMT：0.3%等	
巴巴多斯*	25%④			
白俄罗斯*⑤	18%⑥	无	无	
比利时*	33%⑦	危机税：②的3%		无
伯利兹	25%		0.75%—25%	
贝宁	工业：25% 其他：30%⑧		AMT：0.75%	
百慕大	无			无
不丹	30%	无	无	无
BES群岛⑨	无⑩		收益税：5%	无

① 年营业额不超过200万澳元小企业适用28.5%的优惠税率，从2016年7月起降至27.5%，小企业标准提高至1 000万澳元，2017年和2018年7月再分别提至2 500万澳元和5 000万澳元。2018年10月通过新的立法，规定将优惠税率于2020年7月降至26%，2021年7月降至25%；小企业标准2022年7月提高到10亿澳元。
② 小企业可实行简易税税制，即一般按毛收入的2%（首都巴库市为4%）征税，代替公司所得税、财产税和增值税。
③ 上市公司税率为25%；金融机构为40%或42.5%，2018年7月分别降至37.5%和40%；卷烟公司为45%等。
④ 小公司、制造业公司、不动产出租所得，税率为15%。
⑤ 小微企业按毛收入的5%或3%简易征税，代替公司所得税、增值税等；2018年起符合条件的在线零售商和信息服务商可以适用简易税制。
⑥ 银行、保险公司税率为25%。
⑦ 年应税所得低于322 500欧元的，适用24.25%、31%、34.5%三级超额累进税率，2018年取消，改为对符合条件的中小企业，年应税所得不超过10万欧元的部分适用20%优惠税率。2018年一般税率从33%降至29%，2020年将降至25%；危机税税率2018年从3%降至2%，2020年取消；2018年对大企业（即非中小企业）征收5%公平税（Fairness Tax）。
⑧ 小微企业实行简易税制，即按营业额定额累进征，代替所得税、经营特许费和工资税等。
⑨ 2010年10月10日荷属安的列斯解体，库拉索岛和圣马丁岛分别成为荷兰王国的自治国，各自拥有独立的内部自治权；博奈尔岛（Bonaire）、圣俄斯塔休斯岛（St. Eustatius）和萨巴岛（Saba）三个荷属安的列斯岛屿直接并入荷兰本土，成为荷兰加勒比区，简称BES群岛，类似荷兰本土的县市级，居民将享有与荷兰公民相同的各种权利（包括立法与选举权），但税制与荷兰本土不同。
⑩ BES群岛上的企业，原则上视同荷兰居民企业适用荷兰公司所得税；但与岛内紧密相关的企业可以申请成为BES群岛的居民企业，不征（荷兰）公司所得税，而只对其分配利润征收5%的"收益税"（Yield Tax）。

(续表)

国家和地区	中央/联邦公司所得税税率			地方所得税税率
	普通公司所得税	附加税	其他所得税	
玻利维亚	25%		AMT：3%	无
波黑	10%	无	无	无
博茨瓦纳*	22%		无	无
巴西*	15%	10%	社会税：9%	无
英属维尔京群岛	无	无	无	无
文莱*	18.5%①	无	无	无
保加利亚*	10%	无	无	无
布基纳法索	27.5%		AMT：0.5%	
布隆迪	30%		AMT：1%	
柬埔寨*	20%②		AMT：1%	
喀麦隆	30%	② 的 10%	AMT：2.2%	议会附加税： ② + ⑥ 的 10%
加拿大*	15%			5%—10%
佛得角	25%③	无	无	消防附加税④
开曼群岛	无			
根西岛	0%⑤			
泽西岛	0%⑥			
中非	30%⑦		AMT：1.85%	
乍得	35%		AMT：1.5%	无
智利*	25%⑧	35%⑨	无	无

① 小企业按正常税率的 25% 或 50% 征税。
② 小企业适用 0—20% 累进税率。
③ 中小企业按营业额的 4% 简易征收"单一特别税"，代替公司所得税、增值税和社会保障税等。
④ 在圣维森特岛和圣地亚哥岛，按公司所得税的 2% 附征。
⑤ 大部分公司都实施 0% 的税率，某些特殊行业如金融服务企业按 10% 税率征税。此外，拥有不动产实现的所得适用 20% 税率；资本利得不征税。
⑥ 多数公司税率为 0%；部分特殊行业如金融业适用 10% 税率，公用事业公司等为 20%。
⑦ 年营业额低于 3 000 西非法郎的公司根据上一年度的毛收入按 12% 税率征收单一综合税，2016 年税率从 12% 降至 8%、10% 两档超额累进。
⑧ 2017 年公司所得税率从 24% 提高至 25%；实行部分归集抵免制的企业，2017 年税率为 25.5%，2018 年提高至 27%。小企业可以选择按毛收入的 25% 简易计税。
⑨ 对非居民投资者分配利润征收预提附加税，公司所得税可以抵免，故实际税负为 35%。

(续表)

国家和地区	中央/联邦公司所得税税率			地方所得税税率
	普通公司所得税	附加税	其他所得税	
中国	25%①	无	无	无
哥伦比亚	34%②	6%③	CREE：9%取消	市工商税：0.2%—1.0%
科摩罗	35%		AMT：1%	
刚果(金)	35%④		AMT：1%	无
刚果(布)*	30%		AMT：1%	
库克群岛	20%	无	无	无
哥斯达黎加	30%⑤	无	无	无
科特迪瓦	25%		AMT：0.5%	
克罗地亚*	18%⑥	无	无	
古巴*	15%⑦			
塞浦路斯*	12.5%⑧	国防税：3%		
捷克*	19%	无	无	
朝鲜	25%⑨	无	无	
丹麦*	22%⑩	无	无	
吉布提	25%		AMT：1%	
多米尼克	25%⑪	无	无	无
多米尼加	27%		AMT：净财产的1%	无
东帝汶	10%	无	无	无

---

① 小微企业：税率为20%；年应税所得不超过规定标准的，减半征税，该标准2017年从30万元人民币提高至50万元人民币，2018年提高至100万元人民币；2019年起应税所得不超过100万元人民币的，100万元—300万元人民币的部分，减按25%、50%计入税基。

② 税基为应税所得或净权益的3%中的较大者。2013年征收9%特别所得税(CREE)，税基与公司所得有差异。2017年起取消CREE，公司所得税普通税率从25%提高至34%，2018年再降至33%；2017年起，房屋租赁、生态旅游服务、2016年享受免税的新建或新翻新的旅馆，适用9%优惠税率。

③ 2015—2018年，对CREE税基超8亿比索(约30万美元)的部分征收CREE临时附加税，各年税率分别为5%、6%、8%和9%，2016年税收法案改为：2017年6%，2018年4%。

④ 小企业按营业额简易征税，税率为1%或2%。

⑤ 小公司适用10%、20%两档低税率，即实际实行三档超额累进税率。小公司的标准每年调整。

⑥ 2017年，税率从20%降至18%，年应税所得不超过300万库纳的部分，适用12%优惠税率。

⑦ 根据IBFD 2018年1月更新的古巴税收简表内容更新，公司税率何时从35%降至15%不详。

⑧ 资本利得税率为20%。

⑨ 只对外国投资公司(FIC)和外国公司征收。外国公司和境外朝鲜人投资的FIC税率为20%。

⑩ 公司所得税率2016年从23.5%降至22%。

⑪ 公司所得税率2016年从28%降至25%。

(续表)

国家和地区	中央/联邦公司所得税税率			地方所得税税率
	普通公司所得税	附加税	其他所得税	
厄瓜多尔*	22%①	无	无	无
埃及*	22.5%②			无
萨尔瓦多	30%③	利润分配预提税:5%④		市税:不等
赤道几内亚	35%⑤		AMT:3%	无
厄立特里亚	30%			市税:4%
爱沙尼亚*	20%⑥	无	无	无
埃塞俄比亚*	30%⑦			
福克兰群岛	26%⑧			
法罗群岛	18%			
库拉索	22%⑨	无	无	无
斐济	20%⑩			
芬兰*	20%			无
法国*	33.33%⑪	社会税:②的3.3%;临时附加税:②的10.7%,2017年取消⑫	股息分配:3%;取消⑬	地方经营税:≤3%
法属圭亚那	同法国	同法国		

---

① 2018年公司所得税率从22%提高至25%。未告知税务局其股权结构的,或者股东居住在低税区的公司,税率为28%。

② 中央银行、苏伊士运河和石油管理局税率为40%;石油公司税率为40.55%。

③ 年应税所得不超过15万美元的公司税率为25%。

④ 2012年起对从居民公司分配的利润征收,属于最终税;2016年起对大企业征收5%的"国家安全特别税"。

⑤ 应税所得不超过1 000非共体法郎的部分免征所得税。

⑥ 利润分配时征收,未分配利润不征。公司所得税率2018年从20%降至14%。

⑦ 不动产转让利得税率为15%;矿产、石油和农业适用特别税制。

⑧ 应税所得不超过100万镑的部分,税率为21%。

⑨ 公司所得税率2016年从25%降至22%。离岸公司:2%—3.45%;出口:3.3%。

⑩ 资本利得按10%税率征税;上市公司:10%;总部在斐济的公司税率为17%。

⑪ 符合条件的小企业,年所得不超过38 120欧元部分税率为15%。2017年,小企业年所得超过38 120欧元但不超过7.5万欧元的部分,税率为28%;其他符合欧盟条件的中小企业年所得不超过7.5万欧元的部分税率为28%。2018年,所有企业年所得不超过50万欧元的部分,税率为28%。2019、2020公司所得税普通税率从33.33%分别降至31%和28%;2021、2022年进一步降至26.5%和25%。

⑫ 社会税对年营业额达到763万欧元的大公司就其年应税所得超过76.3万欧元的部分计征;临时附加税2017年取消。

⑬ 2017年宪法法院裁定违宪实际已停征,并改为对大公司征收1年期的临时特别税;2018年财政法明确2018年取消。

(续表)

国家和地区	中央/联邦公司所得税税率			地方所得税税率
	普通公司所得税	附加税	其他所得税	
法属波利尼西亚	28%①	大公司附加税：7%—15%	AMT：0.5%	
加蓬	30%②		AMT：1%	无
冈比亚	30%③		AMT：1.5%④	
格鲁吉亚*	15%	无	无	无
德国*	15%	团结税：②的5.5%		市经营税：14%⑤
加纳	25%⑥	财政稳定税：5%		无
直布罗陀	10%	无	无	无
希腊*	29%⑦			无
格林纳达	30%⑧			
法属瓜地洛普和马提尼克岛	同法国	同法国		
关岛	35%（同美国）	5%		
危地马拉	25%⑨		AMT：1%	无
几内亚	35%⑩		AMT：3%	
几内亚比绍	25%	7%	AMT：1%	
圭亚那	27.5%⑪	无	AMT：2%	无
海地	30%			

① 公司所得税率从29%分别降至2017—2020年的28%、27%、26%和25%。矿产企业和信贷机构，税率为35%；可再生能源生产企业，税率为20%。
② 旅游公司和知识产权控股公司税率为25%；石油和矿产公司为35%。
③ 2016年公司所得税率从31%降至30%，2018年降至27%。营业额低于50万达拉西的按营业额的3%简易征税。
④ 财务报表须经审计，未经审计的，按营业额或毛收入的2.5%征收；2018年分别降至1%、2%。
⑤ 税率各地不等，在12%—20%，平均税率约为14%。
⑥ 矿产企业35%；旅馆22%；出口企业8%。经批准的信托基金和共同基金原规定前10年适用1%优惠率，2018年起免税。财政稳定税原征至2014年，现再次延期至2019年。
⑦ 公司所得税率2019年从29%降至28%，并每年降1个百分点至2022年的25%。信贷机构仍为29%。
⑧ 适用于年应税所得超过6万东加勒比元的部分。2018年11月21日政府向议会提交的2019年预算措施中建议2019年将公司所得税率从30%降至28%。
⑨ 小企业按毛收入的5%简易征税代替增值税和所得税。
⑩ 2018年公司所得税率从35%降至25%，矿产企业降至30%，但电话公司、银行保险业和进口、储存和销售石油产品的公司，仍为35%；AMT税率2018年从3%降至1.5%。
⑪ 2017年非商业公司税率从30%降至27.5%；商业公司税率为40%，电话公司45%。小企业按营业额的2%简易征税。

(续表)

国家和地区	中央/联邦公司所得税税率			地方所得税税率
	普通公司所得税	附加税	其他所得税	
洪都拉斯	25%	团结税：5%	AMT：1.5%	市经营许可税
中国香港*	16.5%①			无
匈牙利*②	9%③	革新税：0.3%		地方经营税：2%
冰岛*	20%			
印度*	30%	附加税：②的5%或10%；教育税：3%④	股息分配税：15%；AMT：1.5%	无
印度尼西亚*	25%			无
伊朗*	25%	无	无	无
伊拉克	15%			无
爱尔兰*	经营所得：12.5% 非经营所得：25%		资本利得：33%	无
曼岛	0%,10%,20%⑤	无	无	无
以色列*	24%⑥			无
意大利*	24%⑦			3.9%⑧
牙买加*	25%	5%		无
日本*	23.4%⑨			住民税；企业税⑩

① 实际减征75%。2018年4月起，年应税所得不超过200万港元的部分，税率为8.25%。
② 符合条件的有限责任公司、合伙公司、合营公司等可以按营业额的37%征收"简易企业税"以代替所得税、公司汽车税和增值税。
③ 年应税所得（积极所得）不超过5亿福林的部分适用10%优惠税率。2017年由10%、19%两档税率统一降为9%。
④ 2016年、2017年征收年度，附加税税率根据营业规模的不同分别提高至7%或12%。教育税包括2%教育税和1%中高等教育税，2018年4月改征教育卫生税，税率为4%。
⑤ 普通公司适用0税率，对金融等按10%税率征收；2015年4月6日起不动产按20%征税。
⑥ 公司所得税率从25%分别降至2017年、2018年的24%、23%。
⑦ 公司所得税率2017年从27.5%降至24%。
⑧ 实际税率可以由地方政府在规定幅度(0.917 6%)内调整，该税不能在公司所得税前扣除。
⑨ 实缴股本不超过1亿日元的中小企业，应税所得不超过800万日元的部分适用15%优惠税率。2016年4月普通税率从23.9%降至23.4%，2018年4月降至23.2%。
⑩ 住民税：道政府，公司税的3.2%—4.2%(2017年4月降至1%—2%)；市政府，公司税9.7%—12.1%(2017年4月降至6%—8.4%)。企业税：大企业标准税率2015年4月起为3.1%、4.6%、6.0%(中小企业为1.6%、2.3%、3.1%)三级累进；2016年4月以后调整为1.9%、2.7%、3.6%(中小企业为0.3%、0.5%、0.7%)。此外还按公司税附征地方公司税，税率为4.4%，2017年4月随着住民税的下调，其税率提高至10.3%。

(续表)

国家和地区	中央/联邦公司所得税税率			地方所得税税率
	普通公司所得税	附加税	其他所得税	
约旦	工业：14%；其他：20%①			无
哈萨克斯坦*	20%			无
肯尼亚*	30%			无
基里巴斯	20%、30%、35%三档累进	无	无	无
韩国*	22%②	留存收益特别税：10%③	AMT：10%—17%④	居民税：定额；地方所得税：②的10%
科索沃	10%	无	无	无
科威特*	15%	上市公司：2.5%	Zakat税：1%	
吉尔吉斯斯坦*	10%	无	无	无
老挝*	24%⑤			
拉脱维亚*⑥	15%⑦	无	无	无
黎巴嫩	17%⑧	无	无	无
莱索托	25%⑨	无		无
利比里亚	25%⑩		AMT：(2%)⑪	
利比亚	20%		圣战税：4%	
列支敦士登	12.5%		AMT：定额	无

---

① 电信、金融中介、保险等税率为24%；银行为35%。2019年起，工业企业一般税率从14%提高至15%，此后每年提高1个百分点，至2024年起为20%；其中制药和纺织，2019年税率为10%，2020年增至14%，2021年为16%，2022年为18%，2023年为19%，2024年起为20%。

② 应税所得不超过2亿韩元的部分，税率为10%；2亿—200亿韩元的部分，税率为20%；超过200亿韩元的部分，税率为22%。2018年，超过3 000亿韩元的部分，税率提高至25%。

③ 2015—2017年对大公司征收，税基为规定所得减除工资支出、股息分配和新投资支出。2018—2020年：税率从10%提高至20%。

④ 税基为未扣除减免项目前的应税所得。中小公司税率为7%。

⑤ 烟草公司另征2%，用于控烟基金。独资企业和自由职业者按5%—24%五级累进征税。

⑥ 小微企业按营业额乘征收率简易征收小微企业税，代替公司所得税、为雇员缴纳的社会保障税和经营风险税。征收率为：年营业额不超过7 000欧元的，9%，7 000—100 000欧元的，2016年从11%提高至13%，2017年再提高至15%。

⑦ 2018年公司所得税改按分配利润征税，税率为20%。

⑧ 2017年10月26日起公司所得税率从15%提高至17%。

⑨ 制造业税率为10%。

⑩ 年营业额不超过300万利比里亚元的小企业，可以选择按营业额的4%缴纳周转税代替公司所得税。

⑪ 2016年12月20日引入最低替代税（AMT）制度。

(续表)

国家和地区	中央/联邦公司所得税税率			地方所得税税率
	普通公司所得税	附加税	其他所得税	
立陶宛*	15%①	无	无	无
卢森堡*	19%②	②的7%③		一般6.75%左右④
中国澳门*	12%⑤			
马其顿*	10%⑥	无	无	无
马达加斯加	20%		AMT：(0.5%)	无
马德拉岛	21%(同葡萄牙)	7%		
马德维	30%⑦			无
马来西亚*	24%⑧			无
马尔代夫	15%⑨			
马里⑩	30%		AMT：1%	
马耳他*	35%	无		无
马绍尔群岛	毛收入税：3%			
毛里塔尼亚	25%		AMT：2.5%	
毛里求斯*	15%⑪	无		无
墨西哥*	30%	无		无
密克罗尼西亚	21%	无	毛收入税：3%⑫	无
摩尔多瓦*	12%⑬	无	无	无

① 小公司适用5%低税率。
② 公司所得税税率2017年从21%降至19%，2018年降至18%。
③ 称失业基金附加税。
④ 称市经营税，按规定所得乘3%税率乘相应系数计征，系数各地不一，约在200%—350%。
⑤ 年应税所得不超过60澳元的部分，免税；超过60澳元的部分，税率为12%。
⑥ 只对分配利润征税；分配给居民公司的利润免税。小公司适用特别规定。
⑦ 养老基金投资，税率为15%；寿险公司税率为21%，2016年7月提高至30%；优先发展行业，税率为15%或者免税10年按正常征税。
⑧ 小公司年应税所得不超过50万林吉特的部分税率为18%。2016征收年度（即2015年所得年度）税率从20%、25%降至19%、24%。2017和2018征收年度，根据企业应税所得比上一年的增长幅度，公司所得税普通税率降低1—4个百分点（从23%降至20%）；中小企业应税所得的前50万林吉特适用税率从19%降至18%。
⑨ 2010年年底立法新开征经营利润税，对年应税所得不超过50万拉菲亚的部分免征。
⑩ 2015年起对年营业额少于5 000万西非法郎的小企业，按营业额的3%征收综合税，代替所得税和其他税收（包括增值税）。
⑪ 2017年7月起，外贸公司的出口所得适用3%优惠税率。
⑫ 已缴纳公司所得税的免缴毛收入税。
⑬ 2008年取消公司所得税，2012年重新开征；小企业可选按营业额的3%简易征收。

(续表)

国家和地区	中央/联邦公司所得税税率			地方所得税税率
	普通公司所得税	附加税	其他所得税	
摩纳哥	33.33%	无	无	无
蒙古*	25%①	无	无	无
黑山*	9%	无	无	无
摩洛哥*	31%②	无	AMT：0.5%③	无
莫桑比克	32%	无	无	市经营税：不等
缅甸	25%	无		无
纳米比亚	32%	无	无	无
瑙鲁	10%④	无	无	无
尼泊尔*	25%⑤	无	无	无
荷兰*	25%⑥	无	无	无
新喀利多尼亚	30%⑦	社会附加税：3%		无
新西兰*	28%	无	无	无
尼加拉瓜	30%⑧	无	AMT：1%	无
尼日尔	30%	无	AMT：1%⑨	无
尼日利亚*	30%	教育税：2%	AMT：0.5%；信息技术税：1%	无
纽埃岛	30%	无	无	无
北马里亚纳群岛	35%⑩		毛收入税：1.5%—5%	
挪威*	24%⑪			无

① 年应税所得不超过30亿图格里克的部分,税率为10%。
② 2016年从10%、30%两档改为按10%、20%、30%、31%四档超额累进税率,租赁公司和信贷机构税率为37%。2018年取消30%档税率,改为适用31%档税率。
③ 2016年开始允许AMT超过公司所得税的部分往后结转冲抵公司所得税,期限为3年。
④ 2016年7月新开征经营利润税,税率为10%。
⑤ 金融机构和烟、酒类企业,税率为30%；路桥建筑、公交、出口等,税率为20%。
⑥ 年应税所得不超过20万欧元的部分适用20%税率。根据已通过立法的《2019税改计划》,两档公司所得税税率2020年降为16.5%、22.5%,2021年再降为15%、20.5%。
⑦ 只对境内所得征税；采矿和冶金公司税率为35%；小公司年应税所得不超过500万太平洋法郎的部分适用15%低税率。
⑧ 年毛收入低于1 200万科多巴的小公司适用10%—30%五级超额累进税率。
⑨ 2018年AMT税率：工业公司仍为1%,其他公司提高至1.5%。
⑩ 公司所得税比照美国征收,但公司所得税额超过"毛收入税"的,可根据超额幅度的不同,实施90%、70%、50%三档比例退税。
⑪ 2017年公司所得税税率从25%降至24%,2018年降至23%；2019年进一步降至22%。

(续表)

国家和地区	中央/联邦公司所得税税率			地方所得税税率
	普通公司所得税	附加税	其他所得税	
阿曼*	25%①			市税：2%—10%
巴基斯坦*	31%②		AMT：1%	农业所得税：5%—10%
帕劳	无	无	无	无
巴勒斯坦	15%	无	无	无
巴拿马	25%		未分配利润补偿税：10%	
巴布亚新几内亚*	30%③			无
巴拉圭	10%	无	分配利润：5%	无
秘鲁	29.5%④		股息分配：5%	无
菲律宾*	30%⑤	分支机构利润汇出税：15%	AMT：2%；留存收益税：10%	地方经营税：(≤3%)
波兰*	19%⑥	无	无	无
葡萄牙*	21%⑦	3%—7%⑧		市附加税：≤1.5%
波多黎各	20%	5%—19%累进⑨	AMT：30%⑩	市许可税：≤0.5%
卡塔尔	10%	无	无	无
罗马尼亚*	16%⑪	无	AMT：定额	无

---

① 不超过3万里亚尔的部分免税；石油公司税率为55%。2017年税率从12%提高至15%；2018年起阿曼的个体企业和小微企业按3%税率征税。

② 小公司适用25%低税率；银行税率为35%。公司所得税一般税率2016年从33%降至32%，2017年、2018年进一步降至31%和30%；2019年起将继续每年降1个百分点直至2023年降至25%为止，相应地，小公司优惠税率2019年从25%降至24%，并每年降一个百分点至2023年的20%。

③ 非居民公司税率为48%。石油、采矿企业适用30%—50%的特别税率，2017年统一为30%。

④ 公司所得税税率2017年从28%提高至29.5%，股息分配税税率从6.8%降至5%。

⑤ 2018年9月10日菲律宾众议院通过税改法案，计划2021年起将公司所得税率每2年降2个百分点至2029年的20%。税改法案尚待参议院审议。

⑥ 2017年起对年营业额不超过120万欧元的小企业和新成立企业适用15%优惠税率，2019年降至9%。

⑦ 中小企业年所得不超过15 000欧元的部分适用17%优惠税率。

⑧ 根据应税利润规模按3%、5%、7%三档累进；2018年预算法案规定7%税率2018年提高至9%。

⑨ 附加税就超过规定限额部分的应税所得按5%—19%五档累进征收。

⑩ 原为20%，2013年改为下列中的较高者：规定所得的30%+新开征的按0.2%—0.85%累进的国家毛收入税；规定支出的20%。

⑪ 小公司按毛收入的3%简易计征；2016年开始按照职员的多少，征收率改为1%或3%。

(续表)

国家和地区	中央/联邦公司所得税税率			地方所得税税率
	普通公司所得税	附加税	其他所得税	
俄罗斯*①	3%	无	无	≤17%②
卢旺达	30%	无	无	无
圣基茨和尼维斯	33%	无	无	无
圣卢西亚	30%③		无	
圣文森特和格林纳丁斯	32.5%④			
萨摩亚	27%	无	无	无
圣多美和普林西比	25%	无	无	
沙特阿拉伯*	20%⑤			无
塞内加尔	30%		AMT：0.5%	
塞尔维亚*	15%	无	无	无
塞舌尔*	30%⑥	无	社会责任税：0.5%	无
塞拉利昂	30%			
新加坡*	17%⑦			无
斯洛伐克*	21%⑧	无	AMT：定额⑨	无
斯洛文尼亚*	19%⑩	无	无	无
所罗门群岛	居民公司：30%；非居民公司：35%		AMT：5%	无

---

① 中小企业可以选择按毛收入的 6% 或净所得的 15% 缴纳单一税，以代替所得税、增值税、统一社会税和不动产税。2016 年开始政府部门可以适当下调单一税税率。

② 地区政府有权下调一定幅度的税率，最低可以下调至 13.5%，2017 年起可以下调至 12.5%，但从 2019 年起取消地区政府的税率下调权。2017 年地方税率上限下调至 17%，而联邦税率从 2% 上调至 3%，合计最高税率未变，仍为 20%。

③ 小企业实行 15%、20%、25%、30%、33.33% 五档累进税率。

④ 2018 年预算法案规定 2018 年 5 月公司所得税一般税率从 32.5% 降至 30%。

⑤ 只对外国投资者征，石油企业按投资额税率为 50%—85% 超额累进，天然气企业为 30%；国内企业和个人按 2.5% 的税率缴纳 "扎卡特"（Zakat）税。

⑥ 公司年所得不超过 100 万卢比的部分税率为 25%；上市公司税率同为 25%。小公司可以选择适用 15% 税率或者按营业额的 1.5% 简易征税。

⑦ 年应税所得不超过 1 万新元的部分减征 75%；1 万—2.9 万新元的部分减半征收。2015 年、2016 年征收年度所有企业可以获得已纳税款的 50% 的退税，但最多不超过 2 万新元；2017 征收年度退税上限提高至 2.5 万新元；2018 征收年度退税比例降为 20%，退税上限为 1 万新元。

⑧ 2017 年公司所得税率从 22% 降至 21%。

⑨ 2014 年起对亏损企业征收 480—2 280 欧元的最低税，2018 年取消。

⑩ 2017 年公司所得税率从 17% 提高至 19%。

(续表)

国家和地区	中央/联邦公司所得税税率			地方所得税税率
	普通公司所得税	附加税	其他所得税	
南非*	28%①		股息预提税：15%	无
西班牙*	25%②	无	无	地方经营税：15%③
圣马力诺	17%		2014—2020年：特别所得税：定额	
南苏丹	25%④			
斯里兰卡*	28%⑤		股息分配税：10%⑥	无
苏丹*	10%—35%⑦	社会发展税：5%	扎卡特税：2.5%	
苏里南	36%			
斯威士兰	27.5%	无	无	无
瑞典*	22%⑧	无	无	无
瑞士*	8.5%⑨	无	无	各州不一⑩
叙利亚*	10%—28% 五档超额累进			市附加税：②的4%—10%
中国台湾*	17%⑪	留存收益税10%	AMT：12%	
塔吉克斯坦*	13%⑫		AMT：1%	无
坦桑尼亚	30%⑬		AMT：0.3%	无

① 年营业额不超过200万兰特的小公司，实行7%、21%、28%三档累进税率。符合条件的小微企业可以选择按营业额的1%—3%简易征税代替所得税和增值税。
② 小公司有一档25%的优惠税率。普通税率2016年从28%降至25%。
③ 各地对年营业额超过100万欧元的公司征收，税率不一，但不超过平均推定利润的15%。
④ 小企业所得税率为10%；中企业为20%；大企业为25%。
⑤ 应税所得不超过500万卢比的部分适用12%低税率；2018年4月起的征收年度，中小企业、出口商、农业企业、教育服务、旅游、信息技术等，税率为14%；赌博、烟酒业，税率为40%。
⑥ 2018年4月从10%提高至14%。
⑦ 工业公司，税率为10%；商业、服务、不动产、银行保险等行业的公司，税率为15%；烟草公司，税率为30%；油气开采公司，税率35%。
⑧ 公司所得税率2019年从22%降至21.4%，2021年再降至20.6%。
⑨ 由于所得税额本身可以在税前扣除，因此有效税率约为7.83%。
⑩ 与中央税合计税负为11.5%—24.2%。
⑪ 不超过12万新台币的部分免税。2018年公司所得税率从17%升至18%、20%两档，其中18%税率2019年提高至19%，2020年统一为20%；留存收益税税率2018年从10%降至5%。
⑫ 2017年：生产企业税率从14%降至13%，运输、通信、银行及其他服务业，税率从24%降至23%。
⑬ 股份公开发行30%以上的上市公司上市前3年税率为25%；2017年7月起新成立的机动车船装配公司自成立起前5年税率为10%；2018年7月新成立的制药和皮革公司自成立起前5年税率为20%。AMT税率2018年7月从0.3%提高至0.5%。

(续表)

国家和地区	中央/联邦公司所得税税率			地方所得税税率
	普通公司所得税	附加税	其他所得税	
泰国*	20%①			无
多哥	28%		AMT：1%	
汤加	25%	无	无	无
特立尼达和多巴哥*	25%②		AMT：0.2%	
突尼斯*	25%③		AMT：0.2%	地方工商税：②的25%④
土耳其*	20%⑤	无	无	无
土库曼斯坦*	8%⑥			公共事业税：1%
特克斯和凯科斯群岛*	无	无	无	无
乌干达*	30%⑦	无	无	无
乌克兰*	18%	无	无	无
阿拉伯联合酋长国*	无			多数酋长国对油气公司等征收⑧
英国*	19%⑨	银行：8%	无	无
美国*	35%⑩		AMT：20%；留存收益税：20%	州、市所得税：0%—12%不等
乌拉圭	25%	无	无	无
美属维尔京群岛	35%（同美国）	②的10%	AMT：20%	

---

① 中小企业年所得不超过30万泰铢的部分免税，超过的部分适用15%、20%两档优惠税率。
② 根据2017年财政法规定，从2018年起，公司所得税率从25%提高至30%。
③ 2018年财政法规定，符合条件的中小企业适用20%优惠税率；银行、电信等特定行业适用35%高税率，大型零售商、新车销售商和开发外国品牌的公司2019年起适用35%税率；农业、出口利润等适用10%优惠税率。2019年财政法规定，2021年起电子机械、机动车、医药和医疗设备等制造业，纺织、服装和鞋类业，食品加工业，软件开发以及国际贸易公司，公司税率从25%降至13.5%。
④ 或者按毛收入(含增值税)的0.2%或0.1%计征。
⑤ 2018—2021年公司所得税率临时从20%提高至22%。
⑥ 外国企业分支机构、50%以上控股的国有企业，税率为20%。中小企业税率为2%。
⑦ 小企业按定额或营业额的1.5%从高征收。
⑧ 理论上对所有公司，但实际只对国外石油公司和银行分支机构征税，税率为10%—50%。
⑨ 2017年4月税率从20%降至19%，2020年将进一步降至17%。
⑩ 实际按应税所得分15%、25%、34%、39%、34%、35%、38%、35%八级税率超额累进或累退征收，但实际最高税负为35%。2018年税率统一按21%征收，并取消AMT。

(续表)

国家和地区	中央/联邦公司所得税税率			地方所得税税率
	普通公司所得税	附加税	其他所得税	
乌兹别克斯坦*	7.5%①		国家基金税：3.2%②	基础设施开发税：≤8%
瓦努阿图	无③			
委内瑞拉*	15%，22%，34%三级累进④	无		市经营税：0.25%—17%
越南*	20%⑤			无
瓦利斯和富图纳岛	无			
也门	20%	扎卡特税：2.5%	利润税：25%	
赞比亚*	35%⑥			无
津巴布韦	25%	艾滋病附加税：②的3%		无

资料来源：国家税务总局科研所，龚辉文编制，2019年1月12日。

注：① 表中税率有效期截至2017年年底。
② 表中类似"②的3%""（3%）"的表述，其中的"②"指第二列"公司所得税"，即以公司所得税额为税基；"（3%）"指以毛收入（营业额）为税基；在②—⑤栏中，未指明税基的税率，其税基原则上为应税所得。
③ 按毛收入（营业额）计征的税种，名称很多，如毛收入税、营业税、周转税等等，在性质上，是对流转额征税，按理属于流转税性质，是货物劳务税的一种，但有的作为所得税的替代税种（简易计征），因此具有所得税性质。对这类税收的分类，不同国家、不同资料来源都存在差异。本表原则上将其归入货物劳务税，但另征有货物劳务税类的税种却没有普通公司所得税的国家和地区，其开征的毛收入税归入所得税。
④ 生效日期：1月1日生效的，仅标记年份；其他月份的1日生效的，标记年和月；其他日期生效的标明具体的年、月、日。表中空格表示相关资料中未见有此项内容。
⑤ 带*号的国家和地区，是已与中国签订或者适用与中国签订的双边税收协定或安排的国家和地区。根据国家税务总局截至2018年12月12日的统计，中国已对外正式签署107个避免双重征税协定，其中100个已生效，和香港、澳门两个特别行政区签署了税收安排，与台湾地区签署了税收协议。
⑥ 在以前年度基础上，本年度税率表更新的主要参考资料包括：国际财政文献局（IBFD）各国税制及动态信息资料；普华永道会计师事务所编的《世界税制概览》更新资料及有关税收动态信息；安永、德勤、毕马威等会计师事务所编的和其他一些会计中介机构网站的有关公司所得、增值税资料以及2017/2018年度相关信息；各国政府或财税部门相关网站和有关世界税收信息网站。

（二）预提所得税税率

企业所得税框架下，对于企业支付给非居民纳税人的利息、股息、特许权使用费等

---

① 2018年将基础设施开发税并入公司所得税，并将综合税率从15.5%（=7.5%+8%）降至14%；2019年进一步降至12%。商业银行税率为22%，2019年降至20%，移动服务公司税率2019年则从14%提高至20%。小微企业按营业收入的6%简易征收综合税，代替所得税、增值税、地方税等；2016年简易税率从6%降至5%，2019年降至4%。
② 2019年取消。
③ 政府原计划2018年7月开征公司所得税，税率为17%，但未见后续结果，查其海关和国内收入局网站，并未开征。
④ 2016年起金融企业适用税率为40%。
⑤ 2016年税率从22%降至20%。天然气、矿产开采税率32%—50%。
⑥ 2012年起小企业改按营业额的3%征周转税。

款项,征税国通常征收预提所得税,这体现了征税权在收入来源国与纳税人所在国的分配原则,即来源国对预提项目享有优先征税权。

预提所得税税率通常低于一般税率,反映了来源国优先征税权的部分让渡;是在税收协定中往往会给予更优惠的预提所得税税率,即"协定税率"。因此,在考虑某项对外支付款项适用的预提所得税税率时,不仅要考虑国内法规定的税率,还需要考虑来源国与纳税人所在国之间的协定税率。

有些国家的国内法规定,境外收款方对境内支付方公司的持股比例和/或持股时间符合一定条件的,可以适用较低的预提所得税税率或享受免征。这些条件可能包括以下一种或几种:① 持股达到一定比例。② 持股比例达不到,但持股金额达到规定的额度。③ 持股达到一定时间,一般在 1—2 年或以上,但也有的规定 1 年以下。另外,对支付利息、特许权使用费等,也有一些预提税减免情形,如支付给特定金融机构的利息。

此外,欧盟国家之间支付股息、利息及特许权使用费可以享受特殊的税务处理,如向符合条件的欧盟企业分配股息免予缴纳预提所得税。部分国家对向"避税天堂"国家企业支付的款项适用较高税率,如巴西、葡萄牙等。

仅从数量上看,采用 15% 预提所得税税率的国家数量最多,采用 20% 和 25% 税率的次之。具体情况如表 6-11 所示。

表 6-11 世界主要国家预提所得税税率[①](2017 年)   单位:%

国家(地区)	股 息	利 息	特许权使用费	备 注
阿根廷	0/35	15.05/35	21/28/31.5	
澳大利亚	0/30	10	30	
奥地利	25(非居民企业)/27.5(其他非居民)	0/25(奥地利银行存款利息)/27.5(奥地利债券利息)	20	符合欧盟法律规定给欧盟企业的付款可以免税
比利时	30	30	30	符合欧盟法律规定给欧盟企业的付款可以免税
巴 西	0	15/25	15/25	对"避税天堂"国家适用 25% 较高税率
加拿大	25	0(符合独立交易原则的利息)/25	0(艺术作品版权、专利、软件等特许权使用费)/25	
智 利	35	4/35	0/15/30	

---

① 表中的税率均为非协定税率。

(续表)

国家(地区)	股 息	利 息	特许权使用费	备 注
捷克共和国	15/35	15/35	15/35	对"避税天堂"国家付款按35%征税 符合欧盟法律规定给欧盟企业的付款可以免税
丹 麦	0/15/27	0/22	22	符合欧盟法律规定给欧盟企业的付款可以免税
爱沙尼亚	0	0	10	符合欧盟法律规定给欧盟企业的付款可以免税
芬 兰	20	0	20	符合欧盟法律规定给欧盟企业的付款可以免税
法 国	30/75	0/75	33.33/75	仅对非合作国家适用75%较高税率 符合欧盟法律规定给欧盟企业的付款可以免税
德 国	25	0	15	适用5.5%的附加税 符合欧盟法律规定给欧盟企业的付款可以免税
希 腊	15	15	20	符合欧盟法律规定给欧盟企业的付款可以免税
匈牙利	0	0	0	
冰 岛	18	10	20	向符合条件的欧洲经济区国家企业分配股息可免税
印 度	0	5(符合条件的外币信贷安排或债券利息等)/20	10	还将适用其他附加费、教育税费附加等
印度尼西亚	20	20	20	
爱尔兰	20	20	20	符合欧盟法律规定给欧盟企业的付款可以免税
以色列	25/30	24	24	
意大利	26	12.5(政府债券利息)/26	30	境外股东可依据取得股息在其所在国的缴税凭证享受11/26股息所得税退还。特许权使用费预提所得税税基为总额的75%,符合欧盟法律规定给欧盟企业的付款可以免税
日 本	15/20	0/15/20	20	还将适用2.1%的附加税

(续表)

国家(地区)	股息	利息	特许权使用费	备注
韩国	20	14/20	20	对来源于境内企业或政府发行债权产生的利息支出适用14%税率
卢森堡	0/15	0	0	向符合条件的欧盟/欧洲经济区企业、已签订双边税收协定的国家企业等付汇可免税
墨西哥	10	4.9/10/15/21/35	5/25/35	利息、特许权使用费支出的适用预提所得税税率取决于具体支付类型
荷兰	0/15	0	0	符合欧盟法律规定给欧盟企业的付款可以免税
新西兰	0/15/30	15	15	
挪威	25	0	0	向符合条件的欧洲经济区国家企业分配股息可免税
波兰	19	20	20	符合欧盟法律规定给欧盟企业的付款可以免税
葡萄牙	25/35	25/35	25/35	对"避税天堂"国家适用35%较高税率 符合欧盟法律规定给欧盟企业的付款可以免税
俄罗斯	15	20	20	
沙特阿拉伯	5	5	15	
斯洛伐克	7/19/35	19/35	19/35	对"避税天堂"国家付款按35%征税 符合欧盟法律规定给欧盟企业的付款可以免税 2017年1月1日开始征收股息预提税
斯洛文尼亚	15	15	15	符合欧盟法律规定给欧盟企业的付款可以免税
南非	20	15	15	
西班牙	19	19	19(其他欧盟/欧洲经济区国家企业)/24	符合欧盟法律规定给欧盟企业的付款可以免税
瑞典	0/30	0	22	向符合条件的欧盟企业付汇可免予缴纳预提所得税

比较税制

(续表)

国家(地区)	股 息	利 息	特许权使用费	备 注
瑞 士	35	0/35	0	符合欧盟法律规定给欧盟企业的付款可以免税
土耳其	15	0/1/10—18	20	
英 国	0	20	20	符合欧盟法律规定给欧盟企业的付款可以免税
美 国	30	30	30	

资料来源：转引自"世界税制现状与趋势"课题组编著的《世界税制现状与趋势》。

四、公司所得税税收优惠

目前各国公司所得税优惠政策比较相似，只是优惠的幅度和期限不同。

(一) 投资抵免

OECD 成员国和金砖国家通过投资抵免措施，鼓励企业淘汰落后的机器设备，促进技术进步，降低企业生产成本，增强其市场竞争力，从而实现刺激经济增长的长期目标。OECD 成员国中，半数以上制定了投资税收优惠的政策，如美国、荷兰、拉脱维亚、葡萄牙等。金砖国家中，4 个国家明确对投资给予税收优惠的鼓励政策，如俄罗斯、巴西、南非、中国。

各个国家根据本国的实际情况制定了不同的抵免措施，各国投资抵免企业所得税优惠政策设计主要侧重三个方面：投资额、抵免率和抵免期限。

1. 基于征管成本和兼顾税制公平，享受优惠的投资额度需达到限定要求

例如，荷兰投资额低于 2 300 欧元的企业不得适用投资抵免，投资额在 2 300—56 192 欧元的，投资抵免额为投资额的 28%；投资额在 56 192—104 059 欧元范围的，只能定额扣除 15 734 欧元（最低的级距线 56 192 欧元乘以 28% 的抵免率）。土耳其的最低投资额要求为 100 万里拉。

2. 实行有区别的投资抵免率

总的来看，各国制定的抵免率在 8%—65%，范围较为悬殊的原因是：对于一般性投资，各国抵免率通常在 10%—30% 的较小幅度范围内，但对于特定投资，一般是基于环境保护、生产力提高、经济模式转型等较为关键或亟待解决的问题，各国往往规定较高的抵免率。例如，卢森堡规定，企业的节能投资总额在一个财政年度内可以享受 55.5% 的抵免优惠；意大利企业对于住宿设施的更新改造、提高资源利用效率和增强抗震能力的投资，可以抵免投资额的 65%（抵免必须在 2 年内平均分摊使用）。在抵免率对比分析过程中呈现的另外一个特点是：各国往往依据投资额的高低制定不同的抵免率。比如葡萄牙规定，投资额不超过 1 000 万欧元的部分，抵免率为 25% 或 10%（依投资地点确定），投资额超过 1 000 万欧元的部分，抵免率只为 10%。

3. 各国对未抵免完的优惠部分,规定基本一致,都可结转以后年度扣除

这一规定主要是为使企业充分利用投资抵免的优惠,但各国在年限规定上存在差异。俄罗斯规定投资抵免期限不得超过5年;拉脱维亚规定未抵扣完的部分可以结转16个纳税年度扣除;西班牙规定一般投资抵免可结转15年抵扣,研究开发抵免可结转18年抵扣。

许多OECD成员国和金砖国家的投资抵免由"一般抵免"模式向"一般抵免+额外抵免"模式转变,如卢森堡规定企业可同时享受一般税收抵免和额外税收抵免,一般投资抵免额为资产价款的8%并在取得年度税前扣除,额外抵免为符合条件资产"额外投资"的13%在企业所得税税前扣除,投资抵免减税力度大。投资抵免适用范围有增无减,但材料审核更加严格。

此外,德国对未来资产准备金税前扣除进行了积极探索。德国规定,符合条件的企业按照更新资产未来购买或自建成本的40%提取的准备金可在税前扣除,在未来资产取得且按正常方法计提折旧时,企业需就该项投资已提取的准备金纳税,同时不能在规定时间内购置或自建的企业,提取的准备金应转回相关年度,计入应纳税所得额。

(二) 加速折旧

各国对于企业资产更新大多采取鼓励态度,且主要通过投资抵免、加速折旧、财政补贴等常规性优惠手段,其中加速折旧成为各国普遍采用的税收优惠政策。综合分析金砖国家和OECD成员国加速折旧的优惠政策发现,加速折旧的政策设计主要涉及三个方面:适用范围、折旧率和折旧年限、资产价值补偿(按规定将增加的资产取得价值作为计提折旧的基数)。

大多数国家的优惠政策主要集中在研发、建筑业、环境保护、节能减污、交通运输、能源供给、化学加工等方面,与投资抵免的范围相比明显较宽,限制条件也适当宽松。例如,墨西哥政府规定,在2016年及2017年从事基础设施建设、可持续使用的设备制造、交通运输以及能源供给的企业,可适用加速折旧的优惠。巴西规定,东北部地区及亚马逊地区的工业、农业、从事安装、现代化、扩大再生产及多元化发展项目的,可以享受加速折旧等优惠政策,该政策在2018年12月31日前有效。

各国税收优惠经过若干年的发展完善,制度更加优化,不再对所有资产规定单一的折旧率,而是以差别折旧率代替,即不同设备、行业适用不同折旧率。例如,比利时规定,取得新船的第一年折旧率为20%,第二年折旧率为15%,其余年份折旧率为10%;对除科学研究用建筑外的厂房和机械设备的折旧率为每年33.33%,芬兰规定,2013年1月1日及以后建造的用于生产的厂房和车间,年折旧率从7%提高至14%;用于生产的新机器设备,年折旧率从25%提高至50%。

大多数国家的政策设计都是对资产折旧率、资产年限进行规定,但也有国家通过增加资产价值、提高折旧基数的方式进行加速折旧。例如,意大利规定,在2018年6月30日前购买(或通过融资租赁获得的)符合条件的厂房、机器和设备的可折旧基数为购置成本的140%;2017年1月1日—2018年9月30日期间购买的符合条件的高科技固定资产,按照购置成本的250%进行加速折旧。不过,适用这一规定有额外限制,意大利适用该政策的企业需在一定期限前支付货款。

(三) 促进就业及可持续发展的优惠

近年来,以提高本国经济竞争力、促进就业及可持续发展为目的的税收优惠政策也有所强化。例如,韩国将降低失业率、刺激就业作为税制改革的重点之一。韩国税改前,规定范围内的49类行业(即正面清单管理)在进行促进就业方面的投资时,可以享受3%—9%的基本税收抵免;税改后,自2017年1月1日起,正面清单管理被负面清单管理替代,除了消费导向服务类企业(如酒店业、娱乐业等)之外,大多数符合条件的企业都可以享受这一基本税收抵免。在基本税收抵免基础上,税改前,韩国仅有正面清单中列出的42类行业可以就促进就业投资享受额外1%的税收抵免;税改后,除上述提及的部分消费导向服务类企业,大多数符合条件的企业都将可以享受这一额外的1%的税收抵免。

1. 对员工培训支出实行税收抵免

员工培训是提高在职人员素质的重要途径,各国鼓励员工培训的政策主要是培训支出的税收抵免,当然各国在抵免率的设置上存在差异。例如,卢森堡政府规定,对于企业符合法律、法规的雇员培训支出,企业可享受的抵免额为培训支出的14%;匈牙利对所有依法签订合同参加职业培训的学徒,公司可以按其最低有效工资的24%享受优惠扣除,如果是与学校签订合作协议开展的职业培训,优惠扣除比例为12%,通过职业考试的学徒和原来是失业人员、"失足"人员的学徒被实际雇用的,其12个月内的社会保障税可以双倍扣除;南非在《中小企业发展项目》(SMEDP)和《劳动技能扶持项目》(SSP)等税收激励项目中,对培训新员工的开支给予的现金补贴占开支总额的50%,对企业因扩展或运行新项目而发放的工资薪金给予的现金补贴占开支总额的30%。

2. 鼓励安置残疾员工

各国鼓励残疾员工就业的优惠方式主要有以下三种。

(1) 预提税的抵免。例如,墨西哥政府规定残疾雇员工资的预提税可享受应纳税额100%的税收减免。

(2) 依公司发放的残疾员工工资确定的抵免。例如,斯洛文尼亚雇主可扣除支付给残疾员工工资总额的50%—70%(根据雇员伤残等级或企业的残疾雇员数量确定适用比率),可扣减额不得超过计税基础。匈牙利对雇员少于20人且半数以上为残疾人的公司,其支付给员工的工资可以双倍扣除。

(3) 定额抵免,即对企业雇用的每一残疾员工规定定额的抵免额。例如,捷克共和国雇主可以按每名残疾雇员的抵免额减免其年度应纳税额,抵免额为18 000克朗或60 000克朗(视残疾雇员残疾程度或按兼职雇员的比例确定),该抵免额只能用来抵扣按一般税率计算应纳税额的企业。

3. 鼓励增加就业岗位和涨工资

各国为鼓励企业新增就业岗位,依据增加就业岗位的支出以及新雇用人员的工资制定税收优惠政策。例如,葡萄牙企业发生的创造固定就业岗位的相关支出,可以加计50%扣除;日本对增加雇员的合理抵扣额从2013年税收改革前的2万日元增加到税收改革后的4万日元,与基年相比发放工资额增加的企业(填写蓝色报税申请单),可用工资增加额的10%抵减税款;斯洛文尼亚雇用不满26周岁或超过55周岁的群体(在就业之前在斯洛文尼亚的就业部门登记失业超过 6 个月)的纳税人,可申请支付上述雇员工资额 45% 的税收补贴;匈牙利对雇员少于 5 人的小企业,如果年底没有欠税,就可以按照当年新增雇员人数乘以最低有效工资的 12 倍在税前扣除。

此外,节能环保作为促进可持续发展的重要因素,对各国税收政策制定的影响日益显著。例如,匈牙利在 2017 年对于提高能源效率进行的投资实行了新的税收抵免,符合条件的投资支出最高可抵免 30%。在墨西哥,自 2017 年 1 月起,对于电力交通工具的再充电设备的投资可享受 30% 的税收抵免。针对节能环保的税收优惠政策也不仅采用税收抵免的方式。如英国对于进行电力交通工具充电站投资的企业提供一年的免税期。

(四)扶持促进中小企业发展的优惠

在推行税改时,许多国家都十分注重税制政策对于中小企业发展的扶持作用,与此相关的税收优惠政策都以减轻中小企业税负为主要目标。比较常用的做法是对中小企业适用优惠税率。例如,加拿大 2018 年小企业的联邦企业所得税税率为 10%。各省在征收省级企业所得税时税率也有一定的差异,对于小企业税收优惠幅度也不同,2018 年联邦各省联合税率对小企业为 10%—18%。2019 年,加拿大小企业的联邦企业所得税率降至 9%。各省小企业的企业所得税率也有不同程度的下降,为 9%—15%。波兰自 2017 年 1 月起,针对中小企业增加一级税级,允许年营业额符合规定的企业适用 15% 的公司所得税优惠税率。葡萄牙也有类似的政策,对中小企业的应纳税所得额不超过 15 000 欧元的部分适用 17% 的优惠税率;同时,若中小企业位于内陆地区,其应纳税所得额不超过 15 000 欧元的部分适用税率将进一步降至 12.5%。荷兰提高了第一税级对应的年营业额标准,以扩大适用最低一级税率的中小企业的范围。

除了低税率外,一些国家还在税收征管等方面提供其他的优惠便利措施,以扶持中小企业发展。例如,新西兰革新税收征管制度,以减少中小企业税收合规性负担。部分国家,如比利时、意大利和波兰,用增加对天使投资人和风险投资人的税收优惠的方式,来刺激对于小规模公司的股权投资。除此之外,比利时还提高了生产性投资的扣除比例,尤其关注处于起步阶段或科技型的个体经营者和中小企业,这一举措旨在激励中小企业加大生产投入,并减轻其税收负担。

OECD 成员国和金砖国家针对中小企业发展提出的优惠政策可分为税收抵免、免税、税率优惠、加计扣除四种类型。

1. 税收抵免

法国规定,如果中小企业于 2021 年 1 月 1 日前在科西嘉岛进行生产经营投资可享受税收抵免优惠。中小企业和投资项目享受税收优惠,有具体的条件规定。该税收优惠政策的税收抵免额度相当于符合条件的投资成本或收购价格的 20%(符合条件的小企业为 30%)。企业投资者可以在投资当年度汇算清缴时,用该额度抵免其应纳企业所得税额。

匈牙利的中小企业可使用投资抵免,纳税人向金融机构贷款用于购置或者生产有形资产所产生的利息支出,可以抵免 60%,但最多不超过 600 万福林。此外,私营的中小企业可以将投入使用的资产的投资支出扣除,但最多不超过税前利润总额或者 3 000 万福林。

拉脱维亚的小企业可以减少企业所得税应纳税额的 80%（即企业享受 80% 的税收抵免），但应纳税所得额不超过在 SEZ 或 FP 地区注册成立公司累计投资额（包括不动产税的优惠额以及累计的直接税优惠额）的 55%。如果注册地在 SEZ 或 FP 且被归类为中型企业，则不得超过累计投资额的 45%。除上述两种类型外的企业，按规定不得超过累计投资额的 35%。中型企业享受的上述优惠总额不得超过累计投资额的 60%。小企业不得超过累计投资额的 70%。

韩国的中小企业、发展前景良好的企业可以适用特殊的税收优惠：投资储备、投资额的税收抵免以及税额减免。

2. 免税

法国近年来对创新型企业实行一项特定的税收优惠制度。该制度适用于同时符合下列条件的中小企业：① 个人股东持股 50% 及以上；② 企业开业已经有 8 年及以上；③ 企业年度发生的研发费用占可年度税前扣除支出总额的 15% 及以上。该制度规定，对于符合条件的创新型企业，可享受如下优惠：① 第一个盈利年度（连续 12 个月）享受 100% 减免企业所得税；② 第二个盈利年度（连续 12 个月）享受 50% 减免企业所得税。

南非政府根据《中小企业发展项目》(SMEDP) 和《劳动技能扶持项目》(SSP) 提供给企业的政府补助免征企业所得税。

比利时初创企业可保留 10% 或 20% 雇员代扣代缴的工资税；或对初创公司发放的利息贷款高达 15 000 欧元，且可免交 4 年的预提税。

3. 税率优惠

部分国家对中小企业合并重组实行优惠税率。土耳其政府在 2017 年 1 月 27 日，为鼓励中小企业间的合并出台了新税收优惠政策。该制度规定，从事制造业（持有行业注册证明）的中小企业在企业所得税法规定的范围内进行的合并所得，适用企业所得税低税率。吸收合并中小企业的企业取得的制造业所得可适用 3 年的所得税低税率优惠。企业吸收中小企业合并的所得，在合并完成时也可适用低税率。

葡萄牙对适用中小型微利企业假设扣除的企业，计算税额的方法为对企业合并以及相应的增资中（超过 200 万欧元）股东的现金出资额乘以 7% 的税率，此项计算的前提是企业的应纳税所得额非以间接方式核算，而且在连续 5 年内企业股本没有减少迹象。如果在前述期间股本减少，需按假设扣除额加上 15% 的数额调增企业所得税应税所得额。

4. 加计扣除

自 2017 年 1 月 1 日起，波兰的小型、中型企业发生的符合条件的研发支出的 150% 可在税前扣除。企业在满足以下条件后，在从事研发活动的第四年可享受额外的研发费用支出 50% 的扣除：① 连续从事研究开发活动超过三年；② 每年研发费用支出呈有规律的增长状态；③ 企业第四年的研发费用支出超过前三年经营期间年平均支出的 50%。2017 年之前，小型、中型企业从事研发活动的雇员工资以及相关的社会保障费按发生支出的 120% 在税前扣除。

日本企业如果采取与实验机构、研究机构、大学等合作的方式进行创新活动，可享受特殊研究支出的 20% 或 30% 的加计抵免优惠。

(五) 鼓励研发与创新的优惠

研究与开发一直被认为是经济增长的重要驱动力。在全球经济徘徊低迷的情况下,各国纷纷加大研发创新力度,促进经济转型升级。OECD 公布的最新数据显示,2017 年该组织已经有 30 个成员国实施了鼓励企业开展研发活动的税收优惠政策,比 2000 年时的 16 个成员国有了大幅提高。

随着创新对于企业和市场的重要性逐渐显现,各国在出台鼓励创新的公司所得税优惠政策上可谓不遗余力:美国、法国、日本等国家主要对企业研发投入实行税收抵免;英国、匈牙利、印度、巴西等则采用加计扣除的方式;英国、法国、澳大利亚、加拿大等国还对研发费用给予加强优惠,比如提高加计扣除比例或者抵免比例。近年来,许多国家进一步完善或出台了鼓励研发以及与知识产权相关活动的税收优惠政策,旨在继续鼓励企业加大创新投入,从而不断推进市场乃至社会经济的整体发展。

一方面,一些国家通过提高抵免比例、延长研发抵免优惠的适用时间等措施,优化了现有的研发抵免条款。例如,奥地利自 2017 年 7 月起,研发抵免比例由 12% 提高至 14%;墨西哥自 2017 年 1 月起,对研发活动投资费用给予 30% 的研发抵免;意大利将研发抵免优惠政策延长至 2020 年,同时将超过 2012 年、2013 年和 2014 年纳税年度平均研发支出的部分的抵免比例提升至 50%,年度抵免限额也由 500 万欧元提升至 2 000 万欧元。

另一方面,一些国家针对知识产权相关所得采用了优惠的所得税率。在爱尔兰,自 2016 年 1 月起,符合条件的研发活动形成的知识产权资产取得的所得适用 6.25% 的公司所得税优惠税率,在以色列,若企业属于全球收入大于 25 亿美元的大型集团,其取得的与知识产权相关的收入和未来出售知识产权的资本利得适用 6% 的公司所得税优惠税率。印度从 2016/2017 纳税年度起开始实施"专利盒"制度,合法纳税人就其在印度开发并注册的专利所获得的特许权使用费收入总额按 10% 的税率计税。

五、BEPS 行动计划

伴随着经济全球化及各种生产要素的自由流动,世界各国正逐步发展为一个有机的整体,国际税收竞争与合作并举,国际税收规则正在重塑。为应对日趋严重的跨境逃避税造成的税基侵蚀和利润转移(BEPS)等税收流失问题,2013 年 6 月,OECD 首次发布《BEPS 行动计划》,并于当年 9 月在 G20 圣彼得堡峰会上得到各国领导人背书。BEPS 项目由 34 个 OECD 成员、8 个非 OECD 的 G20 成员和 19 个其他发展中国家和地区,共计 61 个国家和地区共同参与。BEPS 行动计划旨在修改国际税收规则,同时遏制跨国企业规避全球纳税义务、侵蚀各国税基的行为。BEPS 行动计划的目标是:关注企业利用各税制差异造成的缝隙所产生的多重不征税的问题,着重修正在特定地区取得的利润和在该地区实质经营活动不匹配的现象。BEPS 行动计划致力于建立一套有广泛共识的国际税收规则,在保护税基的同时为纳税人提供更多的确定性与可预见性。

自 2013 年《BEPS 行动计划》发布之后,OECD、G20 及世界各国都在不断推进、落实 BEPS 行动计划。2013 年 9 月,G20 圣彼得堡峰会承诺将实施自动情报交换以提高税收透明度。2014 年 7 月,OECD 对外发布了金融账户涉税信息自动交换标准并在同年 G20 布里斯班峰会通过。2015 年，OECD 正式发布 BEPS15 项行动计划的研究成果，并审议批准通过。2016 年、2017 年，OECD 又陆续发布 BEPS 行动计划的后续研究报告及相关行动计划的操作指引。各国在落实 BEPS 行动计划最低标准的同时，也推出了一些单边措施。

《BEPS 行动计划》15 项行动计划包括《应对数字经济的税收挑战》《消除混合错配安排的影响》《制定有效受控外国公司规则》《对利用利息扣除和其他款项支付实现的税基侵蚀予以限制》《考虑透明度和实质性因素，有效打击有害税收实践》《防止税收协定优惠的不当授予》《防止人为规避构成常设机构》《无形资产转让定价指引》《衡量和监控 BEPS》《强制披露规则》《转让定价文档和国别报告》《使争议解决机制更有效》《开发用于修订双边税收协定的多边工具》。

BEPS 最终成果的实施需要修订税收协定范本，并把这些修订引入到各国签订的双边税收协定中。目前，超过 3 000 个双边税收协定的庞大数量导致更新协定体系的工作繁重且费时，限制了各国达成共识的效率。有鉴于此，BEPS 第 15 项行动计划提出制定多边工具以迅速修订现有的税收协定。历经一年多的数轮谈判，《实施税收协定相关措施以防止税基侵蚀和利润转移（BEPS）的多边公约》（以下简称多边工具）最终于 2016 年底出台。多边工具对某一特定的被涵盖税收协定的修订的生效时间，不仅取决于国内批准程序，还需要考虑其在缔约国另一方的生效时间。

在国际税收透明领域，为有效打击跨境逃避税，OECD 于 2014 年 7 月发布了统一报告标准（Common Reporting Standard，CRS），要求金融机构识别和报送外国居民的账户信息，并将信息批量报送给税务机关，由各国税务机关之间互换，从而使每个国家税务机关都能掌握本国居民在海外金融账户中的资金相关信息，作为税收征管和稽查的信息来源。截至 2018 年 1 月，已有超过 100 个国家或地区承诺实施 CRS，其中 98 个国家及地区签订了《金融账户涉税信息自动交换多边主管当局协议（CRS MCAA）》，正式加入金融账户涉税信息自动交换中。

此外，欧盟也致力于积极推动 BEPS 行动计划的实施，旨在通过推进 BEPS 行动计划，形成一个高效、统一的反避税系统。例如，针对 BEPS 第 12 项行动计划，欧盟委员会于 2017 年 6 月颁布草案，修改关于跨境安排的税务信息强制披露和交换的指引（2011/2016/EU 指引）。就 BEPS 第 14 项行动计划，欧盟理事会于 2017 年 10 月通过了关于税收争议解决机制的新欧盟指令，更加注重纳税人权益，并要求欧盟成员国须最晚于 2019 年 6 月 30 日前实施该项欧盟指令。

通过 BEPS 行动的国际合作，发展中国家在国际规则的制定和形成过程中的参与权和话语权逐步提升，但限于发展中国家对于国际税收规则创新研究薄弱和自身影响有限，国际合作的宽度和深度仍有待加强。

目前，大多数参与 BEPS 行动计划的国家都在努力推进行动计划的落实，并结合自身国情，积极推进 BEPS 行动计划成果在本国落地。从趋势来看，各个国家推进 BEPS 行动的举措主要集中在应对混合错配安排、利息扣除限制、转让定价和信息披露等领域。BEPS 行动计划影响了各国税务机关，使其在行为上作出了实质性的转变。BEPS 行动计划必将在今后一个时期引领国际反避税的发展趋势。

第三节 公司所得税发展趋势

在经济全球化的背景下,各国通过下调税率与扩大税基并举,出台鼓励研发创新、促进可持续发展和扶持中小企业的优惠政策,以及在OECD的BEPS行动计划指引下深化国际合作、打击逃避税等方式综合施策,进行了一系列税制改革。改革既以筹集财政收入为目标,又旨在增强本国国际竞争力,进而促进经济增长。

一、法定税率仍呈下降趋势且趋于接近

OECD数据显示,OECD成员国平均法定税率由2000年的32.2%锐减至2017年的22.3%[1],并呈下调趋势。长期来看,全球的公司所得税税率还存在继续下降的可能性,尤其是在美国税改法案立法生效之后。

美国前总统特朗普于2017年12月22日签署了《减税与就业法案》,拉开了美国税改大幕。其中公司所得税税率由35%降至21%。美国是世界第一大经济体,其税率的大幅下降,必然带动其他经济体降低税率。虽然各国企业所得税税率一直呈现下降趋势,但是美国降低税率将会加速这一趋势。

2017年,欧盟成员国继续将降低税率作为税制改革的核心。5个成员国在2017年降低了本国的公司所得税的最高边际税率:克罗地亚、匈牙利、意大利、斯洛伐克和英国。有4个国家已经宣布或将按照计划进一步削减本国的公司所得税税率:爱沙尼亚、法国、卢森堡和英国。

现在大多数国家和地区的税率水平介于15%—25%,这种趋同性反映了各国经济的相互依存和相互融合。在经济全球化的情况下,各国所得税负的较大差距会诱使跨国纳税人逃避税收的活动加剧;而世界所得税负不断趋同的情况下,跨国纳税人逃避税收所获利益的差异会缩小,就可以有效抑制其避税行为,有利于经济资源的正常流动,进而推进全球化经济的健康发展。[2]

二、通过扩大税基增加税收收入

许多国家近年推出的税制改革通过扩大税收优惠范围及加大税收优惠力度收窄了税基;同时,一些国家近年来陆续出台政策,通过限制企业亏损的结转以达到扩大税基、保障或增加政府财政收入的效果。如美国税改提出自2018年起对亏损限额加以限制,同时只允许无限期向后结转,不允许向前结转,旨在扩大税基,缓解税率降低带来的财政赤字冲击。类似地,部分欧洲国家也出台了限制亏损冲抵的措施。如西班牙规定对于所得不少于6000万

---

[1] 资料来源:OECD数据库(更新至2017年4月)。
[2] 刘晓凤.公司所得税的国际比较与借鉴[J].当代经济管理,2010(7):93-97.

欧元的企业,其允许冲抵的亏损最高不得超过应纳税所得额的25%,对于所得在2 000万—6 000万欧元的企业,该限额为应纳税所得额的50%。卢森堡以前允许亏损无限期向前结转,现在增加了一个17年的亏损结转时限。挪威在2017年取消了对企业购置用于投资的机器设备可在第一年享受折旧优惠的政策,此举措同样扩大了公司所得税税基,能够较大程度地弥补挪威政府因降低公司所得税税率导致的税收收入的减少。另外,亚洲国家在此方面也有类似措施出台。日本在2016年将允许冲抵的亏损的最高限额由应纳税所得额的65%降至60%,随后在2017年又将此限额降低至55%。韩国提出非居民企业亏损冲抵限额为应纳税所得额的80%,从而与居民企业亏损的冲抵规则保持一致。

三、优惠政策更集中于科技创新、中小企业及特定领域

近年来,在普遍降低税率的同时,为了尽可能减少政府的公司所得税收入的下降和防范所得税优惠政策的滥用,各国开始重视税收优惠政策的清理,即减少普惠性的优惠,将优惠重点转向实现特定的政策目标。各国充分运用税收优惠政策发挥宏观调控作用,鼓励创新和引导产业,税收政策的产业引导功能日益突出,税收优惠政策逐渐趋同,主要集中在三个方面。

(1) 加大研发创新的税收优惠力度,鼓励研发投入。
(2) 加大支持就业与节能环保的税收优惠力度,促进可持续发展。
(3) 加大对中小企业的税收优惠力度,扶持中小企业发展。

四、各国积极落实BEPS行动计划

目前,大多数参与BEPS行动计划的国家都在努力推进行动计划的落实,并结合自身国情,积极推进BEPS行动计划成果在本国落地。从趋势来看,各个国家推进BEPS行动的举措主要集中在应对混合错配安排、利息扣除限制、转让定价和信息披露等领域。欧盟也在积极推动BEPS行动计划的实施,旨在形成一个高效、统一的反避税系统。2017年6月7日,多边工具的首次联合签字仪式在法国巴黎的OECD总部举行,68个国家(地区)的政府代表共同签署了多边工具,实现了税收协定历史上规模最大、范围最广的一次多边合作与协调。

第四节　借鉴与完善我国的企业所得税

一、我国企业所得税制的历史沿革

(一) 改革开放初期,两种外资企业所得税和三种内资企业所得税并存

1. 工商税

1950年,政务院公布了《工商税暂行条例》。在"工商税"中包括了"依所得额计算

的部分",没有建立独立的企业所得税。由于国家对国营企业实行利润上缴制度,不征收企业所得税。所以《条例》只规定私营企业和城乡个体工商户要依法缴纳企业所得税。1958年税制改革时,将工商税中所得税改成一个独立的企业税种,称为"工商所得税",主要对集体企业征收。工商税同时也与其他税种合并为"工商统一税"。1973年税制改革时,把企业缴纳的工商统一税等税种合并为"工商税"。经过这次改革,对国营企业只征收工商税,对集体企业只征收工商税和所得税。

2. 外国企业所得税

1978年12月党的十一届三中全会召开后,我国进入了一个新的历史时期,党的工作重点转移到了以经济建设为中心上来。为了将吸引外资与维护国家税收利益结合起来,我国率先建立了涉外税法体系。

1980年9月10日,第五届全国人民代表大会第二次会议审议通过了《中华人民共和国中外合资经营企业所得税法》,决定从1981年起对在中国境内的中外合资经营企业及其分支机构的生产经营所得和其他所得,征收"中外合资经营企业所得税"。1981年12月3日,第五届全国人民代表大会第四次会议又通过了《中华人民共和国外国企业所得税法》,决定从1982年起对在我国境内开办外商独资企业和中外合作生产企业中的外商,征收"外国企业所得税"。

3. 国营企业所得税

为了理顺国家与国有企业的分配关系,逐步扩大国有企业自主权,调动国有企业的积极性,我国于1983年和1984年推行了两步"利改税"改革,将国有企业长期以来向国家上缴利润的形式改为征收企业所得税。在两步"利改税"的基础上,1984年9月18日,国务院发布了《中华人民共和国国营企业所得税条例(草案)》,决定开征"国营企业所得税",这标志着国家与国营企业的分配关系以法律的形式初步规范下来。

4. 集体企业所得税

1984年国营企业实行"利改税"后,"工商所得税"已名不副实。根据集体企业的发展状况和经济体制改革的要求,国务院于1985年4月颁布了《中华人民共和国集体企业所得税暂行条例》,对城乡集体企业的生产经营所得和其他所得征"集体企业所得税"。

5. 私营企业所得税

私营企业是建国初期我国企业所得税的主要纳税人。1958年社会主义改造完成后,私营企业不复存在。改革开放以来,国家明确了"私营经济是社会主义经济的补充",采取了鼓励私营经济发展的政策,我国私营经济因而得以迅速发展。为了加强对私营企业的管理,引导私营企业健康发展,1988年6月,国务院发布了《中华人民共和国私营企业所得税暂行条例》,决定开征"私营企业所得税"。

(二) 20世纪90年代,统一的外资企业所得税和统一的内资企业所得税

1. 外资企业所得税的统一

《中外合资经营企业所得税法》和《外国企业所得税法》实施10年中,对吸引外资起到了积极作用。随着我国经济对外开放的力度加大,两部外资企业所得税法已经不能适应多渠道、多方式引进外资和国外先进技术的需要。主要问题是税率、优惠政策不统

一,税收负担差别大,税制不规范。1991年4月9日,经七届全国人大四次会议通过,在合并原《中外合资经营企业所得税法》和《外国企业所得税法》的基础上,我国公布了《中华人民共和国外商投资企业和外国企业所得税法》,并于同年7月1日起实施,由此实现了外资企业所得税的统一。

2. 内资企业所得税的统一

在内资企业所得税制方面,"国营企业所得税""集体企业所得税"和"私营企业所得税"三税并存,税收负担不同,税款计算征收也不规范。随着经济进一步发展和经济体制改革的深化,特别是随着社会主义市场经济改革目标的确立,这种所得税制的矛盾与问题越来越多。为了"公平税负,促进竞争",建立适应社会主义市场经济发展要求的内资企业所得税制,在取得试点经验的基础上,国务院于1993年12月13日颁布了《中华人民共和国企业所得税暂行条例》,将对内资企业征收的"国营企业所得税""集体企业所得税"和"私营企业所得税"合并统一为一个"企业所得税",并于1994年1月1日开始实施。我国对个人独资企业和合伙企业开始也征收企业所得税,但从2000年1月1日起,个人独资企业和合伙企业改按"个体工商户的生产经营所得"征收个人所得税。

(三) 21世纪初,内外统一的企业所得税

我国《外商投资企业和外国企业所得税法》和《企业所得税暂行条例》在实际税率、税前扣除标准、税收优惠等方面均存在差异。尽管这些差异曾经为改革开放、吸引外资、促进经济发展作出了重大贡献,但随着我国经济的发展和加入世贸组织,这种税收制度已经不适应新形势的要求。由于内资企业的实际税负远远高于外资企业,内、外资企业不是站在同一起跑线上公平竞争,从而阻碍了市场经济的健康发展。为适应经济社会发展的新形势,给各类企业创造公平竞争的税收环境,根据党的十六届三中全会"统一各类企业税收制度"的精神,2007年3月16日,第十届全国人民代表大会第五次会议审议通过了《中华人民共和国企业所得税法》,自2008年1月1日起施行。

二、我国现行企业所得税的立法原则

企业所得税是处理国家和企业分配关系的重要形式。税收制度设计得合理与否,不仅仅只是影响企业负担和国家财政收入,更重要的是还关系到国家整体经济的持续发展。因此,企业所得税法规在制定过程中,应遵循以下原则。

(一) 税负公平原则

企业所得税是处理政府与企业分配关系的主要税种之一,如何分配企业创造的新价值,税负公平就显得十分重要。从宏观而言,既要保证政府财政收入的必要,又要适应政府利用税收调节经济的必要,也就是说既要保证政府的财政收入,又不影响企业生产经营的积极性。从微观而言,企业与企业要公平,行业与行业要公平,除特殊规定外,所有的企业税负都要相等。因此,新企业所得税法统一了税率、统一了税前扣除标准、统一了税收优惠政策。

(二) 科学发展观原则

征收企业所得税不仅要理顺政府与企业的分配关系,更重要的是要有利于国家整

体经济长时期地持续发展。因此,企业所得税法规的制定要有利于资源的合理运用,有利于生态平衡,有利于环境保护。

(三) 发挥调控作用原则

如何利用企业所得税的规定来调节经济,是非常值得研究的重要问题。由于我国地域广阔,经济发展很不平衡,地区间差距大,行业间差距大,经济结构不合理,技术进步迟缓等,都需要企业所得税法规给予调节。

(四) 参照国际惯例原则

企业所得税是国际上普遍征收的一个税种,虽然各国对该税种的命名有所不同,但本质上没有太大的差别。随着我国对外开放政策的不断扩大和世界经济一体化的快速发展,向我国政府缴纳企业所得税的主体就不仅仅是国内企业,还涉及诸多外国企业。因此制定企业所得税法规时,就必须考虑国际上的普遍做法。

(五) 有利于征管原则

企业所得税是所有税种中计算最复杂的税种,它涉及企业一个纳税年度内的所有收入、成本和费用,以及除企业缴纳的企业所得税和准许抵扣的增值税以外的所有税金的扣除。在征管过程中,稍有不慎就可能发生错误。因此在制定企业所得税法规时,要尽量做到简单、易懂、利于操作和执行。

三、我国现行企业所得税法的主要内容

2007年3月16日,第十届全国人民代表大会第五次会议审议通过了《中华人民共和国企业所得税法》,自2008年1月1日起施行,并于2018年进行了修订。

《企业所得税法》统一了内、外资企业所得税法并适用于所有企业;将企业所得税税率统一为25%(对小型微利企业实行20%的照顾性税率);统一并规范了税前扣除范围和标准、税收优惠政策、税收征管要求。《企业所得税法》还根据国际通行做法,选择了地域管辖权和居民管辖权相结合的双重管辖标准,把纳税人分为居民企业和非居民企业,并分别确定了不同的纳税义务,居民企业承担全面纳税义务,就来源于我国境内、境外的全部所得纳税;非居民企业承担有限纳税义务,只就来源于我国境内的所得纳税。

(一) 纳税人

在中华人民共和国境内取得收入的企业和组织,为企业所得税的纳税人(不包括个人独资企业和合伙企业)。

实行法人所得税制度是新的企业所得税法的重要内容,也是促进我国社会主义市场经济进一步发展和完善的客观要求。新《企业所得税法》规定,不具有法人资格的营业机构应实行法人汇总纳税制度。

(二) 税率

新企业所得税法将法定税率定为25%,同时对小型微利企业实行20%的照顾性税率。据统计,全世界159个实行企业所得税的国家和地区平均税率为28.6%,我国周边18个国家和地区的平均税率为26.7%。与国际相比,我国企业所得税税负水平属于适

中偏低。

(三) 应纳税所得额

企业每一纳税年度的收入总额,减除不征税收入、免税收入、各项扣除以及允许弥补的以前年度亏损后的余额为应纳税所得额。企业应纳税所得额的计算,以权责发生制为原则。

(1) 收入总额包括以货币形式和非货币形式从各种来源取得的收入。《新企业所得税法》明确规定了不征税收入和免税收入。

(2) 准予扣除的支出。企业实际发生的与取得收入有关的、合理的支出,包括成本、费用、税金、损失和其他支出,准予在计算应纳税所得额时扣除。

企业发生的支出应当区分收益性支出和资本性支出。收益性支出在发生当期直接扣除;资本性支出应当分期扣除或者计入有关资产成本,不得在发生当期直接扣除。企业的不征税收入用于支出所形成的费用或者财产,不得扣除或者计算对应的折旧、摊销扣除。

《企业所得税法》统一了工资薪金、研发费、捐赠、广告费等税前扣除标准,体现了公平税负原则,其中最主要的是企业工资的据实扣除和公益性捐赠扣除标准的提高。

(四) 资产的税务处理

企业的各项资产,包括固定资产、生物资产、无形资产、长期待摊费用、投资资产、存货等,以历史成本为计税基础。企业持有各项资产期间资产增值或者减值,除国务院财政、税务主管部门规定可以确认损益外,不得调整该资产的计税基础。固定资产、生产性生物资产按照直线法计算的折旧,准予扣除。无形资产按照直线法计算的摊销费用,准予扣除。企业使用或者销售的存货的成本计算方法,可以在先进先出法、加权平均法、个别计价法中选用一种。计价方法一经选用,不得随意变更。

(五) 亏损的弥补

(1) 企业在汇总计算缴纳企业所得税时,其境外营业机构的亏损不得抵减境内营业机构的盈利。

(2) 企业纳税年度发生的亏损,准予向以后年度结转,用以后年度的所得弥补,但结转年限最长不得超过五年。

(六) 税收优惠

税收优惠方式包括免税、减税、加计扣除、加速折旧、减计收入、税额抵免等。

四、国际趋势下我国企业所得税进一步完善的对策

(一) 降低企业所得税税率

随着世界各国企业所得税税率的调整,我国的企业所得税税率已无明显的竞争力。建议适时调整,降低企业所得税税率,以降低企业负担,激发经济活力,提高税制竞争力。

(二) 完善企业所得税优惠政策

(1) 完善小微企业税率式减免,加大扶持力度,支持"大众创业、万众创新"。

(2) 完善鼓励研发和科技创新优惠政策,加大对企业研发活动和科技成果转化等方面给予的税收优惠力度,从提升产业链、鼓励补短板角度出发,积极促进企业"创品牌"。

(3) 适时出台高科技企业加速折旧优惠政策。

(三) 强化征管

(1) 拓宽税基。主要是更加明确费用扣除项目和标准。

(2) 强化征管。我国需要根据国情改革和完善企业所得税管理,维护我国税收的主体利益。特别是要加强反避税国际合作,通过对税收原则、税制设计以及税收征管制度的国际协调,堵塞各国税制差异带来的税收漏洞。

本 章 小 结

公司所得税是对公司就其一定时期的经营收入减除必要的成本费用后的余额征收的一种所得税。严格意义上的公司所得税是对法人征收的。起源于英国早期的商业活动,随着西方国家经济的发展和理论的研究,它已成为一个成熟的税种。

基于同一经济渊源基础上所形成的公司所得税与个人所得税的关系,公司所得税可分为两大类:以实质法人说为理论基础的独立课税论和以拟制法人说为理论基础的合并课税论。其中合并课税论包括公司利润的合并与股利所得的合并,公司利润的合并又包括合伙法与卡特尔式完全合并制,股利所得合并包括双轨税率制、股利支付减除法、股利所得扣除法、股利所得免税法及混合制。

各国公司所得税制度的设计各有千秋,在存货计价、资产折旧、资本利得、亏损结转、税率水平方面都有所不同,我国在完善企业所得税时可以借鉴其他国家的有益做法,以适应经济发展的要求。

关 键 词

公司所得税　独立课税论　合并课税论

复习思考题

1. 对公司所得课税的理论基础研究存在哪些观点?

2. 基于公司所得税和个人所得税的关系,公司所得税可分为哪些类型,其基本内容是什么?

3. 从各国公司所得税税率设计情况看,我们可以得出什么启示?

4. 简述我国现行《企业所得税法》的主要内容,你认为应如何进一步完善?

第七章 社会保障税比较

社会保障税(又称社会保险税)是当今世界上绝大多数国家(迄今172个国家或地区开征)用于筹集社会保障所需资金的一种税或税收形式的缴款。它最早产生于美国,第二次世界大战后得到迅猛发展。本章通过对世界各国社会保障税制度的比较研究,为我国社会保障制度的改革,特别是为建立一套科学、完善的社会保障资金筹措制度提供可资借鉴的经验。

第一节 社会保障税的形成与发展

一、社会保障的形成历史

所谓社会保障,是指国家依据一定的法律和法规,在劳动者或全体社会成员因年老、疾病、丧失劳动能力以及遇到其他诸项社会困难时,向其提供基本生活保障或帮助而建立的一种社会制度。一般来说,社会保障经历了以社会救助为萌芽形式,社会保险为基本内容,社会福利是其完成形式,医疗保健服务普及化四个阶段,其内容日渐丰富起来。概括起来,社会保障包括社会救助、社会保险、社会福利三个部分。

社会保障最早产生于工业革命后的西方国家,但它作为一个理想,或是作为一种社会事业是自古即有。自古人们就憧憬安居乐业,长治久安,过上一种生活、劳动均有保障的日子。为此,东西方文化先后出现了诸如"理想国""大同世界""乌托邦"等美好构想。但在当时条件下,生产力水平低下,要建立覆盖全社会的保障体系是不可能的。劳动者遇到各种风险时只能靠家庭成员的帮助,实行家庭保障。

18世纪60年代爆发的欧洲工业革命给社会带来了巨大的冲击,机器大工业代替了工场手工业的生产方式,物质资料生产的社会化彻底摧垮了以家庭为基本生产单位的自然经济基础。社会化大生产取代手工生产方式后,建立全社会范围的保障体系才具有了可能。一方面,社会化大机器生产冲破了传统家庭固有的束缚,生产成了社会化行为,家庭的原有功能变得越来越薄弱,逐渐让位于社会的各个职能部门。另一方面,以物质资料扩大再生产为内涵的新型经济结构中,作为生产要素之一的劳动力也走上社会化的道路。实现劳动力扩大再生产所需的各种条件及费用支出,一方面靠劳动者的工资收入,另一方面靠国家提出新的社会政策。为了确保劳动力扩大再生产以适应现代经济发展的客观需要,有必要建立社会保障制度,以保障劳动力扩大再生产的进程不致中断或受阻。

当然,资本主义经济运行的自身特点也向社会保障制度的产生提出了要求。随着经济危机周期性地爆发,失业率提高,劳动者的生活失去来源,在这种情况下,社会保障制度作为一种保障劳动者遇到失去生活来源的风险仍能获得基本保障的社会安全体系便应运而生。

二、社会保障制度的产生、发展

西方国家的社会保障理论基础是福利经济学和福利国家理论以及新古典综合派的市场失灵理论。系统的福利经济学和福利国家理论到20世纪20年代才有,但福利的思想早在18世纪德国官房学派尤斯蒂就提出了。19世纪的德国历史学派鉴于德国当时的现状,主张通过社会改良,把税收当作实施社会政策的工具,通过税收特别征收累进所得税进行财富重新分配,推行劳动保险,改善工人的生产生活条件。社会政策理论成为德国首相俾斯麦首创社会保险制的理论依据。不过对福利问题作出系统的理论研究首推英国著名经济学家A.C.庇古,庇古以边际效用价值论为理论基础,认为实际收入的边际效用是递减的,一个人的收入越多,货币收入的边际效用越小,收入越少,货币的边际效用越大,因此,将货币收入从富人那里转移一些给穷人,可以增加货币的边际效用,从而使社会总福利增加。庇古还具体讨论了向穷人转移收入的措施。一类是直接转移,就是举办社会保险或社会服务设施,另一类是间接转移,例如对生活必需品、工人住宅、公用事业等给予财政补贴,以降低产品或服务价格,使穷人受益,庇古也注意到收入转移可能对经济效率有影响,因此,他反对实行施舍性救济类的收入转移,认为对有能力而不工作者不应当给予补贴,他也不同意实行普遍的养老金制度或按最低收入水平给穷人的普遍补贴制度,认为这样做会产生懒惰和浪费,减少国家财富的产生。

第二次世界大战结束后,"福利国家"论在西方国家广泛流行。"福利国家"是包括国民收入再分配、转移支付、消灭物质方面的无保障与匮乏贫穷等现象,达到充分就业等社会经济政策的统称。社会保险、失业救济、卫生保健、家庭补助、养老金以及住房建筑、教育等社会福利措施是"福利国家"的重要支柱。

当代西方经济学家还从市场失灵角度说明社会保险的必要性。认为社会保险的存在根源于私人保险市场存在某些"市场失灵"问题(而这主要由风险的不确定性产生)。私人保险市场无法解决风险的不确定性与盈利性及契约稳定性的矛盾,也无法解决保险行为的长期性与私人保险企业尽快收回资本的短期性的矛盾,而通过国家组织实施老年退休保险、疾病保险、伤残保险等可以在全社会范围内调剂保险费的余缺,在全社会范围或在较长时期达到风险与利益的对等。

基于理论的指导,19世纪80年代社会保障开始制度化。最早实行比较全面的社会保障是俾斯麦执政时期的德国。1881—1927年,德国先后建立了工伤、疾病、残障、老年和失业保险,从此,社会保险形成一套完整的体系。

继德国之后,西欧和北欧各资本主义国家,如丹麦、挪威、芬兰、意大利、英国、法国、奥地利、荷兰、瑞士、瑞典、比利时等,从19世纪80年代后半叶开始,也先后建立了带有

比较税制

强制性的社会保险体系。步西欧、北欧国家后尘，20世纪30年代，美国也开始实施社会保险制度，并以颁布《社会保障法》作为先声。美国最初的社会保障制度包括老年社会保险、失业社会保险、盲人补助（仅限于贫穷的盲人）、老年补助（仅限于贫困的老人）、未成年人补助（仅限于失去双亲，出走或残病而无人抚养的儿童少年）。

20世纪中叶后，社会保障制度进入了新的发展阶段，其标志是"福利国家"纷纷涌现，"普遍福利"政策广泛实施。1945年英国大选之后，以艾德礼为首的工党政府颁布了一系列重要的社会立法：1946年的国民保险法、国民医疗保健法、住房法和房租管制法，1948年的国民救济法。这些法案施行后，又加上历年来的补充修改，英国建立起一套名副其实的"从摇篮到坟墓"的社会保障体系。继英国之后，其他西欧、北欧国家，北美洲和大洋洲发达国家，亚洲发达国家也都先后宣布实施"普遍福利"政策。在此期间，随着社会福利事业的兴旺发达，社会保险和公共医疗保健活动更为加强，社会优抚工作也因二次世界大战造成的伤残、牺牲而广泛开展起来。社会保障制度得到充分发展，成为发达国家和地区的一大特色，走上工业道路的发展中国家也纷纷仿效，着手颁布和推行各自的社会保障制度，社会保障制度成了全球的共同举措。

但是"普遍福利"政策也带来了许多弊端。进入20世纪70年代后，标准过高的社会福利，超越了国家经济实力的社会保障，使发达国家的社会保障制度陷入危机境地，财政支出开始捉襟见肘，社会保障支出过度膨胀，经合组织在社会福利方面的开支占GDP的比重平均为25%，占公共总支出的比重为60%。据欧盟统计局公布，欧盟国家在2003、2004、2005年用于社会保障的支出占GDP的比重分别为27.4%、27.3%和27.2%，福利国家这一指标甚至超过了30%。另一方面，社会保障管理效率不高，机构臃肿，劳动者产生了依赖和懒惰情绪，造成经济效率的低下。弊端丛生的社会保障制度，迫使发达国家走上了改革社会保障的道路。

英国自1997年以来，一直进行一系列谨慎而富有成效的改革，包括：改革失业保障体系，要求有劳动能力的人养活自己；改革医疗制度，提出"让竞争者出门，让合作者进门"的新思路；改革养老保险体系，继续加强民众的自我负责精神和扩大私人养老保险，恢复实行最低工资制度等。这些措施为英国摆脱福利国家的困扰迈出了关键的一步。从各国的改革来看，各国越来越趋向于调整政府对社会福利所承担的责任，削减福利支出，以不损害国民经济效率、不违背市场经济制度为原则，建立更加灵活务实的社会保障制度。

三、社会保障税的开征及发展

社会保障税（social security tax）也译成社会保险税，或称社会保障缴款。有的国家薪给税与社会保障税是作为一个税种征收的，前者与后者的性质并通；有的国家既征社会保障税，也征薪给税，两税的基本特征也较接近；也有的国家征收薪给税，指的却是按工薪收入预提的个人所得税。在欧洲国家，社会保障税采用社会保障缴款形式。社会保障缴款虽然并不称作税，但它与税却具有共同特征，欧洲国家普遍强征工薪阶层和企业交纳的保障缴款，而且该款被直接纳入预算，只能专款专用，实际上类似我国的基金收入。另一方面该缴款的征收同样由税务局代征，缴款数额亦由相关法律来确定，只是款项的使用被财政直接划拨给社会保障机构。

社会保障税是当今世界各国所得课税体系中的一个重要组成部分,但历史却很短,它在世界范围内迅速兴起和发展有其深刻的经济原因。

20世纪30年代,爆发了世界性经济危机,许多国家陷于停滞甚至倒退局面,雇员大量失业。当时,虽然有20多个国家实施了国民退休制度,但政府乃至私有企业都无力支付职工的失业救济和起码的生活保障,老年人的退休养老金计划更是无法实施,严重地威胁到社会安全。由于没有稳定可靠的资金供应渠道,许多社会保险法变成一纸空文。为了解决资金紧缺的问题,美国开始寻求财税方法,于1935年采用税收手段筹集社会保障基金,取名为"薪给税"。起初,美国薪给税的征收范围较小,只限于年老、遗属保险项目,税率也较低(为1%),是个不起眼的小税种,后来逐步增加了伤残、健康、失业和退休等保险项目。随着美国经济的不断发展和社会保障制度的日益完善,薪给税的覆盖范围也日益扩大,税率不断提高,薪给税收入急剧增长,占美国联邦总税收收入的比重节节上升,从20世纪50年代开始,社会保障税的增长率就超过其他税种的增长率,从70年代开始成为美国的第二大税。1950年为9%,1960年为18%,1970年为26%,从80年代起则超过了30%,1992年达38%,从1993年起社会保障税已成为美国联邦税收的头号税种,当年各种收入是:社保税5 180亿美元,个人所得税5 140亿美元,公司所得税1 430亿美元,消费税840亿美元。2009年社会保障税收入规模达到联邦收入总额的43%。美国现有人口2.4亿,有将近1亿薪给税的纳税人,已累计形成了5 800亿美元的社会保障基金,构成了美国福利的基本资金来源。

社会保障税在美国率先开征,并取得了成功,其他国家于是纷纷开始仿效,开征了社会保障税。根据国际货币基金组织的统计,目前征收社会保障税或类似税收的国家已有172个,德国、法国、瑞士、瑞典、荷兰、加拿大等发达国家的社会保障税体系是按"福利国家"的设想建立的,这些国家的社会保障税开征虽然起步较晚,但起点高,发展势头迅猛,现今社会保障税收入均已超过增值税,成为头号税种。

从发达国家看,OECD国家统计(见表7-1),此税占总税收非加权平均比重,1955年为14%,1965年为18%,1975年为22%,1985年为23%,1995年为25%,2009年为31%,2017年为37.58%;1995年此项比重超过30%的有9国,分别是:法国(43%),荷兰(42%),德国(39%),日本、奥地利、西班牙(36%),比利时(33%),意大利(32%),希腊(31%)。到2017年,社保税的重要性进一步提高,绝大多数发达国家社保税占税收收入的比重进一步提高,其中比重超过40%的有12国,分别是:美国(56.01%),奥地利(57.84%),比利时(59.53%),芬兰(58.21%),法国(41.94%),德国(55.79%),希腊(55.47%),意大利(56.06%),卢森堡(48.11%),荷兰(61.06%),挪威(46.05%),葡萄牙(50.11%)。

上述国家的此税占GDP非加权平均比重,1955年为3.5%,1975年为7%,1995年为9.8%,1975年比1955年此项比重翻一番,1995年又比1975年增加2.8个百分点,2007年达到10.7%,到2017年该比重有所下降,降至9.22%。

另外,OECD国家社保税在总税收中比重的变化显著,1965年社会保障税(19%)比个人所得税(26%)低7个百分点,到1994年,前者(27%)几乎赶上了后者(28%)。其中16个成员国的社会保障税超过个人所得税。

表 7-1　OECD 国家社会保障税占总税收及 GDP 比重表　　　单位：%

国别	社保税占总税收比重							社保税占 GDP 比重				
	1955	1965	1975	1985	1995	2009	2017	1955	1975	1995	2007	2017
加拿大	4	6	10	13	16	24	31.49	0.9	3.3	6.0	4.8	3.94
美国	11	13	20	25	25	43	56.01	2.6	5.5	7.0	6.6	6.59
澳大利亚	0	0	0	0	0	—	0	—	—	—	—	0
日本	13	22	29	30	36	—	—	2.2	6.1	10.4	10.3	—
新西兰	23	0	0	0	0	0	2.61	6.1	—	—	—	—
奥地利	24	25	28	32	36	42	57.84	7.1	10.4	15.3	14.3	14.66
比利时	26	31	32	32	33	37	59.53	6.2	13.2	15.2	13.6	13.86
丹麦	5	5	1	4	3	3	2.53	1.1	0.5	1.6	—	0.84
芬兰	8	7	15	17	27	31	58.21	2.1	5.7	12.7	11.9	12.09
法国	n.a	34	41	43	43	45	41.94	n.a	15.0	19.3	16.1	18.76
德国	24	27	34	36	39	55	55.79	7.6	12.2	15.5	13.3	16.05
希腊	n.a	32	29	36	31	—	55.47	n.a	7.5	12.6	11.6	14.41
爱尔兰	5	6	14	15	14	22	22.90	1.0	4.2	4.9	4.7	4.18
意大利	32	34	46	35	32	36	56.06	9.8	12.0	13.1	13.1	12.93
卢森堡	n.a	32	29	26	27	—	48.11	n.a	11.5	11.8	10.1	12.17
荷兰	16	31	38	44	42	35	61.06	4.2	16.5	18.3	13.5	14.11
挪威	4	12	25	21	23	21	46.05	1.3	9.9	9.7	9.0	10.35
葡萄牙	17	22	35	26	27	33	50.11	2.7	7.5	9.4	11.7	11.26
西班牙	n.a	28	47	41	36	58	6.26	n.a	9.3	12.3	12.1	0.87
瑞典	2	12	19	2	29	25	11.05	0.5	8.5	14.4	12.6	3.05
瑞士	2	12	19	25	29	36	36.19	4.1	8.2	12.4	6.7	6.71
英国	10	15	17	18	17	23	29.99	3.1	6.2	6.37	6.6	7.63
非加权平均	14	18	22	23	25	31	37.58	3.5	7.0	9.8	10.7	9.22

资料来源：1955—1995 年资料来源于 OECD 1998 年统计资料（见 Bulletin 1998/9 期 363 页），2007 年数据根据国研网世界银行数据计算得出，2009 年资料来源于世界银行《2011 年世界发展指标》，2017 年资料来源于世界银行《2019 年世界发展指标》。

第二次世界大战后，随着全球经济的不断发展，许多发展中国家根据社会经济发展的客观需要纷纷也建立了社会保障机构。特别是到了 20 世纪 80 年代，随着发展中国家工业化及市场化进程的不断加快，发展中国家建立符合自己国情的社会保障体系及社会保障资金筹措制度已经成为发展中国家社会及经济发展的必然要求。社会保障税作为世界各国筹措社会保障资金的通行做法，也广泛地被许多发展中国家所采用。从发展中国家社会保障税收入在税收总收入中的地位来看,有两个特点。

(1) 发展中国家各国社会保障税收入占税收收入的总量及国内生产总值的比例不均衡,根据统计,拉美国家社会保障税收入占税收收入总量及 GDP 的平均比例相对比较高,分别为 26.1% 和 4.8%。而亚洲一些发展中国家的社会保障税收入占税收收入总量及 GDP 的比重仅为 1.3% 和 0.2%,非洲发展中国家平均为 4.8% 和 1%,中东国家的平均比例为 11% 和 1.8%。这主要是由于拉美国家实行全面的社会保障制度,开征社会保障税的时间较早,社会保障制度较为健全和完善。

(2) 以发展中国家社会保障税收入总体平均水平与发达国家的平均水平比较而言,发展中国家的平均水平要低得多。1986—1992 年,发展中国家社会保障税收入占税收收入及 GDP 的比例平均分别为 15.2% 和 3.6%,而国际货币基金组织的同期统计表明,OECD 所有成员国社会保障税收入占税收收入及 GDP 的平均比例则分别为 25.6% 和 8.3%。这说明,发展中国家社会保障的覆盖面总体上讲还比较窄,内容比较简单,社会保障税的税率相对较低,社会保障支出在政府财政预算中的比例也较小,社会保障功能还不很完善,这些都是由发展中国家经济发展水平和现行经济政策决定的。

不过值得一提的是,经济转型国家社会保障税发展非常迅速,其中中东欧国家发展最快。根据 1999 年《IMF 的各国财政统计年报》经济转型的 17 国资料分析(见表 7-2),此税占总税收非加权平均比重为 27.7%,而且普遍超过个人所得税比重,超过比率平均为 18.88%。

表 7-2 中东欧 17 国社保税与个人所得税比较表

序号	国家/地区	年度	个人所得税占税收(%)	社保税占总税收(%)	工资税占总税收(%)	4(2+3)	5(4-1)
			1	2	3		
1	阿尔巴尼亚	1998	1.31	13.76	0	13.67	12.36
2	阿塞拜疆	1999	10.40	22.10	35.00	22.45	12.05
3	白俄罗斯	1998	—	33.89	3.02	36.91	36.91
4	保加利亚	1998	6.76	22.53	0	22.53	15.56
5	克罗地亚	1998	7.87	30.79	0	30.79	23.01
6	塞浦路斯	1997	11.52	15.03	1.61	16.64	5.12
7	捷克	1993	6.10	45.17	0	45.17	39.07
8	爱沙尼亚	1998	11.50	33.06	0	33.06	21.56
9	匈牙利	1998	12.97	29.03	26.00	29.29	16.32
10	哈萨克	1998	1.82	23.42	3.19	26.61	24.79
11	拉脱维亚	1998	4.96	31.28	0	31.28	26.32
12	立陶宛	1998	8.98	30.13	0	30.13	21.24
13	马耳他	1997	13.56	18.68	0	18.68	5.12

(续表)

序号	国家/地区	年度	个人所得税占税收(%)	社保税占总税收(%)	工资税占总税收(%)	4(2+3)	5(4-1)
14	波 兰	1998	17.68	29.39	85.00	30.24	12.56
15	罗马尼亚	1997	13.60	25.84	0	25.84	12.24
16	俄罗斯	1995	1.01	29.45	0	29.45	28.44
17	斯洛伐克	1998	11.17	28.22	0	28.22	17.07
	非加权平均		8.82	27.16	1.55	27.70	18.88

资料来源：IMF，1999 年政府统计。

欧盟各国社会保障税的地位和结构比较，如表 7-3 所示。

表 7-3　1997 年欧盟各国社会保障税占税收总额及 GDP 的比重　　单位：%

国家	瑞典	丹麦	卢森堡	芬兰	比利时	法国	意大利	奥地利	荷兰	德国	英国	葡萄牙	希腊	西班牙	爱尔兰	平均
占税收总额的比重	29.2	3.2	25.4	25.2	31.8	40.6	33.5	34.2	40.9	41.6	17.2	26.0	31.6	35.0	12.9	28.6
雇员交纳	5.0	2.5	10.6	4.3	9.5	12.2	6.6	14.2	26.5	18.1	7.5	9.6	17.2	5.6	3.9	10.2
雇主交纳	23.8	0.7	11.5	19.9	19.5	25.2	23.5	16.8	6.2	20.9	9.6	14.6	14.3	24.6	8.2	15.9
占 GDP 的比重	15.2	16.0	11.8	11.7	14.6	18.3	14.9	15.2	17.1	15.5	6.1	8.9	10.7	11.8	4.2	11.8

资料来源：根据经济合作与发展组织 1999 年《1965—1998 年公共财政收入统计》整理。

社会保障税在世界范围内迅速发展的根本因素如下。

（1）世界各国科技进步和社会生产力的提高，推进了经济的发展，使社会有了更多的剩余产品，用于社会保障的扣除。

（2）世界各国的政治民主化趋势不断增强，使广大公众日益寻求保护自身权益，其中包括要求更多病老伤残的保险权益。

（3）社会保障税使各国政府顺利解决了国民安全、保险的资金筹集问题，维护了社会稳定。另外，此税在实行专款专用下增强了财政收支透明度，也赢得了纳税人的支持，因而各国政府积极开征此税。

第二节　社会保障税制度比较

一、社会保障税的类型

根据承保对象和承保项目分类设置的方式不同，社会保障税大体可分为三种类型：

美国模式、英国模式和德国模式。

(一) 美国模式

它是以承保对象和承保项目相结合设置的一般社会保障税和特定社会保障税并存的模式。

1935年美国通过《社会保障法》，把整个社会保障分成两个系统：一是联邦和州系统的"老年保险"，二是联邦和州系统的"失业救济"。"老年保险"在开办时只针对老年人，以后又陆续增加了"遗属"的抚恤，"残疾人保险"和65岁以上老人的"医疗保险"。这些以老年、遗属、伤残、医疗保险制度为主体，满足老年、遗属、伤残保险以及健康保险项目需要的社会保险税称为一般社会保险税，另外美国还有一套自成体系的铁路员工保障税。所以，美国的社会保障税，不是一个单一税种，而是由一般社会保障税、失业保障税和铁路员工保障税三个税种组成的社会保障税体系，三者分别征收。

1. 一般社会保障税

一般社会保障税用于老年退休、遗属抚恤、伤残人的基本生活及医疗保险等项目的资金来源。由于医疗成本的变化较大，故对老年遗属及残疾的保障税税率分别设计征收，然后集中于一般社会保障基金的各账户统筹调度。一般社会保障税包括以下两类：

一类是联邦社会保障税，根据雇员年工资、薪金总额（包括奖金、手续费和实物工资）征收，由雇主和雇员各负担一半，2002年起分别缴纳6.2%的税率，2011年，雇员缴纳的税率降至4.2%，2019年又调回6.2%。税款由雇主负责缴纳，在每个季度终了后的下月最后一天前，由雇主把自己和雇员的工薪税一并申报上缴。总税率合计12.40%，工资薪金没有起征点，不能作税前基本生活费用扣除，应就总额纳税，但有最高限额，即毛工资8.79万美元（2002年数字，实行指数化）以上部分的工资薪金可以免交工薪税。此外，雇主和雇员要就全部工资（无上限规定），分别缴纳税率为1.45%的对老年和残疾者的医疗保险税。

另一类是自营者社会保障税。按自营者所经营事业的纯收益额计征，以400美元为起征点，收入在8.04万美元（实行指数化）以下的部分，税率为12.40%，对老年和残疾者的医疗保险税的税率是2.9%，适用于超过上述限额的全部净收入，仅对美国居民在美国境内从事自营活动时征收。

2. 失业保障税

联邦的失业保障税，是联邦对各州政府举办的失业保险提供补助财源而课征的，为临时失业者提供基本生活费用，补助标准和期限各州不尽相同。一般情况是，失业者可领取26周的失业保险金，当失业率超过某一水平时，可延长至36周。失业保障税全部由雇主缴纳，作为工人补偿保险的保险费。课税对象是雇主支付给雇员的工资、薪俸，对支付工资7 000美元（2004年）以下的部分，税率是6.2%，但规定雇主支付给州政府的失业保险税可以从向联邦政府缴纳的失业保险税中抵免，最高抵免率为联邦失业保险税应税工薪的5.4%，因此，如果用完这一抵免额，联邦失业保险税的实际税率为0.8%。

3. 铁路员工的社会保障税

铁路员工的养老、退休保障税始于1937年，当时雇主和雇员的税率各为2.75%，可征税的最高月工资为300美元。从1937年以来,税率和可征税的工资经常变动,至1973年的前9个月,税率上升到10.6%,可征税工资提高到月工资900美元;从1973年10月1日起,废除了原来雇主和雇员各负担一半的制度,实行了新的两级保险制度。第一级的保险计划及其税率和应税工资限额与上述联邦一般社会保障税相同。第二级的保险计划是单独为铁路员工退休而征收的,雇主税率为14.75%,雇员为4.25%,应税工资限额为雇员年收入32 700美元,再加上医疗保险税,双重社会保险税的联合税率高达34.3%(2002年数字),其中雇员支付11.9%,其余22.4%由雇主支付。铁路员工亦有独立的失业保障税,其应税工资的最高限额为每一雇员600美元/月,其税率为8%,全部由雇主支付。

美国模式的主要优点是:具有较强的适应性,可在适应一般的社会保障需要的基础上,针对某一保障项目或某一特定行业实行重点的社会保障,还可保证特定的承保项目,在保障费收支上自成体系,具有内在灵活性。缺点是统一性差,管理不够便利,返还性的表现不够具体,社会保障税的征税具有累退性,工资最高限额的规定,使得高收入阶层工薪所得很大一部分不在计税范围,再分配的效应受遏制,社会保障税的社会公平功能趋于减弱。

(二)英国模式

英国的社会保障税模式是以承保对象分类设置的社会保障税模式。英国的社会保障税叫做"国民保险捐",其实也是一种税,按承保对象设置,其收入占英国税收总额的18%左右,每年约为500亿英镑的规模,是仅次于所得税的第二大税种。它是英国社会保障系统的主要资金来源,是英国福利制度的重要组成部分。它可分为四类。

1. 针对一般雇员征收的,纳税人为一般雇员和雇主

1978年以前,该税税率为单一税率,其中雇员税率为工资总额的5.75%,雇主税率为8.75%,最高工资限额是周工资105英镑,超过部分不征税。1987年后英国政府实施退休金计划,对国民保险税进行了相应改革,取消了国民保险税附加,对符合一定条件的已婚妇女和寡妇适用低税率,制定起征点标准,对周工资超过起征点的部分采用较高税率。

1999年4月1日,英国政府对雇员缴纳的国民保险税再次进行了较大改革,主要内容是减轻税负,简并征收,并废除了起征点标准,实行免征额制度。具体内容如表7-4—表7-6所示。

表7-4 1999—2000年第一类国民保险税税率表

收入等级(英镑)	雇员		雇主
	标准税率	低税率	各种所得
周收入0—66或月收入0—286,年收入0—3 432	0	0	0
周收入66.01—83或月收入286.01—361,年收入3 432.01—4 335	10%(对超过低收入限额部分)	3.85%(对超过低收入限额的部分)	0

(续表)

收入等级(英镑)	雇员		雇主
	标准税率	低税率	各种所得
周收入 83.01—500 或月收入 361.01—2 167,年收入 4 335.01—26 000	10%(对超过低收入限额的部分)	3.85%(对超过低收入限额的部分)	12.2%(对超过免征额的部分)
周收入 500.01 以上或月收入 2 167 以上,年收入 26 000 以上	10%(对在低收入限额与高收入限额之间的收入)	3.85%(对在低收入限额与高收入限额之间的收入)	12.2%(对超过免征额的部分)

表 7-5 2018—2019 年雇员国民保险费率

分类	每周:116—162 英镑(或每月 503—702 英镑)	每周:162.01—892 英镑(或每月 702.01—3 863 英镑)	每周:超过 892 英镑(或每月超过 3 863 英镑)
A	0	12%	2%
B	0	5.85%	2%
C	N/A	N/A	N/A
H	0	12%	2%
J	0	2%	2%
M	0	12%	2%
Z	0	2%	2%

资料来源:https://www.gov.uk/national-insurance-rates-letters。

表 7-6 2018—2019 年雇主国民保险费率

分类	每周:116—162 英镑(或每月 503—702 英镑)	每周:162.01—892 英镑(或每月 702.01—3 863 英镑)	每周:超过 892 英镑(或每月超过 3 863 英镑)
A	0	13.8%	13.8%
B	0	13.8%	13.8%
C	0	13.8%	13.8%
H	0	0%	13.8%
J	0	13.8%	13.8%
M	0	0	13.8%
Z	0	0	13.8%

资料来源:https://www.gov.uk/national-insurance-rates-letters。

上述雇员和雇主税率适用于国民收入中有关养老金计划的雇员。职工退休后(男性为 65 岁,女性为 60 岁)的工薪收入,雇员部分不再缴纳,雇主负担部分仍需缴纳。2003 年英国对该类保险税税率进行了调整,对于雇员来说,周收入在 89—585 英镑,年收入为4 615—30 940英镑,适用11%税率,每周收入低于89英镑的,不用缴纳此税。对于雇主来说,每周收入在89英镑以上的,税率为11.8%。2019年该类保险税税率又有所调整,对于雇员来说,周收入在162.01—892英镑,适用12%税率;周收入超过892英镑的,适用2%的税率;每周收入低于162英镑的,不用缴纳此税。对于雇主来说,每周收入在162.01英镑以上的,税率为13.8%。

2. 征收对象是自营人员(个体经营者)

按每周2英镑(2003年)的固定税额缴纳。

3. 征收对象是自愿参加社会保险的人

这些自愿参加社会保险的人,包括没有正式工作但又想保持其领取保险金权利的人和前两类中想增加保险金权益的雇员和个体经营者,也实行固定税额,1988—1989年度的税率为每周3.95英镑,1999—2000年度的税率为每周6.45英镑。

4. 征税对象是个体独立经营者的营业利润达到一定水平以上的人

年经营利润在"较低收入限额"和"较高收入限额"之间的纳税人,必须按规定的比例税率纳税。同时,这类国民保险税规定了税款的最高限额。年营业利润超过4 535英镑的,按8%的税率(2004年)纳税,年收入超过2.99万英镑,最大纳税限额为1 775.55英镑。

英国模式的主要优点是针对不同就业人员或非就业人员的特点采用不同的税率制度,便于执行。一般雇员受雇于公司企业,收入账簿容易核实,实行累进税率具有可行性,较符合税制公平原则。对累进税率不可行的个体经营者和自愿投保人实行定额税率,征管不会遇到麻烦,对个体或独立经营的营业利润按一个比例税率征收也十分便利。缺点是:实行全额累进,会出现税率临界点税负剧增现象,且社会保障税的征收与承保项目没有明确挂钩,社会保障税的返还性也未能得到更具体的体现。

(三) 德国、瑞典等国家模式

它是以现收现付为特征,以承保项目分项设置社会保障税的模式。

德国的社会保障体系由养老金保险、健康(医疗)保险、失业保险、工伤(意外事故)保险以及老年人的关怀保险五个独立部分组成。

1. 养老金保险

养老金保险除了支付老年养老金以外,还支付遗属及残疾人养老金。养老金的多少是由缴纳社会保障税的年数和工人的平均收入决定的。西德地区的养老金根据前两年工资净额的变化每年调整一次,东德地区由于工资和物价的迅速上涨,每年调整两次。德国的养老金保险采用量入为出的原则。1995年雇员养老保险金保险的社会保障税率为18.6%,雇主、雇员各负担一半,即9.3%,雇员负担部分由雇主扣缴。西德地区应税收入的上限为年收入93 600马克,东德地区为76 800马克,随着工资、薪金提高,应税收入上限也随之提高。

2. 健康(医疗)保险

所有工人、职员、家庭手工业者以及从事其他职业的人均有义务参加健康保险。健康保险金用于职工生病时的全部医疗费用,计税依据是工资总额,1995年健康保险的社会保障税税率为13.4%,雇主和雇员各负担一半,即6.7%。应税上限东德地区为

57 600 马克,西德地区为 70 200 马克。

3. 失业保险

所有职工均需参加失业保险,每年的应税工资限额与养老保险相同。雇员和雇主各负担一半,即税率为 3.25%,综合税率为 6.5%。支付给失业者的保险金额,有子女的相当于其最后工资净额的 67%,对无子女的支付相当于其最后工资净额的 60%。

4. 护理关怀保险(对老人)

1995 年开始实行,仅限于对国内的关怀保险提供资金。雇主、雇员各负担一半,适用税率为健康保险工资总额可保上限的 0.5%,综合税率 1%,从 1996 年 7 月开始,提高到 0.85%。对老年人的关怀保险是由健康保险单位负责组织落实,但其经费是单独筹集的。

这四项承保项目自 1995 年起社会保障税率如表 7-7 所示。

表 7-7 德国 1995 年起社会保障税率

项　　目	税率(%)
老年人和长期残疾人保险①	18.6(雇员、雇主各 9.3)
健康保险	约 13.4(雇员、雇主各 6.7)
护理关怀保险	1(雇主、雇员各 0.5)
失业保险	6.5(雇主、雇员各 3.25)

注:① 2002 年 1 月 1 日起,雇员每月缴纳限额为 29 欧元。

随着经济的发展,德国的社会保障税率又相应进行调整,2011 年税率如表 7-8 所示。

表 7-8 德国 2011 年社会保障税率表

项　　目	雇主缴纳税率	雇员缴纳税率	计税工资薪金最高限额
养老保险	9.95%	9.95%	5 500 欧元(在 5 个新联邦州 4 800 欧元)
健康保险	7.3%	8.2%	3 712.50 欧元
失业保险	1.5%	1.5%	5 500 欧元(在 5 个新联邦州 4 800 欧元)
残疾人保险	0.975%	0.975%(撒克逊 1.475%)	3 712.50 欧元

注:对于无孩子的雇员,残疾人保险附加税率 0.25%。

5. 工伤(意外事故)保险

所有职工和农民都要参加工伤保险。职工的工伤保险完全由雇主按雇员薪金总额的 2.15% 缴纳,每年的税率根据各行业事故风险程度及全部职工年工资总额决定。被保险人如果完全丧失工作能力,可领原收入的 2/3 作为补偿。

最新德国社会保障税率如表 7-9 所示。

表 7-9　德国社会保障税率表

项　　目	雇主缴纳税率	雇员缴纳税率	计税工资薪金最高限额
养老保险	9.35%	9.35%	74 400 欧元/年
健康保险	—	7.3%(由全体居民缴纳)	50 850 欧元/年
失业保险	1.5%	1.5%	无
工伤保险	各行业不同 2017 年各行业平均税率为 1.19%		74 400 欧元/年
老年人关怀险	1.275%	1.275%	62 650 欧元/年

德国社会保障税最大的特点是分项设定税目,不同税目设计了不同税率,专款专用,返还性非常明显。优点是税系结构比较清晰,便于征收管理,可以针对不同情况灵活调整,保障项目支出多的,税率可以制定得高一些,保障项目支出相对较少的,其税率可以制定得低一些,但是负担与受益不对应,公平性大打折扣是致命弱点。各项目之间财力调剂余地小。

瑞典的社会保障税由雇主代其雇员支付,数额按每一雇员的报酬计算,再经过某些扣除的适当调整,除医疗生育最高限额 33 021 欧元外,其他不封顶。各类勤劳或营业所得都要承担社会保障税的义务,即或者缴纳完全的社会保障税,或者缴纳特别的工薪税,最高税率达 33%。根据法律和协议,雇主要就薪金总额的 32.86% 缴纳社会保障税,其中近 1/3 是用于支付医疗保健和病休补贴的费用,根据集体协议还要缴纳 5% 到 10% 的附加费,雇员按 3.95% 的税率缴纳,每年不超过 10 576 瑞典克朗,其中近 60% 是用于支付医疗保险税的。自由职业者缴纳的社会保障税,大致为 38.2%。承保项目包括保健保险,基本退休金保险,额外退休金,部分退休金,工伤事故保险,企业倒闭支付工伤保险、工业安全、预防事故和防止职业病保险,建造日托、幼儿园支付,用于劳动力市场费用,改革中小学体制及培训等。

欧盟各成员国社会保障体系的资金来源和税率结构如表 7-10 所示。

二、社会保障税的共同点

社会保障税是为筹集基金而开设的,有明确的特定目的,全部税款用于社会保险,作为社会保险受益返还给纳税人。各国的社会保障税虽各有其特点,但存在以下共同点。

(一) 纳税人

社会保障税的纳税人一般为雇主和雇员,其纳税义务双方共同承担。分担的比例各国不尽相同:或双方各负担一半(如英国、瑞士),或全部由雇主缴纳(如奥地利的健康保险、德国的事故保险);有的全部由雇员缴纳(如荷兰的丧失劳动能力保险、瑞典的

表 7-10 欧盟各成员国社会保障体系的资金来源和税率结构

国家	医疗生育(1)	伤残(2)	养老金(3)	工伤和职业病(4)	失业补助(5)	家庭补助(6)	不专门用于某个特殊部门的缴费(7)
比利时	E: 6.15% S: 4.7% P: 没有		S: 8.94%+1.69% S: 0.87% P: 没有	E: 7.0% S: 没有 P: 没有	特殊缴费（根据家庭收入缴费或累进缴费）		
丹麦	税收		国家补助；补充性补助： E: 17.33 欧元/月 S: 8.67%/月 P: 没有	E^* 3 000 丹麦克朗/年（平均数）	E: 根据增值税基征固定费用 S: 固定缴费	税收	没有
德国	E: 7.3%+0.975%（残疾人保险） S: 8.2%+0.975%（残疾人保险） P: 3 712.50 欧元		E: 9.95% S: 9.95% P: 计税工资最高限额 5 500 欧元	E^*	E: 1.5% S: 1.5% P: 计税工资最高限额 5 500 欧元	税收	没有
希腊	E: 5.10% S: 2.55% P: 19 440 欧元（1993 年以后保险的没有封顶额）		E: 13.33%+1.4%（如果从事对健康长寿不利的工作） S: 6.67%+2.2%（如果从事对健康长寿不利的工作） P: 同(1)和(2)	E: 1.0% S: 1.0% P: 同(1)和(2)	E: 3.98% S: 1.43% P: 同(1)和(2)	E: 1.0% S: 1.0% P: 同(1)和(2)	没有
西班牙	E: 23.6% S: 4.7% P: 27 895 欧元			E^*	E: 7.2% S: 1.7% P: 27 895 欧元	缴纳,已包括在(1)(2)和(3)中	没有

197

(续表)

国家	医疗生育(1)	伤残(2)	养老金(3)	工伤和职业病(4)	失业补助(5)	家庭补助(6)	不专门用于某个特殊部门的缴费(7)
法国	E: 12.8% S: 6.65% P: 没有		E: 1.6%(加征 8.3) S: 6.65%(加征 0.1) P: 248 795 欧元	E^* 平均为 2.3%	E: 4.0% S: 2.4% P: 每月 2 089 或 8 358欧元	E: 5.4% S: 没有 P: 没有	对所有收入征 0.5%
爱尔兰	E: 8.5%(周工资低于 318 欧元,最初的 102 欧元免税),12%(周工资高于 318 欧元) S: 5.5%,如果(周工资高于 219 欧元,再加上 1.25%) P: 34 070 欧元 S: 28 349 欧元					税收	
意大利	E: 14.35%(工人) 土13%(雇工) S: 1.00% P: 没有	E: 24.11% S: 8.89% P: 没有		E^* (0.5%—16%)	E: 4.41%(工业) S: 2.21%(商业) P: 没有	E: 2.48% S: 没有 P: 没有	没有
卢森堡	E: 4.5%(工人) 2.6%(雇工) S: 4.5%(工人) 2.6%(雇主) P: 66 559 欧元	E: 8.0% S: 8.0% P: 66 559 欧元		E^* (0.5%—6%)	税收	E: 1.7%(由国家补偿) S: 没有 P: 66 559 欧元	没有

(续表)

国家	医疗生育(1)	伤残(2)	养老金(3)	工伤和职业病(4)	失业补助(5)	家庭补助(6)	不专门用于某个特殊部门的缴费(7)
荷兰	E: 5.35% S: 1.65%(实物补助) 7.35% P: 27 784 欧元或 21 094 欧元	S: 7.95%(基本补助),6.7%(一般性保险) P: 21 094 欧元	E: 没有 S: 17.10% P: 21 094 欧元	没有	E: 5.60% S: 2.10% P: 134 欧元/天	税收	没有
奥地利	E: 6.25%(工人) 5.70(雇工) S: 3.95%(工人) 3.40%(雇工) P: 34 704 欧元和例外支付 5 784 欧元	E: 12.55% S: 10.25% P: 同(1)		E: 1.4% S: 没有 P: 同(1)	E: 3% S: 3% P: 同(1)	税收	没有
葡萄牙	E: 23.55% S: 11% P: 没有			E^*	交纳,已包括在(1)(2)和(3)中		
瑞典	E: 5.28% S: 3.95% P: 33 021 欧元		E: 18.86% S: 没有 P: 没有	E: 1.38% S: 没有 P: 没有	E: 5.42% S: 没有 P: 没有	税收	没有

(续表)

国家	医疗生育(1)	伤残(2)	养老金(3)	工伤和职业病(4)	失业补助(5)	家庭补助(6)	不专门用于某个特殊部门的缴费(7)
英国	E: 0%(周收入<75 欧元) 3%(75 欧元<周收入<135 欧元) 5%(136 欧元<周收入<190 欧元) 7%(191 欧元<周收入<258 欧元) 10.2%(周收入>259 欧元) S: 0%(周收入<75 欧元) 2%×75 欧元+10%×(周收入-75 欧元)(周交纳费) P: 没有		实物补助几乎全部由税收提供	税收	交纳,已包括在(1)、(2)和(3)中	税收	没有
芬兰	E: 1.6%(私人部门) S: 1.9%(年工资低于 13 674 欧元) 3.35%(年工资高于 13 674 欧元) P: 没有 E: 19.2%—21.7%(根据收入、私有部门) S: 4.3% P: 没有			E: 平均为 1.2%	E: 1% 或 4%(根据报酬) S: 1.5% P: 没有	税收	没有

资料来源:转引自法国参议院报告.欧洲的税收竞争[R].1998—1999: 157 – 159.
注: E 为雇主缴纳的社会保障税; S 为雇员缴纳的社会保障税; P 为年封顶额。保险费因行业风险而异。

保险项目);有的国家如荷兰,则雇员缴纳比雇主多。某些国家还将自营职业者纳入社会保障税课征范围。雇主与雇员纳税人的确定一般以境内就业为准,凡在境内就业的雇主和雇员必须承担纳税义务,不论其国籍或居住地何在。本国居民被本国居民雇主雇佣在外国工作的,有些国家(如美国)也要求缴纳社会保险税。

(二)征税对象和计税依据

社会保障税的征税对象是职工的工资、薪金收入额和自营业主的经营纯收益额,工资以外的投资所得、资本利得等所得项目都不需纳社会保障税。在工资、薪金中,不仅应包括雇主支付的现金,还应包括具有工资性质的实物收入和等价物收入。

计税依据,各国规定的差异较大,有的规定了单项扣除,有的规定了最高应税限额,只对一定限额以下的工薪收入额征税,还有的国家取消了征税上限,如爱尔兰。最高应税限额的数额因国而异,一般随着消费物价指数的变动而调整。在某些国家,税基最高限征额根据不同的保险项目而设置,如法国,疾病、老人年金、儿童福利、家庭补助、失业抚恤金等保险项目的最高限征额为每个雇员每月 8 110 法郎,失业补贴、工薪保险等为每个雇员每月 32 440 法郎,非失业抚恤金则为每个雇员每月 24 330 法郎。社会保障税一般不设减免额或费用扣除额,也无个人免征额,直接把工资薪金额作为课税对象。但也有少数国家对所得税税基计征,如巴西、挪威对雇主除按工资征收外,另按所得额征3‰社会保险税;新西兰规定雇主另按所得额征收工伤保险基金,其税率视安全程度浮动。

(三)税率

对于社会保障税税率,少数国家实行单一比例税率,大部分国家按不同的保险项目分别规定不同的差别税率,然后分项目划分雇主和雇员各自负担的税率。从形式上来看,基本上可归纳为比例税率、全额累进税率、全额累退税率、超额累退税率和定额税率五种。

1. 大部分国家社会保障税都采用比例税率,但这一税率在不同国家又有不同的表现形式

(1)单一比例税率。库伯斯·里伯兰德国际税收网提供的资料显示,在开征社会保障税的国家中,采用单一比例税率的国家和地区有巴巴多斯、根西岛、泽西岛、智利、塞浦路斯、多米尼加联邦、多米尼加共和国、斐济、加纳、直布罗陀、意大利、肯尼亚、利比里亚、利比亚、塞内加尔、马耳他、巴布亚新几内亚、巴拉圭、葡萄牙、圣卢西亚、圣文森特、坦桑尼亚、乌干达以及沙特阿拉伯,共计 24 个国家或地区。

(2)分项比例税率,即按保险项目分别规定不同的税率。目前采用这一税率形式的国家也很多,且大部分西方工业化国家均采用此类型税率。同一资料显示,有阿根廷、奥地利、百慕大、玻利维亚、加拿大、哥斯达黎加、芬兰、法国、德国、冰岛、印度、牙买加、日本、黎巴嫩、墨西哥、荷兰、巴拿马、秘鲁、波多黎各、瑞典、瑞士、土耳其、美国、乌拉圭、赞比亚共计 25 个国家和地区采用分项比例税率。法国将保险项目分为疾病、老人年金、儿童福利、家庭补助、失业补贴、工薪保险与抚恤金七项,税率分别规定为5.45%、8.2%、9%、0.1%、4.08%、0.25%和2.76%。分别确定税率有利于政府加强对基金的管理,增强公众对社会保险制度的信赖。

(3) 差别比例税率,即根据纳税人不同情况规定差别不同的税率。目前采用这一类型税率的国家不多。同样资料显示,只有澳大利亚、比利时、象牙海岸、新喀里多尼亚、挪威、委内瑞纳6个国家采用差别比例税率。在比利时,差别比例税率是根据纳税人是从事体力劳动还是非体力劳动而定;象牙海岸则视纳税人是否移民而定,移民雇员的税率为16%,当地雇员税率为10%;而新喀里多尼亚,则根据就业的意外事故风险程度而确定税率,低风险的职业税率为11%,中等风险职业为12%,高风险职业税率13%;挪威的差别税率(仅指雇主交纳部分)则视雇员居住地区的差别而确定,若雇员居住于开发区,则税率为13.7%、10.5%或3.7%不等。澳大利亚一般税率为5%,而南威尔士和维多利亚两地的税率则为6%。

(4) 分档次比例税率,即按一定标准将纳税人分成若干档,每一档规定一个比例税率。例如,阿曼根据公司雇佣人数将纳税人分为四档,雇员人数19—50人的税率为2%,50—300人的税率为3%,300—1 000人的税率为5%,超过1 000人的税率为6%。

2. 全额累进税率

把应税工薪按照一定标准划分为若干档次,分别规定每个档次适用税率。工薪额达到某一个档次,就其全额按其所适用的税率征税。如英国对雇员征收的社会保障税就采用全额累进税率。

3. 超额累退税率

即将课税工薪额依一定标准分为若干档次,每一档次规定一个从高到低的税率,当税基达到某一档次时,则就其每档工薪额按其所对应的税率征税。例如埃及规定,社会保险税的最高免征额为每月625埃镑,超过此限额的第一个250埃镑适用40%的税率,第二个375的埃镑则适用35%的税率。月薪500镑以上的雇员交11%,雇主交24%,不足500镑的雇员交14%,雇主交26%。巴西规定,自2012年1月1日起,雇员的社会保障税适用三级超额累税率:月工资不超过1 174.86巴西雷亚尔的部分,适用8%税率;1 174.86—1 958.10巴西雷亚尔部分,适用9%税率;1 958.11—3 916.20巴西雷亚尔部分,适用11%税率。

4. 全额累退税率

即将课税工薪额依一定标准分为若干档次,每一档次规定一个从高到低的税率,当税基达到某一档次时,则就其全部工薪额按其所对应的税率征税。例如爱尔兰社会保险税规定,薪金额在15 500爱尔兰镑以下的税率雇员为7.75%,雇主、自营职业者5.25%,超过16 200爱尔兰镑的雇员及自营职业者税率最多为1%。

5. 定额税率

即按应税工薪额的一定数量直接规定固定的税率。例如,英国规定,个人从事各项独立劳动的所得,按固定税额征收社会保险税。又如哥伦比亚规定,由雇主和雇员共同负担的社会保险税部分,按工薪收入的高低定额征收,低的每周286元,高的每周1 612元。

各国社会保险税的税率,高低悬殊。高的占工薪的30%以上,如菲律宾为40%,巴西为32.3%—35.9%(雇主23.8%—25.9%、雇员8.5%—10%),阿根廷为31.5%(雇主16.5%、雇员15%),荷兰为30.6%(雇主15.9%、雇员14.7%),其他国家则比较低,如智利19%,哥伦比亚8%—9%(雇主2/3、雇员1/3),瑞士6.2%,韩国只有0.5%。俄罗斯及东欧国家社会保险税率高低差别亦很大,俄罗斯为4.4%—9%,匈牙利为40%,捷克20%,波兰为43%。

各国情况一般是:税率水平的高低,一般是由社会保障制度的覆盖面和收益人收益的多少决定,税率刚开始一般较低,随着保险项目的逐渐拓宽,税率随之相应提高。目前凡是保险收益多的国家,社会保障税的税率比较高,欧洲福利国家保障税税率一般都在30%以上,许多西方国家社会保障税率还随着物价指数的增长而经常调整。

(四) 保险项目

各国社会保障制度的保险项目有多有少,保险的范围有宽有窄。不过一般都存在这样一种趋势:开始时,保险的项目较少,范围较窄,首先解决养老、失业保险,随着经济的发展,人民生活水平的提高,保险项目和范围再逐步扩大。从各国社会保障税实施规则看,纳入社会保障税的保险项目大致有以下五类。

1. 医疗保险

各国在社会保障税用来保什么的问题上,首先注重的是医疗,这是因为贫困与健康状况互为因果。为了维持劳动者基本生活,就必须让他们拥有健康状况良好的身体,因此,社会保障税首先要保的就是医疗。国际劳工组织第102号公约也将医疗列为社会保障税收入的首要项目。一般来说,医疗保险项目包括医生出诊、医院门诊、住院治疗、基本药品的提供、产前产后的医疗、牙科治疗及医疗康复等。在社会保障税的支出项目中,医疗保障支出是一种实物形式:要么由政府提供免费医疗,要么由受保人持凭据向政府索取报销。

2. 老年退休保险

老年退休保险是社会保障税中最重要的一个项目,它规定缴纳社会保障税的劳动者在达到标准退休年龄后,可以享受社会保险税给付的退休金。许多国家对老年人享受社会保障税的养老保险还规定了其他资格条件,主要是缴款期限、受保期限(即工龄条件)及在本国的最低居住期限等。

3. 失业保险

劳动者就业时缴纳社会保障税而在其非自愿失业时可向政府申请失业救济,但未满规定缴纳期限或就业期限以及自愿离职、因行为不轨被解雇者不能享受。

4. 伤残保险

伤残保险作为社会保障税下的一个项目,是纳税人或缴款人可在其因公长期丧失劳动能力后向政府申请的救济。

5. 遗属保险

遗属保险是社会保险制度下向已故受保人遗孀、鳏夫、未成年人子女及其生前赡养的父母等提供的救济。

(五) 税款负担和征收办法

社会保障税税负多数情况下在大多数国家都是由雇主和雇员双方共同负担,雇主所缴纳税款可在公司所得税税前列支,而雇员所缴税款不能作为个人所得税的扣除项目。社会保障税款一般都实行雇主源泉扣缴征收办法,雇员应负担的税款,由雇主在支付工资、薪金时负责扣缴,连同雇主本人应负担的税款一起向税务机关申报纳税,通常要求雇员向雇主交付所发社会保障卡。自营人员应纳税款则必须自行申报,一般是同个人所得税一起缴纳。

(六) 社会保障税的征收与管理

1. 社会保障税的征收机构

社会保障税的征收机构一般分为两种管理部门进行征收。一种是由国家的税务机关负责征收,另一种则是基金管理部门进行征收。

多数国家的社会保障税由税务机关负责征收。如加拿大收入部负责征收除魁北克(该省养老金税由魁北克收入部征收)外所有省份的社会保障税,美国所有的联邦社会保障税均由国内收入局征收,瑞典的税务机关(包括中央级的税收委员会和地方各级税务机关)负责社会保障税的征收。将税款征收集中于一个机构减轻了雇主的负担,避免了一些重复性的工作,有利于提高征收效率。

有些国家的社会保障税则由基金的管理部门负责收缴,如德国和俄罗斯。德国征收社会保障税的部门是大病基金,这主要是历史原因形成的。由于社会劳工事务部、财政部以及医疗、养老金和失业保险体系之间存在着密切合作关系和共享的数据库,德国很少发生社会保障税的偷漏税问题。雇主及雇佣合同必须在有关政府部门登记以便允许其证实每人总收入及社会保障税的减免。由于所有社会保障税都由为在职人员提供医疗保险的组织征收,这使得雇员获取社会保障的资格同缴纳社会保障税紧密相连,更进一步促进了所有雇主遵守税款缴纳的有关规定有效实行。

这一体系的缺点是雇主的纳税成本较高。雇主需要同许多机构接触,如每月交纳所得税时需同财政部接触,每月缴纳社会保障税时同各个大病基金接触,而且每年向大病基金、联邦就业服务机构和其他相关机构汇报其雇员数量、雇员收入以及大病基金税额缴纳等情况。俄罗斯3/4的社会基金自己征收社会保障金。这种方法因征收成本较高、征收效率较低而受到批评,因为各基金必须为征收税金而支付成本,而且还要检查雇主是否缴纳了适当的税额。由于各基金均独立征收税金,因此造成了许多重复性的工作。以养老基金为例,该基金通过一个由约2 400个分布于全国各地的办公机构组成的网络进行税款征收。由于企业不配合以及财务上的困难,养老基金很难做到税款的应收尽收。世界银行和国际货币基金组织目前正在运用一系列手段帮助养老基金改进其征收策略,其中包括更改养老金的内部运作:方法和程序,以及个人账户的引入。

究竟由何种机构征收社会保障税具有更大的优越性,要根据一个国家的实际情况而定。当一个国家税务当局的征收行为是有效的并且是高效时,由税务机关集中征收社会保障税可以降低管理成本和雇主的纳税负担,并且可能促进税款的顺利征收。相反,当税务当局的作用较弱时,由社会保障机构负责税款的征收可能优于税务当局,因为雇主和员工们可能更愿意将税款交纳给社会保障机构而不是当作一般税款缴纳给税务局,特别是当他们的健康保障和养老金直接与缴款息息相关时。

2. 社会保障税的纳税期限

多数国家按月征收社会保障税。如瑞典规定雇主应按月为其全体雇员向税务机关缴纳社会保障税,税款应在次月的 10 日内缴清;德国规定所有雇主和自由职业者都要在每月 15 日之前把上一月的社会保障税存入有关账户;俄罗斯的雇主按规定应按月向社会基金缴纳社会保障税。

有些国家社会保障税的纳税期限视企业规模而定。比如,美国要求雇主将社会保障税定期直接汇往国内收入局,汇款的周期随企业的规模而不同。大型企业每 5—7 天汇款一次,小企业每两个月汇款一次。与美国相类似,加拿大规定代扣代缴总额不超过 15 000 加元的雇主按月申报,总额为 15 000—50 000 加元的,每半个月申报一次,更多的为每周一次。

各国一般对自营者的纳税期限另有规定。如美国规定自营者在缴纳所得税的同时缴纳社会保障税,每两个月预缴一次,每年年底申报所得税时进行汇算清缴。加拿大要求自营者按季缴纳社会保障税税款。

3. 社会保障税的资金管理

经过多年的实践,各国都形成了核定雇主缴纳社会保障税准确性与诚实度的机制。在一些国家中,这种机制是通过税务机关和社会保障基金管理部门的配合来实现的。比如美国,雇主每 3 个月向国内收入局提供一份报告,列明已上缴的税款总额及其在社会保障税和个人所得税间的分配状况。每年雇主还向养老保险机构提供一份报告,列出其雇员的人数、收入以及从每个人的收入中代扣代缴的税款。养老保险机构将这些报告和季度纳税申报表加以比较,以核定就业服务局汇报雇员收入及年度社会保障税缴纳的数额。各基金管理部门将从大病基金获取的税金的数量与雇主的报告进行对比,以核定雇主纳税的确切性。在其他国家中,这种机制是单纯通过税务机关或社会保障基金管理部门来实现的。比如,瑞典的税务机关有权对任何纳税人的账目进行审计;在俄罗斯,雇主必须提交报告说明雇员工资以及每季度向各基金管理部门支付的税款。每个雇主向银行支付的款项均被记录在基金管理部门的电脑系统里。社会保障基金管理部门通过比较银行款项与雇主提交的社会保障税清单上的数字来核定雇主是否缴纳了正确的税额。

所有国家都依靠征收机构的内部审计和国家审计来保证税法的正确执行,并使社会保障税税款不被挪作他用。例如,加拿大收入署将纳税申报表所反映的年度养老金和失业金与按月申报的实际额对账,对两账不符的雇主进行审计;加拿大收入部准备加拿大公共账户的账务报表以及所有政府部门的账务报表,说明收入与支出,并接受总长的审计。审计总长起草设立"加拿大公共账户",该账户内容包括政府的财务报表,表达审计总长对报表的意见和看法。德国的大病基金、养老基金、长期医疗基金和联邦就业服务机构都拥有内部审计权,而该国的联邦社会劳动事务部连同审计总署对整个社会保障体系和各项基金实行审计监督。美国财政部每天公布其中央银行主要账户的现金流入和流出量。养老保险和医疗保险机构的保险统计和管理人员会监控这些报告以确保社会保障税的收入得到适当的运用。政府账户的现金流动情况每年由政府聘请的独立审计师或财政部的总检查员审计。这些审计在美国会计综合办公室的监督下进行,该办公室将其监督结果汇报给国会。

各国社会保障基金的管理机构大体上可以分为两类,一类是通过各自国家的政府资金管理系统对社会保障基金进行财务管理,另一类是社会保障机构拥有自己的资金管理系统。前者的典型国家是美国,该国征收的社会保障税收入先存放于全国各地商业银行的联邦财政部门的账户中,然后转入中央银行的财政部的主要经常账户中。所有的社会保障资金管理和投资活动均由财政部部长统一控制和管理。采用这类方式的国家还有加拿大和瑞典等。后者的典型代表是德国,该国的各基金管理委员会负责管理所收取的税金以及需要支付的福利费。采用这种方式的国家还有俄罗斯等。从上面的分析中我们不难看出,各国社会保障资金的管理机构与其社会保障税的征收部门是对应的。由税务当局征收社会保障税的国家,其社会保障税的资金管理部门往往是该国的政府资金管理系统,如美国、瑞典和加拿大,由社会保障机构征收社会保障税的国家,其社会保障税的资金管理部门通常是该国的社会保障机构的资金管理系统,如德国和俄罗斯。这主要取决于各国社会保障机构的地位与作用。

各国一般都将社会保障基金的留存部分用于投资,以使这部分社会保障税保值增值。比如,美国社会保障基金的留存部分可以用于国债投资,投资活动由财政部运作并由不同的社会保障机构监督。加拿大和瑞典指定一个独立的委员会来管理这些积累下来的税款提留。委员会可以投资私营企业的证券,但这种运作由国家政府监督。所有收入在转入社会保障委员会账户之前必须经由国家政府账户转出。

第三节 借鉴与完善我国社会保障制度,开征社会保障税

一、世界各国社会保障制度主要模式

社会保障制度由承保对象、承保项目、保险基金筹集方式等基本要素组成。从各个要素出发可将社会保障制度划分为不同模式。就承保对象角度而言,有特定职业社会保障模式、一般就业社会保障模式和普遍的社会保险模式;从承保项目着眼,有单项社会保障模式和多项社会保障模式之分;就保险基金的来源看,有雇主雇员缴纳保险费和国家财政拨款相结合模式、雇主责任模式即由雇主支付保险费、储蓄保险基金即自助型保险模式;就保险基金的筹集方式来说,有现收现付式、预筹积累式、部分积累式之分。把它们综合起来考虑的话,则世界各国大体存在三种社会保障制度模式。

(一) 普遍社会保障模式

瑞典、丹麦、荷兰等欧洲福利国家和澳大利亚、加拿大等国家采用这一模式,这一模式具有以下四个特征。

(1) 这一模式的社会保障的受益者范围广,接近全体居民或公民,凡是在本国居住满一定期限的居民或公民,都有按照立法统一规定的标准享受现金补助的权利。

(2) 就承保项目而言,覆盖老年退休、医疗、疾病、伤残、失业、生育、儿童保育、死亡和遗属保险等各个项目,实施一种"从摇篮到坟墓"的社会保险制度。

(3) 就社会保险基金来看,社会保险税和一般性财政拨款相结合,具体情况因国而

异。从缴纳社会保障税消费与受益关系看也因国而异,有的国家不强调宏观上的社会保障税收入与受益的绝对平衡。如澳大利亚社会保障基金是三角支撑体系。一是政府财政投入,主要解决需要资助人的困难,基本社会保障费用从政府预算中支付,只保证基本生活需要;二是建立基金,通过行政的和经济的手段,使雇主和雇员交纳保险金,由保险公司进行运营;三是鼓励个人储蓄,建立自我保障体制。又如加拿大"一般性补助""最低收入保障""社会补助"三大类社会保障计划,都没有相对应的社会保障税形式,而全由一般性财政收入加以支付。但是有的国家则强调社会保障项目与特定社会保障税一一对应关系,如瑞典,每一个社会保障项目都设置了一个一定比率的工薪税。

(4) 对多项社会保障项目,居民或公民按统一标准领取受益,受益额不与先前的收入、工作或财产状况挂钩。当然这并不排除在某项补充性社会保障项目上仍存在与先前收入挂钩的情况。如瑞典,养老金受益分为基本部分与补充部分,基本部分采用固定基数的一定比例发放,不与先前收入关联,而补充养老年金为投保人年平均投保收入与固定基数差额的60%。

普遍的社会保障模式主要优点在于可以使社会保障的功能得到最广泛的发挥,社会保障覆盖面越广,参加的人越多,越能发挥风险分散的作用。此外,社会保障还有收入再分配促进社会公平的功能,这一功能也只有在普遍社会保障模式下才能充分发挥。但是这一模式只有在一国生产力水平高度发达以后才能实行,这也是只有西方发达国家才采用的原因所在。对许多发展中国家来说是望尘莫及的。另外,这一模式存在严重缺陷,就是导致经济运行的恶性循环,影响经济效率。实行普遍社会保障模式的国家均出现社会保障捐献与受益支出严重脱节问题,社会保障基金入不敷出,在"提高税率"和"减少社会保障支出"两种方法都无法做到的情况下,只能用财政收入来弥补社会保险赤字,导致财政赤字。而财政赤字的结果要么导致增税,要么导致发行货币,其结果又使实际的社会保障权益减少。其次,保障受益不与先前收入挂钩,以致一部分社会成员宁愿领取失业救济金过活,也不愿努力工作,导致社会懒惰成风,又损害了另一部分勤劳工作的社会成员的积极性,出现"勤人养懒人"的现象,这实际上与社会保障的意愿大相径庭。有学者计算,以个人缴纳的所得税,加个人和雇主缴纳的社保税为分子,以个人税前收入(不包括企业缴纳的社保税)为分母,得出个人的税负。2006年欧洲的普遍水平是50%左右,其中,比利时高达55.4%,德国51.8%,法国50.1%,瑞典47.9%,意大利45.4%,英国低一点,为33.5%;相比之下,美国为29.1%,日本为27.7%。

(二)就业(收入)关联的社会保障模式

美国、德国、日本等多数国家采用这一模式。这一模式承保对象的范围要比普遍社会保障模式小,但也把一般的受雇人员和从业人员及其家庭广泛地纳入承保对象范围。有些国家还实行一般保障与特定职业系统保险相结合的方式,尽量扩大承保对象范围。美国社会保障制度以"社会总保险体系——老年、遗属、伤残、医疗保险制度"为主体,满足老年、遗属、伤残保险以及健康保险项目需要的社会保障税称为一般社会保障税。就失业这一承保项目设置失业保障税,此外,针对铁路员工设置铁路系统社会保障税。它有以下两个特点。

(1) 保险受益的领取要与收入挂钩。换句话说,享受社会保险年金或定期补助的权利,直接或间接地取决于受保人受雇年限的长短或缴纳保险税(费)的长短。家属津贴及工伤保障则取决于是否存在雇佣关系。个人领取的年金(包括养老金、伤残抚恤金、遗属抚恤金)和其他短期补助通常与受保人在事故发生前的收入有关。

(2)特定的保险受益与特定的工薪税相联系,当通过工薪税筹集的社会保障收入不足以抵偿受益支出,出现差额时,由一般性财政收入弥补。

这一模式的主要优点在于对经济效率的损害较小,被保障人获得保障受益的多少与先前劳动收入相关联,先前勤奋劳动获得收入多,丧失劳动能力后享受社会保障利益就可获得较多支持,可在一定程度上抑制懒惰风气的蔓延。但这一模式也存在一些问题:其一,对收入再分配效应不大,对社会公平的改善作用微小。在这一模式下,保障受益的多少很大程度上取决于先前收入与缴纳社会保障税情况,加上社会保障税的征收有一个最高限额,具有累退效应,高收入者不必多负担社会保障税。另外总有一些社会成员没有参加社会保障,使得社会保障的功能难以全面发挥。其二,面临收支不平衡增加财政压力问题。由于受通货膨胀、人口老龄化以及管理费用上升的影响,社会保障支出费用不断膨胀,而收入却相对固定,社会保障基金入不敷出,增加了压力,扩大了财政赤字,不过严重程度要小于普遍社会保障模式。美国预计,如果目前的社会保障政策、法律不作调整,预计到2029年信托基金结余将被耗尽。

(三)储蓄自助保障模式

采用这一模式的有新加坡、印度、印尼、马来西亚等发展中国家,实质上是一种强制储蓄制度。主要做法是:由国家通过立法,强制雇主和雇员缴纳定额保险费,建立社会保障基金,作为雇员的存款专户专储、专款专用。在受益人退休时,连本带息一次性将工作期间缴纳的保险费发给本人。在少数情况下,受益人也可以自行选择分期领取养老金,或将存款交付给遗属。

在这种模式下,社会保障基金受到各方面保障,每一分钱都有政府所拥有的实际资产作为储蓄的保证,并有专门的管理部门进行严格的管理和经营,社会保障基金总是收支平衡,不会出现国家财政困难。但是这一模式的社会保障范围较小,是一种低水平的社会保障制度。社会保障的功能未能全面发挥,分散风险、互相救济、国民收入再分配和促进社会稳定与社会公平等问题无从谈起,充其量是一种家庭养老传统的补充作用。而且在这种模式下,数据的收集、检查、处理量很大,需要先进的管理手段,一般较适用于人口不多、面积不大的国家和地区,如新加坡在这方面就做得比较成功。

1955年7月,新加坡为了解决广大工薪阶层的养老金储金问题,成立了中央公积金局,当时只拥有20万名会员,如今总会员已增加到200多万名(1989年数字)。在新加坡经济繁荣的黄金时期,每一位雇员的公积金缴交额为其总薪金50%;其中25%由雇主负责,另外25%由雇员负责。这笔储蓄金分别存入三个不同的账户:普通账户、医药账户和特别账户。自1988年7月1日起,对公积金缴纳率进行修订,以便进一步达到"长期缴纳率"目标,征缴比例根据雇员年龄确定。自2011年3月1日起,月工资超过1 500新加坡元的雇员,50岁以下比例为15.5%,51—55岁为11.5%,56—60岁为8.5%,61岁以上为6%。雇主为月工资少于1 500新加坡元的雇员缴纳的比例从50新加坡元对应的0,逐步增加至1 500新加坡元对应的15.5%,月工资总额最高限额为

76 500新加坡元。其中60％存入保健储蓄账户,可用来缴交政府和私人医院的住院费用。剩余的储蓄便存进普通账户里,这项账户可以用来参与各项公积金投资或购房计划用途。用来充作养老金和作为紧急财务用途的特别账户,目前已经暂停活动,这部分存款转入普通账户,使会员能在经济难关时刻,有能力继续供还购房的分期贷款。

公积金账户的存款享有利息,现存的法律条文只规定公积金局每年必须付出2.5％的利息给予所有的存户,但由于新加坡的经济成就,公积金局有能力付出6％的利息。直到1986年3月,公积金局才宣布,每隔6个月将依据本地银行界的利率波动幅度调整利息的公布。

当会员永久离开新加坡、马来西亚或终身残疾或达到55岁时,便能领取其公积金。不过为了保障退休之后有能力应付基本生活需求,当其在55岁提款时,有必要保留一部分最低存款额。最低存款额多寡依据会员在55岁时的公积金储蓄来计算,会员可有三项选择来存放其最低存款:可以让其存款继续留在公积金局,或转移至一家特准银行或一家特准保险公司购买年金保险。任何一项选择均保证其自60岁起能取得每月最少230元固定收入,个人最多只需保留30 000元最低存款,若是夫妇,则他们联合保留的数额是45 000元。

中央公积金局自1968年以来,通过了一系列的公积金受益计划。

(1) 投资计划。如购买巴士公司股票、购置和投资非住宅产业,购买信托股票、债券股票、信托基金和黄金投资。

(2) 特准购房计划。在该计划下,会员可动用公积金购买建房发展局的政府组屋。

(3) 家庭保障保险计划。在此项计划下,会员如果不幸去世或终身残疾后,还未清还的购屋贷款,将由公积金局负责摊还。

(4) 特准住宅产业计划。让会员运用公积金来购买私人住宅产业,除了供自己居住外,也可当成一项投资收租以增加收入。

(5) 医药保健储蓄计划。在此项计划下,会员可以用其公积金替自己或家人缴付医院开销,不必为了生病或发生意外时为医药费担心。

日益增加的会员数额和各项利益措施,促使公积金局从1962年起便开始全面电脑自动化,以便为广大会员提供更快捷的有效服务。另一项为公积金局所强调和重视的服务,便是教育和鼓励会员们在生前立定存款受益人。在会员不幸身亡时,公积金局便能根据指定,花费较少时间将存款交付给各有关受益亲属。

新加坡的公积金制度具有以下几个特点:第一个特点是通过强制性储蓄来实行职工对其本人退休养老的自我保障制度,体现一分耕耘,一分收获。第二个特点是随着经济的发展和个人收入的提高,公积金的积累逐步超过了退休养老的需要,新加坡的做法不是轻易降低个人缴纳率(即强制储蓄率),而是扩大其用途,既在一定程度上解决了社会问题,又维持了高储蓄率,且保持了对职工的激励。随着新加坡从中等收入国家逐步向发达国家迈进,小心翼翼地逐步引入了保险形式的一部分社会保障。如"保健双全计划",对特定的大病和大手术给予保险,即花销可超过个人的会员账户中的储蓄。除此之外,新加坡还有意在每个福利环节上安排有差别的待遇,医疗、教育、住房等都有不同的档次待遇,赚得多,存得多,才能得到高档次的受益,成功地防止了西方福利社会缺乏动力和低储蓄的问题。

综上所述,各国无论采取何种模式,都有一个共同点:社会保障制度运用法律形式保障,国家通过立法进行宏观调控和平衡;绝大多数国家需要开征社会保障税来筹集资金,并辅之以一般性财政收入支持;社会保障基金由专门机构征收、管理经营,进行增值保值,不存在基金挪用、挤占和浪费行为。

二、我国社会保障体系的发展、现状及存在的问题

(一) 我国社会保障体系的发展和现状

中华人民共和国成立以来,我国最早的保障法规是在1951年颁布的《劳动保险条例》,但在之后相当长时间内一直实行单位就业保险模式。直到1986年才开始逐步进行改革,国务院颁布了关于劳动保险改革四个条例,把职工养老保险、待业保险和医疗保险制度列为改革重点。1991年,在总结各地试点经验的基础上,又作出关于改革企业、职工养老保险制度的决定,逐步建立基本养老保险与企业补充养老保险和职工个人储蓄性养老保险相结合的制度(即社会统筹与个人账户相结合)。随着改革的深入,现行社会保险统筹缴费制度已包括城镇企业职工退休费省级统筹、失业保险县级统筹、企业和职工向人民保险公司交纳保险费用,部分地区还试行医疗保险、工伤保险改革和乡镇企业养老费统筹等。1996年年末全国有8 760万职工参加基本养老保险,2 280多万离退休人员参加了离退休费社会统筹,1 800万职工参加了大病医疗统筹,100多万离退休人员参加了医疗费统筹,各级劳动保险机构300多万家,全国34%乡镇建立了农村社会保险网络,参加农村养老保险达6 206万人。1999年又着手进行全国公费医疗改革,建立个人账户,并辅之以社会统筹。

2000年,国务院决定选择辽宁省进行完善城镇社会保障体系试点,试点的内容主要有两个方面:第一,将个人账户的规模从11%降到8%;第二,逐渐将个人账户由个人全部"做实",到2003年11月底,全省参加企业基本社会养老保险人数687万人,累计征收做实个人账户资金83.6亿元,个人账户计清率为99.9%。辽宁试点的其他内容还包括:完善城镇企业职工的基本养老保险;解决下岗职工的安置、结束旧的劳动关系,完成再就业中心向失业保险并轨工作的历史使命;实施城镇居民最低生活保障;推进城镇企业职工的基本医疗保险;探索社会保障筹资的途径和管理方法;推进社会保险的社会化管理。目标是建立独立于企业、事业单位之外,资金来源多元化、保障制度规范化、管理服务社会化的社会保障体系。

2003年,党中央、国务院决定,在黑龙江和吉林两省进行扩大完善城镇社会保障体系试点工作,提出在总结辽宁省试点经验的基础上,通过两省的试点,为完善我国城镇社会保障体系进一步积累经验。2005年12月,国务院发布《关于完善企业职工基本养老保险制度的决定》,从2006年起又将试点改革扩大到除东三省之外的八个省区市,包括天津、上海、山东、山西、湖北、湖南、河南和新疆。

2006年中共十六届六中全会从构建社会主义和谐社会的战略高度,明确提出到2020年建立覆盖全民的社会保障体系。2007年中共十七大报告再次提出加快建立覆

盖城乡居民的社会保障体系。2007年底,《中华人民共和国社会保险法(草案)》提交全国人大常委会审议,确定了"广覆盖、保基本、多层次、可持续的方针",明确了我国社会保险制度的基本框架,对社会保险的覆盖范围、社会保险费征收、社会保险待遇的享受、社会保险基金的管理和运营、社会保险经办机构的职责、社会保险监督以及法律责任等方面作了规定。这标志着中国社会保障制度建设进入了一个新的历史阶段。

到2011年末,全国城镇职工基本养老保险、城镇基本医疗保险、失业保险、工伤保险和生育保险参保人数分别达到28 391万人、47 343万人、14 317万人、17 696万人和13 892万人,有2 241万城市居民和1 509万农民享受最低生活保障,5 400万人参加农村养老保险。2011年,全年五项社会保险(不含新农保和城居保)基金收入合计24 043亿元,同比增长27.7%。基金支出合计18 055亿元,比上年增长3 236亿元,增长率为21.8%。此外,新型农村社会养老保险和城镇居民社会养老保险发展也很迅速,截至2011年末,全国有27个省、自治区的1 914个县(市、区、旗)和4个直辖市部分区县开展国家新型农村社会养老保险试点,新型农村社会养老保险试点地区参保人数32 643万人,其中实际领取待遇人数8 525万人;有27个省、自治区的1 902个县(市、区、旗)和4个直辖市部分区县及新疆生产建设兵团开展国家城镇居民社会养老保险试点。年末国家城镇居民社会养老保险试点地区参保人数539万人,其中实际领取待遇人数235万人。

2011年,全年城镇基本养老保险基金总收入16 895亿元,比上年增长25.9%,其中征缴收入13 956亿元,比上年增长25.6%。各级财政补贴基本养老保险基金2 272亿元。全年基金总支出12 765亿元,比上年增长20.9%。年末基本养老保险基金累计结存19 497亿元。年末全国有4.49万户企业建立了企业年金,比上年增长21.3%;参加职工人数为1 577万人,比上年增长18.1%;年末企业年金基金累计结存3 570亿元;全年城镇基本医疗保险基金总收入5 539亿元,支出4 431亿元,分别比上年增长28.6%和25.2%。年末城镇基本医疗统筹基金累计结存4 015亿元(含城镇居民基本医疗保险基金累计结存497亿元),个人账户积累2 165亿元;全年新型农村社会养老保险基金收入1 070亿元,比上年增长135.9%。其中个人缴费415亿元,比上年增长84.0%。基金支出588亿元,比上年增长193.3%。基金累计结存1 199亿元;全年城镇居民社会养老保险基金收入40亿元,其中个人缴费6亿元。基金支出11亿元。基金累计结存32亿元。

2019年,全国参加基本养老保险人数为96 754万人,比2018年末增加2 461万人。全年基本养老保险基金总收入57 026亿元,基金总支出52 342亿元。年末基本养老保险基金累计结存62 873亿元。年末全国参加城镇职工基本养老保险人数为43 488万人,比上年末增加1 586万人。其中,参保职工31 177万人,参保离退休人员12 310万人,分别比2018年末增加1 074万人和513万人。全年城镇职工基本养老保险基金收入52 919亿元,基金支出49 228亿元。年末城镇职工基本养老保险基金累计结存54 623亿元。年末城乡居民基本养老保险参保人数53 266万人,比上年末增加874万人。其中,实际领取待遇人数16 032万人。年末城乡居民基本养老保险基金累计结存8 249亿元。年末全国有9.6万户企业建立了企业年金,参加职工2 548万人。年末企业年金基金累计结存 17 985 亿元。2019 年参加全国基本医疗保险 135 407 万人,参保率稳定在 95% 以上。全国基本医保基金(含生育保险)总收入 24 421 亿元,比 2018 年增长 10.2%,占当年 GDP 比重约为 2.5%;全国基本医保基金(含生育保险)总支出 20 854 亿元,比 2018 年增长 12.2%,占当年 GDP 比重约为 2.1%;全国基本医保基金(含生育保险)累计结存 27 697 亿元,其中基本医保统筹基金(含生育保险)累计结存 19 270 亿元,职工基本医疗保险个人账户累计结存 8 426 亿元。

(二)现行社会保障体系存在的弊端

目前,我国是发达的城市经济与欠发达的农村经济同时并存,现代工业与传统农业同时并存,形成了城乡迥异、相互隔离的"二元"社会保障制度,城镇已经初步建立了较高水平且完整的社会保障体系,而在广大的农村,除养老保险和医疗保险进行了有限的改革试点以外,其他保险项目基本上没有建立起来。随着经济形势的恶化,失业人口逐步增加,人口老龄化社会的逐步形成,现行社会保障制度难以承担社会安全网的重任。

1. 社会保障体系社会化程度低

社会保障的重要功能之一就是通过国家有组织的互济来分散劳动保险风险,保持社会稳定。社会保障承保对象范围越广,社会保障的功能也越大。我国社会保障制度的覆盖面虽然不断扩大,但收益多的主要参保人还是城镇职工,尽管已统一了城乡居民医保,但社会化程度不高,大多数居民,尤其是农民仍需自己或家庭承担养老和医疗等风险,这无疑也强化了农村家庭意识,巩固了生育、抚养、劳动、赡养一体化的家庭功能,阻碍了社会保障的程度。

2. 社会保障管理体制管理混乱,缺乏宏观平衡能力

按照现行分工,我国社会保障条块分割、城乡分割、多头管理,企业机关、事业单位职工和居民的社会保障工作分别由劳动部、人事部、民政部、卫生部、全国总工会、保险公司等多家机构管理,没有统一的权威性管理机构,缺乏监督机构,造成各管理部门互相推诿、内耗、挪用、浪费社会保障资金现象时有发生,无法进行地区间、行业间、城乡间的调剂平衡,使国家财力、物力大量浪费。

3. 社会保障基金的筹集不规范

我国现行社会保障基金由省、市、县各级类型部门统筹,统筹的项目也不尽一致,主要有养老统筹、失业统筹、医疗统筹、工伤统筹、女工生育统筹等,而且筹集的标准也不统一,不仅不同省、市、县同一社会保障统筹比例不同,就是同一省、市、县不同所有制企业间、不同所有制企业职工负担的社会统筹比例也不相同。由于社会统筹办法属于地方性规费范畴,筹集形成缺乏约束力,手段软化、刚性不足、统筹基金拖欠现象严重,难以有效集中资金满足社会保障金的开支需求。这种各自为政的筹集方法还加剧了地区间、企业间、社会成员间收入差距拉大的矛盾,不利于社会公平分配,妨碍了不同地区,不同企业间公平竞争,也妨碍了劳动力资源的自由流动和优化配置。

4. 现行的社会保障制度实际仍然是现收现付制,资金难以维持

我国的现收现付制有以下三方面的特点。

(1)财政与各执行社会保障的单位预算和会计账目上,并无与社会保障支出相适

应的收入项目。

(2) 没有专项收入来源,预算和会计科目上便无专项社会保障基金。

(3) 社会保险支出按照预先规定的标准和对象,在支付时从产品成本或企业管理费用或营业外支出项目列支,其结果是企业以少缴所得税及利润的方式向国家报销。在这种制度下,社会保险费用实际上由国家承担,负担日益沉重,资金缺口也越来越大,国家对保险资金的宏观调控和保值增值仅仅是一句空话。

三、改革我国社会保障制度,开征社会保障税

(一) 加强社会保障的基本立法

我国目前的社会保障制度还不够统一,有关部门和地区制定的社会保障政策、规定及办法,缺乏全局性、科学性。因此,必须加强社会保障立法工作,使社会保障工作有章可循,有法可依。鉴于这项工作的紧迫性,应尽快出台目前有关部门正在研究制定的社会保障总体改革方案,以保证经济体制改革和其他各项改革的顺利进行。财政部门要积极参与社会保障立法和制定各项政策;编制、审核社会保障收支预算和决算,制定社会保障基金财务管理办法和规章制度;分析、测算社会保障资金收入情况;监督、检查有关部门、行业社会保障资金的使用管理情况;加强对社会保障基金结余的管理,社会保障基金结余应由财政部门统一管理,规范投资方向。

(二) 扩大社会保险覆盖范围

第一,要加快完善职工基本养老保险制度,落实鼓励个体工商者和灵活就业人员的参保政策;第二,进一步完善城镇医疗保险制度,推进失业、工伤、生育保险制度建设,不断扩大基本医疗、失业、工伤、生育保险的覆盖面,适应城镇化进程不断加快的形势,加快建立适应农民工特点的社会保障制度,优先解决工伤保险和大病医疗保障问题,尽量把农民工纳入社会保障体系中来;第三,在经济落后的农村地区,应加大中央财政支持力度,保证农村贫困农民的基本生存需要。完善农村医疗保障制度,建立和完善农村养老保险制度。

(三) 开征社会保障税

要进一步开辟社会保障的筹资渠道,弥补社会保障资金的缺口。可以借鉴西方国家的成功经验,开征社会保障税。因为开征社会保障税可以充分发挥其"蓄水池"作用,增强了筹资刚性,提高了社会保障抗风险能力,有利于建立一个比较稳定的规范的收入来源渠道。通过社会保障税筹集社会保障基金,一方面满足社会保险支出的需要,另一方面又有所积累,为人口老龄化高峰的到来做好准备。当然,社会保障税的开征是一个渐进式过程,应考虑我国财政承受力,并与经济实力、人民生活水平相适应。开征之初,税率设计应较低,然后根据需要及条件的逐步改善,逐渐提高税率,扩大税收规模,鉴于大多数国家开征社会保障税后出现入不敷出现象,因此,我国应考虑在开征社会保障税后,还应多渠道筹集资金,使国家、用人单位、个人共同负担社会保障费用,特别注意发挥商业保险的补充作用。

(四) 加强社会保障基金的监管

1. 尽快建立社会保障预算

社会保障预算在我国财政预算中具有举足轻重的地位,目前分散决策、分散筹资、分散支付的管理体制不符合预算完整性原则,不符合政府推行社会保障政策的需要,割断了国家财政与社会保障之间的必然联系,不适应我国社会保障事业快速发展的要求。因此,必须在建立完善我国社会保障制度的过程中建立适合我国国情的、统一的社会保障预算,使社会保障预算完全从公共预算中独立出来。开征社会保障税后,税务部门统一征收税款,税收收入纳入财政部门的预算范畴,建立与社会保障支出相适应的收入项目,然后将社会保障基金集中到专门的社会保险机构进行统一管理使用,有效克服我国现行政出多门、多头管理的混乱局面。通过财政部门和会计师事务所等社会中介机构有效监督社会保障税的征管、使用,检查保障金的使用效果,建立法制化、规范化的收、用、管和资金余缺管理责任制,使社会保障金的管理、使用更加公平合理,保证专款专用。

2. 建立社会保障指标体系

我国的社会保障多部门多头管理,分散实施,统计口径交叉重叠且有遗漏,所以目前的社会保障收支,即使各部门、各地区的数字相加也不能准确地反映全貌,这给决策部门制订计划和研究问题带来许多困难,也难以进行国际比较。因此,建立一套科学的社会保障指标体系已成为当务之急。

3. 建立现代化的社会保障信息网络

全国联网的计算机通信网络,不仅可以提高社会保障部门的办事效率,降低管理成本,而且也方便了被保障者。我国是一个人口大国,幅员广阔,必须建立全国统一的社会保障通信网络,提高效率,方便社会成员。否则,要建立个人账户和社会统筹相结合的医疗保险制度和养老保险制度是相当困难的。

本 章 小 结

社会保障税是当今世界上绝大多数国家用于筹集社会保障所需资金的一种税或税收形式的缴款。它最早产生于美国,第二次世界大战后得到迅猛发展。社会保障税是当今世界各国所得课税体系中的一个重要组成部分,它在世界范围内迅速兴起和发展有其深刻的经济原因。

根据承保对象和承保项目分类设置的方式不同,社会保障税大体可分为三种类型:美国模式,即以承保对象和承保项目相结合设置的一般社会保障税和特定社会保障税并存的模式;英国模式,即以承保对象分类设置的社会保障税模式;德国、瑞典模式,即以承保项目分项设置的社会保障税模式。

社会保障税是为筹集基金而开设的,有明确的特定目的,全部税款用于社会保险,作为社会保险收益返还给纳税人。各国的社会保障税虽各有特点,但存在共同点。

(1) 纳税人。社会保障税的纳税人一般为雇主和雇员,其纳税义务双方共同承担。

(2) 征税对象是职工工资、薪金收入额和自营业主的经营纯收益额。

(3) 税率从形式上来看基本可归纳为比例税率、全额累进税率、全额累退税率、超额累退税率和定额税率五种。

（4）纳入社会保障税的保险项目大致有医疗保险、老年退休保险、失业保险、伤残保险、遗属保险。

（5）社会保障税税负多数情况下在大多数国家都是由雇主和雇员共同负担。

（6）社会保障税的征收机构一般分为两种，一种是国家的税务机关，另一种是基金管理部门。由此社会保障基金的管理机构也分为两类，一类是通过政府资金管理系统进行管理，另一类是由社会保障机构的资金管理系统进行管理。

虽然我国已经着手进行社会保障制度的改革，但目前的社会保障制度已难以承担社会安全网的作用。理论界已基本达成共识：考虑开征社会保障税，借鉴他国经验，进一步改革社会保障制度。

关　键　词

社会保障　社会保障制度　社会保障税　承保对象　承保项目

复习思考题

1. 为什么社会保障税迅速在全世界兴起和发展？

2. 根据承保对象和承保项目分类设置的方式不同，社会保障税有哪几种类型，它们各有什么优缺点？

3. 从各国社会保障税的税务实践看，社会保障税具有哪些共同点？

4. 我国现行社会保障制度如何，你认为是否应该开征社会保障税？如果开征，应该怎样设计？

第八章 财产税比较

财产税是最古老的税种,在各国历史上曾长期作为主要税收,对各国经济发展和税制建设起着极其重要的作用。随着经济的发展,国家职能的扩大,虽然财产课税的中心地位已被所得课税取代,但财产课税作为现代三大税收体系之一,具有其他税系无法替代的作用,并成为很多国家地方政府的主要税收来源。随着经济的发展,我国的财产税制亟须完善,他国的做法可以提供借鉴之道。

第一节 财产课税概述

税收既是个经济范畴,也是一个历史范畴,它是私有制出现和国家形成后的产物。最早的税收形式是属于财产课税的土地税与人头税,因此财产税可谓是最古老的税种。随着经济的发展,特别是12世纪后,城市工商业得到迅速发展,不但不动产种类增多,而且动产也大量增加。于是,原来主要由不动产构成的财产整体又逐渐分化出动产,动产又分为有形动产和无形动产。这样,原有的土地财产税就扩及其他动产和不动产,而成为课征范围广泛的一般意义上的财产税。

一、财产税的概念

财产税是对纳税义务人所拥有或属其支配的财产课征的一种税。财产税不是税种名称,而是对"财产"征税的税种归类,即一个税系。财产课税与商品课税和所得课税是现代的三大税收体系,但它又与后两者有许多不同之处。

(一)与商品税比较

(1)商品课税对象是商品流转额和非商品营业额,即货币资金流量部分,而财产课税的对象是财产,属财富的存量部分。

(2)在课征方式上,财产课税多是定期课征,而商品课税实行一次征收。

(3)商品课税属于间接税,其税负容易转嫁或转移,而财产税除了对财产租赁行为课征外,一般不容易转嫁。

(4)商品课税的纳税环节在商品的"交易环节",纳税人通常为交易双方的卖方,而财产税的征税对象通常不进入再生产循环,因此没有独立的统一的纳税环节,纳税环节的选择由具体财产税税种规定,纳税人通常是"财产"的所有者。

(5)商品课税的税收管辖权一般采用属地原则,税收上的国际协调主要体现在关税上,而财产税的税收管辖权和所得税的相同,采用属地主义和属人主义并用的原则,税收的国际协调主要体现在税收抵免上。

(二) 与所得税比较

财产课税与所得课税虽然都具有"对人课税"的性质,且在税收转嫁与对经济的影响方面也有相似之处,但两者仍有明显的区别,主要表现在:

(1) 财产课税是对财富的存量课税,而所得课税是对财富的流量课税。

(2) 财产课税大多是对财产本身的数量或价值进行课征,所得课税是对财产、资本产生的收益或所得课税。

(3) 财产课税的纳税人不一定是财产的主人(如遗产税),而所得课税的纳税人则多半是收益或所得的拥有者。

(4) 财产税相对而言容易计算征收,而所得税计算烦琐。

二、财产课税的理论依据

除了对收入的流量征收所得税和商品税外,为何还要对财富的存量征收财产税呢?对此问题的回答,说法不一。大致有下列几种不同的理论依据。

(一) 利益交换说

它起源于洛克和休谟的社会契约说,发展于边沁等功利主义派的"最大幸福原则"。该理论把国家和个人看成了市场上进行等价交换的买卖双方。这样,既然国家为财产所有人提供了财产保护形式的利益,那么财产所有人也应该向国家提供保护劳务所发生的费用,即交纳财产税。而且,财产的价值会由于当地政府提供的公共物品的改善(如市政设施,环境卫生等)而提高。这个道理只要看看各地的地价、房价差异就会不言自明。因此征收与其增值相等的财产税来弥补政府提供公共品的消耗也是公平的。可想而知,从当今财产税作为地方税种这个角度来说,利益说尤为适用。

(二) 能力说

客观能力标准说认为财产是衡量人们纳税能力的标准之一,财产的增加意味着纳税人收入的增加或者隐含收入的增加,且这种收入比一般挣得的收入更为持久,相应其负担能力也越高。因此,开征财产税符合支付能力原则。

(三) 社会公平目标的要求

持此观点的人认为,财产带来的非勤劳所得比勤劳所得不但要持久,而且花费的精力和费用也小。因此,一个有产者与无产者的贫富差距会随着时间的推移而进一步扩大,这是任何一个国家的社会政策目标都不允许的。既然如此,国家就有必要采取措施进行控制,而课税就是国家对社会财富分配进行调控的手段之一,故仅从社会公平目标的角度考虑,财产课税也是必需的。

(四) 税收作用广泛性要求

所得课税对不使用的资产和未实现的资产收益无法课税。商品课税不可能对某些物品,如不动产的继承和赠与进行课征,而财产课税恰好可弥补前两者的缺陷。因此,该理论认为,财产课税进一步完善了税收体系,使税收更加全面地发挥作用,财产课税在税收体系中的作用无法取代。

（五）财政收入说

财产课税曾是奴隶社会和封建社会的主要税收。目前虽说其主导地位已被所得税取代，且占各国整个税收收入的比例也很小，但随着经济的发展，个人财富积累的增多，财产税的绝对收入并不少。因此，仍有一些国家是为了筹集国家财政收入，满足财政支出，尤其是把其当作地方税收的主要来源而开设的。

（六）效率的要求

开征财产税可能是对投资、储蓄和工作积极性的一种打击，从而对本国的经济发展产生负面作用。然而，这并不是各国开征财产税的初衷，很多国家开征财产税的目的是为了使资源得到更合理的配置（如土地税可按地理位置不同而设计差别税率）以及使闲置的资源得到充分利用，从而促进生产发展。另外，财产所有者利用财产创造收入的能力是不同的，财产税能使那些财产占有多但创造收入能力弱的人出让财产，让那些能力强的占有财产，这样就可以提高财产的利用效率，使社会新创价值增加。

三、财产税的分类

作为具有悠久历史的古老的财产课税，其分类方法众多，标准各异，理论上可作如下分类。

（一）按课征方式的不同，可分为一般财产税与个别财产税

1. 一般财产税

一般财产税亦称综合财产税，是对纳税人所有的一切财产的价值综合课征的税收。课征此税时，一般要考虑日常生活必需品的免税和一定货币数量以下的财产免征及负债的扣除等。

2. 个别财产税

个别财产税又称特别财产税，是将个人的某些特定的财产（如房屋、土地、资本和其他财产）有选择地进行课征的税，课征时一般不考虑免税和扣除。

（二）按课税对象范围的不同可分为静态财产税与动态财产税

1. 静态财产税

静态财产税是对纳税人某一时期内所持有或支配的静态财产，按其数量或价格进行征收的税（如房屋税、土地税），有人认为静态财产税才算是真正意义上的财产税。

2. 动态财产税

动态财产税是就财产的转移、变动所课征的税（如遗产税、继承税和赠与税等）。尽管此类税似乎可划归为收益税或流通税，但此类课税的对象一般不发生交易，且无谋利目的，这与收益税、流通税有明显不同。因此，此税仍应归属于财产税范围。

（三）按课征环节的不同，可分为一般财产税、财产转让税与财产收益税

1. 一般财产税

它是对财产持有者在使用环节课征的税，如房产税、土地使用税。若发生财产所有

者与使用者不一致时,譬如出租、出典,各国做法不一,有的国家对所有者课征,如法国、德国、澳大利亚等;有的国家对使用者课征,如英国、爱尔兰等;也有对两者同时征收的,如泽西岛。

2. 财产转让税

这是在财产转让环节就转让的财产进行征收的税。这类税有与无偿转让有关的继承税与赠与税,还有与有偿转让有关的资本转让税,不过一般所说的财产转让税主要是后者。当然,有的国家,如意大利、卢森堡、朝鲜等开征的注册登记税,以及日本、墨西哥等国开设的资本取得税,也应属财产转让税。

3. 财产收益税

它是在财产所得环节对财产带来的收益课征的税。对这类税,尤其是对动产所得课税,有的国家把其归入所得税类而非财产税类。但也有国家和地区对某种财产的收益单独课税,如意大利的不动产增值税,牙买加对不动产及证券的收益课征的转移税以及泽西岛的住宅利润税等。

(四) 按课证标准的不同,可分为财产价值税与财产增值税

1. 财产价值税

它是按财产的价值课征的税收,通常有按财产总价值、财产净价值等几种标准课征。

2. 财产增值税

它是按财产的增值部分课征的税,也即仅对财产变动所发生的增值部分征收,而不考虑财产的购入价和净值等,此类税一般税率较高。

(五) 按课证时序的不同,可分为经常财产税与临时财产税

1. 经常财产税

它是每年定期进行课征,具有经常性收入的税,且税率较临时财产税为低,是财产税收入的主要部分。

2. 临时财产税

它是战时或非常时期为筹集经费,偿还债务而临时开征的财产税。通常所占比重不会很大,而税率却比经常财产税的高。

(六) 按课证的范围不同,又可分为真实财产税与虚假财产税

1. 真实财产税

它是对包括收益性财产和消费性财产在内的全部财产课征的税。

2. 虚假财产税

它是只就收益性财产进行征收的财产税,而对个人消费用的财产则不课征。

美国的财政学者马斯格雷夫还曾把财产税分为两大类:一类是对财产的所有者或占有者的课税,通常包括一般财产税和个别财产税;另一类是对财产的转移课税,主要是遗产税和赠与税。

财产税的分类方法尽管繁多,但从世界各国的税收实践看,财产课税的重要税种有:一般财产税、土地税、房屋税、不动产税、净值税、遗产税和赠与税、机动车辆税等。

四、财产税的特点

财产课税作为整个税收体系的重要组成部分,在现代社会具有商品课税和所得课税不可取代的作用,这与其本身的特性密切相关。

从财产课税体系的历史发展及当今各国的财产课税制度来看,其特征表现在以下四个方面。

(一) 财产课税是对社会财富的存量课税

财产税课税对象多半是不直接参与流转与交易的财产。这些财产,就个人方面来看,是个人拥有或受其支配的财富;就整个社会来看,是社会财富处于存量的部分。说是财富的存量,并不等于它绝对地不发生转移,只是相对于流动性强的所得而言。

(二) 财产课税多属于直接税

财产课税的大多数税种都具有直接税的性质,其税负较商品课税难以转嫁。因为一般情况下,财产所有者在财产使用上不与他人发生经济关系,所以就无转嫁的机会。

(三) 财产课税多是经常税

财产课税的主要税种在长期的发展过程中,一直被作为经常性财政收入,特别在所得税成为各国主体税种之前,财产税都是各国的主要税收收入。从目前各国征收实践看,财产税税种也多是作为经常性税种。

(四) 财产课税多属地方税收

随着经济的发展,国家职能的扩大,弹性较差的财产课税难以满足日益增加的财政支出的需要,于是财产课税往日的主导地位渐被所得课税取代。当前,虽然有些国家中央政府也开征财产税,但大多数还是把财产课税作为地方政府收入的主要来源。

五、财产课税的计税依据及财产的估价方法

(一) 财产课税的计税依据

由于动产(除车船和飞行器外)保有课税在各国并不多见,且收入较少,因此大量相关文献所讨论的财产课税往往是从最狭义的角度进行理解,即对保有土地和土地改良物等不动产课征的财产税,理论上通常称为不动产保有课税。如果从这一狭义的角度理解财产课税,再结合各国现行的财产课税实践,则其计税依据可分为四类,即不动产的改良资本价值、不动产的未改良资本价值、不动产的年度租金收益以及不动产的某些物理特征。

1. 改良资本价值

从理论上讲,改良资本价值意味着计税依据应包括土地和土地改良物的价值,可以不动产的市场价值,也可能是其重置价值或历史成本价值来计量。如我国现行房产税计税依据中的"房产原值"和"房产余值"概念就是历史成本价值。但从多数国家的税制实践来看,目前,实行该计税依据的国家,大多采用市场价值的概念,即自由市场上意愿的买卖双方进行自由协商所达成的价格。因此,我们一般也将这一计税依据理解为不

动产的市场价。这一计税依据的优点主要是：基本符合支付能力原则；税源丰富且有弹性；交易证据和不动产价格变动数据较多，易为纳税人所理解。存在的问题主要是：极有可能会抑制对土地改良的投资；在普遍缺乏合格评估人员的发展中国家，由于不动产交易信息的可行性与及时性都很差，评估失真和滞后的情况十分严重；各国普遍偏高的不动产转让课税也使得不动产交易价格普遍低报，导致这一计税依据所依赖的市场价值严重失真。

2. 未改良资本价值

这种计税依据仅为土地的价值，而不包括土地改良物的价值，也称素地价值。未改良资本价值计税依据是和亨利乔治的土地单一税理论分不开的。目前，采用该计税依据的国家和地区有澳大利亚、新西兰、牙买加、肯尼亚、中国台湾地区和南非的部分地区。

这一计税依据的优点是：可以减少对经济的扭曲并鼓励土地的密集使用，提高城市土地的使用效率，体现了量能支付原则；可在降低评估成本和减少评估要求的同时，大大缩短重估周期。缺点主要表现在：提供的税源相当有限，难以提供充足的收入；在土地已得到改良的地区（尤其是城市地区），由于缺乏未改良土地的交易证据，可能难以从已改良的不动产交易价格中推导出未改良土地价值，从而使得评估价值难以客观准确。

3. 租金收益

类似土地收益，不动产收益也可以从总收益、纯收益、租赁价值（租金）、平均收益等四个方面来理解，但主要还是采用第三种含义，因此，以不动产收益为计税依据就主要体现为从租计征的年值制度。以租金收益为计税依据起源于英国的差饷，目前仍广泛地应用于英国原殖民地地区。值得注意的是，这里的租金收益指不动产的名义租金或预期租金，而并非指实际租金收益，而且一般包括不动产的总体租金（即包括地租和房租），如新加坡、英国北爱尔兰地区的财产税以及中国香港特区的差饷。

以年度租金收益为计税依据能有效地对不动产的潜在租金收入课税，并能及时追踪反映不动产租金收益和年值的提高。另外，从公平的角度讲，纳税义务基于不动产的实际用途也似乎更符合量能支付原则。但由于各国普遍存在的租金控制，且这种控制偏高于市场租金，使租金收益概念混乱，进而使得评估不动产租金收益的问题更加突出。再者，某些特殊类型的不动产，如石化行业、城市污水处理工厂及其他许多公共设施所保有的不动产，只存在唯一的使用者而并无公开市场价值，如何确定其年度租金收益也成为一个大问题。各国目前的解决办法就只有通过估算建筑物的重置成本减去折旧后，再运用一个合理的贴现率去确定名义租金。

4. 物理特征

上述三种计税依据的财产课税均属从价计征方式。此外，财产课税还可以采用不动产的某些物理特征作为计税依据，从而实现从量计征。如早期的房屋税就曾以房屋的窗户、烟囱、阳台或房间的数目作为计税依据，早期的土地也多以土地面积作为计税依据。目前，对房产课税采用物理特征作为计税依据的做法已非常少见，而依土地面积对土地征收财产税的国家还有不少，主要是一些中东欧的转轨经济国家，如俄罗斯、波兰、匈牙利、斯洛文尼亚和捷克共和国等。我国现行的城镇土地使用税和耕地占用税，也都采用土地面积作为计税依据。

以土地面积为主要特征的从量课征制度同样兼有优劣之处。其优点表现在管理相对简便,能促使市场当局建立财政地籍,从而提供土地和建筑物的产权等具体情况的详细资料。其缺点在于收入弹性不足,难以确保公平,如果要建立财政地籍需要提供大量详尽准确的资料,甚为繁杂。

(二) 财产的估价方法

由于财产课税的计税基础大多是财产的估定价值,因此准确估定财产的价值对于征收财产税至关重要。目前,对于财产的估价主要采用三种方法,即现行市场价格法,收益现值法,重置成本法。

1. 现行市场价格法

这是一种以市场上相同或类似财产为参照物,同时充分考虑影响交易价格的各种因素后,确定一个评估率,再用评估率乘以市价就是应纳财产税的税基。设 MV 为财产的市场价格,t_a 为评估率,AV 为财产的评估价值,则:

$$AV = t_a \cdot MV$$

进一步设 T_P 为财产税,t_n 为财产税的名义税率,则

$$T_P = t_n \cdot AV$$

从上述两公式,我们可以得出财产税的有效税率:

$$t_e = \frac{T_P}{MV} = t_n t_a$$

在西方各国中,通常对财产的评估率 t_a 远小于1,所以 $t_e < t_n$,即财产的有效税率是低于名义税率的。

2. 收益现值法,又称潜在价值法

这是一种用对财产的预期收益折算成现期收益来估定财产价值的方法。当未来财产收益有年限时,可以将未来收益折现,其公式为:

$$Vo = \sum_{t=1}^{n} R_{t/(1+i)^t}$$

其中,Vo 为财产收益折现,Rt 为第 t 年的财产收益,i 为贴现率。

若未来财产收益无年限时,可采用资本化方法对财产进行估价。

$$Vo = 财产预期年收益额 / 平均财产收益率$$

上述两种方法的估算结果在正常条件下大体是一致的,但若有风险,或因投资使市场利率大起大落,则各自估算的财产值就显然不同。

3. 重置成本法

这是按财产的重置成本,减除折旧和损耗,评估财产价值的方法,重置成本包括复原重置成本和更新重置成本。这里的重置成本通常是指复原重置成本,只有在无法采用复原成本时,才用更新重置成本。

重置成本法的评估公式为：

$$估定价值＝财产重置成本－折旧－无形损耗$$

由于这种方法考虑了财产的折旧和无形损耗,比较合理。但存在计算上的主观臆断,一般此方法不适用于对不动产自然增值的估定。

这三种方法,各有优缺点,适用范围也有所不同。为了使估值尽量准确,多数国家往往同时采用上面几种方法,而不是只限定其中一种方法。

关于财产的分类如表8-1所示。

表8-1 财产分类表

不 动 产	动 产
一、土地 1. 农用地 2. 住宅用地 3. 商业用地 4. 森林 二、土地改良物 1. 农业建筑物 2. 住宅 3. 商业用房 4. 道路、围栏	一、有形 1. 农用机械、机器设备 2. 家具 3. 商品存货 4. 车辆 二、无形 1. 政府公债 2. 股票 3. 抵押贷款 4. 银行存款

六、财产税的优点及不足

(一) 财产税的优点

财产课税之所以能够在各国长期存在,且发挥不可替代的积极作用,是因为财产课税存在以下优点。

1. 符合公平税负原则

财产是衡量个人纳税能力的尺度之一,有财产者就有纳税能力。因此,不管按财产价值课征还是对财产的收益课税,都符合平等负担原则。

2. 税源充足,收入稳定

由于得自财产的收入比平时挣得的收入更为长久,因此以财产价值的收益为计税标准,税源相当充足。而且因财产的相对稳定性,按财产价值课税,不易受经常性变动因素的影响,税收收入比较稳定可靠。

3. 促进经济发展

财产课税会使资源得到合理配置,能使闲置的资源得到重新利用。另外,纳税人还可能用扩大生产、投资能力,增加收益等办法,尽量抵消由财产课税带来的损失。所有这些都有利于经济的发展和社会的进步。

4. 平均分配，调节收入

按财产的收益课税，无损于纳税人对财产的积累，而有益于节制社会财富分配不均的现象，矫正社会的奢侈浪费之风，从而缩减贫富差距。

5. 对商品税和所得税不足的弥补

商品税的课征对某些财产(如不动产、继承财产)失灵，所得税对不使用的资本和财产以及未实现的资产收益也无法进行课征，而财产税能在这些失灵的方面发挥作用。所以，财产课税在税收体系中的作用无法取代。

6. 纳税人名副其实，有利于税收达到预期效果

财产税是直接税，一般在经济上较难转嫁，最终的负税人就是纳税人。这样，在国家财政有一定需要时，能真正增加有产者的负担，相对减轻无产者的负担。

7. 符合行政效率原则

财产税的历史悠久，各国的人们都有长期的纳税习惯，这有利于节约征收成本，符合税收的行政效率原则。

(二) 财产税缺点

同其他税一样，财产税也非尽善尽美，美国关于取消联邦遗产税之争进一步说明了这一点。财产税的不足之处主要体现在以下四个方面。

1. 违背量能纳税原则

由于动产，特别是无形动产容易隐匿，征收成本较大，所以各国财产课税主要对不动产课税(除车辆和飞行器外)，而对动产不是课不到税，就是干脆放弃课征。这使得财产税征收难以真正普及，造成税负不公平，不合理。

2. 财产税的弹性较差，且存在重复课税现象

除遗产税、赠与税外，财产税多实行比例税率，与实行累进税率的所得税相比，其弹性较差，不能随财政需要的多少缓急而筹措相应资金。同时，财产税既对公司法人的财产课税，又对公司法人的股东所持有的股票、证券与财产的价值课征，产生重复课税现象。

3. 税负有失公平，且易导致腐败现象

财产税以价值为课征标准，而财产价值估算不但难以确实，而且人为的估算方法给税务人员徇私舞弊、贪污违法的腐败行为提供了很大的空间。税务人员腐败行为不仅使税负有失公平，并且还会给社会风气带来许多不良影响。

4. 阻碍经济发展

财产税事实上对投资、工作和储蓄的积极性是一种打击，人们为了逃避它，不是减少投资、工作和储蓄，就是增加即期消费，这会妨碍资本的形成和积累，影响经济发展。在资本欠缺的发展中国家，这种阻碍作用可能会更为明显。另外，财产税的某些税种可能是得不偿失的税种，以1998年为例，美国的遗产税虽筹集了230亿美元的财政收入，但其征收成本却高达480亿美元。显然，征收成本远大于税收收入，这对经济是不利的。

由于财产税既有优点，也有缺点，所以对开征财产税有的人表示赞同，有的人表示反对。但不管怎么说，至今没有一个国家真正取消财产课税。相反，随着经济的发展，各国财产税的课征形态日益丰富多彩，课征制度也不断得到变革。

第二节 一般财产税比较

一般财产税在历史上曾是非常重要的税种,它以个人的全部财产为课征对象,课征范围也较广,涉及动产、不动产、财产所产生的收益等。随着经济的发展,一般财产税越来越不适应作为主体税种,并由其分离出了营业税、利润税、利息税等许多新的税种。如此,一般财产税的课征范围不断缩小,其已失去了原先的含义(现一般为选择性财产税),且地位和作用也远不如以前。今后可能的趋势是一般财产税向净值税发展。

一、一般财产税的类型

从世界各国实行的一般财产税制度看,基本上有以下三种类型。

(1) 名为一般财产税,实是选择性的财产税。其课税对象以不动产为主,很多地方也将营业设备、商品存货等有形动产包括在内,但无形动产几乎被排除在外。

(2) 净财富税,亦称净值税或财富税。它是以个人资产总额(动产和不动产)减去负债后的净额作为课税对象,设免税扣除及给予生活费豁免,税率设计采用比例税制。实行净财富税制的国家主要在欧洲。另外,亚洲少数国家和几个拉丁美洲国家也实行这种一般财产税制。

(3) 计税标准与第二类相同,但免税,扣除额较大,且采用累进税制的一般财产税,如印度、瑞典等就采用此种做法。

二、一般财产税的特征

从各征税国家的实践看,一般财产税的课征制度具有如下特征。

(一) 课税权主体不一

有些国家的一般财产税课税权在中央,属中央税收,如瑞典;有些国家则由地方征收,如美国;还有一些国家由中央和地方两者征收,如现在的挪威。

(二) 对不同纳税人区别对待

一般财产税的纳税人,是财产的所有人。分为居民纳税人和非居民纳税人。凡属居民纳税人,无论其财产在本国境内还是境外,均要纳税,即负有无限纳税义务。凡非居民纳税人则只就居住国境内的财产纳税,即负有限纳税义务。除了少数国家对公司法人不征税外,大多数国家的纳税人包括个人和公司法人。

(三) 课税对象的非全面性

一般财产税,严格地说,其课税对象应包括纳税人的所有财产。但从各国的实际情况看,只是以列举的有选择的部分财产为课税对象,并且以不动产为主,原因在于动产容易隐匿,不易查实征收以及有些财产难以估价。如家具、珠宝、首饰、艺术收藏品、商标商誉权、著作权、非营利性专利权等,均不在应税范围之内。

具体地说,各国根据自己的情况选择不同的课税对象范围,大致包括:土地、房屋等不动产;机器设备、商品存货等有形动产;汽车、摩托车、船舶等家用动产;资源开采权、营业性专利权、股权、公司债券、有价证券等无形动产。

对居民纳税人的国外不动产,少数国家也不进行课征。

(四) 税率偏低

一般财产税,最早实行定额税率,后演变为比例税率。当今各国多实行比例税率,税率一般在1‰左右,少数实行超额累进税率的国家,最高税率也不超过3‰,税率显然较低。

(五) 财产估价灵活多样

对财产的正确估价是征收一般财产税的前提,它关系到财政收入的多少和纳税人实际税负的轻重。现今各国主要采用现行市场价格法、收益现值法、重置成本法等各种方法对财产估价。各方法的具体做法如前所述。

由于这几种方法各有特色,并有各自的适用范围,所以各国一般对不同财产价值采用不同的方法估定,而不是仅限定某一种方法。

三、净财富税的特点

净财富税与一般财产税,都是对人们拥有的所有财产课税,而不是按不同财产类别分别开征。其与一般财产税的主要不同在于课税标准上,即净财富税征税时仅就财产总额中扣除纳税人债务及其他外在请求权以后的财产余额课税。

净财富税的课征制度特点表现为以下六个方面。

(一) 课税权主体多单一性

从净财富税的实际情况看,此税多属中央税收,由中央政府征收。与地方财产税种的关系安排是:在地方政府征收普通财产税的同时征收净值税。如德国除征收财产税外,还征收净值税。净值税收入占全部税收收入的比重一般在1‰—5‰,哥伦比亚最高,占税收总额的5‰。

(二) 纳税人的非全面性

净值税的纳税人,大多数国家只定为自然人,只有德国、法国、印度少数几国对公司也征税。

(三) 课税对象净额化

净值税的课税对象虽是纳税人在一定时期拥有的全部财产,但计税时要作债务和有关项目的扣除。

(四) 存在免税额规定

净值税仍属一般财产课税,各国都设有免税额,一般都比较低,是个人同期所得的2—3倍。少数国家因主要对巨富者征收,免税额要高得多,如印度。

(五) 税率多采用比例税率

净值税的税率一般为比例税率,为0.5‰或1‰。也有少数国家用累进税率,为0.5‰—3‰。

(六) 申报合并化

净值税的征收一般采用申报缴纳,多以家庭为申报单位,配偶或子女的财产合并申报。一些净值税由中央政府征收的国家,实际征收中净值税有时与所得税同时申报,甚至还用同一张申报表。

四、部分国家的一般财产税

一般财产税的作用和地位虽不如以前,但仍有许多国家征收。不过,有些国家现已改为征收个别财产税,如英国;还有一些国家改为征收净值税。

(一) 美国的一般财产税

美国征收一般财产税的历史较短,其最初的财产税课税范围是适用不同税率的选择性财产项目。现今美国选择性财产税的特点并未改变,主要课征范围是不动产和营业性动产,其中最主要是房地产。

1. 课税主体

美国一般财产税属地方税收,并且主要由地方市级政府征收,联邦政府不开征此税,州级政府也逐渐退出这一领域。在美国,一般财产税收入占地方税收的80%以上,是地方政府的主要财源。

2. 纳税人

包括自然人和企业法人,分居民纳税人和非居民纳税人。一般规定居民纳税人负有无限纳税义务。

3. 课税对象

原则上是纳税人拥有的动产和不动产,应税财产主要包括房产、企业营业动产、土地等。其中最主要的是非农业区的居民住宅,约占应税财产的60%;其次是非农业区的企业财产(包括机器设备与存货等),约占全部应税财产的24%。

4. 免税规定

各地对某些财产规定全部豁免和部分免除财产税义务。具体有:① 政府拥有的建筑物免税;② 宗教慈善机构拥有的房地产免税;③ 学校、图书馆等非营利机构拥有的非营利性不动产免税;④ 自用住宅宽免,如加利福尼亚规定,纳税人的自用住宅可享受7 000美元的免税额;⑤ 老年人、残疾人税额减免。全美有48个州实行对老年人减免财产税,有些州还扩及残疾人、贫困人口。如加利福尼亚州准许对残疾退伍军人免除最高为15万美元的财产税。

5. 税率

税率各地自行规定,名义税率各地不一,一般为3%—10%。如纽约、芝加哥等大城市的税率要高些,有些地方税率还随通胀率作调整,但调整幅度控制在2%以内。实际税率则往往相差更大,大约是财产一般市价的1.2%—4%。一般情况下,实际税率不但各州不一,而对不同财产也有差异。通常是,新财产的实际税率要高些;同类财产中,价值较低的财产的实际税率要高些;不同类的财产中,房地产的实际税率要比私人其他财产的实际税率高;企业财产的实际税率要比个人的同类财产的实际税率高。这些差异,主要是由于对不同财产的估价不同而造成的。

6. 财产估价

美国各地财产估价的基础不一,大致有:不动产市场价值、房地产租金价值、营业动产的重置价值或市场现值、不动产原值等。采用的估价原则,是以市场现值为主,主要运用市场价格类比法、收益现值法和重置成本法。估定值占真实价值的比例也不一致,有的州高些,有的州低些。因为各州在分配援助款时,通常将地方人口数和财产估定值作为重要的依据,所以有些地方有意低估财产价值,以便从州政府获得更多的援助款项。这种问题是美国各州急需解决而又难以解决的问题。

(二) 加拿大的财产税

同美国一样,加拿大的财产税也是一种选择性的财产税。其主要课税范围是不动产,即以土地建筑物、机器、设备作为课税对象。

1. 课税权主体

加拿大联邦政府不征收财产税,省政府征收也很少,所以课税权主要在省级以下地方政府。自20世纪70年代以来,财产税占地方政府财政收入的比率一般为35%—40%。

2. 财产税税率

加拿大的财产税税率单位由税法规定为估定价的1%。计算税额时,先由税收估价员决定财产的估定价值,然后按照财产的估价乘以税法规定的税率即可。

3. 财产的估价

目前加拿大所使用的估价方法大致有三种:① 市场价格法,即以应税财产的市场交易价格为准作出估价。② 资本还原法,即根据财产租金和市场利率,通过折算取得资本化的财产现值。③ 原值法,即以应税财产的原始价值或购入价格作为估价的标准,此方法对估价员来说十分简便。

(三) 新加坡的一般财产税

新加坡的财产税属一般财产税,主要对不动产课征。

1. 纳税人

纳税人是土地、房屋及其他建筑物等财产的所有人。包括居民纳税人和非居民纳税人。

2. 计税依据

财产税的计税依据是估定价值。房地产的估价一般是按租金收入估定;旅馆的估价是按空地售价的15%,再加上销售食品饮料等收入的5%进行评定。

3. 税率

一般财产按估定价值的13%课税。个人主要自用住宅适用减低税率4%。非居民纳税人还需另交10%的附加税,拥有套房或6层以上公寓者可免纳附加税。非居民、公司纳税人的营业用不动产免纳附加税。

4. 税款缴纳

财产税可分1月和7月两次缴纳,也可按月预缴财产税。

(四) 德国的净值税

德国算是征收净值税效果较好的国家,净值税被作为该国所得税的重要补充。

1. 纳税人

包括个人和企业法人。居民纳税人就德国境内外的所有财产纳税。非居民纳税人,除按国内税法和国际税收协定中规定可以特别免税者以外,都要就其在德国境内的财产缴纳净值税。

2. 课税对象

纳税对象是纳税人拥有的全部财产。包括:农林业财产;不动产;企业财产;其他财产如债权、银行存款、发明专利权和版权、人寿保险等。确定财产净值时,允许扣除债务。

3. 财产估价

原则上以平均市场价格为基础。不动产的估价以每6年进行一次特殊的估算为基础,允许对持续期内的价值变化进行调整。营业资产中的非不动产部分,按每4年一次的估算为基础,也准许对估算额进行调整。

4. 税率

税率为比例税率,个人和公司分别适用税率为0.5%、0.6%。不论个人和公司,不得从计算所得额中扣除净值税。

5. 申报纳税

一般是夫妇合并申报或家庭联合申报。纳税人及其配偶子女每人享有7万马克的免税额。

6. 抵免

允许抵免国外已缴纳的净值税,但其数额限定在按本国净值税税率计算的数额之内。

(五) 法国的净财富税

2011年1月1日起,法国的净财富税对每年1月1日资产净财富超过130万欧元的个人征收。除协定另有规定外,居民纳税人要就其法国境内外的所有资产纳税。非居民纳税人仅就其位于法国境内的资产纳税,金融资产和协定另有规定的资产除外。从2012年1月1日起,实行两级超额累进税率,总资产在130万欧元至300万欧元之间的,税率为0.25%;总资产超过300万欧元限额的部分,税率为0.5%。如果家庭的总资产净值在130万—140万欧元或者在300万—320万欧元的,可以获得税收减免。对财富税负担过重的,允许其将财富税合并到所得税计算纳税。

(六) 印度的财富税

印度的财富税事实就是净值税。

1. 纳税人

印度财富税的纳税人包括个人、未分劈的印度家族、公司法人。居民个人、居民公司、居住在印度的未分劈家族,均须就其世界范围内的财产纳税,非居民纳税人仅就其在印度境内的财产纳税。

2. 课税对象和计税标准

财富税的课税对象是纳税人拥有的财产,但农业用地、农用财产、科研用财产、专利权和著作权、养老金和人寿保险,部分政府债券等财产可以免征,财富税对个人和法人均征收。居民个人及居住在印度的未分劈印度家族成员（每个家庭或一个成员以上的财产净值均在 500 000 卢比以下的家族），适用税率如表 8-2 所示。

表 8-2　居民个人及居住在印度的未分劈印度家族人员适用税率

应纳税财产额（卢比）	税率（%）	土地及建筑物估价额（卢比）	财富附加税率（%）
0—50 万	1	10 万以下	0
50 万—100 万	3	10 万—100 万	5
100 万—150 万	4	100 万以上	7
150 万以上	8		

凡居住在印度的其中有一个或一个以上成员的财产超过 250 000 卢比的未分劈印度家族，适用税率如表 8-3 所示。

表 8-3　有一个或一个以上成员的财产超过 250 000 卢比的未分劈印度家族适用税率

应税财产额（卢比）	税率（%）
0—15 万	0
15 万—50 万	1
50 万—100 万	2
100 万以上	3

非居民个人和非居住在印度的未分劈财产，只需按上述课税的 50% 缴纳财富税。公司缴纳的财富税按 2% 的比例征收，但公司仅限于对公司利润课税，即公司如亏损而未分红时，就不负担财富税。

第三节　个别财产税比较

个别财产税，亦称特别财产税，是对个人所有的土地、房屋、资本或其他财产分别课征的税收。个别财产税是财产税的最早形式，在历史上经历了不断变化发展和组合的过程。现代资本主义国家中，个别财产税的税种已经大大减少，有的只征土地税，有的只征房屋税，有的将土地税和房屋税合并为房地产税，有的将土地、房屋和有关的建筑物与机械、机动车辆及其他固定财产合并征收不动产税。

一、土地税比较

（一）土地税的课征形式

土地税是以土地为课税对象征收的税收，过去又称租税、田赋。土地税若按其性质不同可分为土地财产税、土地收益税、土地所得税和土地增值税。

1. 土地财产税

这是以财产税方式征收的土地税,有从量、从价之分。从量课税一般按单位面积进行课征,也叫地亩税。另外还有在此基础上,考虑土地肥沃程度、生产条件、地理位置等不同而分别适用不同税率征收的土地等级税;从价课征以土地单位价值作为课税标准。理论上应按市价计征,但因市价涨落不定,或因有价无市,故实际上大都采用估价计税方法。

2. 土地收益税

这是以土地的收益为课税标准而征收的税。按其计算的收益额方法的不同又细分为土地总收益法、土地纯收益法、租赁价格法和估定收益法。总收益法以土地的年总收益额为计税标准,采用比例税率征收。纯收益法按总收益减去各项成本费用后的净收益课征。此方法较总收益法公平合理,但因费用计算与扣除都较麻烦,实际上实行很困难。租赁价格法是以地租为计税标准的方法。近代荷兰、英国都曾实行此法。估定收益法以查定的土地纯收益为准,按一定时间如3年或5年的纯收入平均数课征土地税的方法。

3. 土地所得税

它是以土地所得额为课税标准而征收的税,它不仅课征土地的租赁所得,还课征土地使用中所获得的所得,现多将其列入所得税课征。

以上三种不同性质的土地税,从公平角度看,土地所得税优于土地收益税,土地收益税又优于土地财产税;就课征手续而言,土地财产税优于土地收益税,土地收益税又优于土地所得税;就计税标准的固定性而论,土地面积最为持久,土地价值次之,土地收益和所得则更容易变化;再从土地税的历史演变来看,先是从地亩税到地价税,继而又到收益税和所得税,其中较为理想的是地价税。

4. 土地增值税

它是以土地增值额为课征标准而征收的税,基本可归于土地财产税中。但它与其他土地财产税、土地收益税、土地所得税有显著不同,其区别在于:一般土地税是对土地或其劳动收入课税,土地增值税则是对不劳而获的土地收益课税。

(二) 土地税的课征制度特点

在各种土地税的课税形式中,较为理想的要属地价税,这也正是目前大多数国家开征的土地税。土地税的课征制度特点主要有以下六个方面。

1. 纳税人名副其实

一般情况下,土地税的税负较难转嫁,纳税人即负税人,多为土地所有者。纳税人不仅包括自然人,也包括法人。纳税人若属居民纳税人就应负无限纳税义务,非居民纳税人只负有限纳税义务。

2. 课税对象单一

土地税的课税对象就是土地,一般包括城市土地和农村土地、森林、山地等。

3. 计税依据多样

从各国征收实际情况看,多以估定的土地价值为计税依据。土地估定价值一般依据以下三种。

（1）市场价值。即在市场公开交易中所能取得的价值。

（2）年金价值。这里年金价值是指土地一年取得的租金额，包括总租金价值和净租金价值。一般总租金价值的维护费由土地出租者负担，净租金价值土地的维护费则由土地承租者负担。

（3）未改良土地价值。指土地本身的价值，不包括附属在土地上的改良物价值。

4. 税率的差别性

地方不同，地价以及同样土地带来的收益也不同，为使税收尽量公平，大多数国家实行地区差别比例税率，只有少数国家，如巴西、韩国等实行超额累进税率。

5. 免税项目各异

由于每个国家开征土地税的政策目的不同，因此规定的免税项目也不一样，如有的国家对农业用地减免税，有的国家对森林用地免税等。不过对于本国政府和外国政府机构办公用房占地、慈善宗教等社会公益事业团体非营利性办公用房占地、公立学校科研学术机构用房占地等，大多数国家均给予免税。

6. 征收缴纳方式多样

土地税多属地方税收，征收方式以纳税人自行申报与税务机构查定征收相结合，少数国家仅采用查定征收法。一般在估价完毕后就通知纳税人纳税，多半按年征收，有一次缴纳和分期缴纳。

（三）土地增值税比较

1. 课征制度特征

土地增值税曾在理论上盛行一时，但实践中遇到许多障碍，在登记土地资料配备人员及确定实施原则等方面都存在不少困难。英国、德国均曾试行，但实际效果并不理想。现在开征此税的地方不多，主要有：中国、意大利、韩国、中国台湾等地。从这几个国家和地区的征收实践来看，土地增值税的课征制度特征主要有以下五点。

（1）纳税人。不管是自然人还是法人，只要是土地所有者和土地使用者，均为土地增值税的纳税人。出售土地时，以出售者为纳税人，但购买者负有连带纳税义务。

（2）课税范围。在有的国家，此税的课税范围包括土地及土地建筑物，如中国现行的土地增值税、意大利的不动产增值税；而有的国家和地区只就土地征收，如中国台湾地区的土地增值税、韩国的土地超额增值税。

（3）税率。税率带有明显的社会政策目的，大多采用累进税率。德国、日本曾实行的土地增值税和中国现行的土地增值税均是如此。但韩国现行的土地超额增值税却实行比例税率。

（4）计税依据。土地增值税的课税基础包括土地（或土地使用权）转移时发生的自然增值和未发生转移的土地自然增值。通常是，土地发生转移时，以土地出售者出售土地（或土地使用权）的收入减去土地原价（或取得土地使用权的支付），并减去相应扣除后的余额为计税依据；土地不发生转移时，一般按土地拥有年限长短估定价值计征。

（5）减免规定。土地增值税的免税项目有：政府部门出售或转让的土地、继续用于农业耕作的农用土地、增值额未超过一定比例的土地等。这种规定体现了将土地自然增值收归国有的原则。

2. 部分国家的土地增值税制度

(1) 意大利的不动产增值税。意大利的不动产增值税,是对不动产转让和持有时发生的增值部分征收的税,属地方税收。

① 纳税人。不动产的拥有者和出售者为纳税义务人,包括自然人和法人。

② 课税对象。课税对象包括纳税人拥有的土地、房屋、建筑物等不动产,包括企业厂房、高尔夫球场等。

③ 计税依据。若纳税人为自然人,一般是在其出售不动产时就其增值部分课税,以不动产原价乘上使用资产年限作为计税基础;对公司纳税人,除了在不动产转让时课税以外,对不发生转让的不动产,每10年重新估价一次,就增值部分课税,允许扣除为增值而支付的各项成本费用。

④ 税率。实行超额累进税率,并按不动产持有年限的长短来进行设计。一般持有年限与税率成反比,税率由各地自行确定。

(2) 韩国的土地增值税。韩国的土地增值税,名为土地超额增值税。此税属于中央税收。

① 纳税人。土地所有人或使用人为纳税人,包括自然人和法人。以土地购买、转让等土地登记确认的所有人为准。假如几个人同时拥有一块土地,则每人都应就其拥有部分纳税。另外,纳税人还包括:政府购买土地使用权并签订了分期付款合同的购买者;土地拥有者无法确认时,由土地使用人纳税;若所有权在土地超额增值税征收期中发生转让,土地原有者为纳税人,交易双方共同分摊税额。

② 课税对象。包括纳税人拥有的闲置土地或非营业用地价值增加额,在每一年纳税期终了时,根据规定的土地状况对具体课税对象进行确认。公司法人拥有的闲置土地,不用于公司营业的土地也包括在内。由个人或其他法人纳税人拥有的应税闲置土地,包括与工厂建筑物相邻的超过一个厂区标准土地面积的土地,和超标准面积的用于高尔夫球场的土地。

③ 计税基础。税额计算是以土地的市场价格确定。

④ 税率。采用一致的比例税率50%。

⑤ 免税规定。国家和地方政府及外国政府拥有的土地,铁路、公路、港口所使用的土地;历史古迹占用地;总统法令规定免税的土地等享有免税。另外,税基少于200 000韩元的土地不征税。

⑥ 征收。此税的纳税期,原则上为3年。第一个纳税期是1990年1月1日—1992年12月31日,按纳税期开始年度的1月1日到纳税期终了年度的12月31日期间的土地价值的超额增值部分查定征收。

税法规定,已纳土地超额增值税,可从资本利得税和所得附加税中抵免,或从计算资本利得税或所得附加税的税基时作为费用全部扣除。允许抵免的比例,视土地出售的期限而定,一年以内抵免80%,3年以内抵免60%,6年以内抵免40%。

(四) 部分国家的土地税制度

1. 日本的土地税

日本实行中央、都道府县和市町村三级征税体制,财产税中既有中央征的税种,也有地方征收的税种。日本对土地征收的财产税有:地价税、特别土地持有税(2003年起暂不征收)、固定资产税、不动产购置税、城市规划税,分别由中央和地方政府征收。

(1) 地价税。地价税于1992年1月1日开始征收,属日本国税,由国税局负责征收,1998年暂时停征。

① 纳税人。每年1月1日税务登记时列明为土地所有者的企业和个人,均为地价税的纳税人。

② 课税对象。主要是土地和土地租赁权、土地使用权等有关权利。

③ 计税依据。地价税的计税依据为估定价值,估定价值是以公平市场交易价值乘以一个评估率。评估率依土地拥有的年限长短而定,一般在5%—40%。

④ 税率。采用一致比例税率,税率为0.15%。

⑤ 免税项目。规定用于文化教育事业需要的土地、外国大使馆、领事馆占用土地可免税。

⑥ 扣除规定。纳税人的财产额可做基本扣除。征收所得税时,允许从应税所得额中把地价税作为费用扣除。

(2) 特别土地持有税,亦称特种地价税。是对应税土地的净值课征,属市町村级税。

① 纳税人。土地的拥有者和土地的购置者是特别地价税的纳税人。若拥有一块土地10年以上,则无此税的纳税义务。

② 课税对象。包括土地和相关权利,但以土地为主。不同城市规定不同的起征点。如东京、札幌、大阪、横滨、川崎、名古屋等为2 000平方米;有向大城市发展规划的城区为5 000平方米,其他城市地区为10 000平方米。

③ 计税依据和税率。以每年1月1日的土地购置成本为计税基础。土地持有者和土地购置者的适用税率分别为1.4%、3%。

④ 免税规定。除文教事业用地、外国领事馆占用地免税外,一些由于政策性原因迁移厂址而重新购置土地、政府购置土地,均能免税。

⑤ 抵免规定。已纳固定资产税和不动产购置税可以在特别地价税中抵免。

(3) 固定资产税。此税属市町村级税收,以土地、房屋及折旧经营资产为课征对象。对土地课税,是以土地市价为估定价值,每三年估价一次。标准税率为1.4%,税率上限为2.1%。低于15万日元的土地价值可以免税。税额分四期缴纳。

(4) 不动产购置税。此税属都道府县税收,1946年起征收。以土地房屋的购置者为纳税人,以土地房屋购置时的估定价值为计税依据,税率采用4%的比例税率。若购买房地用于居住,税率则为3%。估定价值在10万日元以下的土地、23万日元以下的房屋、12万日元以下的建筑物以及由于某些原因合并的公司所购买的土地房屋均可免税。

(5) 城市规划税。对市町村用于宅地开发时必须配置的道路、排水设施、公园等设施费用支出而开征的目的税。以宅地开发者为纳税义务人,以宅地面积作为课税标准。

2. 新西兰的土地税

新西兰的土地税只对非农业用地征收,土地所有者为纳税义务人。计税依据为上一课税年度的 3 月 31 日前的市场价值。对土地价值总额课征,但设有免税和扣除项目。公司和其他团体法人拥有的土地可享受减免优惠。农场或其他农用土地免税。地价在 175 000—350 000 元的土地,可享有 75 000 元的额外扣除。土地税可作为费用从应税所得额中扣除。

二、房屋税比较

(一) 不同类别的房屋税的课证特点

房屋税是对房屋及有关建筑物课征的税。除少数国家由中央政府征收,房屋税多属地方税收,且一般采用比例税率计征,设有免税项目。因为房屋与土地难以严格分开,难以单独估价,所以多半与房屋所占的土地合并课征。课征标准有房屋数量或价值、房屋的租金收益、房屋带来的所得和房屋的使用。

1. 房屋财产税

它是以房屋的数量或价值为课税标准而征收的税。分为从量、从价两种课征方法,房屋所有人为纳税义务人。现今各国普通采用从价课征形式,如美国、墨西哥的房地产税。从价课征形式比较公平,但对房屋的估价相当困难,需要考虑房屋间数、层数、面积、装饰、建筑材料及价格、租金、房屋所在地以及用途等多种因素。

2. 房屋收益税

此税以房屋的租金收益为课税标准而征收的税,它从对地租的课税沿袭而来。其优点表现为:① 房屋的收益能代表房屋的生息能力;② 计征简便,收益不易隐瞒。但值得注意的是须从租金总收入中,扣除房屋折旧和维修费用等。

3. 房屋所得税

它是以房屋的出租、售出、转让等带来的房屋所得为课税标准的税。以所得税为主体的国家,房屋所得一般列在个人综合所得内课征所得税,并不单设此税。

4. 房屋消费税

这种与前面三种不同,它以房屋的消费使用为课税标准,对房屋消费使用者征收的税。具体计税依据是房屋使用者支付的使用酬金(租金支出或比照租金支出)。例如,荷兰的房屋税即向租房人征收,课税对象为房屋租金及家具价值。

(二) 部分国家的房屋税制度

1. 英国的房屋税

英国属课征房屋税较早的国家,它的房屋税曾作为中央税收,后改为地方税收。

(1) 纳税人。纳税人是房屋住宅的所有者和承租者,包括永久地产保有者、法定居住者、租约居住者、持特许居住证者、居住者、房屋所有者。若一处住房同时由多人所有或多人居住,则以他们为共同纳税义务人。旅馆居住者,居住在雇主家的家庭服务人员被排除在纳税人范围之外。

(2) 课税对象。此税的课税对象是居住房屋,包括自用住宅和租用住宅。住房包括楼房、平房、公寓、活动房屋和可供住宅用的船只。

(3) 计税依据。房屋税的计税基础为住房估定价值。由国内税务局所属房屋估价机构进行估价,且一般估价后一定时期内不重估,除非房屋价值发生重大变化,如扩建或部分拆除。

(4) 税率。税率由各地方政府制定。英国环境部将应税房屋价值按地区不同划分几个级次,并规定每个级次应纳税额的法定比例,且每个级次在不同的地区,具体税额是不同的。

(5) 减免税规定。学生、学徒居住房免税;仅有一处住房且居住者中只有一个成年人,可减征25%税额;有两处以上住房,居住者只有一位成年人的,则减征50%税额;伤残人住房,可降低其住房价值应税级次,给予减税照顾,无收入者或低收入者可申请房屋税优惠,税务机构查实其家庭和个人情况后,将依据不同情况减免不同税额。

2. 波兰的房地产税

波兰的房屋税与土地税合并征收,属地方税收。纳税人包括个人和公司法人及其他法人,课税对象是土地房屋及附属物。政府行政用房,领取养老金者的居住用房,空置房屋,历史古迹建筑物,外国使馆或国际组织拥有的房屋、学校、医院、文化和科研机构非营业性房屋,宗教机构的房屋,公用事业占用土地等均免税。房屋估价依据市场价值,对已投保的房屋按投保价值计税。税率的规定包括最高税率的限制和一般年度税率,最高税率由地方议会规定。

(1) 参加保险的住所按其价值课税不超过0.1%。

(2) 投保的其他房屋不得超过其价值的2%。

(3) 营业性用房每平方米不得超过15 000兹罗提。

(4) 土地课税每平方米不超过500兹罗提。

3. 摩洛哥的房屋税

摩洛哥的房屋税称为城市财产税。纳税人为拥有应税房屋的个人和法人实体。课税对象是房屋及其附属物。具体包括:住宅用房,含主要住所、第二住所、无偿提供给配偶和其他直系亲属的住宅等;营业用房,含生产经营用房、无偿提供给工作人员休息娱乐用房、附属建筑物、机械设备等;住宅所占用土地;夏冬季旅游地或其他旅游胜地的房屋建筑,即使是空置也要征税。免税项目有:王室住宅,国家政府所用房屋建筑物,非营利性组织用于宗教、教育等公益事业的房屋等。另外对新建筑房屋及其附属物,完工之日起免税5年,计税依据是房屋租金价值,税率为累进税率。

三、不动产税的比较

不动产税是以土地及地上建筑物等不动产为课税对象的税收。此税种可按课税依据分为三类:不动产所有税、不动产转让税、不动产所得税。通常所说的不动产税是不动产所有税,它属于财产税类。当然,对有偿转让课征的契税、对无偿转让课征的遗产税和赠与税等部分不动产转让税也属财产税类,但不动产所得税则属所得税类。目前OECD国家普遍征收不动产税,2005年和2006年不动产税税收收入占税收收入比重在0.54%—10.43%浮动,如表8-4所示。

表 8-4　主要发达国家不动产税收入比重　　　　　　　　单位：%

国　　家	2005 年	2006 年
澳大利亚	4.45	4.61
加拿大	8.13	8.15
德　国	2.46	2.46
瑞　典	1.86	1.76
英　国	9.14	8.92
美　国	10.43	10.19
法　国	4.87	4.89
意大利	2.01	1.94
日　本	7.34	6.83
西班牙	1.94	1.91
葡萄牙	1.59	1.68
挪　威	0.54	0.76
荷　兰	2.17	1.66

资料来源：张璇、付瑜.主要发达国家物业税征收概况及主要经验[J].税收研究资料,2010(1).

各国对不动产所有征收的不动产税主要有两种形式：一种是以不动产为单一的课税对象,适用一致税率,如我国香港地区的不动产税；另一种是以不动产的不同课税对象分别规定税率和课征方法,如新加坡、巴西等国的不动产税。不动产税的税率普遍较低,通常在0.1%—0.3%。如意大利按税务评估价值的0.4%—0.7%征收；荷兰按税务评估价值的0.1%—0.3%对房主和使用者双方征收；西班牙按税务评估价值(一般低于市场价值的50%)的3%征收。

(一) 智利的不动产税

1. 课税主体

智利的不动产税,对城市或乡镇不动产征缴,由中央政府征收,但全部收入分配给各市。

2. 纳税人

纳税人为拥有城市或乡镇不动产,包括土地、房屋、其他建筑物的个人和法人。

3. 课税对象

以纳税人拥有的城市和乡镇不动产为课税对象,计税依据是不动产登记在册的价值。登记财产价值必须每5年到10年重新登记修改一次。另外,由于物价变动,每6个月随物价上涨指数调整一次。

4. 税率

采用2%的比例税率。

5. 免税

对登记在册、价值在一定数额以下的财产，免征不动产税。对住宅的免税限额规定更高些，大约是一般不动产免税限额的3—4倍。

（二）匈牙利的财产转让税

某些财产在转让时，要就其价值征税。价值不高于400万福林的居住财产，税率为2%；价值高于400万福林的居住财产，税率为4%；其他所有财产，按照财产转让的市场价值对受让人征收财产转让税，税率一般为4%；不动产转让，对价值超过10亿福林的部分减按2%征收。免征财产转让税的情况也存在，例如，通过企业重组获得财产，为购置股本所支付的实物形式缴款，或由建筑者直接出售给个人的居所，都不缴纳财产转让税。

（三）尼泊尔的不动产税

它是对房地产课征的城市房地产税。纳税人是城市房屋和土地所有者。估定价值依据是房屋的建造成本和土地的市场价值。计税基础一般对房屋课税，是按其建造成本的70%计征；土地是按一般市场价值的20%计征。税率为累进税率。

（四）新加坡的不动产税

新加坡的不动产税的纳税人为住房、建筑物、公寓及土地的所有人，课税标准为其一年的租金收入。整个新加坡分为三类地区，分别适用相应税率，如不发达地区，建筑物为18%，土地为12%；半发达地区，建筑物为27%，土地为18%；发达地区，建筑物和土地均为36%。

（五）希腊的不动产转让税和不动产税

出售2005年12月31日之后购买的土地和建筑物，及其永久性附属物（如果分离则导致价值大幅下降），要缴纳不动产转让税，该税由卖方承担。市场价格至20 000欧元的部分，税率为8%；超过部分的税率为10%。此外还按税款征收3%的地方附加税。

从2010年起，个人或法律实体只要在该纳税年度的1月1日拥有位于希腊境内的不动产，应缴纳不动产税，无论其国籍或居住情况。法律实体根据其营利或非营利特点以及适用财产的情况，使用0.6%、0.3%或0.1%税率；拥有的不动产且用于经营目的的，适用0.33%税率。自2011年起，建筑许可最初签发的3年内，可免交不动产税，除非该建筑被出租或用于其他目的。

四、我国房产税的试点

（一）房产税的发展历程

中华人民共和国成立后，1950年政务院发布《全国税政实施要则》将房产税列为开征的14个税种之一。

1951年8月，政务院发布《中华人民共和国城市房地产税暂行条例》，将房产税与地产税合并为房地产税。

1973年，简化税制，把对国营企业和集体企业征收的城市房地产税并入工商税，保留税种只对房管部门、个人、外国侨民、外国企业和外商投资企业征收。

1984年,改革工商税制,国家决定恢复征收房地产税,将房地产税分为房产税和城镇土地使用税两个税种。

1986年9月15日,国务院发布《中华人民共和国房产税暂行条例》,同年10月1日起施行,但对个人住宅免征。

2008年12月31日,国务院公布了第546号令,自2009年1月1日起废止《城市房地产税暂行条例》,外商投资企业、外国企业和组织以及外籍个人,依照《中华人民共和国房产税暂行条例》和内资企业一样缴纳房产税。

2011年1月28日,重庆和上海实施房产税试点方案,对符合条件的个人住房征收房产税。

2013年11月,党的十八届三中全会通过了《中共中央关于全面深化改革若干重大问题的决定》,明确作出"加快房地产税立法并适时推进改革"的决定,将"完善立法"放在"深化财税体制改革"目标的首位。

2014年,国家将"推进房地产税立法"纳入深化经济体制改革的重点内容。

2015年,"房地产税法"正式列入立法规划。随后,我国实施了《不动产登记暂行条例》,对土地和房屋等不动产实行不动产统一登记制度。

2016年,国家在第十三个五年规划纲要中明确提出"推进房地产税立法"。

2021年10月23日,第十三届全国人民代表大会常务委员会第三十一次会议决定授权国务院在部分地区开展房地税改革试点工作。

(二)房产税试点情况

1. 征税对象

重庆针对符合条件的高档住房征税,无论存量还是新购。征收对象包括:独栋商品住宅,不管是存量还是增量;个人新购的高档住房,是指比上两年主城九区新建商品住房建筑面积成交均价高两倍的房子;无重庆户籍、未在当地工作,在重庆买房,第一套不征税,但是二套及二套以上,开始征收。如无存量商品住宅,买首套独栋商品住宅和高档住房可以抵扣。其中存量独栋商品住宅抵扣基数是户均180平方米,高档住房为户均100平方米。

上海针对符合条件的新购住房,不限于高档住房。规定上海市居民家庭在本市新购且属于该居民家庭第二套及以上的住房(包括新购的二手存量住房和新建商品住房)和非本市居民家庭在本市新购的住房。本市居民家庭在本市新购且属于该居民家庭第二套及以上住房的,合并计算的家庭全部住房面积(指住房建筑面积)人均不超过60平方米(即免税住房面积,含60平方米)的,其新购的住房暂免征收房产税;人均超过60平方米的,对属新购住房超出部分的面积,按规定计算征收房产税。

2. 计税依据和税率

重庆规定:应税住房的计税价值为房产交易价,待条件成熟时按房产评估值征税。独栋商品住宅和高档住房建筑面积交易单价达到上两年主城九区新建商品住房成交建筑面积均价3倍以下的住房,税率为0.5%;3(含)—4倍的,税率为1%;4倍(含)以上的税率为1.2%。

上海规定：房产税暂按应税住房市场交易价格的70%计算缴纳,适用税率暂定为0.6%,如果应税住房每平方米市场交易价格低于本市上年度新建商品住房平均销售价格2倍(含2倍)的,税率暂减为0.4%。

3. 纳税期限

房产税是按年征收,上海规定只要年底之前缴纳税款就行,重庆规定在10月1日到10月31日缴纳。

4. 税收金额

2017年,重庆市房产税收入达到了64.9亿元,与其他税收收入相比,房产税的税额并不大。重庆市房产税试点改革的力度并不大,还存在较大的上升空间。

2017年上海房产税达203.69亿元,与重庆的情况有所不同,上海房产税税收收入较大,且上升速度在持续增加。

(三)试点房产税与房价的关系

1. 房产税对住房保有成本的影响

重庆2010年主城区新建商品房均价为5 233元/平方米,要达到缴纳房产税标准的商品房交易价至少要超过10 466元/平方米,假设购买的一套高档住宅,交易价为1.2万元/平方米,则房产税率为0.5%,此外购房资金成本大致6%左右,物业费大致每年1%左右,一年就是7.5%左右的持有成本,在复利情况下,10年成本大约为206%=$(1+7.5\%)^{10}$,其中房产税的影响大约为5%,即房产税征收导致10年房产成本增加5%左右。以此类推,如果适用1%税率,房产税征收导致10年房产成本增加10%左右;适用1.2%税率,房产税征收导致10年房产成本增加13%左右。因此如果税率和计税依据维持不变的话,房产税征收10年,对重庆最高端住房产生的成本为13%左右,普通住房不受房产税影响。

再以上海市为例,2010年12月上海市商品房均价为24 176元/平方米,假设新购买一套住房,原有人均住房面积达60平方米,因此这套房全部要征房产税。如果适用0.4%税率,因为计税依据为交易价的70%,实际税率为0.28%,10年下来,对住房成本的影响是2.8%左右,如果适用0.6%税率,对住房成本的影响是4.3%左右。结合6%购房资金成本、1%物业费,10年住房总成本分别为202%和204%左右。

通过分析,可以得出:"通过房产税试点增加房产的保有成本效果不明显,试点房产税难以从根本上影响房价。"实践也已证明,目前试点的房产税对房价未产生根本影响。

2. 房产税对投资预期的影响

尽管试点房产税对房屋保有成本影响不大,但并不意味着对投资者的投资预期没有影响。重庆、上海对自有住房开征房产税具有象征意义,意味着未来五年全国普遍开征,以及房产税征收范围的不断扩大和税率的调整,这些可能会对投资者产生心理影响。

以韩国为例,韩国楼市在2001—2006年上涨得很疯狂,特别是在首尔,核心地段上涨幅度每年达到10%—20%。韩国政府为了打压高房价,推出了一系列措施,其中最关键的利器就是"综合不动产"。综合不动产税经过了激烈的讨论后,从2005年开始征收。征税对象是6亿韩元以上的住房,税率是1%—3%。但由于征税的标的房价是市场价的 60%—70%,实际税率要低很多。在 2007 年,综合不动产税实际税率达到最高峰的 0.87%。当时韩国已经有财产税。比如一套 1 亿韩元以上的住房每年要征收 0.5% 的财产税,不过由于征税的标的房价不到市场价的 50%,实际税率只有 0.2% 左右。综合不动产税是在财产税之上额外征收,主要面对高端住宅,意在打压高房价、促进财富的再分配。

实行综合不动产税的第一年,韩国楼市的标准房价出现 7 年内首次下降。全国楼价平均下降了 4.2%,首尔核心地段楼价甚至下降了 9% 左右。当然,韩国政府为了彻底打压楼市投机行为,还采取了其他一系列措施:扩大综合不动产税的纳税对象、增加保障性住房的供应以及促进房产交易流程的透明化以减少阴阳合同。这些举措,加上外部环境的变化如美国的次贷危机,使韩国楼市进入了缓慢而有控制的调整期。

(四) 房产税的功能定位

1. 学术争锋

房地产税的功能从理论上来说主要可归纳为:筹集财政收入、调节财富分配,优化资源配置、实现经济宏观调控等。从目前的研究来看,争议较大。

(1) 房地产税的主要目的是为了筹集地方稳定的财政收入。重庆市财政局公布的 2011 年重庆市财政预算执行情况分析显示,市级一般预算收入完成 618.9 亿元,增长 43.4%,其中:税收收入完成 336.0 亿元;基金预算收入完成 889.1 亿元,其中:国有土地使用权出让收入完成 801.5 亿元。同期,重庆市全市国有土地使用权出让收入完成 1 309.3 亿元。全市地方财政收入合计完成 2 908.8 亿元,其中试点房产税 1 亿。上海 2011 年土地出让获得的 1 491 亿元收入,试点房产税 22.1 亿元。目前试点房产税难当重任。

(2) 房产税应主要以调节财富分配为主。强化对存量房地产课税,抑制房地产过度投机,促进经济结构转型。

(3) 房地产税改革应引导地方政府职能导向转变,房地产税费改革应建立在公共财政框架总体要求上。在财政方面将五级政府缩减到中央、省和市县平级的三个层级。在此基础上,培育不动产税,引导地方政府职能导向到提供公共产品和公共服务上面。

(4) 房地产税开征的立足点是优化土地资源配置,实现长远的制度建设和社会经济关系的重大调整,并非是刺破"房地产泡沫"。

(5) 房地产税应以为政府取得财政收入和调节社会财富分配为主要目的。认为在社会不同发展阶段房地产税的政策目标不同,当前应立足构建地方税主体税种,调节收入分配和财富存量,稳定房地产价格,促进土地资源的结余利用,缓和购房压力,优化消费结构。

2. 作者观点

房地产税的定位应根据不同发展阶段而作相应变化。短期内我国房地产税改革应以支付能力为指导,功能定位于"发挥调节作用",确定收入分配调节为主,保护土地资源和引导地方政府行为为辅的目标;中长期我国房地产税应以受益论为指导,功能定位于"成为地方主体税种",确定完善地方税制,为地方筹集财政收入为主,调节收入分配为辅的目标。

为此，我国房地产税应分步改革，实现渐进式制度变迁，通过设计合理的房地产税改革来实现公平与效率的双赢。短期，以完善和推广房产税为主；中长期，重新构建房地产税，将房产税和城市土地使用税合并形成不动产税，改革土地增值税，合并印花税和契税并进行调整，择机开征遗产和赠与税，形成流转税、所得税和财产税相互配合的税收体系。

（五）房产税推广的技术要求

从技术层面上说，如果全国主要高房价城市的个人住房信息系统实行了联网，则房产税在全国的推广在技术上将变得切实可行。按照住建部的部署，全国包括省会城市、计划单列市、个别较大地级市在内的40个城市从2010年下半年开始，已经启动了个人住房信息系统建设试点，目前，这40个城市各自的个人住房信息系统已经实现了市、区联网。但是，这个系统还有很大不足，只有产权登记的个人住房信息，没有家庭信息，还有相当数量的住房没有进行产权登记，信息建设非常艰难。因此，可以预期，一旦克服了这个难关，房产税在全国推广的可能性将非常大。

第四节 遗产税与赠与税比较

一、遗产税和赠与税的概念及特征

因为从严格意义上讲，并非死者的全部遗产都要纳税，纵观各国的遗产税制度，都有免税项目及不计入遗产的财产规定。同样，为避免税负过重、课税不合理，赠与税的课税对象也并不是任何时期、任何情况下赠与的财产。基于这两点，我们把遗产税与赠与税的概念分别定义为：遗产税是指被继承人死亡之后，对其遗留的应纳税财产依法征收的一种税。赠与税是指自然人在特定时期内将自己的财产赠与他人时，依法对赠与财产应课征的一种税。这里特定时期的赠与应不包括赠与人死亡之前短期内的赠与。如我国台湾遗产与赠与税法规定，被继承人在继承开始前三年内，对于继承人及其配偶赠与依法视为遗产，不作为赠与财产征税。

遗产税和赠与税具有如下特征。

1. 遗产税和赠与税属于财产税

财产税指以纳税人拥有或取得的财产数额为征税对象的税，两税的客体均具有此特点。

2. 遗产税和赠与税属直接税

依照税负能否转嫁，将税收分为直接税和间接税。直接税指税收负担直接由纳税人承担而不能向其他人转嫁的税。反之则是间接税。遗产税的纳税主体就是遗产取得人，依其取得遗产额纳税。赠与税则一般由受赠人取得受赠物后纳税。日本规定赠与税的纳税人为受赠人。台湾规定纳税人为赠与人，但赠与人不明或赠与人尚未在规定期限纳税，且在境内无财产可供执行，则以受赠人为纳税义务人。遗产税和赠与税都难以转嫁,故属直接税类。

3. 遗产税和赠与税属从价税

从价税是以征税对象的价格或金额为计征标准,根据一定的比例计算税额的税种。因遗产税和赠与税是以应纳税的遗产或赠与财产的实际价值为计税标准的,故为从价税。

二、遗产税的课税理论

从经济的角度来说,遗产的获得与其他所得的区别在于,它是一种不劳而获的财富。虽然这种取得是由于遗产继承者与被继承人之间存在某种血缘关系或其他友情关系,但是遗产继承权实质是由国家法律所承认和保护的权利,而并不是天赋人权。正是基于这两点,大多学者主张对遗产课税,并形成了如下的课税理论。

(一) 能力说

这种观点认为,遗产的获取增加了继承人的纳税能力,所以应向遗产继承人开征一定的税收,以避免对一般所得课税、而对遗产所得不课税的不公平现象发生。这符合支付能力原则。

(二) 权利义务对等说,亦称法律说

既然法律给予了遗产继承权的承认和保护,那么继承人应该为享受继承权而履行一定义务,即缴纳遗产税,也可说保护费,这符合一般法律中的权利和义务对等原则。

(三) 歧视说

因为遗产的获得毕竟不是通过自己的辛勤劳动所得,它对继承人来讲是一笔意外之财,所以不但要对遗产课税,而且还要课以重税,以此来表示对继承的财产给予歧视,从而达到鼓励勤劳、限制懒汉的目的,进一步促进社会发展,这也符合萨伊的税收道德原则。

(四) 追税说

又称溯往课税说。逃税是纳税人的一般倾向,一个人的一生逃税可能不少,而逃掉的税最终可部分转到其遗产上。因此,此说认为遗产税其实质不在于对遗产的课征,而是对死亡者过去逃避的税收的重新追缴。德国历史学派谢夫勒主张这一观点。

(五) 均分财富说

此说认为,均富应是任何社会追求的最终目标。若不开征遗产税,那么高收入阶层课征所得税后形成的大笔财富将全部留给子孙后代,这将进一步形成新的贫富差距。因此,开征遗产税可以达到平均社会财富,防止财富集中在少数人手里,而出现极端的两极分化。穆勒在边沁的思想基础上发展并倡导这一观点。

(六) 公益说

主张这种观点的人大都持利他主义观。他们认为,遗产税的开征有利于鼓励个人对社会慈善、福利和公益事业捐赠,因为这种捐赠通常是免税的。尽管我们并不排除捐赠给社会公益事业的个人存在追求广告效益、个人名誉等动机,但这种行为实质却导致了利他,促进了国家公益事业的发展。在美国,若完全废除遗产税,那么对慈善事业的

捐款一年将减少60亿美元。目前，遗产税所带来的财政收入相当于联邦政府全部用于补贴住房和城市发展的支出，这一数据显示了开征遗产税对社会慈善、福利和公益事业的贡献大小。此说也可以说是均富说的深入。

三、遗产税和赠与税的类型

（一）遗产税的类型

从各国遗产税的税制模式来看，遗产税类型可分为如下三种。

1. 总遗产税制

这是就财产所有者死亡遗留的财产总额进行课征的税。

其一般设有起征点，且采用累进税率，不考虑继承人与遗产人的亲疏关系和继承人的有关负担能力等方面的个人情况。它的重要特点是：在遗产处理上"先税后分"，即先对被继承人死亡时遗留财产额课税，然后才能将税后遗产分配给继承人或受遗赠人。因此，一般以遗嘱执行人或遗产管理人为纳税人。目前，美国、英国、新西兰、新加坡等国家和地区，实行的就是这种税制模式。

2. 分遗产税制，亦称继承税制

它是按继承人分得的遗产而征收的税。

这种税制要求以遗产继承人或受遗赠人为纳税人，以继承人或受遗赠人各自得到的遗产份额为课税对象。税率一般也采用超额累进税率，允许扣除和抵免。此税制的特点表现在：遗产处理办法是先按国家的继承法令分配遗产，然后再对继承人各自得到的遗产份额征税，即"先分后税"。在税率设计方面，需考虑被继承人和继承人之间的关系亲疏程度，继承人自身的经济情况和负担能力，甚至包括继承人的预期寿命等众多因素。采用分遗产税制的国家现有日本、法国、德国、波兰、韩国、匈牙利等。匈牙利规定税率因遗赠双方亲疏关系分为三类：第一类，子女、配偶和父母；第二类，其他亲属；第三类，其他人员。其中第一类纳税人继承财产按11%、15%和21%三级超额累进税率征税；第二类按15%、21%和30%三级超额累进税率征税；第三类纳税人按21%、30%和40%三级超额累进税率征税。

3. 总分遗产税制，又称混合税制

采用这种税制的国家一般先对财产所有人死亡时遗留的遗产总额课征一次总遗产税，再对各继承人分配到的遗产超过一定数额的征一次分遗产税，达到两税合征、互补长短的目的。其纳税人包括遗产管理人、遗产执行人、遗产继承人、受遗赠人。一般实行累进税率。此税制的特点体现在：遗产处理程序是"先税后分再税"。目前采用这一税制模式的国家有加拿大、意大利、菲律宾、伊朗等。

这三种遗产税制模式并非哪一种绝对好，它们都存在自己的优点和缺陷，分别体现在以下三个方面。

（1）总遗产税制先税后分，税源可靠，税收及时，计算较简单，征管便利，征管费用较少，因此其优点主要体现了收入原则和行政效率原则。然而，这种税制没有考虑被继承人和继承人之间的关系及各个继承人本身的实际情况，税负分配肯定存在不合理，较难体现公平原则。

（2）分遗产税制先分后税，考虑各继承人本身的经济负担能力，所以它比总遗产税制更能发挥减轻财富分配不公的作用。分遗产税按继承财产规模累进征收，以"财产越分散，缴纳的税额越小"来鼓励财产在个人之间的分散。可想而知，分遗产税的两个目标是：按支付能力征税和鼓励财产分散，主要体现的原则是公平原则。但分遗产税制因需考虑总体财产的具体分配，征管费用较多且难度较大，也容易给纳税人偷逃税收创造机会，计算较复杂。另外，从组织收入方面考虑，若采用同样的累进税率，总遗产税比它更能发挥这种功能，因为总遗产税的计税基础是遗产总额而非遗产分配额。

（3）总分遗产税制，先税后分再税，相对兼容了两者的优点。既可保证收入、防止偷逃税，又可区别对待、量能课征。但征两道税，不但税率设计方面比较复杂，计算也麻烦，手续更繁琐，不能体现便利原则，而且还导致重复征税的不合理现象。

不管三种模式的优劣情况如何，在过去的30多年中，许多国家出现了单向开征分遗产税的潮流。在1970年，所有经合组织成员国都有遗产税，其中16个国家有分遗产税，6个国家有总遗产税。到1987年年底，加拿大和澳大利亚取消了所有的遗产税，只有新西兰、英国和美国保留总遗产税；意大利仍保留两税，而瑞士大部分只有分遗产税。还有少数国家对某些财产开征总遗产税，而对其他财产开征分遗产税。如荷兰和日本，转让税基本属于继承税，但从遗产总价值中派生出来的分配财产价值则例外。英国的遗产税被称为"分遗产税"，但其税率却是根据死者遗留财产而非继承人所继承的财产来确定（除配偶之间的转让通常免税以外）。另外，赠与税的负担可能落在受赠人身上，对个人之间赠送财物，一般不征收赠与税，但死前7年内赠送的财物要纳税，对这种潜在免税的财产转让。在美国，除了一般的总遗产税外，还有隔代遗产税，此税的施行目的是为了确保能对转让给两代或两代以上的下辈人征收的一种附加转让税。

由此可见，遗产税制模式的选择无唯一标准，各国一定要根据本国的政治、经济、法律环境以及一定时期的税收政策目标、纳税习惯等多种因素来确定采用哪种模式为好。

（二）赠与税类型

赠与税是作为遗产税的辅助性税种而出现的，其开征的目的在于防止纳税人采用生前赠与财产的方式逃避遗产税。因此，赠与税的税制模式必然要与遗产税制相配合。国际上的通常做法是：实行总遗产税制的国家，选择总赠与税制；实行分遗产税制的国家，选择分赠与税制；采用总分遗产税制的国家，也多选择总分赠与税制。不过，由于赠与税遵从成本很高，有些国家又开始废除赠与税，如新西兰每年要花费约7 000万新西兰元的遵从成本，因此决定从2011年1月1日起废赠与税，以提高税收制度效率。

1. 总赠与税制，又称赠与人税制

这是对财产所有者生前赠与他人的财产课税，以财产赠与人为纳税人，以赠与他人的财产额为课税对象，采用累进税率。

2. 分赠与税制，亦称受赠人税制

这是对受赠人接受他人的财产课税，以财产受赠人为纳税人，以受赠财产额为课税对象，也采用累进税率。

四、遗产税和赠与税配合模式

(一) 设置原则

根据前面已提出的课征理论依据,各国遗产税的设置原则主要有以下四点。

1. 收入原则

课征遗产税以增加一部分财政收入,现今遗产税这方面的功能主要表现在捕捉所得税漏掉的税源,从而增加财政收入。

2. 公平原则

开征此税的目的之一是均衡社会财富的分配。

3. 区别原则

课征遗产税要求区别对待,合理负担。这一原则在分遗产税制中体现得更为明显。

4. 简便原则

课征遗产税应尽量简便,以减少纳税成本和征税成本。

赠与税的设置原则主要是两项:一是收入原则,即对财产生前赠与课税,以避免遗产税的偷逃,保证财政收入;二是配合原则,即要求赠与税起到遗产税的补充税种的作用,在税率、扣除项目等方面配合遗产税实施。

(二) 遗产税和赠与税课征模式的配合

两税课征制度的配合,主要是解决如何对生前赠与财产课税的问题。国际上,遗产税和赠与税课征模式的配合主要有四种方式。

1. 不单设赠与税

将一部分生前赠与的财产(亦称死亡预谋赠与)归入遗产额中课征遗产税,如英国规定死亡前 7 年赠与的财产应并入遗产中缴税。由于这种方式不能对超过"死亡预谋赠与"年限的生前赠与征收,鼓励了生前赠与,一定程度上削弱了赠与税的堵漏功能,限制了遗产税的作用。但这种方式可通过鼓励生前赠与来均等社会财富,并且这种方式比较简便明了,容易被纳税人接受。

2. 分设两税,并行征收

既对生前赠与财产按年课征赠与税,又对财产所有者死后遗留的财产课征遗产税。这种做法较好体现了赠与税对遗产税的补充作用,防止纳税人采用生前大量转移财产的方式而逃避遗产税,计征也较简便,目前大多数国家采用此方式。

3. 两税交叉合并课征

这种方式也分设两税,但对生前赠与财产除按年或按次课征赠与税外,还须在财产所有者死亡后将生前赠与总额(或受赠总额),合并到遗产总额(或继承额)中一并课税,原已纳赠与税准予扣除。虽然这种方式较前一种方式在防止遗产税的偷逃方面还要好,但计算麻烦,课税延续时间太长,税收征管不便,采用此方式的国家较少。

4. 相续税制

这种方式是对财产受益人一生或某一段时期内因继承、遗赠或受赠而发生的一切财产额一并课税,即财产受益人在每次得到受赠或遗赠财产时,都要与以前每次受赠或遗赠取得的财产总额累积起来一并课税,但已纳税款可以扣除。这种方式与第三种方式类似,不同点仅在于这种税制的课税对象是财产受益人。

(三) 遗产税和赠与税税率的配合

从当今各国遗产税和赠与税的实践看,这两税税率的配合主要有三种方式。

1. 两税税率分设,且赠与税税率高于遗产税税率

如此搭配的主要依据是税收公平观点。赠与税税率设置得比遗产税税率高,可减少纳税人采用生前大量赠与的合理避税倾向,有利于公平税负,如捷克。

2. 两税税率分设,赠与税税率低于遗产税税率

这样设置的目的是为了鼓励财产分散,从而达到平均社会财富,促进社会生产。生前赠与使财产从年长者转入到年轻人手里,有利于鼓励投资,刺激经济发展,平均社会财富。

3. 两税税率合并设置

这种做法不是分别单独设置遗产税率和赠与税率,而是将两税合并设置一种税率,如韩国。

五、遗产税和赠与税的课征制度

根据国际惯例和各国的课征实践,遗产税和赠与税的课征制度包括以下八条。

(一) 纳税人

纳税人随各国实行的税制模式不同而不同。实行总遗产税制,纳税人一般是遗嘱执行人、遗产管理人(除少数国家是遗产继承人外)。实行分遗产税制,纳税人是遗产继承人、受遗赠人。

实行总赠与税制,纳税人是赠与人。但无法查定赠与人时,由受赠人纳税。实行分赠与税制,纳税人是受赠人。

在两税课税权方面,凡同时采用居民管辖权和地域管辖权的国家和地区,本国居民纳税人负有无限纳税义务,而本国非居民纳税人只负有限纳税义务。只实行地域管辖权的国家或地区,只就纳税人在本国境内的财产课税。

(二) 课税对象

遗产税和赠与税的课税对象是财产,包括动产、不动产和其他具有财产价值的权利。不动产主要指土地、房屋、矿产等。动产包括现金、银行存款、有价证券、古董、珠宝、金银首饰等。具有财产价值的权利,是指能够使财产收益增加的权利,如保险权益、债权、土地占用权等。

(三) 财产估价

遗产税和赠与税是从价税,其计税基础多为财产的市场价值。遗产税以被继承人死亡时的财产市价为准,继承税多以继承人得到遗产时的市价为准,赠与税以发生赠与行为时的市价为准。通常各国都规定,纳税人若不及时申报,估价标准要定高些。

(四) 税率

各国的遗产税和赠与税的税率设置方面,有的国家分设税率,如日本、中国台湾;有的是两税同一税率,且均采用累进税率,如美国。

一般发达国家的税率较高,级次多,而发展中国家的税率较低,级次少。美国、日本等国的最高税率,在20世纪70年代都达到75%以上(不过目前均已降低),而发展中国家最高税率仅在50%左右。

(五) 扣除项目

遗产税的扣除项目有以下七个。

(1) 丧葬费用扣除,一般规定最高限额。

(2) 遗产管理费用扣除。包括律师费、认定遗产手续费等直接费用,多按实际发生额扣除。

(3) 债务扣除。被继承人生前应偿债务和抵押财产,须从遗产总额中扣除。

(4) 税收扣除。被继承人生前应纳而未纳的税收金额扣除允许扣除。

(5) 公益遗赠扣除。捐赠给宗教、慈善、教育等公益机构的遗赠全额扣除。

(6) 配偶扣除。遗留给未亡配偶的遗产部分或全额扣除。

(7) 基础扣除,基础宽免规定限额扣除。

赠与税的扣除项目有以下三个。

(1) 公益捐赠扣除。捐赠给公益机构的财产允许扣除。

(2) 税收扣除,赠与财产中应纳的契税、印花税等允许扣除。

(3) 法定扣除。主要包括其他法律规定的扣除。

另外,各国可能根据本国各个时期的税收政策目标,增加一些特定扣除项目。

(六) 抵免项目

遗产税的抵免项目有以下三个。

(1) 外国税收抵免。为了避免双重征收,纳税人已在国外缴纳的遗产税、继承税限额抵免。

(2) 地方税收抵免。联邦制国家中,纳税人已向地方政府缴纳的遗产税或赠与税,限额或全额抵免。

(3) 连续继承抵免。若同一笔遗产在短期内被两次继承,则第二次继承时允许抵免第一次继承时已纳的部分税款。

赠与税的抵免项目主要是税收抵免。

(七) 征收

遗产税和赠与税的征收,采用申报法、辅之以查定法。遗产额的申报,一般在被继承人死亡之日起两个月至六个月内申报;赠与额一般按年申报,或纳税人赠与(受赠)财产超过免征限额后2—3个月申报。除特别情况批准后允许延迟纳税,纳税人应按税务机关核定的税额依法按期缴纳,营业性遗产继承允许分期纳税。遗产税可部分用实物缴纳,赠与税则不行。

(八) 处罚

各国对违反税法规定的纳税人制定了相应的处罚条例。超期未纳税,缴滞纳金,不按期申报者,处以罚款;情节严重的,还要负刑事责任。

六、部分国家的遗产税和赠与税

(一) 美国的遗产税和赠与税

美国联邦政府遗产税于1797年为筹集海军经费首次开征,但作为一个经常性的税种是在1916年以后。现行美国联邦遗产税和赠与税是总遗产税制模式,州遗产税制多为继承税制。

美国将夫妻的财产分为共有财产和独立财产,对于共有财产,无论在谁的名下,其中的一半作为死亡者的遗产,另一半是未亡配偶的财产,不作为死亡者的遗产。对于独立财产,在死亡者名下财产全部是遗产,在配偶名下财产,不属于遗产。

美国遗产税和赠与税的税率和抵扣额是一体的,生前赠与和死后继承,税率和抵扣额是相同的,称为统一抵扣额。联邦遗产和赠与税的统一税率在18%—55%,具体税率依应纳税遗产价值的大小来确定。征收时,先把财产所有者一生中第一次赠与税的财产扣除统一抵扣额,超额部分纳税。以后年度的赠与财产和以前的赠与财产累计计算,扣除以前已缴纳的赠与税,剩余部分纳税。美国公民和居民在生前转让和死后转让合并累积纳税义务确定后,可享受19.28万美元的统一抵免。该抵免的效果就是相当于60万美元以下的遗产不交联邦税。但因连续累计计税较复杂,现在已采用免税额方法。由于赠与税的免税额最高为100万美元,而遗产税的免税是随经济的发展和人们财富的递增不断提高的(2013年开始,个人免税额为500万美元),所以美国政府在2003年后改变这种统一的计税方法,而采用分离计税。

美国税法还规定,美国公民或居民死亡时,无论其财产在本国境内或境外,均为遗产。非美国公民或居民死亡时,其在美国境内的财产才为遗产。若死者持有绿卡,但不在美国居住,则缴税表中可填为居民也可报为非居民。另外,美国公民或居民死亡时的遗产,由美国公民配偶继承,可享受100%的配偶继承扣减;由非公民配偶继承的遗产,原只抵扣10万美元,2002年调为11万美元。非美国公民或居民死亡时的遗产,不管由美国公民还是非公民配偶继承,只享受11万美元的抵扣额和6万美元的相当免税额,即对超过17万美元的部分课征遗产税。

美国的遗产税制还具有征税成本高、财政职能弱化的特点。遗产税一直是美国的一个小税种,其收入一般只占税收收入的1%左右。但税制复杂,征税成本较高。由于财产,尤其是不动产的转移,往往难以核实,因此美国遗产税设置了许多条款,以避免税收流失。仅遗产税纳税申报填写说明书就有20多页,纳税报表有40多项,两者合计达60页以上。正确填写往往需要一个月时间,所以,大多数纳税人聘请专业人员来完成申报。可以说,美国现行的遗产税是美国公认的最复杂的税种,复杂的税制极大地提高了成本。因此,小布什竞选总统的时候承诺"取消遗产税",为此,从2003年起逐步降低遗产税最高税率,从2003年的50%降至2008年、2009年的45%,并最终在2010年取消遗产税和隔代财产转移税。不过奥巴马执政后又宣布对富人增税,于 2011 年恢复征收遗产税,但最高税率只有 35%。为了化解"财政悬崖"问题,2013 年 1 月日签订了一揽子协议,通过了《2012 美国纳税人减税法案》,其中规定从 2013 年开始,遗产税税率又调高至 40%,个人免税额度为 500 万美元,并且免税额度可随通货膨胀进行调整。随后,特朗普税制改革将遗产税的起征点提高到了 1 100 万美元。

(二) 日本的遗产税和赠与税

日本的遗产税采用分遗产税制即继承税制,赠与税是分赠与税制。但日本继承税在计算税额时,不只是按继承人或受赠人各自所获得的财产份额分别计税,而是首先将各继承人或受遗赠人因继承或受遗赠而应获取的财产价额,减去被继承人债务及丧葬费用,形成课税份额;再将各继承人或受遗赠人的课税份额合计起来,作基础扣除,将其余额乘以适用税率,求出应纳继承税总额;最后将应纳税总额按各继承人或受遗赠人的课税价额分配,即为各自的应纳税额。此办法能保证继承税额不受遗产分割的影响,也比较公平。

日本的遗产税税率是在 10%—50%(2003 年开始),1 000 万日元以下的适用 10%,3 亿日元以上的适用 50%。通常未亡配偶继承的遗产在一定限度内免征遗产税,其限额是法定继承份额(低于 1.6 亿日元币按 1.6 亿计算)。另外,纳税人必须在继承财产发生日的次日起 10 个月之内向死亡者原纳税地的税务机关申报纳税。

日本赠与税税率也为 10%—50%,1 000 万日元以下的适用 10%,3 亿日元以上的适用 50% 的税率,赠与税扣除额为 110 万日元。赠与税的缴纳方式规定,在次年的 2 月 1 日到 3 月 15 日以前,受赠人必须向所在地税务机关申报纳税。65 岁以上父母对 20 岁以上子女的赠与,允许受赠人选择按赠与财产与继承财产合并计算征税,特别扣除额为 2 500 万日元,对超过特别扣除额的部分一律适用 20% 的税率。

(三) 新加坡的遗产税

新加坡采用总遗产税制,不单设赠与税。课税对象是继承人在新加坡部分的不动产和动产。遗产价值不超过 1 000 万新加坡元的部分征 5%,超过 1 000 万新加坡元的部分适用 10% 的税率。死时居住在新加坡的人其动产不论在何处都要缴纳遗产税。

另外,免税项目中规定:被继承人拥有的住宅财产若价值不超过 300 万新加坡元可以免交遗产税,继承人用于生活的费用,允许扣除 50 万新加坡元。

(四) 英国的遗产税

英国属较早开征遗产税的国家。1694 年英国征收了"遗嘱税",现代遗产税始于 1894 年。1975 年,用"资产转移税"取代了过去的遗产税,以所有发生转移的财产为课税对象,采用累进税率。到 1986 年保守党执政后,又用遗产税取代了资产转移税。

英国的遗产税确定了合理的起征点,并经常调整,1995—1996 年的起征点为 15.4 万英镑,2006 年为 28.5 万英镑,2007 年为 30 万英镑,2008 年为 31.2 万英镑,2009 年为 32.5 万英镑。对超过起征点的数额实行 40% 的单一税率。死亡者在死亡时的 7 年前捐赠给个人或某些信托公司的财产可免缴赠与税,若不是这种情况,则要对受赠人按最大量征税,但死亡发生在赠与后的 4—7 年,所交税额逐年减少。具体如表 8-5 所示。

表 8-5 英国适用于死亡前转让的遗产税降低表

转让与死亡之间的年数	税率的降低(%)	实际税率(%)
0—3 年	0	40
3—4 年	20	32
4—5 年	40	24
5—6 年	60	16
6—7 年	80	8

目前英国的遗产税课税范围逐步扩大,已包括:居民或非居民的个人拥有的或来源于英国的所有财产,一般不公开上市公司进行的某些无偿转让的股票。

英国对配偶间转让,维持家庭生活的赠与、限额内的结婚礼物,对给予慈善机构、公益事业机构以及给予政党的捐赠可以免税。与农场和小企业有关的资产转让依其性质可享受 50%—100%的减免。英国缴纳遗产税的数额大约仅为全部被继承人遗产的 3%。

(五)荷兰的遗产税和赠与税

荷兰的遗产税法规定对遗产、赠与征收两种税,对被继承人死亡时为荷兰居民的遗产价值征收遗产税,对获得赠与时为荷兰居民的赠与物价值征收赠与税。遗产税以各继承人、受遗赠者或其他受益人通过继承获得的份额为计税基础。赠与税是以 24 个月(若是父母赠给子女为 12 个月)的赠与合计为计税基础。在死亡前 180 天内的赠与,视同遗产征收遗产税。另外,荷兰公民在移民他国后 10 年内发生死亡或赠与,则在死亡或赠与时仍被视为荷兰居民。

税法还规定,受先决条件制约的获得只有在条件满足后才会被征税,受后续条件制约的获得要立即征税,但若条件会在以后阶段得到满足,则税收会相应调整。

遗产税的豁免有:国家或某些公共团体获得的或出于公共利益获得的;积极从事公共利益的法律实体不超过 15 310 盾的获取物;配偶获得的 535 861 盾以内的遗产。这个金额要减去任何养老金权利价值的 50%,最大减除额为 382 759 盾,子女获得的 15 310—176 065 盾的遗产,在养老金方案基础上取得的。

赠与税的豁免有:向荷兰或某些公共实体,出于公共利益的赠与;向荷兰居民不超过 7 655 盾的赠与,这些行为大部分不涉及公共利益;7 655 盾以下的父母向子女的赠与,对于 18—35 岁的子女,由一个总的 38 277 盾的豁免来取代这个按年度豁免(注:这些金额随通胀率调整);受赠人持有的应付所得税的赠与,能使赠与人获得精神上满足的赠与。

荷兰遗产税和赠与税适用税率,如表 8-6 所示。

比较税制

表 8-6 荷兰遗产税和赠与税适用税率

金额(盾)	配偶、直系后代或两旁系	兄弟姐妹,直系亲属	其 他
0—38 283	5%	26%	41%
38 283—76 559	8%	30%	45%
76 559—153 111	12%	35%	50%
153 111—306 214	15%	39%	54%
306 214—612 419	19%	44%	59%
612 419—1 531 035	23%	48%	63%
1 531 035 以上	27%	53%	68%

资料来源：Spenke GT, Law K. Taxation in the Netherland [M]. Kluwer Law and Taxation, 2011: 157.

(六) 韩国的遗产税和赠与税

韩国的遗产税是分遗产税制,即以继续人继承的遗产为课税对象的继承税。纳税人若为韩国居民,须就其由继承或遗赠而获取的境内外财产纳税。若为韩国非居民,仅对本人在韩国境内取得的继承或受遗赠财产纳税。扣除项目包括：基础扣除 6 000 万元、配偶扣除、子女抚养扣除、老年津贴扣除、残疾扣除以及特殊扣除等。税收抵免除自愿申报抵免、国外已纳税款抵免外,还有再次继承抵免,即在上次继承发生后的 7 年内又发生第二次继承,则其上次继承时缴纳的继承税款,允许在本次继承中全额抵免。但在 7 年以后 10 年以来发生再次继承,只能抵免上次继承已纳税款的 50%,遗产税税率如表 8-7 所示。

表 8-7 2002 年韩国遗产税税率表　　　　　　　　单位：韩元

级 数	应纳税遗产总额	税率(%)
1	1亿以下部分	10
2	1亿—5亿的部分	20
3	5亿—10亿的部分	30
4	10亿—30亿的部分	40
5	超过30亿部分	50

与继承税相配合,韩国的赠与税是分赠与税制。纳税人为韩国居民,负无限纳税义务。纳税人为非居民,仅就坐落于韩国境内的受赠财产纳税,扣除项目包括：配偶赠与扣除、直系亲属赠与扣除、保险金扣除等,赠与税税率与遗产税税率相同。

(七) 法国的继承税和赠与税

法国是实行分遗产税制的国家,遗产与赠与适用同一税率。目前,法国的遗产税率适用超额累进税率,要求继承人和受赠人对从死者收到的所有资产进行申报,期限为死者死亡日之前的 10 年以内。从 2013 年 1 月起,法国对遗产和赠与税的最高边际税率进行了调整。直系亲属或夫妻之间捐赠的最高两档税率为：902 838—1 805 677 欧元的，税率为 40%；超过 1 805 677 欧元的，税率为 45%。兄弟姐妹之间：24 430 欧元以内部分的税率为 35%；超过部分的税率为 45%。四代以内的血缘关系：税率为 55%；其他情况，税率为 60%（见表 8-8、表 8-9）。对慈善机构和信托基金组织以及文化财产保护团体等的捐赠免交遗产税。

表 8-8　直系亲属之间的税率

应税遗产额（欧元）	税率（%）
不超过 8 072 的部分	5
超过 8 072 至 12 109 的部分	10
超过 12 109 至 15 932 的部分	15
超过 15 932 至 552 324 的部分	20
超过 552 324 至 902 838 的部分	30
超过 902 838 至 1 805 677 的部分	40
超过 1 805 677 的部分	45

表 8-9　夫妻之间的税率

应税遗产额（欧元）	税率（%）
不超过 8 072 的部分	5
超过 8 072 至 15 932 的部分	10
超过 15 932 至 31 865 的部分	15
超过 31 865 至 552 324 的部分	20
超过 552 324 至 902 838 的部分	30
超过 902 838 至 1 805 677 的部分	40
超过 1 805 677 的部分	45

直系亲属的免税额为 10 万欧元；受益人患有心理或生理残疾的，免税额为 159 325 欧元；兄弟姐妹的免税额为 159 325 欧元；夫妻或同居恋人的免税额为 80 724 欧元；孙子的赠与税免税额为 31 865 欧元（曾孙为 5 310 欧元），并且年龄要超过 18 岁，赠与人的年龄要小于 80 岁；侄子外甥的赠与税免税额为 7 967 欧元；其他情况免税额为 1 594 欧元。

七、我国开征遗产税的相关准备工作及其思路设计

为了调整当前我国社会财富占有分配不均，进一步完善我国税制结构，增加财政收入，实现国家的宏观调控功能，有效地保护和利用税收资源，促进社会公益事业发展，很多

学者呼吁开征遗产税。下面就遗产税一些相关制度准备及设计思路作一个大体的探讨。

(一) 相关准备制度

因为遗产税的开征将涉及许多方面的事,而且需要很强的操作技术,所以必须有一系列完善的配套制度作为支撑。具体地说,我国正式开征遗产税之前,应主要做好以下的制度准备。

1. 尽快建立健全公民的死亡报告制度

由于遗产税是对财产所有者死亡时所遗留的财产课征的税收,因而"死亡"是政府征收遗产税的前提。那么,税务机关想要做到遗产税的及时征收,必须及时掌握财产所有人死亡的信息。而目前我国在对公民死亡报告和死亡信息管理方面尚无严格的制度约束,这就在客观上要求我们必须尽快建立健全公民的死亡报告制度。

为了更好地规范公民的死亡报告,公民的死亡报告制度应至少包含四项内容:建立公民死亡报告与死亡信息管理机构;明确规定公民死亡报告的义务和责任主体;规定公民死亡报告的具体期限;规定严格要求责任制度。

2. 尽快建立健全个人收入申报与个人财产登记制度

遗产税的征税对象是财产所有者死亡之后遗留的财产,因而知晓死亡者的财产分布情况,准确核定财产价值是确保遗产税征收公平合理的关键。但准确地核实死亡者的财产范围必须以健全的个人收入申报和财产登记制度为基础,所以有一套完善的个人收入申报和个人财产登记制度是顺利开征遗产税的保证。

由于历史传统和制度方面的原因,我国至今尚无一套真正有效的个人财产法律制度,更没有建立个人财产申报和登记制度,这在很大程度上阻碍了政府对个人财产的监控,致使遗产税的开征缺乏应有的微观基础。因此,应尽快建立一套有效的个人财产申报和登记制度。

3. 建立健全个人财产评估制度

不管实行何种遗产税税制模式,遗产税的计征依据是财产所有者遗留的财产价值或继承人分得的遗产价值。因此,正确评估遗留财产价值是保证遗产税计税公平的前提。而财产(遗产)的评估不但是一项政策性强的工作,而且是一项专业技术性要求非常高的工作。为适用各类财产税的征收,各国大都设立了专门的具有较高权威性和公正性的资产评估机构。

目前,我国的市场机制不健全,对个人财产的评估业务也非常有限,财产的评估难度较大,甚至个人财产中的古董、文物、字画等的价值,几乎是无法可依。因此,必须进一步拓宽我国资产评估的范围和健全资产评估制度。

财产评估制度应明确规定以下四项内容。

(1) 严格规定设立资产评估机构的条件与程序。

(2) 严格规定资产评估人员的专业技术要求。

(3) 确定具体的评估程序。

(4) 规定具体的资产评估方法。

4. 进一步完善遗产继承法律制度

遗产税的开征不但要有一定的经济基础,还要有一定的法律制度基础。完善的财产所有制和健全的遗产继承法律制度是开征遗产税必不可少的。尽管我国现行《宪法》《民法通则》《继承法》和《婚姻家庭法》等都对公民个人财产所有权的归属和财产的继承分割、转移等都作了较为明确的规定，但这些规定过于笼统、过于原则、过于含糊，还不能完全适应遗产税开征的需要。所以，有待进一步对财产所有权和遗产的继承与处理作出更加明确而具体的规定，特别是对个人财产的范围，私人财产所有权的界定和法律保护方面的制度，还需要进一步完善。

5. 进一步完善个人财产公证制度

完善的个人财产公证制度可以说是完善个人财产登记制度的延伸，它不仅使个人财产得到法律的有效保护，也是保证交易安全，预防财产分割带来的纠纷和开征遗产税的基本要求。目前，我国的财产公证制度还很不完善，无论是制度体系、公证机制、公证范围，还是公证程序和操作方法等都存在不少问题，尤其是有关遗赠公证和遗产分割公证方面的制度相当欠缺，有必要进一步完善我国的个人财产公证制度。

（二）我国开征遗产税的思路设计

随着我国经济的发展，私人拥有财产不断扩大，开征遗产税是一种必然趋势。但我国开征遗产税和赠与税存在的两个突出难点是：一是纳税人在思想上一时难以真正接受，故而会产生一些抵触情绪。二是从我国目前的居民收入情况来看，大多数个人可支配收入还较低，涉及的遗产税税源还仅是很少部分，而各种制度的配合不完善以及征管水平的局限又会导致征管成本上升。这样，最终的结果可能是税收收入低，征收费用高。基于上述原因以及我国开征遗产税的主要目的在于完善我国税制，在我国开征遗产税和赠与税的初期，遗产税的设置原则应重点突出"公平原则，区别原则和简便原则"，不宜过分强调"收入原则"；赠与税的设置原则应重点强调"配合原则"，同样不应过分注重"收入原则"。这既可缓解纳税人的抵触情绪，又能减少或降低纳税人偷逃税款的动机，有利于我国遗产税的顺利开征。

根据世界各国的遗产税的征收实践，再结合我国的政治、经济、法律环境，我国的遗产税制设计应如下。

1. 纳税人

在纳税人的选择上既要维护国家主权，又要遵守国际惯例。我国的纳税人应为遗嘱执行人和遗产管理人，考虑到我国的实际情况，对于没有遗嘱执行人和遗产管理人的纳税人应为遗产继承人和受赠人。凡是我国居民，应负无限纳税义务，就其死亡后的境内，境外所有财产征收遗产税。非居民，则只对其在我国境内的遗留财产课征遗产税。

2. 课税对象

我国遗产税的课税对象应是死亡者遗留的合法财产，包括动产、不动产和财产权利。动产具体应包括：现金、银行存款、有价证券、金银首饰、珠宝、文物、机动交通工具、存货等。不动产应具体包括：房屋及附属物，财产权利应包括：土地使用权、债权、保险权益等。关于课税对象的确定，按照国际惯例，动产、不动产应以所在地为准，但机动交通工具应以使用证照登记机关所在地为准，财产权利应以登记机关所在地为准。另外，财产的价值应以死亡者财产市值为准，根据不同财产采用不同估价方法，经税务机关指定的注册会计师和资产评估师核算，最终由税务机关确认。

3. 税率

从总体上讲,在开征遗产税和赠与税初期,两税税率设计和起征点的确定应实行轻税原则和简便原则。税率设计以超额累进税率为好,以体现公平而符合社会政策原则,但税率级次不宜过多。两税的税率设计可考虑四级超额累进税率,最高税率在50%以下,起征点定在50万元左右。

4. 课征方式

鉴于总遗产税制有税源有保证、税率设置相对简单、征管方便等优点,再结合我国的现状,我国的遗产税税制模式应采用总遗产税制。

(1) 扣除抵免项目。借鉴国际经验,结合我国实际,扣除项目应包括:① 遗产所有者的丧葬费用;② 相关遗产的管理费用;③ 被继承人生前未偿还的债务;④ 被继承人生前应缴未缴的税款、滞纳金、罚金;⑤ 被继承人无偿捐赠给各级政府、社会福利部门及公益事业的遗产;⑥ 遗留给配偶的遗产;⑦ 未成年人继承的遗产;⑧ 家族企业按比例扣除的遗产。同时对纳税人在国外已缴税款可作限额抵免。

(2) 分设两税,并行征收。为防止纳税人把财产生前大量赠给子女或他人而偷逃税款,按国际惯例,我国应并行征收赠与税。基于现阶段我国宏观经济政策目标是刺激经济增长、促进经济发展,以及防止财富过于集中,赠与税的税率应低于遗产税税率。

(3) 征收管理。遗产税采用纳税人自觉申报制度,纳税人应于被继承人死亡之日起6个月内向主管税务机关申报应税遗产额,经审核后按期纳税。针对特殊情况(如不动产遗产税),纳税人可以提出延期纳税申请,主管税务机关审核后,可批准延期纳税,但最长期限不得超过半年。对检举揭发纳税人违法行为的,税务机关应给予适当的奖励和保密。

5. 税种归属

就我国实际情况来说,在开征遗产税和赠与税初期,因税源比较分散,人们观念的转变还需一定时间,以及我国征管水平还并不很高,故而税收征管难度较大,成本较高,两税税收收入也不会很多。因此,两税应划归地方税,作为地方财政收入来源,这既便于征管,又有利于提高地方的积极性,同时也有利于地方税收体系的发展和完善。

第五节 借鉴与完善我国的财产税制

随着我国经济的发展,现行的财产税制存在的问题越来越凸显出来。为此,无论是从规范税制方面的要求而言,还是从促进经济发展、公平社会财富分配来说,我们必须对现行的财产税制进行改革。

一、各发达国家财产税制建立的基本经验

虽然西方发达国家的财产税在总税制中已不占重要位置,但作为公平社会财富的一种重要手段,其财产税体系的建立也相对完善。具体而言,其建设经验可简要概括为

下面六点。

1. 税种设置相对稳定、覆盖面广

财产税的税种应覆盖财产的占有、转让、使用和收益各个环节。西方发达国家的财产税制基本上做到了这一点,各国的税种主要有土地税、房屋税、不动产税、财产税、不动产转让税、资本利得税和土地增值税等。

2. 征收范围较广

不仅包括城镇房地产,而且还包括农村、农场建筑物和土地。

3. 普遍建立以市场价值(又称改良资本价值)或评估价值为核心的税基体系

这不仅能够准确地反映真实税基,使税基随着经济发展稳步提高进而提高财产税收入,而且体现了公平税负、合理负担的原则。

4. 税率设计多为比例税率和累进税率

一般对财产收益所得环节多采用累进税率,而对财产的占有、转让、使用环节多采用比例税率。但是,这并不绝对,各国可根据本国的经济、政治、文化背景设计各具特色的税率制度。

5. 大都建立了规范而严密的财产登记制度

像我国这样的发展中国家财产税制只有建立在完善的财产登记制度基础上,才能有效获取财产信息和征管资料,也才能充分发挥财产税的功能。

6. 系统完整的财产评估制度

建立了系统、完整的财产特别是房地产评估制度,这是财产税课税的基础。财产估价制度的完善会极大提高估价质量和征管效率。

二、我国现行财产税制的缺陷

(一) 现行财产税收入规模小

由于经济发展水平的制约,我国个人财产还是比较有限,大多数人基本上只限于生活资料,这使得财产税的税基窄小。所以,尽管同西方国家一样,我国的财产税类都属于地方政府收入(车辆购置税除外),但财产税收入占地方政府收入的比重却比西方各国小得多。

(二) 地方的财产税权非常有限

目前,我国的房产税是国家统一规定的固定税率,地方无权变动,虽然自2011年1月28日起上海和重庆对符合条件的个人自有住房实行房产税试点,但收入非常有限。2011年,重庆试点房产税1亿元,上海22.1亿元;车船税和城镇土地使用税则是国家统一规定税额幅度,各省只能在规定的税额幅度内进行有限的调整。另外,地方政府的税收减免权也非常有限。

(三) 立法层次低,法规不健全

目前,我国财产税立法层次低,大多数税种仅停留在国务院公布的暂行条例,影响了税法的严肃性,致使财产税征管漏洞很大,不利于财产税组织收入和调节作用的发挥。

（四）缺乏有效的财产登记、估价、定价管理制度和方法

财产税的征收是建立在对财产准确核定的基础上的。由于至今我国尚没有一套健全的财产登记制度，尤其是私有财产的登记制度，给财产税的征收带来了很大不便，也为逃税提供了余地。同时，由于没有完善的房地产估价制度，纳税人隐瞒房地产价格的现象经常发生，造成国家税收流失。

（五）有些税种失去了财产税的本质

本来，财产税是对"财产"本身的征收，只考虑财产的占有状况，而不考虑"财产"的收入流量状况。而我国名义上属财产课税的房产税的课征范围，大多只是有经营收入的房产，大部分占有房屋免税。因此，从其立法精神来看不在于对财产本身课税，而是对财产的经营收入课税。所以，与其说我国的房产税属于财产税，还不如说它属于所得税类。显然，这样的房产税鼓励非营利性占房、住宅占房甚至房屋的闲置占用。而且从价计征的房产税计税依据为房产原值扣除一定比例后的余值，不是真正的房产市场价值，这既不公平，也不利于房产税的调节作用。

三、我国财产税制的改革方向

根据各发达国家的成功经验，再结合我国的现行财产税制状况，目前我们应进行如下必要的改革。

（一）合并、统一房地产税制

2003年底召开的十六届三中全会公布《中共中央关于完善市场经济体制若干问题的决定》中讲到"实施城镇建设税费改革，对不动产开征统一规范的物业税"。物业税浮出水面。从目前国家税务总局公布的初步方案看，物业税就是房地产税，将现行房产税、土地增值税、土地出让费等税费合并，借鉴国外房地产保有税的做法，转化为在房产保有阶段统一收取物业税，按评估价值征收，每隔一定的年限就评估一次。因此，物业税本质上是对不动产占有（不一定是所有）课征的财产税。我国初步设计的房地产税方案是土地和建筑物合并课征，消除税种设置过多造成的税负过重现象，初衷很好，但是有一些环节需要进一步明确。

1. 征税范围的确定

物业税的征税范围可考虑扩大到农村。这种做法应该说是符合国际惯例，但是现行的城镇土地使用税、房产税只适用于城市、城镇、建制镇和工矿区而不适用于农村地区，如果将这几种税种改制的物业税适用于农村，而耕地占用税照征的话，则不仅继续保留城乡两套税制，而且进一步加大了农民的负担，与正在进行的农村税费改革大相径庭。因此，物业税不仅是城镇土地使用税、房产税、土地增值税的合并，还应包括耕地占用税的合并。

2. 纳税人的确定

按照设想，物业税的纳税人为在我国境内拥有建筑物所有权及土地使用权的单位和个人，即房地产业主。但是目前，很多企业、部门、事业单位，产权不清、产权与使用权分离的情况非常严重。有很多房屋只有使用权，根本没产权。在实际征管过程中，按照房屋产权人征税的困难相当大,相当一部分是使用人在交税。而物业税作为财产税的一种,从理论上讲应当向房屋的产权人征收,但在目前情况下,明晰产权关系尚有相当大的困难。再者,纳税人还应细分为居民和非居民。规定,凡是本国居民在境外拥有的建筑物和土地也应缴纳物业税,同时为了避免重复征税,比照所得税采取税收抵免方法。对于居民和非居民概念,如果是自然人,比照个人所得税的居民概念;如果是法人,比照企业所得税的居民概念。

3. 计税依据的确定

目前房价的构成主要是土地费用、建筑成本和相关税费,也包括开发商的利润。在我们现行的税收制度下,购房者在购买房子时,其房价中已经包含了土地批租期限内的几乎全部的房地产税费。由于计税基数的成倍增大,导致消费者在购房时所要一次性交纳的税费负担沉重。物业税的开征,是将现行购房者在购买阶段一次性交纳的房地产税费,转化为在房产保有阶段统一收取,也就是说,是要将开发商建房时缴纳的一部分税,改由购房者在购买房屋以后按年缴交。假设政府收纳的税费不变,把所有税费分摊70年,则从理论上说,房价会下降。在这种情形下,以物业的评估价值作为物业税的计税依据,可能会存在老业主税负明显高于新业主税负现象(以开征物业税的时间划分)。因此应对老的房地产采取过渡措施。其中方案之一是对新房和旧房采取不同的税率和征税办法,新房税额的调整考虑土地出让金的因素,而旧房的税率暂时不含土地出让金并入的因素。这个方案可行,但可能会增加征收成本。

4. 税率的设计

到目前为止,物业税的税负水平尚未确定,但有一个基本原则,即科学测算现行的房地产税和房地产开发建设环节收费总体规模,令物业税的总体收入规模与其基本相当。物业税设计的一个主要目的是降低购房成本,降低金融风险。通过开征物业税,大幅度地挤出土地出让金的泡沫,进而减少房地产投资开发风险,最终使金融系统摆脱房地产泡沫的冲击,提高金融系统防范房地产金融风险的能力。但在保持收入不变的原则下,能否达到这个目的就是个未知数了。因此,开征物业税之前首先应清理收费,对于不合理、不合法的收费严格取消;只保留一部分有偿的服务、经营性收费和少量必要的行政事业性收费,按照"受益者付费"的原则征收。另外将属于地价的收费重归于地价中。此外,一部分具有税收性质的收费转化为税收,并将其征收环节向后推移,由目前的开发商在建设、交易环节承担改为由拥有或使用房地产的单位和个人在使用、保有的环节承担。难点是现有的收费中究竟哪些需要保留,哪些取消,哪些替代,这直接关系到地方政府利益。

5. 征收方式的选择

在目前法制不健全的情况下,宜实行以代扣代缴、代收代缴方式为主,自主申报为辅的制度。对未上市交易的单位房改房,由单位代扣代缴;对已上市交易的房改房,由单位代收代缴;对商品房,如果有物业公司管理的,则由物业公司代收代缴;对其他建筑,采取纳税人主动申报和税务人员上门征收相结合的方式。

6. 纳税期限的确定

物业税按年度征收,但物业税税金不是一笔小数字,据悉,曾有专家建议,采用房屋原值30%作为"应纳税物业价值",税率不高于0.5%,如以一套50万元的房屋为例,扣除30%余下70%即35万元,最高0.5%的税率即35×0.5%=0.175(万元),即50万元的房屋一年缴交0.175万元。如果采取按年征收,分月预缴,每月缴交140多元,对于普通家庭来说更容易承受。

7. 减免税规定

开征物业税,购房成本下降了,但随之而来的问题是:使用成本增加了,"买得起,住不起"情况将大幅增加。本来家庭经济实力不强、只是因为购房"门槛"降低了而购置房屋尤其是使用银行贷款按揭购房者,会有可能像一些租得起办公场所但付不起昂贵物业管理费的公司一样,"买得起住不起",买下房屋后,付不起后期的银行债务与物业税,从而导致更多的"断供"情况出现,进而增大银行个人房贷业务的坏账率,引发新的金融风险。具体征收上可采取对业主第一套房屋先征后退方案,由纳税人申报第一套住房免税并提供所有房物的纳税凭证。但也有学者认为,物业税的开征应有效调节社会贫富差距,取消对个人住宅的普遍优惠,对特殊群体实行个别优惠。通过对居住豪宅者课以高税,对贫穷家庭居住劣房者减少征税甚至减免税费,来缩小社会贫富差距。在财产评估方面,农业用地遵循"实际用地原则",非农业用地遵循"最佳用途原则"。

(二)适时开征遗产税和赠与税

随着国际交流的日益频繁,来我国定居的居民数量不断增多。若及时开征遗产税和赠与税这一世界性税种,不但有利于完善我国税制,而且可以减少国际逃税现象发生。虽然立即开征有一定困难,但至少当前应致力于财产登记制度的建设、遗产与赠与税的税制设计。在遗产与赠与税的技术设置上,如税率水平、征税财产的种类选择、扣除范围等问题,一方面要参考国际通行做法,另一方面要结合我国作为发展中国家的实际状况,具体可参阅前面的遗产税制的思路设计。总之,要建立适合我国国情的遗产税与赠与税制度。

(三)进一步规范和完善契税

针对不同的纳税人或课税对象,设计不同的税率。如城乡居民购买居民用房,适用税率应低于生产用房适用税率。并按不同地区设置高低不同的税率,或中央统一规定幅度税率,地方根据各自情况在规定幅度内选择。

本 章 小 结

财产课税是对人们拥有的财富课税,是对社会财富存量课征的经常税。财产课税相对来说,难以转嫁。当今,多数国家将财产课税作为地方税收。财产课税与所得课税、商品课税,既有联系,又有区别。

财产课税的主要理论依据有利益交换说、能力说、财产收入说等。由于财产课税既有优点,又存在不足之处,所以人们对是否征收财产税的认识并非一致。

财产课税的计税依据主要有改良资本价值、未改良资本价值、租金收益、物理特征。

从课税角度出发,一般将财产分为动产和不动产两大类。按课征方式、课征标准、课征环节、课征对象范围等,财产课税有多种分类。目前各国主要征收的税种有一般财产税、净值税、土地税、房屋税、不动产税、遗产税和赠与税、机动车辆税等。

土地税是最早的税收形式,也是当今世界各国普遍征收的税种。土地税按不同性质和计税标准可分为:土地财产税、土地收益税、土地所得税和土地增值税。目前各国征收的土地税,主要是依土地价值征收的地价税。课征制度特点表现为:纳税人名副其实、课税对象单一、计税依据多样、税率的差别性、负税项目各异、征收缴纳方式多样。

　　房屋税是对房屋及有关建筑物课征的税收,属个别财产税税种。按课税基础和计税标准的不同,可分为房屋财产税、房屋收益税、房屋所得税、房屋消费税。现今各国均对房屋课税,有单独课征的,也有并入土地税一起征收的,还有合并其他不动产一起征收的。

　　不动产税是以土地、房屋、其他不动产为课税对象的税收。不动产税分为不动产所有税、不动产转让税、不动产所得税。通常所说的不动产税是不动产所有税。不动产税的纳税人是不动产的所有人,且此税多按比例税率征收。

　　遗产税和赠与税是财产课税中的重要分支,属于对财产转让课征的税种。通常情况下,遗产税是主税,赠与税是辅税。但因两者关系密切,所以多半放在一起讨论。

　　遗产税历史悠久,可追溯到古埃及。近代遗产税起始于荷兰,后来欧美国家相继开征。赠与税开征于20世纪,目的是为了堵住遗产税征收中的漏洞。

　　遗产税课税理论依据较多,主要有:能力说、权利义务对等说、歧视说、追税说、均分财富说、公益说等。遗产税税收原则主要包括:收入原则、公平原则、区别原则、简便原则。

　　遗产税分为总遗产税制、分遗产税制、总分遗产税制三种不同模式。赠与税有总赠与税制和分赠与税制。各国因国情不同,税制模式选择也不一样。遗产税和赠与税配合课征的方式上,各国做法不一。包括税收原则的协调配合,两个税种课征模式的配合,以及两个税种税率的配合三个方面。税种配合有不单设赠与税、两税并行征收、两税交叉征收、相续税制四种做法。税率配合有两税分设税率和两税税率合并设置。

　　遗产税和赠与税在多数国家征收,表明了两税的重要性。随着我国经济的发展,个人财产不断增多,开征遗产税和赠与税是一种必然趋势。但在开征这两税之前,要做好相关准备工作,借鉴发达国家的做法,再结合我国的政治、经济、法律环境,制定出适合中国国情的遗产税和赠与税制度。

关 键 词

财产税　一般财产税　个别财产税　遗产税　赠与税

复习思考题

1. 为什么要开征财产税,财产税的类型大概有哪些?

2. 遗产税开征的理论依据有哪些?目前,从各国的遗产税课征制度来看,大致有哪些类型,各有什么优缺点?

3. 为什么遗产税的开征还要配合赠与税,各国遗产税与赠与税配合的模式有哪些?

4. 我国财产税制存在什么问题,你认为应如何完善?

第九章　税收管理体制比较

所谓税收管理体制,是指在中央和地方政府之间划分税收管理权限的制度。税收管理权限包括:税收立法权、税收法律法规的解释权、税种的开征或停征权、税目和税率的调整权、税收的加征和减免权等。如果按大类划分,可划分为税收立法权和税收执法权两类。

税收管理体制既是国家政治经济体制的有机组成部分,也是税收制度的重要内容。各国根据本国国情,建立了不同模式的税收管理体制,为我国分税制税收管理体制的完善,提供了可资借鉴的经验。

第一节　税收管理体制模式比较

一、税收管理体制模式

世界各国的税收管理体制主要有以下四种模式。

(一) 分散立法、税源共享、自上而下资金补助的分税制模式

这一模式以美国为代表。美国实行联邦制政体,政府机构分联邦、州、地方三级层次,各层次间不存在领导与被领导关系。与此相适应,美国税收管理体制也是三级分权,各级政府都有明确的事权和独立的征税权,是典型的分税制。其主要特点如下。

1. 税种上划分为联邦税、州税和地方税,各自成体系,主要税种同源分享征收

联邦税以所得税、社会保障税为主体,辅之以货物税、遗产税和赠与税、关税;州税以营业税为主体,另外还有个人所得税、公司所得税和货物税;地方税以财产税为主体,此外还有地方政府的营业税和个人所得税。

联邦、州和地方三级政府之间还存在着复杂的税源共享关系。这种税源共享关系包括以下五种。

(1) 税收补征。联邦和州以及地方政府对统一税源分别按不同税率各自征收。主要有两种方式:一是下级政府采用上级政府的税基,以自己的税率征收;二是税收寄征,即上级政府替下级政府征收,然后拨给下级政府。

(2) 税收扣除。在计算纳税人的应税所得时,允许从总收入中扣除已向州和地方政府缴纳的所得税。

(3) 税收抵免。纳税人向州和地方政府缴纳的税款可以抵免其向联邦政府缴纳的

税款。可抵免的税种有遗产税和失业保险税等。

(4) 税收分享。上级政府将所征收的某种税款按一定比例分给下级政府,此办法通常用来处理州和地方政府之间的关系。

(5) 税收免征。是对购买州和地方政府债券所得的利息收入免征个人所得税,以利于州和地方政府筹措资金。

2. 三级政府各自行使归属于本级政府的税收立法权、司法权及执行权

联邦税由联邦政府立法和执行,州税由州政府立法,地方税由地方政府立法,形成统一的联邦税收制度和有差别的州及地方税收制度并存的格局。各级政府都有自己的税收管理机构,它们之间不存在领导和被领导关系,只存在相互合作配合的工作关系。

3. 实行自上而下的补助金制度

美国的分税制不是绝对的分税制,存在收入分享成分,收入分享表现为自上而下的补助金制度。从政府层次看,补助金主要有联邦对州和地方政府的联邦补助金,以及州对地方的州补助金。联邦补助金主要有三大类。

(1) 一般目的补助金,属于一般的收入分享,不附带条件。

(2) 使用范围较宽的补助金,对这类补助金联邦政府均确定基本使用范围,获得这项补助金的州或地方政府,可在联邦政府确定的基本使用范围内,确定具体的兴建或支付项目,此项补助金不要求使用者提供配套资金。

(3) 规定用途的补助金,联邦政府在提供此项补助金时规定了特定用途,地方政府只能在规定用途内使用此项资金,而且一般还要依照项目的性质提供全部项目开支的5%—50%的配套资金。

在联邦补助金结构中,第三类补助金比重最大,约80%,第二类约13%,第一类约7%。美国通过财政手段以及法律手段,来实现联邦政府对州和地方政府的控制。联邦政府正是通过这种自上而下有控制、有目的的资金流动,来实现自己的政策意图。

4. 联邦、州、地方三级政府之间收入与职责划分清楚,各司其职

各级政府的支付主要依靠自己的收入。美国宪法对各级政府的财权作了一些具体的限制,即任何一级政府都不能妨碍其他政府的合法活动。因此,联邦政府在州和地方内的财产,州和地方政府不能对其课征财产税;州和地方政府也不能对联邦政府发行公债的利息所得征税;对卖给联邦政府的产品所获得的销售收入,州和地方政府也不得征收营业税。

(二) 税权适度集中、税种共享、财政平衡的分税制模式

这一模式以德国为代表。德国的财政体制也分为联邦、州和地方三级,三级政府的财政收入比例分别为50%、37%和13%,而支出比例则为45%、35%和20%,联邦政府财政收入的比重大于支出比重,以确保联邦政府对整个国民经济的宏观调控。德国的分税制有以下特点。

1. 税权适度集中

大多数税种立法权归联邦政府,收益权和征收权则分为州和地方两级。联邦拥有对关税和国库专营事业税的立法权,对收入的全部或部分应归联邦所得的税种拥有共同立法权,即优先立法权。各州不但在宪法未赋予联邦立法权的范围拥有自己的立法

权,而且在得到联邦法律的明确授权下也享有一定的立法权。此外,州还可以立法决定州税是否应归地方所有。地方政府有权决定某些地方性税种的开征、停征、减免税优惠政策等。

2. 实行以共享税为主体,共享税与专享税并存的分税制模式

各级财政的主要收入来源是共享税,税额大的税种均为两级或三级财政的共享税,包括:个人所得税、工资税、营业税、公司所得税、增值税等。这些税种要按规定的比例在各级政府之间进行分成。除增值税外,其他共享税的分配比例一经确定相对固定不变,增值税的分配比例根据联邦和州收支情况的变化,每两年磋商调整一次,其他小税在联邦、州、地方之间明确划分。属于联邦税的有:各种消费税(如烟草税、咖啡税、茶税、糖税、盐税、照明税等)、公路税、关税、资本流转税、交易所营业税、保险税、兑换税、所得税和增值税附加,专享税则分别划归联邦、州或地方政府所有,作为本级政府的固定收入。各州的专享税主要有财产税和行为税类的税收,包括:财产税、遗产税、地产购置税、机动车税。地方政府的专享税主要有企业资本和收益税、娱乐税、土地税等。

3. 实行横向和纵向的财政平衡

财政平衡分为联邦与州之间的纵向平衡和州与州之间的横向平衡。联邦政府运用财政职能,通过三级层次的分配来达到使各州财力大致平衡的目标。一是利用共享税的调节功能,提高人均财政收入低于全国平均值92%的贫困州的共享税分成比例;二是在富裕州和贫困州之间进行调剂。凡人均财政收入达到全国平均值102%以上的州为富裕州,需从其超过部分中拿出部分财力来帮助贫困州,使之人均财政收入达到95%;三是联邦政府从联邦财政收入中拨专款给贫困州,使贫困州的收入补到全国平均收入99.5%。

4. "一套机构,两班人马"的税收征管方式

在德国,税收的征收管理由各州的财政总局负责。总局内分设联邦管理局和州管理局两个系统。联邦管理局作为联邦政府的代理人进行活动,负责管理联邦所有的税收,其组织和官员也由联邦规定;州管理局则负责州税的征管工作。财政总局的局长由联邦政府与各州政府协商任命,局长既是联邦政府的官员,又是州政府官员,其工资由两级政府各支付一半。地方税务局作为各州政府的派出机构,只征地方税,并向地方政府负责。这种税收征管方式,既可以加强各级政府之间的业务协调,提高办事效率,又可以避免政府机构的过于臃肿。

(三) 集中税权、分散事权、税种让与、专项补助的分税制模式

这一模式以日本为代表。日本政府机构分为中央、都道府县、市町村三级,各级政府的事权、财权划分和相应的法律制度以及政策决策管理权均集中在中央,但地方自主权特别是举办事业的自主权仍得到保证。因此,在财政上表现为大部分税源由中央掌握,由中央行使征税权,而财政支出的大部分由地方政府承担。日本分税制主要有以下特点。

1. 税种划分为国税和地方税,地方税又分为都道府县税和市町村税

凡是征收范围广、影响全国利益的税种,如个人所得税、法人所得税、继承税、赠与

税、酒税、消费税等均列为国税。属于都道府县的税种有都道府县居民税、事业税、不动产税、汽车购置税等,属于市町村税的有市町村居民税、固定资产税、电税、煤气税等。地方税一般征收范围窄、税源小,国税则征收范围广、税源大。国税收入总额占全部税收收入总额的 2/3。日本基本上不搞同源共享。

2. 立法权集中,执行权分散

税收立法权都归国会,地方政府征收的税种原则上只限于"地方税法"中所列的法定税种。绝大部分地方税种均由"地方税法"规定标准税率或税率上限,地方政府不得随意改变全国统一的法定税率,不过地方政府经中央政府批准,可在法定税种以外开设普通税(普通税指不与支出直接联系,没有指定固定用途的税)。日本设有国税、地方税两大税务系统,国税由大藏省下设的国税厅及其分支机构负责征收,地方税由都道府县、市町村所属税务机构负责征收。

另外,在税种结构上采取双主体结构,即每一级政府都以两种税为主体税种。中央的主体税种是个人所得税和法人所得税,都道府县的主体税种是都道府县居民税和事业税,市町村的主体税种是市町村居民税和固定资产税。

3. 实行国家下拨税、国家让与税、国库支出金制度

在日本,税收收入大部分虽然由中央政府征收,使用却大部分由地方政府进行。日本通过国家下拨税、国家让与税和国库支出金方式,实现中央政府对地方政府的财力转移。

国家下拨税是中央财政为保证各地方政府有足够的财力执行其应办的事业,而把国税中的所得税、法人税和酒税按一定的比例下拨给地方的一种税。国家下拨税是地方政府重要的收入来源,贫困地区得到的国家下拨税的比例更高。国家下拨税不确定专门用途,不附加其他条件,地方政府可以自由使用,如同地方政府税收一样,使地方政府能有一个比较稳定的收入。同时,它又是中央政府的一种地区平衡手段,用以平衡地区之间的收入差别。

国家让与税是中央财政为了让地方拥有财力以修建公路、维修机场或有关设施等,将地方道路税、汽车重量税、飞机燃料税、石油气税、特别吨位税五种国税的收入按一定的标准转让给地方政府的一种税。

国库支出金是中央政府为了对地方政府进行财政控制,对财政活动进行政策诱导,按特定目的和条件下拨给地方政府的专项补助金。补助金有三类:一是国库负担金,即中央与地方共同承担的事务中全部由地方负责办理,中央按自己负担的份额拨给地方的经费;二是国库委托金,属于中央事权范围,但委托给地方承办,应由中央支付全部费用的国库支出金;三是国库补助金,中央出于宏观社会经济发展方面的考虑,给予地方兴办的某些事业以资金或奖励的支出。

(四) 大权集中、小权分散、中央补助的分税制模式

这一模式以法国为代表,大多数发展中国家也主要采用该模式。长期以来,法国一直实行中央集权的管理体制,与此相适应,税收管理体制也高度集中,无论是征税权还是税款的分配使用权都由中央统揽,只把次要的税源划给地方。法国的分税制主要有以下特点。

1. 税收无共享税，也不搞同源共享

法国税收分国税和地税两大部分，税源大的主要税种列为国税，包括个人所得税、公司所得税、增值税、消费税、登记税、印花税、工资税和关税等。这些税种的收入列入中央预算，不与地方分成。列入地方税的是一些税源零星的税种，主要有建筑土地税、非建筑土地税、行业税、财产转移税、娱乐税、居住税等。

2. 税收的立法权和行政权均集中在中央

法国无论是中央税还是地方税，税收法律和主要政策均由中央政府统一制定，地方只能按国家的法律政策执行，但地方也享有某些机动权力，如制定地方税税率，开征一些捐费，对纳税人采取某些减免税措施等。

3. 一般补助和专项补助相结合的纵向财力分配制度

法国中央财政对地方财政的补助约占地方全部财政收入的25%，补助具体形式有一般补助和专项补助。一般补助是按市镇人口比例和征税情况进行补助，人口越多，征税越多，得到的补助也越多，主要是为了维护地方财政的收支平衡。专项补助是对地方兴修的专项工程给予的补助。

二、可供借鉴的经验

尽管各国的税收管理体制模式不同，由本国经济发展、政治制度、民族习惯、历史原因等多种因素决定，但是我们仍然可以看到，发达国家的税收管理体制存在一些共同之处，这正是发展中国家改进和完善自身税收管理体制过程中可以借鉴的经验。

1. 税收管理体制都实行分税制

发达国家的税收管理体制都实行分税制，即以税种划分为基础，确定各级政府的征税权。各国的分税制都不是绝对的分税制，不存在一级政府只能以本级税收收入安排本级财政支出的情况。分税制不等于国家财力的彻底分配，它只是国家全部税收收入的基本或初始的分配，各国都存在着不同形式的纵向或横向财政平衡机制。

2. 税权集中、事权分散

无论国体如何不同，税权相对集中于中央。其主要表现在大宗税收收入归中央，由中央支配，绝大部分国家的税收立法权也归中央，但通过赋予地方政府较多的事权，发挥地方政府的主动性。

3. 税权划分的法制化和规范化

从各个国家的实际情况看，虽然税权划分中包含了诸多的内容，而且税权划分的层次和结构也异常复杂，但在具体实施过程中，都是有法可依、有章可循的。

4. 中央对地方实行财力补助

为了使税权集中与事权分散协调一致，大部分国家存在中央对地方的纵向财政补助或财力让与，各种形式的补助金成为中央对地方政府进行财政经济控制的基本手段，通过建立量化的指标体系或测定公式，客观地决定基数和比例，最大限度地避免中央对地方财政补助的主观、不规范、不公平的倾向，尽量保证各地政府提供的社会服务管理内容相同，服务效果相似。

第二节 我国现行税收管理体制

一、分税制财政管理体制

自1994年1月1日起,我国全面实施国务院《关于实行分税制财政管理体制》的决定。分税制是财政管理体制的目标模式,同时也是税收管理体制改革的重要内容。

(一) 分税制的概念和分税制财政管理体制改革的指导思想

1. 分税制的概念

分税制是指在划分中央与地方政府事权的基础上,按照税种划分中央与地方财政收入的一种财政管理体制。

2. 分税制财政管理体制改革的指导思想

(1) 正确处理中央与地方的分配关系,调动两个积极性,促进国家财政收入合理增长。既要考虑地方利益,调动地方发展经济、增收节支的积极性,又要逐步提高中央财政收入的比重,适当增加中央财力,增强中央政府的宏观调控能力。为此,中央要从今后财政收入的增量中适当多得一些,以保证中央财政收入的稳定增长。

(2) 合理调节地区之间的财力分配。既要有利于经济发达地区继续保持较快的发展势头,又要通过中央财政对地方的税收返还和转移支付,扶持经济不发达地区的发展和老工业基地的改造。同时,促使地方加强对财政支出的约束。

(3) 坚持统一政策与分级管理相结合的原则。划分税种不仅要考虑中央与地方的收入分配,还必须考虑税收对经济发展和社会分配的调节作用。中央税、共享税以及地方税的立法权都要集中在中央,以保证中央政令的统一,维护全国统一市场和企业平等竞争。税收实行分级征管,中央税和共享税由中央税务机构负责征收,共享税中地方分享的部分,由中央税务机构直接划入地方金库,地方税由地方税务机构负责征收。

(4) 坚持整体设计与逐步推进相结合的原则。分税制改革既要借鉴国外经验,又要从我国的实际出发。在明确改革目标的基础上,力求规范化,但必须抓住重点,分步实施,逐步完善。

(二) 分税制财政管理体制的具体内容

1. 按照中央与地方政府的事权划分,合理确定各级财政的支出范围

根据现在中央政府与地方政府事权的划分,中央财政主要承担国家安全、外交和中央国家机关运转所需经费,调整国民经济结构、协调地区发展、实施宏观调控所必需的支出以及由中央直接管理的事业发展支出。具体包括:国防费,武警经费,外交和援外支出,中央级行政管理费,中央统管的基本建设投资,中央直属企业的技术改造和新产品试制费,地质勘探费,由中央财政安排的支农支出,由中央负担的国内外债务的还本付息支出,以及中央本级负担的公检法支出和文化、教育、卫生、科学等各项事业费支出。

地方财政主要承担本地区财政机关运转所需支出以及本地区经济、事业发展所需支出。具体包括：地方行政管理经费，公检法支出，部分武警经费，民兵事业费，地方统筹的基本建设投资，地方企业的技术改进和新产品试制经费，支农支出，城市维护和建设经费，地方文化、教育、卫生等各项事业费，价格补贴支出以及其他支出。

2. 根据事权与财权相结合的原则，按税种划分中央与地方的收入

将维护国家权益、实施宏观调控所必需的税种划为中央税；将同经济发展直接相关的主要税种划为中央与地方共享税；将适合地方征管的税种划为地方税，并充实地方税税种，增加地方税收收入。

3. 科学核定地方收支数额，逐步实行比较规范的中央财政对地方的税收返还和转移支付制度

为了保持现有地方既得利益格局，逐步达到改革的目标，中央财政对地方税收返还数额以1993年为基期年核定。按照1993年地方实际收入以及税制改革和中央与地方收入划分情况，核定1993年中央从地方净上划的收入数额（即消费税＋75％的增值税－中央下划收入）。1994年以后，税收返还额在1993年基数上逐年递增，递增率按全国增值税和消费税的平均增长率的1∶0.3系数确定，即上述两税全国平均每增长1％，中央财政对地方的税收返还增长0.3％。

4. 分设国家税务局与地方税务局两套税务机构分别征管

1994年我国将原来的一个税务局分设为国家税务局和地方税务局两套税务机构。国家税务局直属国务院，负责征收中央税和共享税，地方税务局隶属于地方政府，负责征收地方税。

二、我国现行的税收管理体制

由于分税制财政管理体制是以分税为依托建立起来的财权与事权相结合的分级财政管理体制，因此在分税制财政管理体制中就包含了税收管理体制的核心内容。随着分税制财政管理体制的实行，我国税收管理体制也发生了若干重大变化。下面就我国现行税收管理体制作一介绍。

（一）税收立法权的划分

1. 全国性税种的立法权集中在中央

中央税、中央与地方共享税以及全国统一实行的地方税的立法权集中在中央，以保证中央政令统一，维护全国统一市场和企业平等竞争。其中，中央税是指维护国家权益、实施宏观调控所必需的税种，具体包括消费税、关税、车辆购置税。中央和地方共享税是指同经济发展直接相关的主要税种，具体包括增值税、企业所得税、个人所得税、资源税。地方税具体包括土地增值税、印花税、城市维护建设税、城镇土地使用税、房产税、车船税等。

2. 依法赋予地方适当的地方税收立法权

我国地域辽阔，地区间经济发展水平很不平衡，经济资源包括税源都存在着较大差异，这种状况给全国统一制定税收法律带来一定的难度。因此，随着分税制改革的进

行,有前提地、适当地给地方下放一些税收立法权,使地方可以实事求是地根据自己特有的税源开征新的税种,促进地方经济的发展。这样,既有利于地方因地制宜地发挥当地的经济优势,又便于同国际税收惯例对接。

具体地说,我国税收立法权划分的层次如下。

(1) 全国性税种的立法权,即包括全部中央税、中央与地方共享税和在全国范围内征收的地方税税法的制定、公布和税种的开征、停征权,属于全国人民代表大会(简称全国人大)及其常务委员会(简称常委会)。

(2) 经全国人大及其常委会授权,全国性税种可先由国务院以"条例"或"暂行条例"的形式发布实行,经一段时期后,再行修订并通过立法程序,由全国人大及其常委会正式立法。

(3) 经全国人大及其常委会授权,国务院有制定税法实施细则、增减税目和调整税率的权力。

(4) 经全国人大及其常委会授权,国务院有税法的解释权;经国务院授权,国家税务主管部门(财政部和国家税务总局)有税收暂行条例的解释权和制定暂行条例实施细则的权力。

(5) 省级人民代表大会及其常务委员会有根据本地区经济发展的具体情况和实际需要,在不违背国家统一税法,不影响中央的财政收入,不妨碍我国统一市场的前提下,开征全国性税种以外的地方税种的税收立法权。税法的公布,税种的开征、停征,由省级人民代表大会及其常务委员会统一规定,且所立税法在公布实施前须报全国人大常务委员会备案。

(6) 经省级人民代表大会及其常务委员会授权,省级人民政府有本地区地方税法的解释权和制定税法实施细则、调整税目、税率的权力,也可在上述规定的前提下,制定一些税收征收办法,还可以在全国性地方税条例规定的幅度内,确定本地区适用的税率或税额。上述权力除税法解释权外,在行使后和发布实施前须报国务院备案。

(7) 地区性地方税种的立法权应只限于省级立法机关或经省级立法机关授权的同级政府,不能层层下放。所立税法可在全省(自治区、直辖市)范围内执行,也可只在部分地区执行。

关于我国现行税收立法权的划分问题,迄今为止,尚无一部法律对之加以完整规定,只是散见于若干财政和税收法律、法规中,有待于税收基本法作出统一规定。

(二) 税收执法权的划分

目前,我国的税务主管部门主要有财政部、国家税务总局、海关总署等。

(1) 财政部是国务院主管财务收支、财税政策和国有资本金基础工作的宏观调控部门。该部门主要职责与税收直接相关的内容包括拟定、执行税收的发展战略、方针政策、中长期规划、改革方案和其他相关政策;提出运用财税政策实施宏观调控和综合平衡社会财力的建议;提出税收立法计划,与国家税务总局共同审议上报税法和税收条例草案;根据国家预算安排,确定财政收入计划;提出税种增减、税目税率调整、减免税和对中央财政影响较大的临时特案减免税的建议;参加涉外税收和国际关税谈判,签订涉外税收协议、协定草案;制定国际税收协议、协定范本;承办国务院关税税则委员会的日常工作;监督财税方针、政策、法规的执行情况。

(2) 国家税务总局是国家最高税务机构,是中央税务行政机关,也是国务院主管税收专门业务的直属机构,为正部级,其职责如下。

① 具体起草税收法律法规草案及实施细则并提出税收政策建议,与财政部共同上报和下发,制订贯彻落实的措施。负责对税收法律法规执行过程中的征管和一般性税政问题进行解释,事后向财政部备案。

② 承担组织实施税收及法律法规规定的基金(费)的征收管理责任,力争税款应收尽收。

③ 参与研究宏观经济政策、中央与地方的税权划分并提出完善分税制的建议,研究税负总水平并提出运用税收手段进行宏观调控的建议。

④ 负责组织实施税收征收管理体制改革,起草税收征收管理法律法规草案并制定实施细则,制定和监督执行税收业务、征收管理的规章制度,监督检查税收法律法规、政策的贯彻执行。

⑤ 负责规划和组织实施纳税服务体系建设,制定纳税服务管理制度,规范纳税服务行为,制定和监督执行纳税人权益保障制度,保护纳税人合法权益,履行提供便捷、优质、高效纳税服务的义务,组织实施税收宣传,拟订税务师管理政策并监督实施。

⑥ 组织实施对纳税人进行分类管理和专业化服务,组织实施对大型企业的纳税服务和税源管理。

⑦ 负责编报税收收入中长期规划和年度计划,开展税源调查,加强税收收入的分析预测,组织办理税收减免等具体事项。

⑧ 负责制定税收管理信息化制度,拟订税收管理信息化建设中长期规划,组织实施金税工程建设。

⑨ 开展税收领域的国际交流与合作,参加国家(地区)间税收关系谈判,草签和执行有关的协议、协定,办理进出口商品的税收及出口退税业务。

⑩ 承办国务院交办的其他事项。

(3) 海关总署是国务院直属机构,为正部级。该机构主要职责与税收直接相关的内容包括进出口关税及其他税费征收管理。

(三) 税务机构设置和税收征管范围划分

1. 税务机构设置

2018年,党的十九届三中全会审议通过的《中共中央关于深化党和国家机构改革的决定》《深化党和国家机构改革方案》和第十三届全国人民代表大会第一次会议批准的《国务院机构改革方案》明确"将省级和省级以下国税地税机构合并,具体承担所辖区域内的各项税收、非税收入征管等职责;将基本养老保险费、基本医疗保险费、失业保险费等各项社会保险费交由税务部门统一征收;国税地税机构合并后,实行以国家税务总局为主与省(区、市)人民政府双重领导管理体制"。

2. 税收征收管理范围划分

目前,我国的税收分别由税务、海关等系统负责征收管理。

(1) 税务系统(国家税务总局系统)负责征收和管理的项目有:增值税,消费税,车辆购置税,城市维护建设税,企业所得税,个人所得税,资源税,城镇土地使用税,耕地占用税,土地增值税,房产税,车船税,印花税,契税,烟叶税,环境保护税。

(2)海关负责征收和管理的项目有:关税,船舶吨税,代征的进出口环节的增值税、消费税。

3.中央政府与地方政府税收收入划分

根据国务院关于实行分税制财政管理体制的规定,我国的税收收入分为中央政府固定收入、地方政府固定收入和中央政府与地方政府共享收入。

(1)中央政府固定收入包括:消费税(含进口环节海关代征的部分),车辆购置税,关税,海关代征的进口环节增值税等。

(2)地方政府固定收入包括:城镇土地使用税,耕地占用税,土地增值税,房产税,车船税,契税等。

(3)中央政府与地方政府共享收入如下。

① 增值税(不含进口环节由海关代征的部分)。中央政府分享50%,地方政府分享50%。

② 企业所得税。铁道部、各银行总行及海洋石油企业缴纳的部分归中央政府,其余部分中央与地方政府按60%与40%的比例分享。

③ 个人所得税。个人所得税的分享比例与企业所得税相同。

④ 资源税。海洋石油企业缴纳的部分归中央政府,其余部分归地方政府。

⑤ 城市维护建设税。铁道部、各银行总行、各保险总公司集中缴纳的部分归中央政府,其余部分归地方政府。

⑥ 印花税。证券交易印花税收入为中央收入,其他印花税收入为地方收入。

第三节 借鉴与完善我国分税制管理体制

分税制管理体制实施以来取得了一定成绩,但也存在一些问题,需进一步完善。

一、精简政府机构,为各级政府间税权的合理划分铺平道路

现行分税制与政府机构和行政体制改革不配套,使得税权在各级政府之间难以划分。我国实行五级政府制度,上下级政府之间一般都设有相同的对口部门,致使政府机构庞大,尤其地方政府人员比例过大,吃皇粮的人数多,财政不堪重负。这无疑会使得上下级政府之间的税权难以划分,也不利于提高政府的行政管理效率。

因此,要提高政府的治理能力和行政效率,必须转变政府职能,精简机构,这样才能为各级政府间税权的合理划分铺平道路。建议将现在的五级政府制改为三级政府制,即中央—省—县(农村)或中央—市—区(大中城市),并使三级政府有相对应的税权。同时,减少一些不必要的机构和裁减冗员。

二、科学地界定中央与地方的财权和事权

分税制改革的重点是财权的重新划分。分税制实施以后,中央达到了集中财力的目的。从发展趋势看,中央所掌握的财权还将逐步扩大,而地方尤其是市县的财权会缩小或停滞不前。具体表现为:

(一) 分税制中央"拿大留小",地方财力增长困难

分税制将大税种的大部分划归了中央,如消费税、企业所得税、个人所得税等,留给地方的大多数是一些零星分散、增长弹性小的税种。这样,地方财政收入显然难与经济增长同步,在收入中的比重必然大幅度下降。

(二) 地区间受益状况苦乐不均

分税制中央"拿多留少",地方财力损失大,地区间受益状况苦乐不均。分税制应是分税不分级,但在目前的实际操作中,实际上是按税种和企业的隶属关系,即按税种和级次划分收入。

(三) 财权与事权错位,地方包袱越加沉重

一方面事权划分不统一,缺乏明确的法律界定。目前,宪法对各级政府的事权划分只作了原则性规定,但在一些事务上,中央政府与地方政府的职责权限并不十分明了,中央政府该负责哪些事务及支出,地方政府该负责哪些事务及支出,一直没有一个明确的规定,特别是在经济性的划分上较为模糊。另一方面,实行分税制后,该中央拿走的均拿走,而不该地方背的包袱还要背。收入大头在中央,支出的大头在地方,地方既要多交钱,又要向中央要钱花,财权与事权不对等,责大权小、力量弱的问题仍没有解决好。

因此,必须科学合理划分事权与财权。根据公共品区域受益原则,政府间事权划分的一个总体原则是:全国性的公共品由中央政府提供,具有区域外溢性的公共品由中央和地方共同提供,地方性公共品则由当地政府提供。当然,由于历史、社会经济状况等方面的原因,不同的国家以及同一国家在不同的发展阶段,政府间事权的划分都会有所差别。尽管如此,对一国的财政体制建设来说,至关重要的是,在一段相对稳定的时期内,必须明确各级政府的事权范围,并且有必要将其上升到法律的高度。

和"一级事权"对应,必须要有"一级财权",合理划分中央与地方的收入。为此,应健全地方税体系和建立地方公债制度。这样,地方才有稳定的财力来源,并把使用方向对应于自己应提供的公共品。

三、赋予地方相应的税收管理权限

目前,我国地方税收管理权限,如立法权、解释权、实施细则的制定权等仍高度集中于中央,地方立法权名存实无,参与地方税收立法和政策制定的是中央立法机关和行政机关,地方只是反映意见。致使地方无法根据本地区经济发展的特点及时开辟新的税源,使许多潜在的税收收入白白流失。同时,也不利于地方因地制宜地调控配置区域性

资源,影响了地方政府组织收入的积极性,造成地方政府特别是西部地区的政府过于依赖中央的财政转移支付,无疑会妨碍地方经济的发展。

因此,应根据财权的划分,适当进行税权的调整。中央税的管理权限要高度集中于中央,地方不能随意出政策、开口子。而对于地方税的税收管理权限要适当下放,如地方税种的开征停征权、调整权、减免权等,并可适当考虑给地方一定立法权,充分体现统一领导、分级管理原则,真正调动中央与地方政府的积极性,以加强税收的征收力度,保证税收收入的应收尽收。

四、适当调整税种,建立严密的中央与地方税体系

(一) 根据收入项目的调节功能强弱确定归属

将宏观经济调控能力明显的税种划归中央,而将调控能力弱的税种划归地方。同时还可考虑根据税基的移动性进行划分。如果一种税种的税基具有较强的移动性,那么容易出现避税的现象,而地方政府间为减少乃至消除这种税基移动,需要进行有效合作与协调,加大征税成本,因此,这类税收作为中央税比较理想。但税基的移动性不强或不具有移动性的税种,通常就应划归地方政府所有。

(二) 根据征管的效率进行划分

对某些税种而言,能够实现规模效益,则宜于集中;反之,收入零星、分散、集中管理成本较高且易流失的税种,应下放给地方政府。我国目前的分税制就此项原则的划分应属正确,问题是急需调整有些税种,特别是归属地方的税种(如城市维护建设税、房产税等)的征管制度和税负水平,以加强地方政府组织收入的能力。

五、建立规范的财政转移支付制度

从国外成功的分税制经验看,转移支付制度是一种通用做法,许多国家都建有一套科学、合理、完整、严密的转移支付制度,而我国现行分税制采取的基数返还、保护地方既得利益的一系列做法,没有摆脱旧体制的束缚,也没有摆脱过去的财政补贴办法,不能科学、合理地进行各级政府间财力分配和转移,因此建议从以下几方面进行改革:

(一) 逐步用"因素法"取代"基数法"来确定转移支付资金的分配

可以在《过渡期转移支付办法》的基础上进一步完善,设计出一套科学的公式,对各地的标准化收入能力和标准化支出需要进行测算,以此确定转移支付的数额。在因素的选择上,应全面客观。既要考虑各地经济发展水平的高低、财政能力的强弱,又要考虑到各地公共品和服务支出成本的差异。改革过程中,可以先选取一些最主要的和数据取得相对容易的因素,逐步扩大采用"因素法"核定的范围,完善评估体系和公式设计。

(二) 根据转移支付的目标,优化转移支付形式

政府间转移支付形式的选择,取决于转移支付制度的目标。目前,我国的转移支付目标主要有两个:一是调节地区之间的财政能力的差异,达到横向均衡的目的;二是提

高地方政府提供公共品的能力。因此,要将一般性转移支付和专项转移支付结合起来,并以一般性转移支付为主。一方面,加大中央对地方特别是中西部经济落后的农村地区的一般性转移支付力度,均衡各地区的财力。应确定过渡期转移支付资金在中央财政收入增量中的比例与增长速度,并制定一个中长期的增长目标和资金来源扩展计划,逐步扩大均衡性转移支付。另一方面,为提高基层政府提供公共品的能力,应选择实行专项转移支付形式。在中央财力逐步扩大的情况下,应适当扩大专项转移支付的规模,规范分配方法,优化专项转移支付的结构,保证重点,建立严格的专项转移支付监督机制,提高专项转移支付的科学性、公正性和效益性。另外,应逐步取消税收返还、体制补助(上解)等有浓厚旧体制特征、均等化功能很弱的转移支付形式,提高均衡性转移支付比重,缓解并缩小目前城乡公共品供给的差距。

(三) 完善省以下政府的转移支付制度

目前,我国农村公共品有些由中央提供,有些由省市提供,但大部分还是由县和乡镇特别是乡镇一级提供。由于乡镇处于我国行政区划的最低层,乡镇以上各级政府提供的全国性或地方性的公共品都有覆盖到乡镇的可能性。因此,为缓解基层财政困难,实现城乡公共品的均等化供给,不仅需要完善中央政府对地方政府的转移支付制度,还要完善省以下政府的转移支付制度。

本章小结

所谓税收管理体制,是指在中央和地方政府之间划分税收管理权限的制度。税收管理权限包括税收立法权,税收法律、法规的解释权,税种的开征或停征权,税目和税率的调整权,税收的加征和减免权等。如果按大类划分,可划分为税收立法权和税收执法权两类。

世界各国的税收管理体制主要有以下几种类型:分散立法、税源共享、自上而下资金补助的分税制模式;税权集中、税种共享、财政平衡的分税制模式;集中税权、分散事权、税种让与、专项补助的分税制模式;大权集中、小权分散、中央补助的分税制模式。尽管各国的税收管理体制模式不同,由本国经济发展、政治制度、民族习惯、历史原因等多种因素决定,但是我们仍然可以看到,发达国家的税收管理体制存在一些共同之处,这正是发展中国家改进和完善自身税收管理体制过程中可以借鉴的经验:税收管理体制都实行分税制;税权集中、事权分散;税权划分的法制化和规范化;中央对地方实行财力补助。

我国自1994年1月1日起实行的分税制税收管理体制虽然经过了一定的调整,但仍存在问题,需适时调整,以适应经济形势的变化。

关 键 词

税收管理体制　分税制　中央税　地方税

复习思考题

1. 税收管理体制模式主要有哪几种,它们各有什么特点,从中可以得到什么启发?
2. 我国现行的税收管理体制存在哪些问题,你认为应如何完善?

第十章 税收负担比较

税收负担是税收制度的核心,它不仅反映了一国政府取得收入的多少,也反映了一国企业和居民的负担水平,各税种负担在税收负担总量中所占的比重也反映了一国的税制结构。税收负担水平受到一国经济发展水平及经济体制的制约,不同国家及同一国家在不同发展时期税收负担及税制结构存在较大差异。对各国税收负担进行比较,对确定一国合理、适度的税收负担水平具有重要参考意义。

第一节 税收负担概述

一、税收负担的基本概念

(一) 概念

税收负担,简称税负,是指纳税人或征税对象承受国家税收的状况或量度,体现税收分配的流量。它反映的是纳税人纳税能力与实纳税额之间的一种关系,表现为社会产品在国家与纳税人之间的税收分配数量关系。

(二) 研究税收负担的意义

税收作为国家与社会经济资源分配的主要手段,对社会经济资源的合理分配和国民收入的公平分配起着决定性作用。税收负担反映税收占纳税人收入的比例,其轻重直接关系到国家和纳税人之间以及各个纳税人之间经济利益再分配。税收负担合理与否,是衡量整个税制结构是否合理的重要因素,也是评价、设计和改革税收制度和政策的基本依据。研究税收负担的总体水平,可以为确定税收的总体课征强度提供重要的数量依据,确保国家财政收入持续稳定增长,正确处理政府取得收入时的眼前利益和培植财源最终增加财政收入的长远利益。研究税收负担的部门和行业结构、税种结构、地区结构对国家制定产业政策、合理设计税种税目、制定区域发展战略具有重大参考作用。在建设我国社会主义市场经济的体制转轨时期,我国的税制建设还处于薄弱环节,税制不合理、税负不公平制约着市场经济的发展,因此重视税收负担问题研究具有重大的理论和现实意义。

二、税收负担分类

为了深入、科学地研究税负及其运动,从不同角度对税收负担进行分类是必要的。

税收负担的分类方法有多种,按照不同的标准大致如下。

(一) 从考察范围看

税收负担可分为宏观税负和个体税负。宏观税负是指一定时期内国家课征税收总额占同期国民收入或国内生产总值的比例。在市场经济条件下,它从总体上代表政府对整个社会经济资源的占有程度及在经济中的地位。个体税负是指某一税种或某一企业、个人承受国家税收的状况,研究个体税负可以清晰反映国家与纳税人之间的分配关系。

(二) 从税额与征税对象数额的关系看

税收负担可分为等比负担、等量负担和累进负担。等比负担是指不论征税对象数额大小,统一按一个比例征税;等量负担是指纳税人或同一征税对象缴纳相同的税款,即税收负担的绝对量相等;累进负担是指根据纳税人负担能力的状况,收入多的多征,收入少的少征,没有负担能力的不征。税额与纳税人收入呈不等比关系,随纳税人收入的增加而逐级递增。

(三) 从税负是否转嫁的角度看

税收负担可分为直接负担和间接负担。直接负担是指纳税人所纳税款全部由自己负担,不能转嫁给其他人,即纳税人与负税人一致。间接负担是指纳税人缴纳税款后,通过各种途径或方法,将税款全部或部分转嫁给他人负担。在这种情况下,纳税人与负税人不一致,负税人是税收的间接负担者。

(四) 从纳税人真实承受税收负担量度的角度看

税收负担可分为名义负担和实际负担。名义负担是指纳税人按名义税率和相应的计税依据计算负担的税款。实际负担是指纳税人或征税对象实际承受的税收负担。实际负担和名义负担的差异主要是由于税收优惠及偷逃避税的存在。

此外,从税种结构看,税收负担可分为所得税负担、流转税负担、财产税负担、特定行为目的税负担等。从税收负担的形式可分为货币负担和实物负担。

三、衡量税收负担的指标体系

税负的轻重一般以税收负担率来表示,即纳税人实纳税额占其计税依据的比例。为了有利于确定一国总体税负水平,合理设计各类税种的税收负担,公平规范各经济成分、产业、部门及纳税人的税收负担水平;为了有利于对税收负担进行国与国之间及同一国在不同历史时期进行比较,有必要建立起从不同角度反映税收负担的指标体系。衡量税收负担的主要指标如下。

(一) 衡量宏观税收负担的指标

衡量宏观税收负担,是以一定时期内税收总量与同期国民经济的总量指标相比较。国民经济的总量指标主要有国内生产总值、国民生产总值和国民收入,相应的宏观税收负担率主要是国内生产总值负担率、国民生产总值负担率和国民收入负担率,这三个指标从不同方面反映了宏观税收负担的一定状况,从而成为国家之间进行总体税负比较的主要参考指标。

1. 国内生产总值负担率

国内生产总值,简称"GDP",是一国或地区在一定时期(通常为一年,下同)内在其领土范围内所生产的全部最终产品和劳务的价值总和。国内生产总值负担率,是一定时期内国家税收收入总额占同期国内生产总值的比例,用公式表示为:

$$国内生产总值负担率 = \frac{税收收入总额}{国内生产总值} \times 100\%$$

国内生产总值是现代国家统计中最常用的综合反映一国经济活动总量的指标,因此国内生产总值负担率是国与国之间进行宏观税收负担比较时运用最为广泛的综合性指标。

2. 国民生产总值负担率

国民生产总值,简称"GNP",是一国或地区在一定时期内国民经济各部门所生产的全部最终产品和劳务的价值总和。国民生产总值的核算与国内生产总值核算所强调的国土原则不同,它强调的是居民标准。国民生产总值负担率是指一定时期内国家税收收入总额占同期国民生产总值的比例,用公式表示为:

$$国民生产总值负担率 = \frac{税收收入总额}{国民生产总值} \times 100\%$$

国民生产总值与国内生产总值基本一致,它通常也作为国与国之间宏观税负比较的常用综合性指标。

3. 国民收入负担率

国民收入是一国或地区物质生产部门在一定时期内新创造的价值总和,即一国或地区在一定时期内所生产的社会总产品扣除全部物化劳动消耗后的净值增加额。它表现为利润、税金、利息、地租和劳动者收入之和。国民收入负担率是指一定时期内国家税收收入总额占同期国民收入总额的比例,用公式表示为:

$$国民收入负担率 = \frac{税收收入总额}{国民收入总额} \times 100\%$$

国民收入等于国民生产总值扣除补偿价值之后的余额,因此也是衡量税收相对规模和总体税负水平的指标之一。这个指标在一定程度上能如实反映一个国家的积累水平、总体税负状况和税负承受能力。

(二) 衡量个别税类(税种)税收负担的指标

某税类或税种的税收负担率是指一定时期内国家实际征收入库的某税类或税种的税收收入占其征税对象数额的比例,用公式表示为:

$$某税类(或税种)的负担率 = \frac{该税类或(税种)的实际征收额}{该税类或(税种)的征税对象数额} \times 100\%$$

税类(或税种)负担率可以反映国家税收在具体税类(或税种)上的调节水平和政府收入的来源结构,又可以反映某税类(或税种)的实际征收率与税法规定的名义税率的差异,从而反映出国家税收征管水平。该指标便于具体反映某税类(或税种)对其调节对象的调节程度和被调节对象的承受能力。

(三) 衡量个别纳税人税收负担的指标

纳税人税收负担率可以具体反映各类经济主体承受国家税收的状况,是国家制定税收制度和政策的重要依据。衡量纳税人税收负担的指标主要有企业流转税负担率、企业利润负担率、企业综合负担率和个人收入负担率等。

1. 企业流转税负担率

流转税是国家利用税收参与企业产品价值或营业收入的第一次分配。在其他条件不变的情况下,流转税的高低直接影响企业利润的多少。企业流转税负担率是指企业在一定时期内缴纳的流转税额占其同期销售收入或营业收入的比例,用公式表示为

$$企业流转税负担率 = \frac{实纳流转税总额}{同期销售收入(营业额)} \times 100\%$$

流转税收入是我国税收收入的主要来源,因此企业流转税负担率是考核企业税收负担的重要指标之一。

2. 企业利润负担率

企业利润负担率是指一定时期内企业实际缴纳的所得税额占其同期利润总额的比例,用公式表示为

$$企业利润负担率 = \frac{企业实纳所得税额}{同期利润总额} \times 100\%$$

由于所得税是在企业利润分配环节课征,因此企业所得税负的高低直接决定了企业留利的多少。该指标是衡量企业税收负担水平,处理国家和企业的分配关系最直接最常用的指标,体现国家在一定时期的分配政策。

3. 企业综合负担率

企业综合负担率是指一定时期内企业所纳各种税款总额占其同期收入总额的比例,用公式表示为

$$企业综合负担率 = \frac{企业实纳各税总额}{企业收入总额} \times 100\%$$

这个指标可以反映国家以税收形式参与企业各项收入分配的总水平,它是反映企业税收负担的综合性指标,可以用来比较不同类型、不同地区企业之间的总体税负状况。各税总额包括企业所纳的流转税、所得税、财产税和行为税等全部税种的实际缴纳税额。企业收入总额可以是纯收入,也可以是总收入,因此为了便于分析,可以比较企业纯收入和总收入负担率。同时,通过对企业综合负担率进行分析,可以分析各种税在企业实缴各税总额中的比重,从而为合理设计税制结构提供分析方法和参考依据。

4. 个人收入负担率

个人收入负担率是指一定时期内居民个人缴纳的各种税款占同期个人收入总额的比例,用公式表示为

$$个人收入负担率 = \frac{个人实缴税收总额}{同期个人收入总额} \times 100\%$$

个人缴纳的税收主要是个人所得税、财产税等。该指标反映一定时期内个人收入负担国家税收的状况,体现了国家运用税收手段参与个人收入分配的程度和对个人收入的调节程度。

四、税收负担的影响因素

国家在运用税收参与社会产品和国民收入的分配过程中,必须确立合理的税收负担。一国的税负水平受很多因素的影响,一方面受税收政策制定者的主观意识影响;另一方面还受多种客观因素的制约。一般影响一国税负水平的因素主要有以下四个。

(一) 社会经济发展水平

经济是税收的基础,社会剩余产品是税收的源泉,社会经济发展水平是决定税收负担的重要因素。一国的经济发展水平可以通过人均国民收入这一综合性指标来反映和衡量。一般地,一国人均国民收入高,经济发展水平就高,国民收入中可供财政集中的收入就多一些,社会经济的税负承受能力较强,税收负担水平就有可能高些。反之,经济发展水平低,人均国民收入就较少,社会经济的税负承受能力就较低。社会总量税收负担的确定,必须建立在社会经济发展水平和纳税人的税负承受能力的基础上。只有在经济不断发展和增长的前提下,税收负担水平才有可能逐步提高。事实正是如此,大多数发达国家税收负担水平较发展中国家要高。

(二) 一定时期政府职能范围

税收是国家为了实现其职能需要,参与国民收入分配的一种形式。因而,一国政府职能范围的大小必然影响税负水平的高低。理论上而言,政府的职能范围与市场的作用范围是互补的,政府只有在当市场机制和私人部门不能实现效率和公平两大目标时才对社会经济进行必要的干预。但实际上,人们对政府与市场关系的认识也处于一个不断深化的过程中,不同国家或政府,以及不同时期的同一国家或政府,其职能范围是不同的,政府为实现其职能对社会剩余产品的需求量也就不同,反映在税收方面就是税收负担水平的不同。历史表明,随着社会经济的发展,政府职能范围不断扩大,税收负担水平也相应呈上升趋势。需要指出的是,在传统的计划经济体制下,政府不但担负着社会管理职能,而且还担负着大量的经济建设任务,因而政府职能范围显著地大于同期市场经济国家,因而实行计划经济体制的国家税收负担水平要比市场经济国家高得多。

(三) 一国财政分配体制

税收负担的轻重还取决于国家和企业的一系列的分配关系。一国政府筹集财政收入的手段是多样的,除税收外,还有国有企业利润收入、公债收入、货币发行收入、规费收入等。财政筹集收入手段的多少,决定了政府在集中社会剩余产品时对税收手段的依赖程度。当国家参与企业分配的主要形式是税收时,税收负担就要重些;当国家运用多种形式参与企业收入分配时,税收负担就要轻些。一国财政分配体制规定了税收收入占财政收入的比重,这涉及进行税收负担的国际比较时口径的可比性问题,必须十分注意。

（四）税收制度

税收负担不仅受上述宏观因素的影响，还受到税制本身规定的影响。税收制度是国家向纳税人征税的法律依据，它对征税对象、计税依据、税率、减免税等的不同规定，直接导致纳税人税负的变动，而且还会导致税负在不同纳税人或征税对象之间的转移，这些都会直接影响到纳税人的税收负担。此外，税收制度不健全、不完善，税收征管水平不高，会造成纳税人实际税负与名义税负的较大差别，甚至会造成纳税人在税收负担上的畸轻畸重。

第二节　宏观税收负担的国际比较

宏观税收负担的国际比较是评价宏观税收负担合理与否的常用手法之一。但由于各国国情不同，宏观税负的实际差异比较大，其中有由于上述各种影响税收负担的因素造成的差异，还有由于各国实行的国民经济核算体系不同，从而影响到宏观税收负担的国际比较的口径不同而造成的差异。对于口径不同，我们在进行国际比较时应尽量进行调整，以增强各指标的可比性。一般来说，通过对一个国家不同时期宏观税负水平的纵向比较，可以分析该国税收负担与国民经济协调发展的状况；通过对不同国家之间宏观税负水平的横向比较，可以分析不同国家之间税收与国民经济协调发展的状况，从而对于探讨一国最适宏观税负水平有所借鉴和启示。

一、宏观税收负担的概念

宏观税收负担是指一个国家税收负担的总水平，通常用一定时期（通常为一年）政府课税总额占同期国内生产总值的比例来表示，既有总量标准又有其内部结构状况。宏观税收总量反映一定经济规模和水平下国家和纳税人在税收分配上的量的关系，构成国家税收政策的核心，是税制建设所考虑的首要问题，其内部结构状况则反映了国民经济中不同所有制、产业、部门和地区的税负状况和税种结构等情况。研究宏观税收负担，有利于研究税收在促进国民经济稳定增长和社会发展方面带有全局性的宏观问题。

二、世界各国宏观税收负担类型

世界各国宏观税负水平差异很大，从各国经济发展水平和实际税负状况看，世界各国宏观税负按国内生产总值负担率的大小大致可分为以下三种类型。

（一）高税负国

一般是指税收总额占国内生产总值的比例为28%以上的国家。世界上大多数发达国家属于此类，如瑞典、芬兰、丹麦、比利时、法国、意大利、美国等。

(二) 中等税负国

一般是指税收总额占国内生产总值的比例在 18%—28% 的国家。世界上大多数发展中国家属于此类,如肯尼亚、巴西、印度、巴基斯坦等。

(三) 低税负国家和地区

一般是指税收总额占一国(或地区)国内生产总值的比例在 18% 以下的国家和地区。这些国家和地区一般经济欠发达,如拉丁美洲的玻利维亚和非洲大部分国家,国际避税港及靠非税收入为主的资源国和地区,如巴哈马、中国香港、伊朗、卡塔尔等。

三、各国宏观税收负担[①]比较

(一) 高收入国家的宏观税负水平

高收入国家一般也是发达国家,高收入国家的宏观税负都比较高,且一般均在 30% 至 40% 左右。从表 10-1 中所列 23 个国家宏观税负平均值看,1990 年、1995 年、1999 年和 2006 年平均税负在 35% 以上,20 世纪 90 年代呈逐年上升趋势,这与这些国家的政府职能扩大有关,但 2006 年大多数高收入国家有所下降,美国和加拿大下降幅度最大,1999 年日本、美国的宏观税负分别在 26% 和 28% 左右,2006 年美国降到 19.28%;但也有一些国家税负仍然增长,如法国、爱尔兰、英国、新西兰。奥地利、比利时、法国、丹麦、芬兰、荷兰、意大利、挪威、瑞典等国的宏观税负很高,均在 40% 以上,这是因为这些国家都是高福利国家,社会保障和福利支出所需费用巨大。不过由于经济活动的下降和各国为了摆脱经济衰退而采取的减税措施,高收入国家的税收收入在 2010 年又出现下降趋势。受全球减税浪潮的影响,2018 年部分国家的税收负担有所下降,如英国、美国、爱尔兰、荷兰、挪威、希腊。但也有较大一部分国家的税负反而上升了。高收入国家的宏观税负总体相对偏高,一方面是因为这些国家经济发达,人均 GDP 高,可供政府分配的社会资源丰富,同时纳税人的税收承受能力也较强;另一方面是社会保障在这些国家占有非常突出的地位,这些国家社会保障支出一般要占到 GDP 的 10% 左右,而社会保障资金要依靠税收来筹集。

表 10-1 高收入国家的宏观税负　　　　　　　　　单位:%

国　　家	1990 年	1995 年	1999 年	2006 年	2008 年	2018 年
澳大利亚	30.5	29.3	30.6	26.91	26.43	28.7
奥地利	40.1	42.4	43.9	41.89	—	42.2
比利时	43.4	45.4	45.7	43.29	—	44.0
加拿大	36.2	35.4	38.2	19.03	18.12	33.2
丹　麦	46.7	49.4	50.4	37.92	40.28	44.4

---

① 这里是指小口径的宏观税负,即税收收入占 GDP 比重,中口径和大口径的宏观税负分析见本章第三节内容。

（续表）

国　家	1990年	1995年	1999年	2006年	2008年	2018年
芬　兰	37.8	45.2	46.2	40.24	—	42.4
法　国	41.6	44.0	45.8	45.25	41.76	45.9
德　国	37.8	38.5	37.7	30.36	28.31	38.5
希　腊	25.9	32.1	37.1	35.29	39.57	38.9
冰　岛	31.6	31.2	36.3	35.72	—	37.2
爱尔兰	33.4	33.1	32.3	35.96	—	22.7
意大利	37.2	41.2	43.3	39.13	—	41.9
日　本	22.0	28.4	26.2	—	—	32.0
卢森堡	40.2	44.4	41.8	39.86	—	39.7
荷　兰	44.3	42.0	42.1	44.33	41.76	38.8
新西兰	36.4	37.7	35.6	42.98	—	32.9
挪　威	41.3	41.5	41.6	50.90	51.27	39.6
葡萄牙	30.1	33.3	34.3	40.57	39.16	34.8
西班牙	33.2	32.9	35.1	28.56	24.61	34.6
瑞　典	53.4	47.9	52.2	40.82	34.41	43.9
瑞　士	30.8	33.5	34.4	—	—	28.1
英　国	35.0	35.2	36.3	41.23	38.26	32.9
美　国	26.2	28.8	28.9	27.5	28.0	24.4
平均值	36.3	38.0	39.0	37.39	33.96	36.6

资料来源：① 日本1990年的资料来源于大藏财务协会.国税厅统计年鉴[M].1997、2001.
② 国际货币基金组织.国际金融统计年鉴[M].1998；1995年和1999年的资料来源于经济合作与发展组织成员国收入统计[M].2000.
③ 其余国家1990年的资料来源于国际货币基金组织.政府财政统计年鉴[M].1995.
④ 2006年数据根据商务部网站《2006年世界银行数据》编制；2008年数据来自《世界经济年鉴2010/2011》；2018年资料来源于OECD数据库。

（二）上中等收入国家的宏观税负水平

上中等收入国家一般是逐步实现了工业化的发展中国家。从表10-2可以看出，这些国家的宏观税负一般在16%—30%，属中等税负国类型。与发达国家相比，这些国家的宏观税负明显偏低，其平均值约低6至10个百分点，但与低税负国相比，其税负仍然是较高的。上中等收入国家的宏观税负水平是与其经济和社会发展相适应的。一方面是这些国家经济正处于起飞阶段，人均GDP较高，但与发达国家相比仍有不小差距，这决定它的宏观税负不可能太高；另一方面是社会保障在这些国家有一定地位但不是很高，如巴西的社会保障收入约占GDP的7%，这使巴西的税负在2008年达到了23.78%左右。从表10-2还可以看出一个有趣的现象：智利、匈牙利、波兰的税负在2008

年较高，达30%左右，但到了2018年受全球减税浪潮的影响，部分国家税负呈下降趋势；马来西亚、墨西哥的宏观税负在2018年较低，一般在10%—17%，但相对比较稳定。这是因为前者是体制转型期国家，体制转型要求政府的支出较高，而经济体制改革又使得宏观税负逐步降低。

表10-2　上中等收入国家的宏观税负　　　　　　　　　　　　单位：%

国　家	1990年	1995年	1999年	2006年	2008年	2018年
巴　西	28.4	29.2（1994年）	29.2（1997年）	22.86	23.78	33.1
智　利	16.2	19.7	18.5	26.13	25.77	21.1
捷　克	39.4（1993年）	40.1	40.4	13.24	14.20	35
匈牙利	48.4	42.7	39.2	21.65	23.70	37.5
马来西亚	19.6	20.7	21.8（1997年）	—	—	12.5
墨西哥	16.9	16.6	16.8	—	—	16.2
波　兰	40.7（1994年）	42.3	35.2	34.35	31.99	35.2
平均值	29.9	30.2	27.3	24.28	23.89	27.2

资料来源：① 国际货币基金组织.政府财政统计年鉴[M].1995、2001.
② 国际货币基金组织.国际金融统计年鉴[M].1998.
③ 2006年数据根据商务部网站《2006年世界银行数据》编制，2008年数据来自《世界经济年鉴2010/2011》。
④ 2018年数据来自OECD数据库。
⑤ "—"表示数据缺失。

（三）下中等收入国家的宏观税负水平

下中等收入国家属于典型的发展中国家，宏观税负水平较低，从表10-3所列国家看，宏观税负大部分在18%以下，平均值仅相当于高收入国家的一半左右。下中等收入国家的宏观税负较低，一是因为这些国家经济欠发达，人均GDP较低，纳税人的税收承受能力不强；二是因为社会保障在这些国家地位很低，有的甚至没有。罗马尼亚的宏观税负在2008年较高，是因为它处于经济转型期。南非的宏观税负较高与收入分配很不平衡有关，还有历史因素，即以前南非矿业发达，人均GDP较高，但20世纪90年代以来经济衰退明显，宏观税负却并未明显降低。不过到2006年，南非已进入上中等收入国家行列。从表中还可看出，大部分中等收入国家宏观税负呈现稳中有降的趋势，但总的来讲比较稳定。

（四）低收入国家的宏观税负水平

低收入国家属典型的经济欠发达国家，宏观税负水平均较低，从其各年数值及平均值看，呈逐年下降趋势。低收入国家的宏观税负还不及高收入国家宏观税负的一半，这是与其经济发展水平及社会保障水平相适应的。另外，低收入国家的政府为了促进本国经济发展，采取较低的税负政策，也是一个现实的选择。

比较税制

表10-3 下中等收入国家的宏观税负　　　　　　　　　　　　　　单位：%

国　家	1990年	1995年	1997年	2006年	2008年	2018年
斐　济	23.00	21.80	21.20(1996年)	24.64	—	23.70
菲律宾	15.90	17.30	16.80	16.17	15.80	18.20
罗马尼亚	35.40	28.80	26.80	24.52	30.91	—
南　非	26.90	28.20	30.30	30.58	30.72	29.10
泰　国	17.80	17.70	17.10	21.34	20.13	17.50
土耳其	11.50	13.70	15.60(1996年)	19.70	22.55	24.00
平均值	21.80	21.30	21.30	23.81	24.02	22.50

资料来源：① 国际货币基金组织.政府财政统计年鉴[M].1995、2001.
② 国际货币基金组织.国际金融统计年鉴[M].1998.
③ 2006年数据根据商务部网站《2006年世界银行数据》编制，2008年数据来自《世界经济年鉴2010/2011》。
④ 土耳其、南非、罗马尼亚2006年已成为上中等收入国家。
⑤ 2018年资料来源于OECD数据库。
⑥ "—"表示数据缺失。

表10-4 低收入国家的宏观税负　　　　　　　　　　　　　　　　单位：%

国　家	1990年	1995年	1997年	2006年	2008年	2018年
印　度	16.20	15.50	15.60(1996年)	12.98	14.31	—
印度尼西亚	18.20	16.00	14.90(1999年)	12.30	13.00	11.90
肯尼亚	20.60	23.40	21.30	17.40	18.80	17.40
巴基斯坦	13.30	13.00	12.30	13.29	—	—
平均值	17.70	17.00	16.00	11.73	15.37	14.70

资料来源：① 国际货币基金组织.政府财政统计年鉴[M].1995、2001.
② 国际货币基金组织.国际金融统计年鉴[M].1998.
③ 2006年数据根据商务部网站《2006年世界银行数据》编制；2008年数据来自《世界经济年鉴2010/2011》；2018年资料来源于OECD数据库。
④ "—"表示数据缺失。

第三节　我国最适宏观税负水平探讨

一、最适宏观税负水平的理论探讨

宏观税收负担的决定是经济发展水平、政府职能范围和一国财政体制等多个因素共同作用的结果,而这些因素又处于一个动态的变化过程中,因此宏观税收负担不可能是一个固定不变的数值,而是一个动态的行为结果。从理论上讲,最适宏观税负水平是存在的,但在现实的经济生活中,由于影响宏观税负的诸因素作用机理及其变化过程比较复杂,寻求一个确定的最适宏观税负是困难的。合适的选择是寻求一个合理的宏观税负的变动区间,只要一定时期内宏观经济环境和政策因素比较稳定,宏观税负水平在此区间内波动都是合适的。宏观税负水平的确定,基本思路应该遵循以下四点。

(一) 与经济发展水平相适应

宏观税负与经济发展具有很强的相关性,因此宏观税负的确定应与经济发展水平相适应,并能促进国民经济的发展。1983 年世界银行工业部顾问马斯顿先生曾用数量分析方法考证税负与经济增长的关系,得出较低的宏观税负有利于经济增长的结果。他的分析结果是:在 10.3%—30.9% 的区间,税负与 GDP 增长呈负相关关系,税负每增加 1%,GDP 增长速度下降 0.36 个百分点。10 个低税负国家 GDP 年增长率是 7.3%,10 个高税负国家仅为 1.6%,其中两个国家是负增长。马斯顿的结论成为许多国家宏观税负水平选择的一个实践基础。

(二) 满足政府实现职能的需要

从政府职能的角度出发,税收要满足政府实现其职能的需要。在市场经济条件下,政府职能是在与市场职能的互补性中确定的,但在现实情况下,政府职能的范围及其实现程度并没有一个固定的模式,也很难具体化,特别是在经济体制转型期的国家更是如此,因此宏观税负水平的确定只有结合现实的财政支出状况及税收在政府财政收入中的地位,才是现实可行的办法。

(三) 取决于政府提供公共物品的多少

公共财政理论认为,宏观税负合适与否,并不是一个科学规律或正确与否的问题,而是纳税人与政府之间的利益分配问题。宏观税负水平取决于纳税人的消费偏好,应在公共品选择这一"特殊市场"上由消费者即纳税人投票解决。因此,宏观税负水平取决于政府提供公共品的多少。

(四) 结合现状,与国际水平比较

从当前宏观税负水平的现状出发,通过宏观税负水平的国际比较,结合政府职能实现状况,确定宏观税负水平。通过宏观税负水平的国际比较,可以发现不同类型国家宏观税负的差异及差异形成的原因,并且可以找出同类型国家宏观税负水平的共同点及其宏观税负政策的最佳取向。下面我们正是循着这一思路,对我国宏观税负水平的最佳取向进行具体分析。

二、我国宏观税负现状

宏观税负水平的合理化一直以来都是我国经济运行和财政活动中广为关注的现实问题。改革开放以来,国民收入分配的集中度降低,税收收入占 GDP 的比重日趋下降,到 1996 年,我国宏观税负下降到历史最低水平的 8.35%,从 1997 年后才逐步有所上升。1997—2012 年宏观税负上升幅度加大,到 2001 年已达到 13.95%,2006 年更达到

17%的水平,2012年为19.37%。随着供给侧结构性改革的实施以及受全球减税浪潮的影响,从2013年开始,我国宏观税负又呈现出逐步下降的趋势,2018年宏观税负率下降至17.37%,2019年为15.98%(见表10-5)。20世纪90年代中期以来,政府债务数额日趋加大,财政日益困难,振兴财政成为政府的一项重要任务。由此,宏观税负是否适度的问题一直是近年来争论的一个焦点。

表10-5 我国的宏观税负状况　　　　　　　　　　　　单位:亿元

年　度	GDP(亿元)	税收收入(亿元)	宏观税负(%)
1994	48 198	4 186.90	8.69
1995	60 794	4 881.51	8.03
1996	71 177	5 571.88	7.83
1997	78 973	8 234.04	10.43
1998	84 402	9 262.80	10.97
1999	89 677	10 682.58	11.91
2000	99 215	12 581.51	12.68
2001	109 655	15 301.38	13.95
2002	120 333	17 636.45	14.66
2003	135 823	20 017.31	14.74
2004	159 878	24 165.68	15.12
2005	184 937	28 778.54	15.89
2006	216 314	34 804.35	16.09
2007	265 810	45 621.97	17.16
2008	314 045	54 223.79	17.27
2009	340 903	59 521.59	17.46
2010	401 513	73 210.79	18.23
2011	472 881	89 738.39	18.98
2012	519 322	100 600.88	19.37
2013	592 963	110 530.70	18.64
2014	641 281	119 175.31	18.58
2015	685 993	124 922.20	18.21
2016	740 061	130 360.73	17.61
2017	821 754	144 369.87	17.57
2018	900 310	156 402.86	17.37
2019			15.98

资料来源:1994—2011年资料来源于中国统计年鉴(2012)[M].中国统计出版社,2012;2012年资料来源于国家统计局发布的2012年统计公报;2013—2018年资料来源于中国统计年鉴(2019)[M].中国统计出版社,2019。

三、我国最适宏观税负水平探讨

我国小口径的宏观税负水平并不高。如表10-6所示,即使在近几年税收收入增长的情况下,小口径的宏观税负也在18%左右,2012年达到最高,为19.37%。但我国政府收入来源比较复杂,除了规范的税收收入外,我国还存在着数量庞大、使用方向难以控制的预算外、制度外不规范的政府收入(见表10-7)。财政收入占GDP比重成为中口径宏观税负,政府收入(财政收入和各种非规范收入之和)占GDP比重,我们称之为大口径宏观税负。近年来,中央政府的财政收入一直呈现较快增长,已经从1999年的1万亿元增加到2018年的18多万亿元,而这还不算各种预算外、制度外收入。2018年我国财政收入占GDP比重为20.37%。

表10-6　1995—2018年我国小、中、大口径宏观税负　　　　单位:%

年　份	小口径	中口径	大口径	年　份	小口径	中口径	大口径
1995	8.03	10.30	24.51	2007	17.16	19.31	34.60
1996	7.83	10.41	26.06	2008	17.27	19.53	35.24
1997	10.43	10.95	25.56	2009	17.46	20.10	37.50
1998	10.97	11.70	28.56	2010	18.23	20.70	34.00
1999	11.91	12.76	29.39	2011	18.98	22.0	35.08
2000	12.68	13.50	28.97	2012	19.37	22.58	35.15
2001	13.95	14.94	30.65	2013	18.64	21.79	33.72
2002	14.66	15.71	31.35	2014	18.58	21.89	34.62
2003	14.74	15.99	31.43	2015	18.21	22.20	35.66
2004	15.12	16.51	32.00	2016	17.61	21.57	35.58
2005	15.89	17.11	30.42	2017	17.57	21.00	35.75
2006	16.09	17.92	34.05	2018	17.37	20.37	—

资料来源:根据《中国财政统计年鉴》和《中国统计年鉴》数据计算得出。
注:大口径的宏观税负根据《中国统计年鉴》资金流量表(实物交易)反映的政府收入/GDP计算得出,其中政府收入由增加值、财产收入、生产税净额和经常转移四部分组成。

表10-7　我国预算收入、税收收入和预算外收入比例

年　份	预算收入(亿元)	税收收入(亿元)	税收占预算收入比重(%)	预算外收入(亿元)	预算外相当于预算内收入(%)
1994	5 218.10	4 186.90	80.24	1 862.53	35.70
1995	6 242.20	4 881.51	78.20	2 406.50	38.60
1996	7 407.99	5 571.88	75.21	3 893.34	52.60

(续表)

年份	预算收入(亿元)	税收收入(亿元)	税收占预算收入比重(%)	预算外收入(亿元)	预算外相当于预算内收入(%)
1997	8 651.14	8 234.04	95.18	2 826.00	32.70
1998	9 875.95	9 262.80	93.79	3 082.29	31.70
1999	11 444.08	10 682.58	93.36	3 385.17	29.60
2000	13 395.23	12 581.51	93.93	3 826.43	28.60
2001	16 384.04	15 301.38	93.39	4 300.00	26.20
2002	18 903.64	17 636.45	93.30	4 479.00	23.70
2003	21 715.25	20 017.31	92.18	4 566.80	21.00
2004	26 396.47	24 165.68	91.55	4 699.18	17.80
2005	31 649.29	28 778.54	90.93	5 544.16	17.50
2006	38 760.20	34 804.35	89.79	6 407.88	16.53
2007	51 321.78	45 621.97	88.89	6 820.32	13.29
2008	61 330.35	54 223.79	88.41	6 617.25	10.79
2009	68 518.30	59 521.59	86.87	6 414.65	9.36
2010	83 101.51	73 210.79	88.10	5 794.42	6.97
2011	103 874.43	89 738.89	86.39	——	——
2012	117 253.52	100 600.88	85.80	——	——
2013	129 209.64	110 530.70	85.54	——	——
2014	140 370.03	119 175.31	84.90	——	——
2015	152 269.23	124 922.20	82.04	——	——
2016	159 604.97	130 360.73	81.68	——	——
2017	172 592.77	144 369.87	83.65	——	——
2018	183 359.84	156 402.86	85.30	——	——

资料来源：《中国财政年鉴》2012版、《中国统计年鉴》2019版。

注：① 预算收入不包括政府债务收入；
② 预算外资金收入不包括纳入预算管理的政府性收费基金，2011年1月1日起，预算外资金收入全部纳入预算管理。

2018年发达国家宏观税负平均值为32%，扣除社会保障收入约10%的水平，宏观税负(不包括非税收入)一般在22%左右，高于我国；但与我国同等收入水平的发展中国家大口径宏观税负水平(包括社会保障基金收入)一般在28%左右。我国的大口径宏观税负水平要高于其他发展中国家的平均水平。因此，我国的大口径宏观税负水平与同类型发展中国家相比相对偏高。我国2017年小口径税负为17.57%，高于与我国同等收入水平的发展中国家。2017年我国中口径税负为21%，这一税负略低于高收入国家但是普遍比其他收入类别的经济体要高。由此可见，虽然我国宏观税负有下降的趋势，但是与其他经济体相比还是偏高（见表10-8—表10-12）。

表10-8 不同类型国家2006年负担情况调查表

收入水平类别及国家数	税收宏观负担（占GDP%）			非税收入宏观负担（占GDP%）			总体负担（占GDP%）		
	平均	最低	最高	平均	最低	最高	平均	最低	最高
低收入国家(6个)	9.87	2.29	15.54	1.86	0.21	3.93	11.73	2.50	18.24
中等偏下收入国家(11个)	15.61	1.76	23.84	8.20	0.67	26.22	23.81	14.15	38.75
中等偏上收入国家(10个)	17.04	3.98	27.86	7.24	2.41	16.00	24.28	6.39	34.35
高收入国家(22个)	23.95	11.89	37.08	13.44	2.41	21.85	37.39	19.02	51.82

资料来源：根据商务部网站《2006年世界银行数据》编制。

注：① 中等偏下收入国家不包括中国。
② 由于世界银行数据未提供直接的非税收入指标，表中非税收入是根据世界银行数据中各国财政收入指标减去税收收入得出，其中财政收入不包括捐赠收入，这意味着非税收入指标包括公债收入。如果能够剔除公债收入，则非税收入占GDP比重要比计算出的数据低。

表10-9 发达国家2007年不同口径收入占GDP比重 单位：%

国　家	不含社会保障税的税收收入/GDP	所有税收收入/GDP	政府收入/GDP
奥地利	28.00	42.30	47.61
比利时	30.30	43.90	48.14
加拿大	28.50	33.30	40.66
芬　兰	31.10	43.00	52.73
法　国	27.40	43.50	49.88
德　国	22.90	36.20	43.74
希　腊	20.40	32.00	40.81
冰　岛	37.70	40.90	47.67
爱尔兰	26.10	30.80	36.49
意大利	30.40	43.50	46.04
日　本	18.00	28.30	31.22
韩　国	21.00	26.50	24.21
卢森堡	26.40	36.50	39.95
荷　兰	24.00	37.50	45.26
挪　威	34.60	43.60	57.52
葡萄牙	24.70	36.40	41.15

(续表)

国家	不含社会保障税的税收收入/GDP	所有税收收入/GDP	政府收入/GDP
西班牙	25.10	37.20	41.10
瑞典	35.70	48.30	51.90
瑞士	22.20	28.90	34.70
英国	29.50	36.10	37.32
美国	21.70	28.30	33.93
捷克	20.29	35.08	40.31
斯洛伐克	17.26	29.01	32.40
非加权平均值	26.23	36.57	41.95

资料来源：国研网的世界银行数据。
注：2007年捷克为发达国家。

表 10-10　部分发展中国家 2007 年不同收入占 GDP 比重　　　　　单位：%

国家	不含社会保障税的税收收入/GDP	税收收入/GDP	政府收入/GDP
匈牙利	25.89	39.53	45.56
俄罗斯	27.20	33.29	39.86
波兰	23.08	35.10	40.31
保加利亚	26.14	34.79	38.19
罗马尼亚	18.93	29.32	32.25
墨西哥	15.20	18.00	21.81
土耳其	18.60	23.70	31.68
阿根廷	22.90	25.90	31.52
南非	30.40	31.00	—
泰国	17.40	18.40	21.55
非加权平均值	22.57	28.90	33.64

资料来源：国研网的世界银行数据。
注：只有泰国是中低收入国家，其他均为中等偏上收入国家。

表 10-11　发达国家 2018 年不同口径收入占 GDP 比重　　　　　单位：%

国家	税收宏观负担（占 GDP%）	非税收入宏观负担（占 GDP%）	总体负担（占 GDP%）
奥地利	25.41	18.26	43.67
比利时	23.99	15.19	39.18

(续表)

国　家	税收宏观负担 （占GDP%）	非税收入宏观负担 （占GDP%）	总体负担 （占GDP%）
加拿大	12.91	5.43	18.34
芬　兰	20.84	15.85	36.69
法　国	24.23	19.99	44.22
德　国	11.51	17.55	29.06
希　腊	26.19	19.76	45.95
冰　岛	23.44	7.78	31.22
爱尔兰	18.26	5.92	24.18
意大利	24.25	15.17	39.42
日　本	11.91	1.22	13.13
韩　国	15.57	11.95	27.52
卢森堡	26.50	15.09	41.59
荷　兰	23.04	16.10	39.14
挪　威	23.86	23.54	47.40
葡萄牙	22.76	15.34	38.10
西班牙	14.25	2.08	16.33
瑞　典	27.91	5.66	33.57
瑞　士	10.08	7.89	17.97
英　国	25.51	9.82	35.33
美　国	9.62	7.54	17.16
捷　克	14.89	17.60	32.49
澳大利亚	22.99	2.73	25.72
新西兰	28.00	4.64	32.64
非加权平均	20.33	11.75	32.08

资料来源：国研网官网的世界银行数据。

注：表中非税收入是根据世界银行数据中各国财政收入指标减去税收收入得出，其中财政收入不包括捐赠收入。

表10-12　部分发展中国家2018年不同收入占GDP比重　　　　　　　　　　单位：%

国　家	税收宏观负担 （占GDP%）	非税收入宏观负担 （占GDP%）	总体负担 （占GDP%）
匈牙利	22.95	16.02	38.97
俄罗斯	11.38	15.93	27.31

(续表)

国　家	税收宏观负担（占 GDP%）	非税收入宏观负担（占 GDP%）	总体负担（占 GDP%）
波　兰	17.40	17.12	34.52
保加利亚	20.18	14.25	34.43
罗马尼亚	14.58	15.52	30.10
墨西哥	13.08	5.79	18.87
土耳其	17.88	12.93	30.81
阿根廷	10.09	7.8	17.87
南　非	27.47	4.14	31.61
泰　国	14.93	4.53	19.46
非加权平均值	16.99	11.40	28.40

资料来源：国研网官网的世界银行数据。

注：表中非税收入是根据世界银行数据中各国财政收入指标减去税收收入得出，其中财政收入不包括捐赠收入。

我国属于中下等收入国家，从促进国民经济发展的角度讲，我国的宏观税负应保持在中下等收入国家的平均水平，但我国经济体制仍处于转型期，政府的职能范围相应还很大，并且改革的成本和代价仍然较大，因此宏观税负略高于同等经济发展程度的市场经济国家是正常的。但综合我国生产力发展水平、政府职能的需要，目前我国的大口径宏观税负偏高，虽然小口径、中口径的税负与同类型国家相比不高，还略低，但大口径税负占比过高。近年来，我国在大力规范政府收入渠道、理顺税费关系、加强税收征管的基础上取得了一定的成绩，预算外收入自 2008 年以来呈现逐年下降趋势，大口径宏观税负水平有所降低。因此，今后还应进一步保证政府收入的规范化，在提高小口径宏观税负比重的同时，适度降低大口径宏观税负，逐步建立起以税收为主、收费基金为辅的政府收入分配体系。

本 章 小 结

税收负担是税收制度的核心，它不仅反映了一国政府取得收入的多少，也反映了一国企业和居民的负担水平，各税种负担在税收负担总量中所占的比重也反映了一国的税制结构。税收负担水平受到一国经济发展水平及经济体制的制约，不同国家及同一国家在不同发展时期税收负担及税制结构存在较大差异。

从考察范围看，税收负担可分为宏观税负和个体税负。从税额与征税对象数额的关系看，税收负担可分为等比负担、等量负担和累进负担。从税负是否转嫁的角度看，税收负担可分为直接负担和间接负担。从纳税人真实承受税收负担量度的角度看，税收负担可分为名义负担和实际负担。

衡量税收负担的主要指标有：国内生产总值负担率、国民生产总值负担率、国民收入负担率衡量宏观税收负担，企业流转税负担率、企业利润负担率、企业综合负担率、个人收入负担率衡量个别纳税人税收负担,此外还有衡量个别税类(税种)税收负担的指标。

影响税收负担的因素很多,一方面受税收政策制定者的主观意识影响,另一方面还受多种客观因素的制约。从各国经济发展水平和实际税负状况看,世界各国宏观税负按国内生产总值负担率的大小分为高税负国、中等税负国、低税负国家和地区,其中高收入国家的宏观税负水平一般都在35%以上,上中等收入国家的宏观税负一般在16%—30%,低收入国家的宏观税负则不及高收入国家的一半。我国近几年随着税费清理的逐渐规范,大口径宏观税负有所降低,但与其他中等偏下收入国家相比,宏观税负还是偏高。

关 键 词

税收负担　宏观税负　高收入国　上中等收入国　低收入国

复习思考题

1. 什么是税收负担,研究税收负担有什么意义?

2. 衡量税收负担的指标有哪些,哪些因素会影响到一国的税收负担水平?

3. 从各国经济发展水平和实际税负状况看,世界各国宏观税负按国内生产总值负担率大小可以分为哪几种类型,我国的宏观税负如何,是否合理,为什么?

附 表

四十三国公司所得税和增值税税率表
2017—2018 年度

国 家	公司所得税税率				增值税税率
	中央/联邦所得税			地方所得税	
	普通公司所得税	附加税	其他所得税		
①	②	④	④	⑤	⑥
阿根廷	35%	无	AMT：资产的1%	地方毛收入税：1%—6%	21%；27%；10.5%，2.5%
澳大利亚	30%			无	GST：13%
奥地利	25%	无	AMT：定额	无	20%，13%，10%
比利时	33%④	危机税：②的3%		无	21%，12%，6%
巴 西	15%	10%	社会税 9%	无	联邦：10%—15%；税率各州不等，一般为17%
加拿大	15%			5%—10%	GST：5%
智 利	25%	35%	无	无	19%
捷 克	19%	无	无	无	21%，15%，10%
丹 麦	22%	无	无	无	25%
埃 及	22.5%			无	14%、5%
芬 兰	20%			无	24%，14%，10%
法 国	33.33%	社会税：②的3.3%；临时所得税附加：②的10.7%，2017年取消	股息分配：3%，2018年取消	地方经营税：≤3%	20%，10%，5.5%，2.1%

(续表)

国家	公司所得税税率				增值税税率
	中央/联邦所得税			地方所得税	
	普通公司所得税	附加税	其他所得税		
德 国	15%	团结税：②的5.5%		市经营税：14%	19%、7%
希 腊	29%			无	24%、13%、6%
匈牙利	9%	革新税：0.3%		地方经营税：2%	27%、18%、5%
冰 岛	20%				24%、11%
印 度	30%	附加税：②的5%或10%；教育税：3%	股息分配税15%；AMT：18.5%	无	GST：18%、28%、12%、5%
印 尼	25%			无	10%
爱尔兰	经营所得：12.5% 非经营所得：25%		资本利得税：33%	无	23%、13.5%、9%、5.4%、4.8%
以色列	24%			无	17%
意大利	24%			3.9%	22%、10%、5%、4%
日 本	23.4%			住民税：企业税	V—消费税：8%
韩 国	22%	留存收益特别税：10%	AMT：10%—17%	居民税：定额；地方所得税：②的10%	10%
卢森堡	19%	②的7%		一般6.75%	17%、14%、8%、3%
墨西哥	30%	无		无	16%
马来西亚	24%			无	GST：6%
摩洛哥	31%		AMT：0.5%	无	20%、14%、10%、7%
荷 兰	25%	无	无	无	21%、6%
新西兰	28%	无	无	无	GST：15%
挪 威	24%			无	25%、15%、10%

(续表)

国家	公司所得税税率				增值税税率
	中央/联邦所得税			地方所得税	
	普通公司所得税	附加税	其他所得税		
菲律宾	30%	分支机构利润汇出税15%	AMT：2%；留存收益税：10%	地方经营税：(≤3%)	12%
波兰	19%	无	无	无	23%、8%、5%
葡萄牙	21%	3%—7%		市附加税：≤1.5%	销售和使用税：11.5%、4%
罗马尼亚	16%	无	AMT：定额	无	19%、9%、5%
俄罗斯	3%	无	无	≤17%	18%、10%
新加坡	17%			无	GST：7%
西班牙	25%	无	无	地方经营税	21%、10%、4%
瑞典	22%	无	无	无	25%、12%、6%
瑞士	8.5%	无		各州不一	8.6%、3.8%、2.5%
泰国	20%			无	7%
土耳其	20%	无	无	无	18%、8%、1%
英国	19%	银行：8%	无	无	20%、5%
美国	按应税所得分15%、25%、34%、39%、34%、35%、38%、35%八级税率超额累进或累退征收，但实际最高税负为35%。2018年税率统一按21%征收，并取消AMT		AMT：20%；留存收益税：20%	州、市所得税：0%—12%不等	州和地方销售税：0%—12%

资料来源：龚辉文.221个国家和地区的公司所得税和增值税税率表(2017/2018年度)[J].税收研究资料，2019.

参考文献

1. 艾伦·A.泰特.增值税：管理与政策问题[M].刘翠微,译.中国财政经济出版社,1995.
2. 安体富,王海勇.当前世界各国公司所得税改革趋势及对我国的启示[J].铜陵学院学报,2006(5).
3. 财政部税收制度国际比较课题组.外国税收制度丛书[M].中国财政经济出版社,2000.
4. 蔡秀云.个人所得税制国际比较研究[M].中国财政经济出版社,2002.
5. 曹立瀛.西方财政理论与政策[M].中国财政经济出版社,1995.
6. 曹雪琴.税收制度的国际比较[M].学林出版社,1998.
7. 陈志楣.税收制度国际比较研究[M].经济科学出版社,2000.
8. 邓子基.税种结构研究[M].中国税务出版社,2000.
9. 各国税制比较研究课题组.财产税制国际比较[M].中国财政经济出版社,1996.
10. 各国税制比较研究课题组.个人所得税制国际比较[M].中国财政经济出版社,1996.
11. 各国税制比较研究课题组.社会保障税制国际比较[M].中国财政经济出版社,1996.
12. 各国税制比较研究课题组.消费税制国际比较[M].中国财政经济出版社,1996.
13. 各国税制比较研究课题组.增值税制国际比较[M].中国财政经济出版社,1996.
14. 顾红.日本税收制度[M].经济科学出版社,2003.
15. 国家税务总局税收科学研究所.国外税收研究[M].中国财政经济出版社,1995.
16. 国家税务总局税收科学研究所.外国税制概览[M].中国税务出版社,2009.
17. 国家税务总局税收科学研究所.西方税收理论[M].中国财政经济出版社,1997.
18. 亨瑞·J.艾伦,威廉姆·G.盖尔.美国税制改革的经济影响[M].郭庆旺,刘茜,译.中国人民大学出版社,2001.
19. 计金标.个人所得税政策与改革[M].立信会计出版社,1997.
20. 李明.社会保障与社会保障税[M].中国税务出版社,2000.
21. 李旭红.国际减税发展趋势及应对[J].中国财政,2019(12).
22. 刘军,郭庆旺.世界性税制改革理论与实践研究[M].中国人民大学出版社,2001.
23. 刘宇飞.当代西方财政学[M].北京大学出版社,2000.
24. 罗秦.OECD 2019税制改革报告评析及展望[J].国际税收,2020(8).
25. "企业所得税改革国际趋势研究"课题组.企业所得税改革国际趋势研究[J].税收经济研究,2018,23(3).
26. 深圳市税务局.外国税制选编[M].中国社会科学出版社,1993.

27. 田效先.企业所得税发展的国际趋势及对我国的启示[J].税务研究,2016(8).
28. 王国华,张京萍.外国税制[M].中国人民大学出版社,2008.
29. 威尼·瑟斯克.发展中国家的税制改革[M].张文春,匡小平,译.中国人民大学出版社,2001.
30. 西尔文·R. F. 普拉斯切特.对所得的分类、综合及二元课税模式[M].国家税务局税收科学研究所,译.中国财政经济出版社,1993.
31. 西蒙·詹姆斯,克里斯托弗·诺布斯.税收经济学[M].罗晓林,译.中国财政经济出版社,1988.
32. 锡德里克·桑福德.成功税制改革的经验与问题[M].中国人民大学出版社,2001.
33. 夏琛舸.所得税的历史分析和比较研究[M].东北财经大学出版社,2003.
34. 杨斌.比较税收制度：兼论我国现行税制的完善[M].福建人民出版社,1993.
35. 张健,钱震,陈玉武,等.企业所得税改革的国际趋势研究与借鉴[J].国际税收,2018(5).
36. 张馨,杨志勇,郝联峰,等.当代财政与财政学主流[M].东北财经大学出版社,2000.
37. 周小川,杨之刚.中国财税体制的问题与出路[M].天津人民出版社,1992.
38. 朱彤书.近代西方经济理论发展史[M].华东师范大学出版社,1989.
39. 朱为群.消费课税的经济分析[M].上海财经大学出版社,2001.

后 记
(2004年版)

  税收是国家参与市场活动,执行征收任务,调节经济利益的手段,是现代国家普遍运用的一种分配工具。由于各国的历史、政治、文化和经济发展状况各异,政治选择的侧重表现在具体的税收制度上就千差万别。但是,税收作为筹措财政资金,调节经济运行的工具,税收制度总是存在共性,并且随着经济的全球化,各国的税制建设和税制改革也相互影响。因此,研究中国税制应当而且必须注意研究各国税制的异同。

  本书编写的指导思想是立足于我国的国情,采取比较分析的方法,广泛收集和比较研究别国的有关税收理论、制度和政策,通过历史的发展眼光,比较别国成功经验和教训,着重研究世界各国税制建立和改革完善的共同点,并侧重比较在各国国情和历史背景下的特殊之处,以主体税种为重点建立起分析框架,为健全我国的税收制度贡献绵薄之力。

  本书可以作为高等财经院校各专业学生和研究生的教材,对于那些有兴趣了解各国税制的读者来说,也是一本有益的参考书。

  本书由王乔、席卫群任主编,姚林香、朱门添任副主编。具体分工如下:王乔、王丽娟编写第一、第四章;席卫群编写第二、第三、第七章和附表;席卫群、车文军编写第五章;朱门添编写第六章;王乔、熊冬洋编写第八章;姚林香编写第九章;陈爱林编写第十章;最后由王乔总纂、定稿。本书在写作的过程中参阅了大量的中外文献资料,虽竭尽所能,但由于水平有限,错误和遗漏在所难免,恳请各位读者指正。

  最后,感谢复旦大学出版社责任编辑李华所作的辛勤工作。

作 者
2004年6月

后 记
(2009年版)

《比较税制》教材第一版自2004年发行以来,在社会上产生了一定反响,2006年获得了江西省第二届普通高校优秀教材一等奖。第一版发行到现在已经过了近五年,在这段时间里,世界经济形势发生了很大变化,各国的税收制度为了适应经济的发展,继续进行着改革,呈现出一些新特点。为了更好地反映这种变化,决定修订本书。

与第一版比较,这一版的《比较税制》主要做了以下一些增补修订:

一、有关章节补充或更换了新数据

如第二章不同类型国家税制结构数据根据世界银行《世界发展指标,2001》,以及中国财经出版社出版的《国际统计年鉴2006/2007》有关数据计算得出,反映了世界各国税制结构的最新特点;第二章、第五章和第六章有关国家个人所得税和公司所得税改革补充了2003年以后的税率调整数据;第七章对美国、英国、德国和瑞典社会保障税税率进行了更新;第十章补充了不同类型国家宏观税负状况指标,对反映我国宏观税负状况,宏观税收收入结构,预算收入、税收收入和预算外收入比例的数据进行了更新,补充了1995—2007年我国小、中、大口径宏观税负相关数据。相关章节删除了一些比较陈旧的数据。

二、补充、调整了有关内容

第三章补充了发达国家环境税征收状况;第五章补充了生计扣除的规定;第六章补充了各国(地区)公司所得税对存货估价的规定类别、对折旧规定的分类、资本利得的课税情况,以及亏损处理规定分类的表格,第七章补充了美国以及发展中国家社会保障税发展状况;第八章补充了各国财产税状况。每一章关于借鉴与完善我国相关税收制度(税种)内容都重新进行了调整,删除了目前已经在实施的建议,补充了新的对策建议。

三、有关概念进行了调整

如将第五章个人所得税的"起征点"调整为更为准确的"扣除项目"概念,并进一步规范了个人所得税扣除项目的比较。

本书仍由王乔、席卫群任主编,姚林香、朱门添任副主编。具体分工如下:王乔修订第一、第四、第八章;席卫群修订第二、第三、第五、第十章;朱门添修订第六章;席卫群、张成贤修订第七章;姚林香修订第九章;最后由王乔总纂、定稿。本书在修订过程中参阅了大量的中外文献资料,力图尽量反映世界各国税制改革的最新状况,但由于水平有限,错误和遗漏仍在所难免,恳请各位读者指正。

作 者
2009年3月

后 记
(2013年版)

《比较税制》教材第一版自2004年发行以来,在社会上产生了一定反响,2006年获得了江西省第二届普通高校优秀教材一等奖;2009年根据当时税制发展情况进行了修订,不过第二版发行到现在又已经过了四年,在这段时间里,世界经济形势又继续发生着变化,金融危机的影响到目前为止也还没有完全消除。各国的税收制度为了适应经济的发展,也继续进行改革,呈现出一些新变化。为了更好地反映这种变化,本书决定再次修订。

与第二版比较,这一版的《比较税制》主要做了以下增补修订工作:

一、有关章节补充或更换了新数据

如第二章不同类型国家税制结构数据根据世界银行《世界发展指标,2011》有关数据计算得出2009年情况,补充了2007年发达国家和发展税制构成的数据;第二章、第三章、第五章和第六章有关国家增值税、个人所得税、公司所得税补充了2009年以后的税率调整数据;第七章补充了2009年和2007年OECD社会保障税占税收收入和GDP比重的数据,对美国、英国、德国和瑞典社会保障税税率进行了更新;第十章补充了2008年不同类型国家宏观税负状况指标,对反映我国宏观税负状况、宏观税收收入结构、预算收入、税收收入和预算外收入比例的数据进行了更新,补充了1995—2011年我国小、中、大口径宏观税负相关数据,以及不同类型国家不同口径税负的数据。此外,相关章节删除了一些比较陈旧的数据。

二、补充、调整了有关内容

第二章补充了金融危机以来世界各国税制结构的最新变化,其中发达国家不再是单纯地减所得税,而是有增有减,根据情况增加富人税收,减少中低收入者负担,同时对发展中国家金融危机以来的税制改革变化也进行了介绍;第三章增加了2012年欧盟国家增值税率情况;第四章增加了金融危机以来发达国家消费税政策变化情况,补充了发达国家环境税税率等情况及征收效果,并对颇有争议的金融交易税进行了介绍和评述;第五章补充了日本分类综合所得税的规定和2012年、2013年美国生计扣除和税率变化情况;第六章补充了2011年、2012年部分公司所得税率发展变化情况,同时介绍了2011/2012年度世界221个国家(地区)公司所得税税率;第七章补充了美国以及发展中国家社会保障税发展状况;第八章更新了有关国家财产税相关规定,补充了美国遗产税发展变化情况,并介绍了我国房产税试点发展情况及分析;第十章补充了我国与其他国家宏观税负比较的内容;附表一进行了更换,调整为2011/2012年度四十三国公司所得税、个人所得税和增值税税率表。此外,每一章关于借鉴与完善我国相关税收制度

(税种)内容都重新进行了调整,删除了目前已经在实施的建议,补充了新的对策建议,并力求反映我国最新的税制改革进展。

本书仍由王乔、席卫群任主编,姚林香、朱门添任副主编。具体分工如下:王乔修订第一、第四、第八章;席卫群修订第二、第三、第五、第七、第十章;朱门添修订第六章;姚林香修订第九章;最后由王乔总纂、定稿。本书在修订过程中参阅了大量的中外文献资料,尽量及时反映世界各国税制改革的最新状况,但由于水平有限,错误和遗漏仍在所难免,感谢各位读者的鼓励和支持,并恳请批评指正。

最后,感谢复旦大学出版社责任编辑刘子馨、王雅楠一直以来的支持和辛勤工作!

作　者

2013 年 7 月

后 记
(2021年版)

《比较税制》教材第一版自2004年发行以来,在社会上产生了一定反响,2006年获得了江西省第二届普通高校优秀教材一等奖;2009年、2013年分别根据当时税制发展情况进行了修订,不过第三版发行到现在又已经过了七年,在这段时间里,世界经济形势发生着翻天覆地的变化,金融危机的爆发和新冠疫情的肆虐,对全球产生了深远的影响。各国的税收制度为了应对危机,促进经济的复苏和发展,不断进行着改革,国际税收竞争日益激烈,呈现出新的变化。为了更好地反映这种变化,本书决定再次修订。

与第三版比较,这一版的《比较税制》主要做了以下增补修订工作:

一、有关章节补充或更换了新数据

如第二章不同类型国家税制结构数据根据世界银行《世界发展指标,2018—2019》有关数据计算得出2017年情况,补充了2017年发达国家和2018年发展中国家税制构成的数据,补充了OECD国家2019年个人所得税综合税率和级次数据以及2018—2020年公司所得税率变化数据;第三章补充更新了OECD国家2019年增值税税率数据;第四章补充了1975—2016年主要年份OECD国家消费税占税收收入的比重的数据、2014年欧盟成员国无铅汽油消费税税率的数据;第五章补充更新了特朗普税改后美国个人所得税基本扣除额和税率调整的数据;第六章补充了2013年以后的税率调整数据,更新补充了2017/2018年度世界221个国家(地区)公司所得税税率;第七章补充更新了2017年OECD社会保障税占税收收入和GDP比重的数据,对美国、英国、德国社会保障税税率进行了更新;第八章更新了有关各国财产税率的数据;第十章补充了2018年不同类型国家宏观税负状况指标,对反映我国宏观税负状况、宏观税收收入结构、预算收入、税收收入和预算外收入比例的数据进行了更新,补充更新了1995—2018年我国小、中、大口径宏观税负相关数据,以及不同类型国家不同口径税负的数据。此外,相关章节删除了一些比较陈旧的数据。

二、补充、调整了有关内容

第二章补充了特朗普推行的2018年美国税制改革以及各国应对新冠疫情所采取的税收政策;第四章增加了各国大气污染税和水污染税制的比较,补充了英国机场旅客税和机动车环境税的情况;第六章增加了各国公司所得税优惠政策的介绍,由原来的三节内容扩充到四节;同时第七章补充了英国2018—2019年的社会保障税率;第八章补充了2018年美国遗产税的情况;第九章补充了国地税合并后税收管理体制变化的内容;第十章补充了我国与其他国家宏观税负比较的内容;附表进行了更换,调整为2017/2018年度四十三国公司所得税和增值税税率表。此外,每一章关于借鉴与完善我国相关税收制度(税种)内容都重新进行了调整,删除了目前已经在实施的建议,补充了新的对策建议,并力求反映我国最新的税制改革进展。

本书仍由王乔、席卫群任主编,姚林香、朱门添任副主编。具体分工如下:王乔修订第一、第四、第八章;席卫群、杨青瑜修订第二、第三、第五、第七、第十章和附表;朱门添修订第六章;姚林香修订第九章;最后由王乔总纂、定稿。本书在修订过程中参阅了大量的中外文献资料,尽量及时反映世界各国税制改革的最新状况,但由于水平有限,错误和遗漏仍在所难免,感谢各位读者的鼓励和支持,并恳请批评指正。

最后,感谢复旦大学出版社责任编辑王雅楠、方毅超一直以来的支持和辛勤工作!

作 者
2021 年 11 月

图书在版编目(CIP)数据

比较税制/王乔,席卫群主编. —4 版. —上海:复旦大学出版社,2022.6
(信毅教材大系. 财税系列)
ISBN 978-7-309-16028-4

Ⅰ.①比… Ⅱ.①王…②席… Ⅲ.①税收制度—对比研究—世界—高等学校—教材
Ⅳ.①F811.4

中国版本图书馆 CIP 数据核字(2021)第 241112 号

比较税制
BIJIAO SHUIZHI
王 乔 席卫群 主编
责任编辑/王雅楠

复旦大学出版社有限公司出版发行
上海市国权路 579 号 邮编:200433
网址: fupnet@fudanpress.com   http://www.fudanpress.com
门市零售: 86-21-65102580   团体订购: 86-21-65104505
出版部电话: 86-21-65642845
上海华业装潢印刷厂有限公司

开本 787×1092 1/16 印张 19.5 字数 439 千
2022 年 6 月第 4 版第 1 次印刷

ISBN 978-7-309-16028-4/F·2849
定价: 43.00 元

如有印装质量问题,请向复旦大学出版社有限公司出版部调换。
版权所有 侵权必究